O CARTÃO DE CRÉDITO E A REVOLUÇÃO DO DINHEIRO

O CARTÃO DE CRÉDITO E A REVOLUÇÃO DO DINHEIRO

ANDRE SILLRES E
LEANDRO VIEIRA

ALTA BOOKS
GRUPO EDITORIAL
Rio de Janeiro, 2024

O cartão de crédito e a revolução do dinheiro

Alta Books é uma empresa do Grupo Editorial Alta Books (Starlin Alta Editora e Consultoria LTDA).

ISBN: 978-85-508-2522-9

Impresso no Brasil — 1ª Edição, 2024 — Edição revisada conforme o Acordo Ortográfico da Língua Portuguesa de 2009.

Dados Internacionais de Catalogação na Publicação (CIP)
(BENITEZ Catalogação Ass. Editorial, MS, Brasil)

V716c
1.ed. Vieira, Leandro
O cartão de crédito e a revolução do dinheiro / Leandro Vieira, Andre Sillres. – 1.ed. – Rio de Janeiro : Alta Books, 2024.
368 p.; 15,7 x 23 cm.

ISBN 978-85-508-2522-9

1. Administração financeira. 2. Cartões de créditos – Administração. 3. Carteiras digitais (Economia). 4. Contas bancárias. 5. Economia digital. 6. Finanças pessoais. 7. Investimentos – Gerenciamento. I. Sustentabilidade. I. Sillres, Andre. II. Título.

10-2024/90 CDD 333.7

Índice para catálogo sistemático:
1. Economia digital e sustentabilidade 333.7
Aline Graziele Benitez – Bibliotecária – CRB-1/3129

Grupo Editorial Alta Books

Produção Editorial: Grupo Editorial Alta Books
Diretor Editorial: Anderson Vieira
Editor da Obra: J. A. Ruggeri
Vendas Governamentais: Cristiane Mutüs
Gerência Comercial: Claudio Lima

Produtora Editorial: Ana Clara Tambasco
Revisão: Carol Colffield e Renan Amorim
Diagramação: Rita Motta
Capa: Beatriz Frohe

ALTA BOOKS
GRUPO EDITORIAL

Rua Viúva Cláudio, 291 — Bairro Industrial do Jacaré
CEP: 20.970-031 — Rio de Janeiro (RJ)
Tels.: (21) 3278-8069 / 3278-8419
www.altabooks.com.br — altabooks@altabooks.com.br
Ouvidoria: ouvidoria@altabooks.com.br

Editora
afiliada à:
ASSOCIADO

SUMÁRIO

INTRODUÇÃO

A ERA DO PLÁSTICO

Bem-vindos ao universo fascinante dos cartões de crédito. Você será transportado através das intricadas camadas da história desses pequenos pedaços de plástico que conquistaram o mundo e transformaram de maneira permanente a nossa relação com o dinheiro e as finanças. Prepare-se para desvendar os mistérios ocultos detrás das diversas bandeiras, explorar a diversidade de tipos de cartões e seus incríveis benefícios — tudo isso apresentado de maneira tão envolvente que cativará tanto os iniciantes no assunto quanto os especialistas.

Abordaremos desde os primórdios do conceito de crédito até os sofisticados sistemas financeiros que sustentam a onipresença dos cartões de crédito em nossa sociedade moderna. Ao longo do caminho, você descobrirá como esses instrumentos não apenas simplificaram transações, mas também deram origem a uma revolução financeira que atravessou fronteiras e conectou continentes.

Acredito que, ao final desta leitura, você não apenas compreenderá a importância dos cartões de crédito em nossa vida cotidiana, mas também se apaixonará pela rica narrativa por trás de sua evolução. Prepare-se para embarcar em uma jornada que o conduzirá pelas engrenagens do sistema financeiro, revelando o impacto profundo e duradouro que esses meios de pagamento têm em nossa economia global.

Esteja pronto para explorar o vasto e intrigante mundo dos cartões de crédito. Vamos iniciar nossa viagem rumo à compreensão completa do "Plástico Mágico" que moldou o cenário financeiro do nosso tempo de maneira verdadeiramente fascinante.

A HISTÓRIA DOS CARTÕES DE CRÉDITO

- UMA REVOLUÇÃO FINANCEIRA -

Vamos começar agora uma viagem no tempo, onde desvendaremos a emocionante história que levou ao surgimento do cartão de crédito, uma verdadeira revolução que transformou o jeito de lidarmos com o dinheiro. Imagine-se voltando ao passado, a uma época em que o mundo estava prestes a testemunhar uma mudança que impactaria a maneira como fazemos transações financeiras. Como o lendário economista John Maynard Keynes certa vez disse: "Os cartões de crédito não apenas aceleraram o comércio, mas também a evolução social."

Em meados do século XX, nos Estados Unidos, um homem visionário chamado Frank X. McNamara estava prestes a dar o primeiro passo para essa revolução. Enquanto desfrutava de uma refeição com amigos em um restaurante, McNamara teve um momento de brilhantismo: por que continuar carregando notas e moedas quando poderíamos ter um simples objeto de plástico que representasse o nosso crédito? E assim, nesse lampejo de genialidade, nasceu o "Diners Club" — o pioneiro, o primeiro cartão de crédito do mundo, lançado em 1950. A partir desse momento, a coisa mudaria no mundo todo.

Preparados para conhecer a trajetória desse audacioso pioneiro? Vamos mergulhar nos passos de McNamara e entender como esse pequeno instrumento de plástico mudou radicalmente a maneira como lidamos com nossas finanças. A história de McNamara é cativante e cheia de reviravoltas. Ele não apenas concebeu a ideia revolucionária do cartão de crédito, mas também desafiou as mentes céticas que não acreditavam na viabilidade dessa nova forma de pagamento. Acompanharemos sua jornada em direção ao sucesso e descobriremos como o "Diners Club" abriu as portas para uma nova era no mundo das finanças.

OS PASSOS DE MCNAMARA

- REVOLUÇÃO FINANCEIRA IMPULSIONADA PELO CARTÃO DE CRÉDITO -

A história de como o cartão de crédito mudou radicalmente nossa abordagem em relação às finanças é uma narrativa fascinante que remonta aos passos de Frank McNamara, um homem determinado. Sua jornada é repleta de reviravoltas e ousadia, culminando na criação de um instrumento financeiro que transformaria para sempre a maneira como realizamos transações e gerenciamos nosso dinheiro.

A bandeira Diners Club International, cujo nome original é Diners Club, inaugurou sua trajetória no mundo financeiro no ano de 1950, fruto da visão conjunta de Frank X. McNamara e Ralph Schneider, além de Matty Simmons. Mais tarde, em 1981, essa empreitada pioneira foi adquirida pelo Citibank, tornando-se a primeira empresa a introduzir cartões de crédito independentes em âmbito global.

O surgimento do conceito do Diners Club traz consigo uma pitada de ironia. Um episódio peculiar vivenciado por MacNamara e Schneider, quando se depararam com a ausência das carteiras após um jantar, acendeu a faísca da ideia revolucionária do cartão de crédito. A solução improvisada de fornecer seus cartões de visita ao estabelecimento, a fim de receberem a conta posteriormente, desencadeou uma cadeia de eventos que redimensionou de maneira completa a forma como as transações financeiras seriam conduzidas no futuro.

O conceito de cartão de crédito parecia audacioso na época em que seu idealizador começou a traçar seu plano. Antes da inovação do cartão de crédito, as transações eram amplamente realizadas com dinheiro em espécie ou cheques, o que muitas vezes era inconveniente e arriscado. McNamara estava determinado a encontrar uma solução que tornasse as transações mais seguras, eficientes e convenientes.

Com essa visão, ele fundou o "Diners Club" em 1950, lançando assim os alicerces dessa revolução financeira. Embora tenha sido concebido inicialmente como uma solução para pagamentos em restaurantes, a iniciativa acabou por se transformar em um método mais abrangente e versátil de pagamento. Por meio desse cartão, os titulares podiam efetuar compras em diversos estabelecimentos, sem a necessidade de carregar dinheiro ou cheques.

A trajetória de McNamara não foi isenta de desafios. Ele enfrentou ceticismo e resistência por parte de muitos que não acreditavam na viabilidade dessa nova forma de pagamento. Entretanto, sua tenacidade e confiança na inovação prevaleceram. A história de superação de obstáculos de McNamara é um testemunho de como a perseverança pode impulsionar mudanças significativas.

À medida que o "Diners Club" ganhou aceitação, a revolução dos cartões de crédito se desdobrou. A ideia abriu portas para uma nova era no mundo das finanças, simplificando as transações e democratizando o acesso ao crédito. Esse dispositivo de pagamento não apenas trouxe praticidade, mas também revolucionou a maneira como as pessoas pensam sobre gastos, empréstimos e gestão de suas finanças pessoais.

Hoje, uma época em que usamos cartões de crédito rotineiramente, é importante lembrar das origens dessa inovação e da tenacidade de homens de vanguarda como Frank McNamara. Seu legado ressoa em cada transação realizada com um cartão de crédito, lembrando-nos do poder transformador de uma ideia inovadora que afeta não apenas as transações financeiras, mas também a nossa própria relação com o dinheiro.

NO BRASIL

Em território brasileiro, a trajetória do Diners Club seguiu uma rota distinta. Originalmente ligada ao Citibank Brasil, a marca viu seus rumos se alterarem quando essa instituição foi vendida em 2017, transferindo suas operações para o guarda-chuva do Itaú Unibanco. A decisão de substituir os cartões Diners Club pelos cartões da bandeira Visa, em 2018, sinalizou o término de um ciclo marcante no país.

Entretanto, em meio a essas mudanças, a marca Diners Club encontrou um novo cenário para se desenrolar. Uma guinada surpreendente surgiu quando a Elo Participações assumiu a chama da marca Diners Club no Brasil, reescrevendo a narrativa. Sob a bandeira Elo, os cartões continuaram a carregar o nome icônico, mantendo aceso o legado de inovação e pioneirismo.

A história do Diners Club é uma lição de como situações aparentemente banais podem desencadear transformações profundas na indústria financeira. A evolução da empresa em solo brasileiro destaca a natureza sempre em mutação do setor, onde as marcas se adaptam para atender às necessidades em constante transformação dos consumidores, sem deixar de honrar suas raízes pioneiras.

A LUZ NO FIM DO TÚNEL

Em uma época em que as pessoas conheciam moedas e cédulas de papel, os desafios que McNamara enfrentou ao introduzir a ideia do cartão de crédito, aparentemente louca em um mundo acostumado ao dinheiro físico, foram muito grandes, principalmente no que se refere a romper barreiras estigmáticas. Imagine a reação das pessoas quando viram pela primeira vez aquele mágico cartãozinho de plástico. Será que elas abraçaram a ideia imediatamente ou houve resistência? Foram muitas reviravoltas emocionantes nessa jornada, desde os primeiros passos incertos até o triunfo do "Diners Club" como um símbolo de status e conveniência.

Além disso, não podemos esquecer de destacar como essa inovação afetou não apenas as transações financeiras, mas também teve um impacto profundo na maneira como nos relacionamos com o dinheiro e com a sociedade em si. Os cartões de crédito não apenas aceleraram a forma de fazermos compras, mas também revolucionaram a evolução social no mundo todo.

Creio que você esteja gostando dessa incrível jornada pelo passado, onde vamos desvendando os segredos por trás do surgimento do cartão de crédito. Acompanhe-nos enquanto exploramos as origens dessa ferramenta inovadora que mudou o mundo financeiro para sempre. Com uma pitada de curiosidade e um toque de nostalgia, vamos viajar juntos no tempo e descobrir como a visão de um pioneiro desencadeou uma verdadeira revolução. Estamos apenas começando essa emocionante trajetória, e mal podemos esperar para compartilhar cada detalhe fascinante com você. Vamos lá!

02

0000 0000 0000 0000

CAPÍTULO 02/32

O CARTÃO DE CRÉDITO E A REVOLUÇÃO DO DINHEIRO

AS GRANDES BANDEIRAS

- GIGANTES DO MUNDO FINANCEIRO -

As bandeiras de cartões de crédito têm uma história complexa e muitas delas foram criadas em diferentes momentos e lugares. Aqui está uma visão geral da ordem de criação das principais bandeiras de cartões de crédito, incluindo a ELO:

AMERICAN EXPRESS

Data de Criação: **1850**
Data do Primeiro Cartão: **1958**
País de Origem: **Estados Unidos**
Criadores: **Henry Wells, William G. Fargo e John Warren Butterfield**

A American Express começou como uma empresa de serviços postais expressos e, mais tarde, se tornou uma empresa financeira diversificada. Seu cartão de crédito é amplamente reconhecido por suas ofertas de recompensas e serviços premium.

DINERS CLUB INTERNATIONAL

Data de Criação: **1950**
Data do Primeiro Cartão: **1950**
País de Origem: **Estados Unidos**
Criadores: **Frank McNamara e Ralph Schneider**

O Diners Club International é considerado o primeiro cartão de crédito do mundo. Foi lançado como um cartão de pagamento para uso em restaurantes e rapidamente se expandiu para outras áreas de compra.

VISA (ANTIGO BANKAMERICARD)

Data de Criação: **1958**
Data do Primeiro Cartão: **1958**
País de Origem: **Estados Unidos**
Criador: **Bank of America**

O BankAmericard, lançado pelo Bank of America, evoluiu para a bandeira Visa, que se tornou uma das maiores e mais reconhecidas bandeiras de cartões de crédito em todo o mundo.

MASTERCARD

Data de Criação: **1966 (como Master Charge)**
Data do Primeiro Cartão: **1966**
País de Origem: **Estados Unidos**
Criadores: **Vários bancos membros da Interbank Card Association (ICA)**

O MasterCard, inicialmente lançado como Master Charge, cresceu para se tornar uma das principais bandeiras de cartões de crédito, oferecendo serviços financeiros em todo o mundo.

ELO

Data de Criação: **2011**
Data do Primeiro Cartão: **2011**
País de Origem: **Brasil**
Criadores: **Banco do Brasil, Bradesco e Caixa Econômica Federal**

A ELO é uma bandeira de cartão de crédito brasileira criada por três grandes bancos brasileiros com o objetivo de oferecer uma alternativa local às bandeiras internacionais.

A HISTÓRIA DAS BANDEIRAS

Uma parte importante que muita gente não conhece pelo nome é a "Bandeira". Mas o que significa isso? Simplesmente indica qual empresa é responsável pela transação do cartão de crédito.

A história das bandeiras dos cartões de crédito remonta à diversificação e globalização do setor financeiro, com várias empresas lançando suas próprias bandeiras, como Visa, MasterCard, American Express e outras. Cada bandeira desenvolveu redes de aceitação e serviços específicos, influenciando a forma como os cartões são utilizados e aceitos em todo o mundo.

DINERS CLUB INTERNATIONAL
- O PRIMEIRO CARTÃO DE CRÉDITO -

A história da bandeira **Diners Club International** é fascinante e representa um marco importante no desenvolvimento dos cartões de crédito e serviços financeiros. Vou fornecer uma visão detalhada, abrangendo desde a criação até os dias atuais, incluindo informações sobre o status global dessa bandeira.

Fundação e Origens (1950–1960)

- **1950:** A Diners Club International foi fundada em 1950 por Frank X. McNamara e Ralph Schneider, dois empresários americanos. A ideia surgiu durante um jantar em um restaurante de Nova York, quando McNamara esqueceu sua carteira e percebeu a necessidade de um sistema de pagamento mais conveniente.
- **1950:** O primeiro cartão Diners Club foi emitido em março de 1950, destinado a ser usado em restaurantes para simplificar o pagamento de contas.
- **1951:** O sucesso inicial do cartão levou à expansão para hotéis e outras áreas comerciais, tornando-o uma forma mais ampla de pagamento.

Crescimento e Expansão Internacional (1960–1980)

- $ **1960:** O Diners Club expandiu-se internacionalmente, tornando-se a primeira bandeira de cartão de crédito a operar globalmente.
- $ **1968:** Foi lançado o primeiro cartão de crédito com a marca Diners Club no Reino Unido, sinalizando a entrada no mercado europeu.
- $ **Década de 1970:** O Diners Club continuou a expandir sua rede de aceitação, incluindo parcerias com empresas aéreas e outras instituições financeiras.

Desenvolvimentos Tecnológicos e Competição (1980–2000)

- $ **Década de 1980:** O Diners Club adotou tecnologias avançadas, como a emissão de cartões com tarjas magnéticas.
- $ **1981:** A bandeira começou a enfrentar uma crescente concorrência de outras bandeiras de cartões de crédito, como Visa e MasterCard.
- $ **Década de 1990:** A Diners Club expandiu ainda mais sua oferta de produtos, incluindo benefícios exclusivos e programas de recompensas para atrair clientes.

Aquisições e Mudanças de Propriedade (2000s–Atualidade)

- $ **Anos 2000:** A bandeira Diners Club passou por várias mudanças de propriedade, incluindo a aquisição pelo Citigroup em 1981 e a posterior venda para a Discover Financial Services em 2008.
- $ **Atualidade:** A Diners Club International ainda opera como uma bandeira de cartão de crédito, emitindo cartões em vários países ao redor do mundo. Embora não seja tão dominante quanto algumas outras bandeiras, ela continua a ser reconhecida e utilizada em uma variedade de setores.

Status Atual Global

A Diners Club International ainda é uma marca respeitada, especialmente em alguns mercados específicos e regiões. Ela oferece uma gama de produtos de cartão de crédito, incluindo cartões de nível básico a cartões premium com benefícios exclusivos, como acesso a salas VIP de aeroportos, programas de recompensas e seguro de viagem.

Resumindo, a Diners Club International teve um papel pioneiro na introdução dos cartões de crédito e na criação de uma rede global de pagamentos. Embora possa não ser hoje tão proeminente quanto algumas outras bandeiras de cartão, sua história e contribuições para a indústria financeira são significativas.

AMERICAN EXPRESS
- O STATUS -

A bandeira American Express, também conhecida como AMEX, tem uma história rica e interessante, desde sua criação até sua posição atual no mundo financeiro. Darei aqui um panorama detalhado, abrangendo desde o início até o presente, incluindo informações sobre seu status global.

Fundação e Origens (1850–1890)

A American Express foi fundada em 1850 por Henry Wells, William Fargo e John Butterfield como uma empresa de serviços de entregas de pacotes e correspondências. Inicialmente, a empresa se dedicava ao transporte de mercadorias e valores, e não emitia cartões de crédito ou cheques de viagem.

Introdução dos Cheques de Viagem (1890–1920)

Em 1891, a American Express lançou os primeiros "cheques de viagem" como uma forma segura de viajar com dinheiro. Esses cheques eram pré-pagos e podiam ser trocados por moeda local em bancos ao redor do mundo. Essa inovação tornou-se extremamente popular entre os viajantes, estabelecendo a American Express como uma marca internacional de confiança para transações financeiras.

Expansão e Diversificação (1920–1950)

Durante as primeiras décadas do século XX, a American Express expandiu seus serviços para incluir cartões de crédito e serviços financeiros. Em 1958, a empresa lançou o American Express Card, que oferecia aos clientes a conveniência de fazer compras a crédito e pagar em parcelas.

Parceria com Cartões de Crédito (1950–1980)

Nos anos seguintes, a American Express estabeleceu parcerias com bancos em todo o mundo para emitir cartões de crédito com sua marca. Esses cartões ofereciam benefícios exclusivos, como acesso a lounges de aeroportos e programas de recompensas. A empresa também continuou a inovar, lançando produtos como o "Gold Card" e o "Platinum Card", que ofereciam ainda mais vantagens aos titulares.

Cheques de Viagem em Declínio e Expansão Global (1980–2000)

Embora os cheques de viagem tenham sido uma parte importante da história da American Express, sua popularidade começou a declinar nas últimas décadas do século XX devido ao aumento das opções eletrônicas de pagamento. No entanto, a empresa continuou a expandir-se globalmente, estabelecendo-se como uma marca de renome internacional em serviços financeiros.

Era Digital e Expansão de Serviços (2000–Atualidade)

Com a chegada da era digital, a American Express adaptou-se às mudanças tecnológicas, oferecendo serviços online, aplicativos móveis e outras soluções digitais para seus clientes. A empresa expandiu ainda mais sua gama de produtos, incluindo cartões de crédito específicos para diferentes públicos e parcerias com empresas de tecnologia, como Apple e Uber, para oferecer vantagens exclusivas aos titulares de seus cartões.

Impacto e Reconhecimento

A American Express teve um impacto significativo na indústria de serviços financeiros, introduzindo inovações — como os cheques de viagem — e estabelecendo padrões elevados de atendimento ao cliente e segurança. A empresa é frequentemente associada a um público que valoriza experiências de luxo e benefícios exclusivos.

Como vimos, a American Express tem uma história fascinante que começou como uma empresa de entregas e se transformou em uma das marcas de serviços financeiros mais renomadas globalmente, oferecendo uma ampla gama de produtos e benefícios aos seus clientes.

Status Atual Global

Na atualidade, a American Express é uma das principais empresas de serviços financeiros do mundo, conhecida por seus cartões de crédito premium e programas de recompensas. Seus produtos incluem uma variedade de cartões com benefícios exclusivos, como acesso a lounges de aeroporto, recompensas por gastos e ofertas especiais em viagens e compras. A marca American Express é reconhecida e respeitada globalmente, com milhões de titulares de cartões em todo o mundo.

Também no Brasil, a empresa oferece uma variedade de cartões, cada um com diferentes benefícios e níveis de prestígio. Aqui estão alguns exemplos, do mais simples ao mais top.

SEGMENTOS DOS CARTÕES AMEX

Cartões Básicos / *Entry-Level*

American Express Green Card

Esse é um dos cartões mais básicos da American Express, oferecendo benefícios essenciais, como proteção de compra e assistência global.

Blue from American Express

Outra opção básica, com vantagens como cashback e acesso a eventos exclusivos.

Cartões de Nível Intermediário

American Express Gold Card

Oferece benefícios adicionais, como pontos de recompensa mais altos em certas categorias de gastos, seguro viagem e acesso a lounges de aeroportos.

American Express Platinum Card

Um nível acima, com vantagens como acesso a lounges de aeroportos, créditos para Uber e refeições, além de seguros de viagem abrangentes.

Cartões Premium / Elite

American Express Delta SkyMiles Reserve Card

Voltado para viajantes frequentes, oferece milhas bônus, acesso a salas VIP de aeroportos e outros benefícios relacionados a viagens.

The Platinum Card® from American Express

É um cartão de metal, frequentemente considerado um dos cartões mais prestigiosos, com benefícios premium, como acesso exclusivo a lounges de aeroportos, créditos para viagens, status elite em programas de hotéis e muito mais.

Cartões de Luxo / Top de Linha

Centurion Card

Também conhecido como "Amex Black Card", é um dos cartões mais exclusivos e caros do mundo. Oferece um amplo conjunto de benefícios de luxo, como um concierge pessoal 24/7, upgrades de hotéis, acesso a eventos exclusivos e muito mais.

Lembre-se de que os nomes e benefícios específicos dos cartões podem variar de acordo com o país e a região. Além disso, a American Express também oferece cartões *co-branded* em parceria com outras empresas, como companhias aéreas e hotéis, que podem fornecer benefícios específicos relacionados a esses setores.

Certamente, o prestígio e os benefícios aumentam à medida que você avança na hierarquia dos cartões American Express, com os cartões de nível mais alto oferecendo uma experiência mais luxuosa e vantagens exclusivas.

RENDA MÍNIMA NECESSÁRIA

Os níveis de renda mínima necessária para qualificar-se para os cartões da American Express podem variar de acordo com a região, o país e até mesmo o momento em que você verifica essas informações, já que critérios podem ser ajustados ao longo do tempo. Além disso, a American Express pode oferecer promoções ou opções especiais em certas ocasiões. No entanto, posso prover uma estimativa geral das rendas mínimas com base nas categorias mencionadas anteriormente.

Cartões Básicos / *Entry-Level*

American Express Green Card

A renda mínima pode estar na faixa de **R$2.000** a **R$3.000**.

Blue from American Express

Em geral, requer uma renda mínima similar, em torno de **R$2.000** a **R$3.000**.

Cartões de Nível Intermediário

American Express Gold Card

A renda mínima pode variar entre **R$6.000** e **R$8.000**.

Cartões Premium / Elite

American Express Delta SkyMiles

Reserve Card: pode exigir uma renda mínima em torno de **R$8.000** a **R$10.000**.

The Platinum Card® from American Express

A renda mínima para este cartão pode ser mais elevada, algo em torno de **R$15.000** a **R$20.000**.

Cartões de Luxo / Top de Linha

Centurion Card

O Cartão Centurion é muito exclusivo, e as informações de qualificação não são divulgadas de forma aberta. Em geral, é considerado acessível apenas para indivíduos de perfil financeiro elevado, com uma renda mínima substancial.

Lembre-se de que essas estimativas são apenas uma referência aproximada e podem variar de acordo com as políticas e os critérios de qualificação específicos da American Express no Brasil.

Para obter informações precisas e atualizadas sobre as rendas mínimas necessárias para cada cartão, é aconselhável entrar em contato diretamente com a American Express ou visitar o site oficial da empresa. Além disso, outros fatores, como histórico de crédito e capacidade de pagamento, também podem influenciar na aprovação para determinado cartão.

VISA

- UMA NOVA ERA -

As bandeiras dos cartões de crédito são gigantes do mundo financeiro, cada uma com sua história e estratégias únicas para dominar o mercado. Neste capítulo, mergulharemos no universo da Visa, pioneira em facilitar transações internacionais e uma das maiores bandeiras do mundo. Como diz o slogan: "Vá de Visa. Vá longe!"

Veremos como a Visa foi fundada em 1958 e como sua estratégia ambiciosa a levou a expandir-se globalmente, tornando-se uma força incontestável no mundo dos cartões de crédito. Além disso, analisaremos seus principais produtos, desde os cartões clássicos até os exclusivos, de alta categoria, como o Visa Infinite.

A história da bandeira Visa é extremamente rica e tem um impacto significativo na indústria de serviços financeiros. Mostrarei aqui alguns detalhes, abrangendo desde a criação até os dias atuais, incluindo informações sobre o status global dessa bandeira.

Fundação e Origens (1958–1970)

- $ **1958:** A Visa foi fundada como "BankAmericard" pelo Bank of America em Fresno, Califórnia, EUA. Foi o primeiro sistema de pagamento de crédito geral.
- $ **1966:** O BankAmericard expandiu-se para outros estados dos EUA e iniciou parcerias com outros bancos para emitir cartões.
- $ **1968:** Foi estabelecida a "National BankAmericard Inc." para expandir o sistema a nível nacional.

Crescimento Internacional e Mudança de Nome (1970–1990)

- $ **1970:** O sistema BankAmericard foi adotado em outros países e, em 1974, foi renomeado como "Visa".

- **1974:** A Visa International foi estabelecida como uma associação de membros que promoveu a cooperação global entre os emissores do cartão.
- **Década de 1980:** A empresa introduziu tecnologias avançadas, como a tarja magnética, para melhorar a segurança e a eficiência das transações.

Expansão Global e Inovações Tecnológicas (1990–2010)

- **Década de 1990:** Continuou sua expansão internacional, estabelecendo-se como uma marca reconhecida globalmente.
- **Anos 2000:** Desempenhou um papel importante na promoção de pagamentos eletrônicos e segurança, introduzindo o padrão de segurança PCI (Payment Card Industry Data Security Standard) e expandindo o uso do chip EMV (Europay, MasterCard e Visa) para proteger as transações.

Era Digital e Diversificação de Serviços (2010–Atualidade)

- **Década de 2010:** Continuou a se adaptar às mudanças tecnológicas, investindo em pagamentos móveis e soluções digitais.
- **Década de 2020:** Tem se envolvido em iniciativas de criptomoeda e blockchain, buscando inovações no setor financeiro.

Status Atual Global

A Visa é uma das maiores e mais reconhecidas bandeiras de cartão de crédito no mundo, aceita em milhões de estabelecimentos comerciais em quase todos os países. A empresa oferece uma variedade de produtos, desde cartões básicos a cartões premium com benefícios exclusivos, como recompensas, seguro de viagem, assistência de concierge e acesso a salas VIP de aeroportos.

A Visa também desempenha um papel crucial na promoção da segurança de pagamentos e na evolução das tecnologias financeiras.

Inovações Contínuas e Futuro

A Visa continua buscando inovações em pagamentos digitais, segurança e serviços financeiros, adaptando-se às necessidades em constante mudança dos consumidores e do mercado.

A empresa se tornou parte essencial da economia global, desempenhando um papel central na evolução das transações financeiras e no avanço das tecnologias de pagamento. Sua história é testemunho da maneira como as finanças e o comércio evoluíram ao longo das décadas, influenciando a forma como as pessoas, em todo o mundo, realizam transações comerciais.

SEGMENTOS DOS CARTÕES VISA

A bandeira Visa oferece uma ampla variedade de cartões em diferentes segmentos, cada um projetado para atender às necessidades e preferências específicas dos titulares. Esses cartões variam em termos de benefícios, limites de crédito, taxas e recursos adicionais. Vou listar alguns tipos comuns de cartões Visa, organizados do mais simples ao mais top, em termos de recursos e benefícios.

Cartões Básicos / *Entry-Level*

Visa Classic

É um cartão de nível básico que oferece funcionalidades essenciais de crédito, como compras e saques, com taxas e benefícios padrão.

Cartões de Nível Intermediário

Visa Gold

Oferece benefícios adicionais em comparação com o Classic, como limites de crédito mais altos, seguro de viagem e assistência de concierge básica.

Visa Platinum

Este nível inclui benefícios premium, como acesso a salas VIP de aeroportos, seguro de viagem mais abrangente e programas de recompensas aprimorados.

Cartões Premium / Elite

Visa Signature

Geralmente oferece uma combinação de benefícios premium, como seguro de viagem, upgrades em hotéis e acesso a eventos exclusivos.

Cartões de Luxo / Top de Linha

Visa Infinite

Oferece uma ampla gama de benefícios de luxo, como assistência de concierge personalizada, acesso a experiências exclusivas e programas de recompensas sofisticados. É um dos níveis mais exclusivos e premium da bandeira Visa. Oferece benefícios de elite, como um concierge pessoal 24/7, acesso a lounges de aeroporto, ofertas especiais e experiências exclusivas.

Conforme mencionado, os nomes exatos e os benefícios de cada cartão podem variar de acordo com a região e as parcerias com bancos em diferentes países.

Além disso, a Visa também pode oferecer cartões *co-branded* em parceria com outras empresas, como companhias aéreas, hotéis e marcas de luxo, com benefícios específicos relacionados a esses setores.

A escolha do cartão ideal depende das suas necessidades individuais e preferências de estilo de vida. À medida que se avança nas categorias, os cartões Visa também tendem a oferecer uma experiência mais luxuosa e vantagens exclusivas.

Obs.: É importante esclarecer que a Visa não emite um cartão específico chamado "Visa Black Card". Existe, na verdade, uma confusão comum com o termo "Black Card", que geralmente se refere ao "Centurion Card" da American Express.

A American Express emite o "Centurion Card", também conhecido informalmente como "Black Card". Como vimos, esse é um cartão de crédito altamente exclusivo e prestigioso, oferecido apenas para um grupo muito seleto de indivíduos de renda e patrimônio líquido altos. O Centurion Card oferece uma ampla gama de benefícios de luxo, como um concierge pessoal, acesso a lounges VIP de aeroportos, experiências exclusivas e outras vantagens premium.

A Visa, por sua vez, oferece uma variedade de cartões com diferentes níveis de benefícios, como os mencionados anteriormente, como Visa Classic, Visa Gold, Visa Platinum e Visa Signature e Visa Infinite. Cada um desses cartões tem seus próprios recursos e vantagens, mas a nomenclatura "Visa Black Card" não é uma designação oficial para nenhum dos produtos da Visa.

Portanto, se você estiver interessado em um cartão de crédito de prestígio frequentemente associado ao termo "Black Card", deve saber que ele se refere ao Centurion Card da American Express, não à Visa.

RENDA MÍNIMA NECESSÁRIA

Assim como acontece com outras bandeiras de cartão de crédito, os requisitos de renda mínima para os cartões Visa podem variar ao longo do tempo e de acordo com a instituição financeira que emite os cartões. Além disso, diferentes bancos ou instituições financeiras parceiras que emitem os cartões Visa podem ter critérios de qualificação próprios. No entanto, segue uma estimativa geral das rendas mínimas com base nas categorias mencionadas anteriormente.

Cartões Básicos / *Entry-Level*

Visa Classic

A renda mínima pode estar na faixa de **R$800** a **R$2.000**.

Cartões de Nível Intermediário

Visa Gold

Pode requerer uma renda mínima um pouco mais alta, algo em torno de **R$2.000** a **R$4.000**.

Visa Platinum

A renda mínima para este cartão premium pode variar entre **R$4.000** e **R$6.000**.

Cartões Premium / Elite

Visa Signature

Pode variar dependendo da instituição financeira que emite o cartão, das políticas de crédito e das condições econômicas atuais. No entanto, em média, a renda mínima para um cartão Visa Signature no Brasil costuma estar na faixa de **R$6.000** a **R$10.000** por mês.

Cartões de Luxo / Top de Linha

Visa Infinite

Pode exigir uma renda mínima mais substancial, algo em torno de **R$7.000** a **R$10.000**.

Lembre-se, mais uma vez, que essas estimativas são apenas uma referência aproximada e podem variar com base nas políticas da instituição financeira que emite o cartão e nas condições econômicas vigentes. Além da renda mínima, outros fatores, como histórico de crédito e capacidade de pagamento, também podem influenciar na aprovação para qualquer cartão Visa.

Para obter informações precisas e atualizadas sobre as rendas mínimas necessárias para cada cartão Visa no Brasil, é aconselhável entrar em contato com o banco ou a instituição financeira que emite os cartões ou visitar o site oficial da instituição.

Quanto às estimativas de faixa de renda, como afirmei antes, elas são de caráter geral, e os requisitos também podem variar entre bancos e instituições financeiras. Além disso, assim como para os demais cartões, a elegibilidade para um Visa Infinite será afetada por aspectos como histórico de crédito e capacidade de pagamento.

Informações precisas e atualizadas sobre a renda mínima necessária para um cartão de luxo em um banco específico, além de outros detalhes sobre seus produtos de cartão de crédito e os requisitos de qualificação também poderão ser verificadas na própria instituição financeira ou no site do banco.

Qual o segmento mais TOP da Visa? Infinite ou Signature?

Tanto o segmento Visa Infinite quanto o Visa Signature são considerados segmentos premium da bandeira Visa, oferecendo benefícios e vantagens de alta qualidade. No entanto, entre esses dois, o Visa Infinite geralmente é considerado o mais top e exclusivo em termos de benefícios e características.

O Visa Infinite é projetado para atender às necessidades de clientes de alta renda e oferece uma gama mais ampla de benefícios premium em comparação ao Visa Signature. Além dos benefícios padrão oferecidos pelo Visa Signature, o Visa Infinite pode incluir vantagens adicionais, como:

- ☑ **Acesso mais amplo e exclusivo a lounges VIP de aeroportos.**
- ☑ **Benefícios mais abrangentes de viagem e seguro.**
- ☑ **Serviços de concierge mais personalizados e abrangentes.**
- ☑ **Ofertas em hotéis, restaurantes e experiências culturais.**
- ☑ **Limite de crédito geralmente mais alto.**

Enquanto ambos os segmentos oferecem vantagens excepcionais, o Visa Infinite tende a oferecer uma experiência mais luxuosa e integral em termos de serviços e benefícios. Como sempre, os detalhes exatos podem variar de um banco emissor para outro e de um país para outro.

Ao considerar qual cartão escolher, é importante comparar os benefícios específicos oferecidos em cada segmento, bem como os critérios de qualificação, taxas e limites de crédito associados. A escolha entre um cartão Visa Infinite e um Visa Signature dependerá das suas necessidades individuais, preferências e estilo de vida.

MASTERCARD
- CHAVE MESTRE -

Ao lado da Visa, a MasterCard emergiu como uma das principais bandeiras dos cartões de crédito. Mas como essa gigante ganhou seu lugar no pódio? Neste subcapítulo, traçaremos a trajetória da MasterCard desde sua fundação em 1966 até se tornar um dos símbolos mais reconhecíveis do mundo financeiro.

Conheceremos a rivalidade acirrada entre Visa e MasterCard, a criatividade de suas campanhas de marketing e como ambas mudaram a percepção dos consumidores em relação ao dinheiro. Afinal, quem diria que a simplicidade de um retângulo de plástico poderia abrir tantas portas?

A história da bandeira MasterCard é rica e complexa, desempenhando um papel crucial na revolução dos pagamentos eletrônicos e na evolução da indústria financeira. A seguir, sua história em detalhes, desde a criação até os dias de hoje, incluindo informações sobre o status global dessa bandeira.

Fundação e Origens (1949–1960)

- **1949:** A MasterCard teve origem como "Interbank Card Association" (ICA), fundada como uma associação de bancos nos EUA, com o objetivo de criar um sistema de pagamento eletrônico.
- **1966:** A ICA lançou seu primeiro cartão, conhecido como "Master Charge", como um concorrente direto ao "BankAmericard" (hoje Visa), lançado antes.

Expansão e Internacionalização (1970–1980)

- **1979:** A ICA mudou seu nome para "MasterCard International" para refletir melhor sua presença global e suas operações em vários países.
- **Década de 1980:** A MasterCard expandiu-se internacionalmente, formando alianças com bancos e emissores em várias regiões.

Inovações e Mudanças de Marca (1990–2000)

- **Década de 1990:** A empresa introduziu inovações como a tarja magnética e o chip EMV para melhorar a segurança e a eficiência das transações.
- **1997:** Adotou oficialmente o nome "MasterCard Worldwide" para refletir sua presença global e diversificada.

Era Digital e Expansão de Serviços (2000s–Atualidade)

- **Anos 2000:** Adaptou-se às mudanças tecnológicas, investindo em soluções de pagamento online e móveis.
- **Década de 2010:** A MasterCard se envolveu em iniciativas de pagamento digital, como a introdução da tecnologia Masterpass e parcerias com empresas de tecnologia.

Inovações Contínuas e Futuro

A MasterCard continua focada em inovações, incluindo pagamentos sem contato, biometria e segurança avançada.

A empresa busca estar na vanguarda das tecnologias financeiras e no desenvolvimento de soluções de pagamento do futuro.

A MasterCard desempenhou um papel fundamental na evolução dos pagamentos eletrônicos, proporcionando aos consumidores e comerciantes opções mais convenientes e seguras. Sua história é um testemunho do poder da inovação na transformação da indústria financeira e na maneira como as pessoas realizam transações em todo o mundo.

A bandeira oferece uma variedade de tipos de cartão em diferentes segmentos, cada um com características e benefícios específicos. Aqui estão alguns exemplos, organizados, como nos casos anteriores, do mais simples ao mais top, segundo benefícios e vantagens.

Status Atual Global

A MasterCard é uma das maiores bandeiras de cartão de crédito do mundo, aceita em milhões de estabelecimentos em praticamente todos os países.

A empresa oferece uma variedade de produtos, de cartões básicos a premium com benefícios exclusivos, como programas de recompensas, seguro de viagem e assistência de concierge.

SEGMENTOS DOS CARTÕES MASTERCARD

Cartões Básicos / *Entry-Level*

MasterCard Standard

É um cartão de crédito básico que oferece funcionalidades essenciais, como compras e saques, com taxas e benefícios padrão.

Cartões de Nível Intermediário

MasterCard Gold

Oferece benefícios adicionais em comparação com o Standard, como limites de crédito mais altos, seguro de viagem e assistência de concierge básica.

Cartões Premium / Elite

MasterCard Platinum

Esse nível inclui benefícios premium, como acesso a salas VIP de aeroportos, seguro de viagem mais abrangente e programas de recompensas aprimorados.

Cartões de Luxo / Top de Linha

MasterCard Black

Oferece uma ampla gama de benefícios de luxo, como assistência de concierge personalizada, acesso a experiências exclusivas, seguro de viagem premium e limites de crédito mais altos.

MasterCard World Elite

Um dos níveis mais exclusivos e prestigiosos da MasterCard. Oferece benefícios premium, como acesso a lounges de aeroportos, experiências exclusivas e serviços personalizados.

É importante notar que os nomes exatos e os benefícios de cada tipo de cartão podem variar de acordo com a região e os bancos emissores. Além disso, a MasterCard também oferece cartões *co-branded* em parceria com empresas específicas, como companhias aéreas e hotéis, que podem fornecer benefícios relacionados a esses setores.

Ao escolher um cartão MasterCard, é essencial considerar suas necessidades individuais, estilo de vida e preferências de benefícios. Cada segmento oferece uma experiência diferente e vantagens exclusivas, então a escolha dependerá do que melhor se alinha com suas prioridades.

RENDA MÍNIMA NECESSÁRIA

Os requisitos de renda mínima para os cartões MasterCard podem variar de acordo com a instituição financeira que emite os cartões, as políticas de crédito e as condições econômicas vigentes. No entanto, forneço a seguir uma estimativa geral das rendas mínimas com base nas categorias mencionadas anteriormente.

Cartões Básicos / Entry-Level

MasterCard Standard

A renda mínima para este cartão pode estar na faixa de **R$800** a **R$1.500**.

Cartões de Nível Intermediário

MasterCard Gold

Pode requerer uma renda mínima um pouco mais alta, em torno de **R$1.500** a **R$3.000**.

Cartões Premium / Elite

MasterCard Platinum

A renda mínima para este cartão premium pode variar entre **R$3.000** e **R$5.000**.

Cartões de Luxo / Top de Linha

MasterCard Black

Pode exigir uma renda mínima mais substancial, em torno de **R$6.000** a **R$10.000**.

MasterCard World Elite

Esse cartão de luxo pode requerer, em geral, uma renda mínima mais alta, possivelmente em torno de **R$10.000** a **R$15.000**.

Como no caso das demais empresas, essas estimativas são apenas uma referência aproximada e podem variar com base nas políticas da instituição financeira que emite o cartão e nas condições econômicas vigentes. A aprovação para determinado cartão MasterCard também pode ser influenciada, além de pela renda mínima, por fatores como histórico de crédito e capacidade de pagamento, .

Por isso, como recomendei previamente, para informações precisas e atualizadas sobre as rendas mínimas necessárias para cada cartão MasterCard no Brasil, convém entrar em contato diretamente com o banco ou a instituição financeira que emite os cartões ou visitar o site oficial da instituição.

O cartão MasterCard World Elite é um segmento premium oferecido pela MasterCard e é real. É uma das categorias de cartões mais exclusivas e prestigiosas oferecidas pela empresa. Oferece uma gama ampla de benefícios e vantagens para atender às necessidades de clientes de renda e patrimônio líquido altos.

Este cartão é oferecido em vários países do mundo por diferentes instituições financeiras parceiras da MasterCard. Bancos e emissores financeiros podem oferecer o MasterCard World Elite a clientes selecionados segundo critérios de elegibilidade como renda mínima, histórico de crédito e relacionamento bancário.

Os benefícios típicos associados ao MasterCard World Elite podem incluir:

- ☑ **Acesso a salas VIP de aeroporto.**
- ☑ **Benefícios como seguro de viagem e proteção de bagagem.**
- ☑ **Assistência de concierge personalizada.**
- ☑ **Ofertas em hotéis, restaurantes e experiências culturais.**
- ☑ **Programas de recompensas aprimorados.**
- ☑ **Serviços de proteção ao consumidor.**

À semelhança dos demais cartões, os detalhes exatos dos benefícios e critérios de qualificação para o MasterCard World Elite podem variar de um país para outro e de um banco emissor para outro. Portanto, para detalhes específicos sobre o MasterCard World Elite em cada país e os bancos que o oferecem, sugiro contatar as instituições financeiras locais ou acessar os sites oficiais dos bancos.

ELO
- FORÇA BRASILEIRA -

A história da bandeira de cartão de crédito ELO é interessante e representa um marco significativo na indústria financeira do Brasil. Exponho aqui uma descrição minuciosa, desde a criação até os dias atuais, incluindo informações sobre o status global dessa bandeira.

Fundação e Origens (2011–2012)

- **2011:** A bandeira de cartão de crédito ELO foi criada por três grandes bancos brasileiros — Banco do Brasil, Bradesco e Caixa Econômica Federal — com o objetivo de oferecer uma alternativa local às bandeiras internacionais como Visa e MasterCard.
- **2012:** A ELO lançou oficialmente seus cartões e serviços de pagamento no mercado brasileiro.

Expansão e Crescimento (2013–2015)

- **2013:** A ELO continuou a expandir sua presença no país, buscando ganhar participação de mercado e competir com as bandeiras internacionais.
- **2014:** Iniciou parcerias com bancos e emissores regionais para aumentar sua base de clientes e expandir sua aceitação.
- **2015:** A ELO lançou sua primeira campanha publicitária nacional para aumentar o reconhecimento da marca.

Parcerias Estratégicas e Expansão Internacional (2016–Atualidade)

- **2016:** Formou parcerias estratégicas com outras redes de cartões internacionais, como Discover, para expandir sua aceitação internacional.
- **2018:** Anunciou uma colaboração com a China UnionPay para melhorar a aceitação mútua de cartões entre o Brasil e a China.
- **2020:** Continuou a expandir sua presença global, buscando parcerias e alianças em diferentes regiões.

Inovações Contínuas e Futuro

A ELO continua buscando inovações em pagamentos eletrônicos, segurança e serviços financeiros para atender às demandas em constante evolução dos consumidores e do mercado.

Representa uma história de sucesso no Brasil ao oferecer uma alternativa local de cartões de crédito e serviços de pagamento, competindo com as bandeiras internacionais estabelecidas. Embora tenha uma forte presença nacional, a ELO está trabalhando para expandir sua aceitação internacional e continuar a inovar na indústria de pagamentos.

A bandeira ELO oferece uma variedade de tipos de cartões em diferentes segmentos, cada um com características e benefícios específicos. Abaixo estão alguns exemplos, organizados do mais simples ao mais top, em termos de benefícios e vantagens.

Status Atual Global

A ELO se tornou uma das principais bandeiras de cartão de crédito no Brasil, com ampla aceitação em estabelecimentos comerciais em todo o país.

Embora tenha se expandido internacionalmente e buscado alianças com outras redes de cartões, seu alcance global ainda é mais limitado em comparação com bandeiras internacionais estabelecidas.

SEGMENTOS DOS CARTÕES ELO

Cartões Básicos / *Entry-Level*

ELO Nanquim

É um cartão básico que oferece funcionalidades essenciais, como compras e saques, com benefícios padrão.

Cartões de Nível Intermediário

ELO Mais

Oferece benefícios adicionais em comparação com o Nanquim, como programas de recompensas e descontos em parceiros.

Cartões Premium / Elite

ELO Grafite

Este nível inclui benefícios premium, como acesso a salas VIP de aeroportos, seguro de viagem e programas de recompensas aprimorados.

Cartões de Luxo / Top de Linha

ELO Diners Club International

É vasta a gama de benefícios premium que oferece, como acesso a lounges em aeroportos, assistência concierge personalizada e seguro de viagem de alto nível.

Similar aos demais, os nomes exatos e os benefícios de cada tipo podem variar de acordo com a instituição financeira que emite os cartões e as parcerias estabelecidas. A ELO também pode oferecer cartões *co-branded* com outras empresas, como companhias aéreas e hotéis, com benefícios relacionados a esses setores.

Ao fazer a escolha, é preciso considerar as necessidades individuais, estilo de vida e preferências de benefícios. Cada segmento oferece uma experiência diferente e vantagens exclusivas, portanto, a escolha dependerá do que melhor atender às suas prioridades.

RENDA MÍNIMA NECESSÁRIA

Os requisitos de renda mínima para os cartões ELO podem variar dependendo da instituição financeira que emite os cartões, das políticas de crédito e das condições econômicas vigentes. No entanto, é possível estimar, de forma geral, as rendas mínimas com base nas categorias antes mencionadas.

Cartões Básicos / *Entry-Level*

ELO Nanquim

A renda mínima para este cartão pode estar na faixa de **R$800** a **R$1.500**.

Cartões de Nível Intermediário

ELO Mais

Pode requerer uma renda mínima um pouco mais alta, talvez em torno de **R$1.500** a **R$3.000**.

Cartões Premium / Elite

ELO Grafite

A renda mínima para este cartão premium pode variar entre **R$3.000** a **R$5.000**.

Cartões de Luxo / Top de Linha

ELO Diners Club International

A renda mínima para esse cartão de luxo pode exigir uma renda mais substancial, em torno de **R$6.000** a **R$10.000** ou mais.

Conforme já discutido, essas estimativas são apenas uma referência aproximada e podem variar com base nas políticas da instituição financeira que emite o cartão e na realidade econômica. Além da renda mínima, outros fatores, como histórico de crédito e capacidade de pagamento, também podem influenciar na aprovação para determinado cartão ELO.

Para obter informações precisas e atualizadas sobre as rendas mínimas necessárias para cada cartão ELO no Brasil, é aconselhável entrar em contato diretamente com o banco ou a instituição financeira que emite os cartões ou visitar o site oficial da instituição.

04

0000 0000 0000 0000

CAPÍTULO 04/32

O CARTÃO DE CRÉDITO E A REVOLUÇÃO DO DINHEIRO

CARTÃO A CARTÃO

- A JORNADA PELOS TIPOS E BENEFÍCIOS -

Mergulharemos no universo dos cartões, explorando uma variedade de tipos e seus benefícios exclusivos. Descubra as opções disponíveis, desde crédito a fidelidade, e aprenda como tirar o máximo proveito de cada um. Esteja pronto para embarcar em uma jornada de conhecimento financeiro e escolhas informadas.

STANDARD - CLASSIC - MAIS

- SEU COMPANHEIRO DO DIA A DIA -

O cartão Standard, também conhecido como Classic ou Mais, é o modelo fundamental que se tornou uma presença familiar. Ideal para realizar compras em estabelecimentos físicos e pela internet, ele se consagra como um verdadeiro "amigo de plástico", proporcionando conveniência e versatilidade na medida certa. Afinal, por que carregar dinheiro vivo quando é possível contar com um cartão seguro e prático na carteira?

Esse cartão representa a essência do acesso facilitado às transações financeiras, com uma história que remonta à evolução dos meios de pagamento. Sua presença nas lojas físicas e nas plataformas online o torna uma ferramenta essencial para aqueles que buscam agilidade e segurança em suas compras cotidianas. Ao longo do tempo, o cartão Standard, Classic ou Mais se estabeleceu como um parceiro confiável, moldando o modo como vivenciamos nossas transações diárias.

GOLD

- ESTILO AO SEU ALCANCE -

Se você quer se sentir como a realeza, o cartão Gold é para você! Elaborado para conferir um toque de luxo à sua rotina financeira, esse cartão é muito mais do que um simples meio de pagamento. Com uma série de vantagens exclusivas, como seguro de viagem e acesso a salas VIP em aeroportos, ele eleva sua experiência financeira a um patamar que faz jus à dignidade de um verdadeiro monarca.

O cartão Gold transcende a utilidade convencional dos cartões de crédito, proporcionando uma dimensão de prestígio e estilo às suas transações. Seja em suas viagens ou nos momentos de lazer, as regalias e facilidades que o acompanham conferem um caráter excepcional ao seu relacionamento com as finanças.

PLATINUM & GRAFITE
- ELEGÂNCIA & PRIVILÉGIOS DE ALTO NÍVEL -

Os cartões Platinum e Grafite redefinem a experiência financeira a um nível distinto, oferecendo elevados benefícios e privilégios. Mais do que simples meios de pagamento, são ingressos para um universo de sofisticação e exclusividade.

O cartão Platinum abre as portas para um domínio onde a elegância é a palavra de ordem. Com vantagens como assistência de concierge, acesso a eventos especiais e programas de recompensas aprimorados, você adentra um mundo onde cada transação é envolta em um toque de classe e atendimento personalizado. A jornada financeira é elevada a um patamar onde o luxo e o conforto se encontram.

Já o cartão Grafite, alinhado com o mesmo espírito de requinte, oferece um conjunto exclusivo de vantagens que refletem um compromisso com o excepcional. Essa opção é mais do que um cartão; é uma expressão de status e prestígio, proporcionando uma experiência financeira incomparável.

Tanto o cartão Platinum quanto o Grafite transcendem o âmbito convencional dos cartões de crédito, transformando cada transação em um momento de elegância e sofisticação. Ao portar um desses cartões, você não apenas faz compras, mas também adentra a esfera da excelência, onde cada detalhe é cuidadosamente moldado para oferecer uma experiência digna dos mais elevados padrões.

SIGNATURE & NANQUIM
- EXCELÊNCIA & DISTINÇÃO -

Os cartões Signature e Nanquim são a personificação máxima de excelência e distinção no universo das finanças. Com uma gama de características que transcendem os limites convencionais, eles abrem as portas para um domínio onde a sofisticação é o padrão e a exclusividade é a norma.

O cartão Signature redefine o conceito de luxo e serviços premium. Além de ser um símbolo de status, ele oferece uma experiência rara. Com atributos que podem abranger desde acesso a experiências exclusivas até ofertas singulares em viagens e atendimento personalizado, cada aspecto desse cartão é meticulosamente planejado para proporcionar uma vivência financeira que está muito além do rotineiro. Ao possuir um cartão Signature, você não apenas conduz transações; você adentra um universo de possibilidades insólitas.

O cartão Nanquim, alinhado com essa busca incessante pela distinção, oferece um panorama semelhante de vantagens premium. Ao fazer uso desse cartão, você está se associando a uma esfera onde o refinamento é a norma e a excelência é a expectativa. Desde benefícios exclusivos em viagens até serviços personalizados, o cartão Nanquim é um testemunho de sua busca pelo melhor.

Tanto o cartão Signature quanto o Nanquim são mais do que apenas ferramentas financeiras: constituem uma extensão de seu estilo de vida e aspirações. Cada interação com esses cartões é uma imersão em um mundo de oportunidades inusitadas, onde a excelência é o padrão e cada detalhe é trabalhado para criar uma experiência única.

BLACK - INFINITE - NANQUIM DINERS
- ELEGÂNCIA & PRESTÍGIO -

Os cartões Black, Infinite e Nanquim Diners personificam a busca por um estilo de vida verdadeiramente exclusivo. Essas opções elevam a rotina financeira a um nível incomparável, oferecendo um padrão de elegância e prestígio que reflete a sofisticação dos indivíduos que os portam.

O cartão Black, em particular, é a escolha dos que buscam uma abordagem distinta para suas finanças. Mais do que um meio de pagamento, é a manifestação de um estilo de vida diferenciado. Com características como acesso a lounges de aeroporto, concierge personalizado e benefícios de viagem de alto padrão, ele adiciona uma camada extra de sofisticação a cada transação.

Por sua vez, o cartão Infinite eleva a experiência financeira a um patamar inigualável. Seja por meio de ofertas exclusivas, serviços sob medida ou vantagens personalizadas, esse cartão redefine a maneira como as finanças são conduzidas. Ele é a escolha daqueles que não buscam apenas um cartão de crédito, mas sim uma conexão com uma dimensão de prestígio.

O cartão Nanquim Diners, seguindo essa tradição de excelência, oferece um panorama de vantagens que ultrapassam os limites tradicionais. Com uma gama de benefícios que vão desde ofertas exclusivas até serviços voltados para o cliente, é um testemunho do compromisso contínuo com a distinção.

Ao selecionar um desses cartões, você está escolhendo não apenas uma ferramenta financeira, mas um selo de distinção que influencia a maneira como vive e conduz suas finanças. Cada transação torna-se um reflexo do seu compromisso com um padrão de excelência, à medida que você se move pelo mundo financeiro com elegância e prestígio.

Como já destaquei em outras oportunidades, a escolha do cartão certo depende de suas necessidades, estilo de vida e metas financeiras. Ao continuar sua jornada pela diversidade de opções, estará moldando seu relacionamento com as finanças de acordo com seus objetivos mais elevados.

05

0000 0000 0000 0000

CAPÍTULO 05/32

O CARTÃO DE CRÉDITO E A REVOLUÇÃO DO DINHEIRO

DICAS PARA OBTER SEU CARTÃO DOS SONHOS

- **Avalie suas necessidades:** Escolha um cartão que corresponda ao seu padrão de gastos e estilo de vida, maximizando os benefícios.
- **Pontuação de crédito:** Mantenha um histórico de crédito saudável para aumentar a probabilidade de aprovação do cartão desejado.
- **Renda estável:** Demonstre sua capacidade de pagamento por meio de uma renda consistente, aumentando a confiança dos emissores.
- **Pesquise opções:** Compare diferentes cartões quanto a benefícios, taxas e programas de recompensas para encontrar o ideal.
- **Documentação completa:** Prepare todos os documentos exigidos durante a solicitação para facilitar o processo.
- **Reduza dívidas:** Diminuir suas dívidas existentes melhorará as chances de aprovação e viabilizará o uso responsável.
- **Mantenha informações atualizadas:** Certifique-se de que seus dados pessoais e de contato estejam corretos e atualizados.
- **Negocie taxas:** Busque negociar as taxas e condições do cartão com base em seu perfil financeiro.
- **Peça recomendações:** Consulte amigos ou familiares sobre suas experiências com cartões para tomar uma decisão informada.
- **Paciência:** Aguarde o processo de análise da solicitação e continue mantendo um bom relacionamento com o banco para aumentar suas chances no futuro.

CONQUISTANDO SEU CARTÃO DE CRÉDITO

- O SEGREDO ESTÁ EM SUAS MÃOS -

A obtenção de um cartão de crédito requer responsabilidade financeira. Afinal, como diria Warren Buffett: “O risco vem de não saber o que você está fazendo.”

Aqui, compartilharemos dicas valiosas para aumentar suas chances de aprovação e garantir que você use esse poder com sabedoria.

É importante abordar esse processo com responsabilidade e conhecimento. Neste contexto, apresentaremos orientações que não apenas aumentarão suas chances de aprovação, mas também o guiarão a usar esse instrumento financeiro de forma prudente. Cada pessoa tem suas particularidades, no entanto, seguem alguns conselhos que servem para todos:

- **Responsabilidade Financeira é Essencial**: Antes de solicitar um cartão de crédito, é crucial avaliar sua situação financeira. É também preciso ter uma noção clara de sua renda, despesas e capacidade de pagamento. Escolher um cartão alinhado às suas necessidades e estilo de vida garante que você possa gerenciar seus gastos de maneira eficaz.
- **Cuide de Sua Pontuação de Crédito**: Uma boa pontuação de crédito é um fator determinante na aprovação do cartão. Mantenha seus pagamentos em dia, evite dívidas excessivas e monitorize regularmente seu relatório de crédito. Uma pontuação saudável não apenas aumenta suas chances de aprovação, mas também pode resultar em melhores termos e limites de crédito.
- **Compreenda os Termos e Condições**: Antes de aceitar qualquer oferta de cartão, leia atentamente os termos e condições. Entenda as taxas, juros, recompensas e possíveis penalidades. Isso garante que você esteja ciente de como o cartão funciona e evita surpresas desagradáveis no futuro.
- **Estabeleça Metas e Limites**: Defina um propósito claro para o uso do cartão. Seja para construir histórico de crédito, aproveitar recompensas ou lidar com emergências, manter metas e limites claros ajuda a evitar gastos impulsivos e endividamento excessivo.
- **Use com Prudência**: Um cartão de crédito oferece conveniência, mas também exige responsabilidade. Use-o com prudência, evitando acumular dívidas que possam ser difíceis de pagar. Pague o saldo integral sempre que possível para evitar juros elevados.
- **Autoconhecimento Financeiro é Primordial**: Antes de entrar no mundo dos cartões de crédito, é crucial entender sua situação financeira atual. Avalie suas fontes de renda, despesas regulares e compromissos. Com essa clareza, poderá escolher um cartão que se alinhe ao seu estilo de vida e padrão de gastos.
- **Cuide da Sua Pontuação de Crédito**: Uma pontuação de crédito saudável é um ativo valioso. Mantenha pagamentos em dia, evite atrasos e, sempre que possível, quite o saldo total. Isso não só melhora suas chances de aprovação, mas também pode render melhores taxas de juros e limites mais altos.

- $ **Analise Detalhadamente as Ofertas de Cartão**: Antes de escolher um cartão, analise os termos e condições. Esteja ciente das taxas anuais, taxas de juros, limites de crédito e eventuais recompensas. Isso evita surpresas desagradáveis e ajuda você a tomar uma decisão informada.
- $ **Estabeleça Objetivos Claros**: Defina o motivo pelo qual você deseja um cartão de crédito. Pode ser para construir crédito, obter recompensas ou para emergências. Ter objetivos claros o ajudará a escolher o cartão certo e a usá-lo de forma direcionada.
- $ **Use Com Sabedoria e Autodisciplina**: Um cartão de crédito oferece flexibilidade, mas exige autodisciplina. Use-o para gastos que você pode pagar integralmente no vencimento da fatura. Evite tentações de gastos impulsivos que possam resultar em dívidas acumuladas.
- $ **Mantenha-se Atento aos Prazos**: Fique atento às datas de vencimento das faturas e aos prazos para efetuar os pagamentos. Atrasos podem resultar em juros e afetar sua pontuação de crédito.
- $ **Utilize Recompensas de Forma Estratégica**: Se o seu cartão oferece recompensas, planeje como usá-las. Beneficie-se de cashback, milhas ou outros programas de recompensas de acordo com suas necessidades.
- $ **Revise Regularmente Suas Finanças**: Monitore seus gastos e saldos regularmente. Isso ajuda a manter o controle sobre suas finanças e a identificar qualquer problema rapidamente.
- $ **Evite Abrir Muitos Cartões de Uma Só Vez**: Abrir vários cartões de crédito em curto espaço de tempo pode afetar negativamente sua pontuação de crédito. Seja seletivo e abra apenas os cartões que realmente atendem às suas necessidades.

Adquirir seu cartão de crédito dos sonhos não é apenas uma conquista financeira, mas um passo significativo em direção à gestão responsável de suas finanças. Aplique essas dicas com diligência, e seu cartão se tornará um aliado valioso no caminho para o sucesso financeiro.

AVALIE SUAS FINANÇAS

- COMPREENSÃO É A BASE -

Antes de dar o próximo passo na obtenção de um cartão de crédito, é essencial conduzir uma avaliação completa de suas finanças. Esse processo envolve examinar de forma minuciosa sua situação financeira em todos os aspectos. Calcule sua renda mensal líquida, considerando todas as fontes de entrada de dinheiro, e compare-a com suas despesas regulares. No entanto, ir além das receitas e gastos é crucial; entender a dinâmica financeira é a chave.

Essa análise não apenas auxilia na seleção do cartão mais adequado às suas necessidades, mas também oferece insights sobre sua capacidade de pagamento. Uma compreensão profunda desse cenário evita decisões impulsivas e possibilita que você estabeleça limites realistas para seus gastos. Para isso, considere não apenas a renda e as despesas regulares, mas também qualquer dívida existente, como empréstimos ou financiamentos.

Ao avaliar suas finanças, não se esqueça de incluir um panorama dos compromissos financeiros mensais, tais como aluguel, crédito imobiliário, contas de serviços públicos e outras despesas essenciais. Analisar suas despesas discricionárias, como entretenimento e lazer, também é importante para entender como você aloca seu dinheiro.

Ter uma visão completa de sua saúde financeira é substancial para escolher um cartão de crédito que se alinhe ao seu contexto. Ao conhecer sua situação financeira atual, poderá tomar decisões embasadas que reflitam sua capacidade de pagamento, objetivos e estilo de vida. Afinal, a compreensão sólida de suas finanças é o alicerce que sustenta uma gestão financeira responsável e bem-sucedida.

ESCOLHA O CARTÃO COM SABEDORIA
- ALINHANDO NECESSIDADES E BENEFÍCIOS -

A decisão de escolher um cartão de crédito requer uma análise criteriosa das opções disponíveis, considerando como cada cartão se alinha às suas necessidades e metas financeiras. Todos eles apresentam um conjunto distinto de benefícios, requisitos e características. Nesse processo de seleção, é essencial adotar uma abordagem personalizada, tendo em mente seu estilo de vida e demandas específicas.

Comece avaliando seu perfil financeiro e seus hábitos de gastos. Se você é um viajante frequente, um cartão com recompensas voltadas para viagens e acesso a salas VIP pode se revelar vantajoso. Esses benefícios podem tornar suas experiências de viagem mais confortáveis e econômicas, proporcionando vantagens exclusivas.

Por outro lado, se o seu foco é economizar em compras cotidianas, um cartão de cashback pode ser a escolha ideal. Com essa opção, você ganha uma porcentagem do valor gasto de volta, o que pode resultar em economias significativas ao longo do tempo.

Além disso, considere outros benefícios oferecidos pelos cartões, como seguro de compras, proteção de compras e programas de recompensas específicos. Pergunte-se quais vantagens são mais relevantes para seu estilo de vida e quais se alinham aos seus objetivos financeiros.

Antes de tomar uma decisão, lembre-se de revisar cuidadosamente os termos e condições do cartão, incluindo taxas anuais, limites de crédito e requisitos de pagamento. A escolha do cartão certo não apenas otimiza seu uso do crédito, mas também pode trazer benefícios tangíveis para suas finanças pessoais. Portanto, alinhe suas necessidades e prioridades aos benefícios oferecidos por cada opção, garantindo que sua escolha seja verdadeiramente sábia e eficaz.

REQUISITOS DE RENDA

- ALCANÇANDO O LIMITE ADEQUADO -

Avaliar os requisitos de renda é um passo importantíssimo ao considerar a solicitação de um cartão de crédito. Muitos cartões estabelecem uma renda mínima como critério de aprovação. Antes de iniciar o processo de candidatura, é crucial verificar se sua renda atende a esses requisitos específicos. No entanto, vale ressaltar que os critérios podem variar consideravelmente entre diferentes tipos de cartões e instituições financeiras.

Para maximizar suas chances de aprovação, é essencial alinhar sua renda ao requisito estabelecido pelo cartão desejado. Isso envolve avaliar com cuidado sua renda mensal líquida e compará-la ao limite mínimo estipulado pelo emissor do cartão. Mantenha em mente que a renda mínima exigida pode diferir de acordo com o tipo de cartão e a bandeira associada a ele.

Tenha em mente que os requisitos de renda têm uma finalidade: garantir que você tenha a capacidade financeira de lidar com o cartão de crédito de maneira responsável. Exceder a renda mínima recomendada é benéfico, uma vez que permite espaço para lidar com gastos imprevistos e manter um equilíbrio saudável entre sua capacidade financeira e suas obrigações.

Antes de solicitar, pesquise e compare os requisitos de renda de diferentes opções de cartões. Isso não apenas facilita a escolha do cartão mais compatível com sua situação financeira, mas também melhora suas chances de aprovação. Portanto, esteja atento à renda mínima exigida e escolha um cartão que esteja alinhado às suas possibilidades financeiras, garantindo uma experiência de crédito positiva e bem gerenciada.

HISTÓRICO DE CRÉDITO

- CONSTRUA E MANTENHA UMA HISTÓRIA POSITIVA -

Cultivar um histórico de crédito sólido é uma peça básica para garantir aprovações de crédito e limites favoráveis. Para alcançar essa base confiável, é imperativo adotar práticas financeiras responsáveis. Manter-se atualizado com os pagamentos, evitando atrasos e mantendo saldos baixos em outros cartões de crédito são aspectos muito importantes. Um histórico positivo não apenas demonstra sua maturidade financeira, mas também solidifica sua confiabilidade perante os credores.

O pagamento pontual de suas contas é um indicador de comprometimento e disciplina financeira. Evitar atrasos não só mantém sua reputação financeira intacta, mas também evita taxas e juros adicionais. Além disso, manter baixos saldos em outros cartões de crédito demonstra prudência e moderação no uso do crédito disponível, o que é altamente valorizado pelos emissores de cartões.

Vale ressaltar que um histórico de crédito positivo é como uma prova de sua capacidade de cumprir obrigações financeiras. Isso não apenas aumenta suas chances de aprovação para um novo cartão, mas também pode influenciar a extensão dos limites de crédito oferecidos. Um histórico saudável pode resultar em limites mais altos, proporcionando maior flexibilidade e poder de compra.

A construção e manutenção de um histórico de crédito positivo é uma tarefa contínua e recompensadora. Ao demonstrar responsabilidade financeira através de pagamentos pontuais e gestão prudente, você não apenas garante aprovações futuras, mas também abre portas para melhores termos e vantagens financeiras. Portanto, ao buscar aprovações de cartão de crédito, mantenha seu histórico positivo como um ativo valioso para fortalecer sua saúde financeira global.

REDUZA SUAS DÍVIDAS

- MELHORE SUA RELAÇÃO DÍVIDA/RECEITA -

Equilibrar sua relação entre dívida e receita é um passo estratégico para melhorar suas perspectivas de aprovação para um novo cartão de crédito. Ter um nível elevado de dívidas em relação à sua renda pode impactar de forma negativa suas chances de aprovação. Para maximizar suas possibilidades, considere a redução de suas dívidas existentes antes de solicitar um novo cartão.

A razão para essa abordagem é clara: a redução de suas dívidas existentes envia um sinal positivo aos credores. Demonstrando que você está comprometido em controlar suas obrigações financeiras, evidencia que é um tomador de crédito responsável e capaz de gerenciar seus compromissos com eficácia.

A relação entre suas dívidas e renda é um critério relevante para os credores ao avaliar sua solicitação. Reduzir suas dívidas antes de adicionar um novo cartão à sua carteira pode elevar sua relação dívida/receita para um nível mais favorável. Isso, por sua vez, ressaltará sua habilidade em lidar com múltiplas responsabilidades financeiras de maneira saudável.

Ao demonstrar um histórico de gerenciamento de dívidas sólido, você não apenas melhora suas chances de aprovação, mas também aprimora sua saúde financeira global. Portanto, antes de solicitar um novo cartão, considere estratégias para reduzir as dívidas existentes. Essa prática não apenas fortalecerá sua relação com os credores, mas também contribuirá para uma gestão financeira mais robusta e bem-sucedida.

PREPARE SUA DOCUMENTAÇÃO COMPLETA

- ORGANIZAÇÃO É A CHAVE -

Antes de se aventurar no processo de solicitação de um cartão de crédito, é indispensável garantir que você esteja com a documentação adequada em mãos. Documentos como comprovantes de renda, comprovantes de residência e informações de contato atualizadas desempenham um papel vital no processo de aprovação. A organização desses documentos é essencial para garantir um processo tranquilo e eficiente.

O comprovante de renda é um documento que atesta sua capacidade financeira de pagar as obrigações do cartão de crédito. Entre eles estão declarações de pagamento, holerites ou declarações de imposto de renda, dependendo de sua situação financeira. Ter esses documentos prontos ajuda os credores a avaliar sua elegibilidade e capacidade de pagamento.

O comprovante de residência é uma prova de onde você mora e pode ser uma conta de serviços públicos, um extrato bancário ou uma fatura de cartão de crédito em seu nome. Igualmente, manter suas informações de contato atualizadas, como endereço de e-mail e número de telefone, é vital para que os credores possam entrar em contato durante o processo de aprovação.

A falta de documentação completa pode resultar em atrasos desnecessários no processo de aprovação. Para evitar transtornos, dedique um tempo para reunir e organizar todos os documentos necessários antes de iniciar sua solicitação. Essa prática não apenas agiliza o processo, mas também demonstra sua seriedade e comprometimento com o processo de aprovação.

Não perca de vista que a organização é a chave para um processo de solicitação de cartão de crédito bem-sucedido. Ao apresentar uma documentação completa e precisa, você não apenas facilita o trabalho dos credores, mas também aumenta suas chances de uma avaliação positiva. Portanto, esteja preparado e organize-se para garantir uma experiência de aprovação mais suave e eficiente.

EVITE SOLICITAÇÕES EXCESSIVAS

- ESTRATÉGIA É ESSENCIAL -

Quando se trata de solicitar um novo cartão de crédito, é necessário ter uma abordagem estratégica para proteger sua saúde financeira. Evitar o envio de múltiplas solicitações em um curto período de tempo é uma prática sensata. Cada solicitação gera o que é conhecido como um "inquérito" em seu relatório de crédito, e esses inquéritos podem ter um impacto negativo em sua pontuação de crédito.

Os inquéritos ocorrem sempre que um credor verifica seu relatório de crédito em resposta a uma solicitação. Ter muitos inquéritos recentes pode sinalizar aos credores que você está em busca de crédito em excesso, o que pode ser visto como um risco. Como resultado, sua pontuação pode ser afetada negativamente.

É prudente selecionar com cuidado os cartões que melhor se alinham ao seu perfil financeiro e suas necessidades. Antes de enviar uma solicitação, avalie as opções disponíveis, considere os benefícios oferecidos por cada cartão e escolha aqueles que correspondam ao seu estilo de vida e metas financeiras. Evitar solicitações desnecessárias não apenas preserva sua pontuação de crédito, mas também indica sua abordagem responsável em relação a ele.

Ao adotar uma estratégia consciente e focada, você não somente estará protegendo sua pontuação de crédito, mas também melhorando suas chances de aprovação. Manter um número gerenciável de inquéritos recentes em seu relatório de crédito é uma maneira eficaz de demonstrar aos credores que você está tomando decisões financeiras sólidas e bem pensadas. Portanto, antes de enviar uma solicitação, reflita sobre suas escolhas e opte por um caminho que otimize suas chances de sucesso a longo prazo.

SEJA PRUDENTE COM O USO

- RESPONSABILIDADE EM GERENCIAR SEUS GASTOS -

O momento após a obtenção de um novo cartão de crédito é crítico para demonstrar sua responsabilidade financeira. Ao utilizá-lo com sabedoria, você cria bases sólidas para um histórico de crédito positivo. Evitar a acumulação de dívidas desnecessárias é um passo fundamental nessa jornada.

Priorizar o pagamento integral da fatura é uma prática primordial. Quando você paga o valor total da fatura dentro do prazo, evita a aplicação de encargos de juros sobre os saldos remanescentes. Isso não apenas ajuda a manter suas finanças em ordem, mas também preserva seu histórico de crédito de forma positiva, refletindo sua capacidade de gerenciar efetivamente suas obrigações financeiras.

O cartão de crédito oferece flexibilidade e poder de compra, mas requer disciplina e controle para ser usado de forma eficaz. Ao definir limites de gastos realistas e evitar excedê-los, você evita o acúmulo de dívidas que podem ser difíceis de administrar. Ao monitorar regularmente seus gastos e manter um orçamento, você se mantém no controle de suas finanças.

Manter um histórico de crédito positivo é uma jornada contínua, e seu comportamento pós-aprovação é uma parte determinante desse processo. Ao usar seu cartão com responsabilidade e priorizar o pagamento integral da fatura, você não apenas evita encargos adicionais, mas também constrói a confiança dos credores e fortalece sua saúde financeira geral. Portanto, adote uma abordagem prudente e bem pensada em relação ao uso do seu cartão, colhendo os benefícios de uma gestão financeira eficaz e sustentável.

ENTENDA AS TAXAS E CUSTOS

- TRANSPARÊNCIA FINANCEIRA -

Avaliar as taxas e custos associados a um cartão de crédito é uma etapa essencial antes de fazer uma solicitação. Cada cartão pode ter diferentes tipos de taxas, como anuidades, taxas de juros, encargos de transação em moeda estrangeira e outros custos diversos. A compreensão profunda desses aspectos é fundamental para tomar decisões financeiras informadas e evitar surpresas desagradáveis.

A taxa anual é uma das taxas mais comuns e representa o custo de manter o cartão ativo. É importante considerar se o valor da anuidade é justificável pelos benefícios e vantagens oferecidos pelo cartão. Algumas vezes, cartões com taxas mais altas podem proporcionar benefícios adicionais, como recompensas generosas ou serviços exclusivos.

As taxas de juros são outro fator primordial a ser considerado. Elas representam o custo financeiro de carregar um saldo não pago após o período de pagamento sem juros. Entender as taxas de juros é indispensável para planejar seus gastos e pagamentos, pois altas taxas podem resultar em encargos substanciais ao longo do tempo.

Se você planeja usar seu cartão em transações internacionais, fique atento às taxas de transação para operações no exterior. Algumas vezes, os cartões cobram uma taxa extra por cada transação realizada em moedas estrangeiras. Avaliar esses encargos é importante, especialmente se você viajar com frequência ou fizer compras online em sites de outros países.

Além dessas taxas principais, é preciso verificar outras taxas possíveis, como taxas de saque em dinheiro, taxas de atraso de pagamento e taxas de super limite. Ao entender completamente os custos associados ao cartão, poderá fazer escolhas financeiras mais informadas e alinhadas às suas expectativas.

A transparência financeira é imprescindível ao escolher um cartão de crédito. Ao examinar detalhadamente as taxas e custos associados, você evita surpresas indesejadas e garante que o cartão escolhido se alinhe às suas necessidades e metas. Portanto, reserve um tempo para entender todas as implicações financeiras antes de fazer uma solicitação, tornando sua jornada de uso do cartão mais tranquila e eficaz.

CONHEÇA OS BENEFÍCIOS

- EXPLORANDO RECOMPENSAS E VANTAGENS -

Além das características básicas, os cartões de crédito, em geral, vêm acompanhados de uma gama de benefícios que podem aprimorar sua experiência financeira de maneira significativa. Ao considerar um novo cartão, é essencial explorar esses benefícios e entender como eles poderão agregar valor às suas transações diárias e às suas metas financeiras mais amplas.

Os programas de recompensas são um dos benefícios mais comuns oferecidos pelos cartões. Eles permitem que você acumule pontos, milhas ou cashback a cada transação, o que pode ser usado para resgatar viagens, produtos, descontos ou até mesmo quitar faturas. Avalie o tipo de recompensa oferecida, o valor dos pontos acumulados e as opções de resgate disponíveis para garantir que eles atendam às suas preferências e necessidades.

Além disso, muitos cartões oferecem assistência de viagem e seguros como benefícios adicionais. Isso pode incluir cobertura de seguro de viagem, seguro de aluguel de carro, proteção contra roubo ou danos em compras, entre outros. Ao compreender essas proteções, poderá se beneficiar de uma camada extra de segurança ao usar seu cartão para transações cotidianas.

Para aqueles que buscam um nível superior de benefícios, os cartões de categoria Platinum ou Black oferecem vantagens exclusivas. Esses cartões frequentemente proporcionam acesso a lounges de aeroporto, serviços de concierge personalizados, ofertas exclusivas em eventos e até mesmo privilégios de viagem premium. São benefícios projetados para aprimorar sua experiência e adicionar um toque de luxo às suas transações financeiras.

Ao avaliar os benefícios de um cartão, considere como se alinham ao seu estilo de vida, objetivos financeiros e preferências pessoais. Alguns deles podem ser mais relevantes para suas necessidades do que outros. Portanto, dedique tempo para entender por inteiro os recursos oferecidos pelo cartão que você está considerando, garantindo que eles complementem suas metas financeiras e enriqueçam sua experiência de uso do cartão.

ESTABELEÇA UM RELACIONAMENTO COM O BANCO

- GERANDO CONFIANÇA -

Ao considerar a solicitação de um novo cartão de crédito, vale a pena explorar as opções oferecidas pelo banco com o qual você já possui uma relação financeira. Ter uma conta bancária preexistente pode ser um fator valioso no processo de aprovação, uma vez que os bancos tendem a valorizar a fidelidade do cliente e o relacionamento de longo prazo.

Ter uma conta corrente, poupança ou outra forma de relacionamento financeiro com um banco específico, demonstra sua história e compromisso com a instituição. Os bancos consideram essa relação ao avaliar sua solicitação de cartão de crédito, pois ela indica um nível de confiança estabelecido entre ambas as partes.

Além disso, muitos bancos oferecem benefícios adicionais aos clientes que possuem vários produtos financeiros com eles. Entre eles estão taxas de anuidade reduzidas, taxas de juros mais favoráveis ou até mesmo ofertas especiais em programas de recompensas. Ter um relacionamento consolidado pode abrir portas para oportunidades adicionais e vantagens exclusivas.

No entanto, é importante notar que, embora um relacionamento preexistente possa aumentar suas chances de aprovação, ainda é fundamental cumprir os requisitos financeiros e de crédito estabelecidos para o cartão que você deseja. A fidelidade ao banco é um fator positivo, mas ela se combina a outros critérios, como histórico de crédito, renda e capacidade de pagamento.

Portanto, ao pensar em solicitar um cartão de crédito, não deixe de explorar as opções oferecidas pelo banco com o qual você já se relaciona. Pode ser um trunfo valioso para construir confiança com os credores e melhorar suas chances de aprovação. Não se esqueça de que, independentemente de seu vínculo com a instituição, é primordial que seu perfil financeiro esteja alinhado com os requisitos do cartão que deseja adquirir.

PREPARE-SE PARA A ENTREVISTA DE CRÉDITO
- DESTAQUE SUAS QUALIFICAÇÕES -

Embora nem sempre seja o caso, algumas instituições financeiras podem solicitar uma entrevista de crédito como parte do processo de aprovação para um novo cartão. Essa etapa é uma oportunidade para você se destacar ao discutir sua situação financeira, suas intenções ao solicitar o cartão e sua abordagem responsável em relação ao crédito.

Durante a entrevista, você pode esperar que o entrevistador faça perguntas sobre vários aspectos da sua vida financeira. Ele poderá querer entender mais sobre sua renda, despesas, histórico de crédito e objetivos financeiros. É importante estar preparado para fornecer informações detalhadas e honestas, demonstrando sua capacidade de gerenciar o crédito de forma prudente.

Ao responder às perguntas, destaque suas qualificações e compromisso em utilizar o cartão de forma responsável. Compartilhe como você planeja pagar suas faturas em dia, como monitora seus gastos e como pretende evitar o endividamento excessivo. Ao demonstrar sua compreensão sobre a importância do crédito responsável, poderá aumentar gradualmente a confiança da instituição financeira em você.

Além disso, seja transparente sobre suas razões para solicitar o cartão. Explique como o cartão atenderá às suas necessidades financeiras e como pretende tirar proveito dos benefícios oferecidos. Ter uma compreensão sólida dos recursos do cartão mostrará que pesquisou sobre o assunto e que está tomando uma decisão informada.

Tenha presente que a entrevista de crédito é uma oportunidade para se destacar como um tomador de crédito responsável. Ao demonstrar sua seriedade, determinação e compreensão das responsabilidades do crédito, poderá aumentar suas chances de aprovação e começar sua jornada com um novo cartão de crédito de maneira sólida e bem-sucedida.

CONSIDERE CARTÕES GARANTIDOS OU ALTERNATIVOS

- CONSTRUÇÃO DE CRÉDITO -

Para aqueles que estão buscando construir ou reconstruir sua história de crédito, é indispensável explorar todas as opções disponíveis. Os cartões de crédito garantidos e alternativos podem ser recursos valiosos nesse processo, oferecendo oportunidades para estabelecer ou reafirmar sua confiabilidade financeira.

Os cartões garantidos são especialmente indicados para pessoas que possuem um histórico de crédito limitado ou problemas anteriores. Eles funcionam por meio da exigência de um depósito de segurança, que, em geral, corresponde ao limite de crédito inicial do cartão. Esse depósito protege o credor em caso de inadimplência, tornando-o uma opção mais acessível para aqueles com históricos de crédito menos favoráveis. Ao utilizar um cartão garantido de forma responsável, você demonstrará sua capacidade de gerenciar o crédito de maneira eficaz, o que é imperioso para construir sua reputação de crédito.

Além dos cartões garantidos, também vale a pena explorar alternativas como cartões de loja ou cartões pré-pagos. Os cartões de loja, frequentemente oferecidos por grandes varejistas, são usados para fazer compras exclusivamente na loja que emite o cartão e podem ser mais fáceis de obter. Já os cartões pré-pagos funcionam mais como um cartão de débito, onde você carrega dinheiro previamente e gasta apenas o que depositou.

Essas opções alternativas podem ser uma maneira de iniciar ou continuar construindo seu crédito de forma controlada. No entanto, é importante notar que esses tipos de cartão podem ter taxas ou limitações diferentes dos cartões de crédito tradicionais. Portanto, antes de escolher um cartão alternativo, é essencial ler os termos e condições e avaliar cuidadosamente como ele se alinha às suas necessidades e objetivos financeiros.

Independentemente da opção escolhida, o foco principal deve ser o uso responsável do crédito. Fazendo pagamentos com pontualidade, mantendo baixos saldos e evitando atrasos, você estará preparando o terreno para uma história de crédito mais forte e saudável. Essa base sólida o deixará em uma posição vantajosa para acessar cartões de crédito mais tradicionais e desfrutar de seus benefícios.

BUSQUE ORIENTAÇÃO PROFISSIONAL
- CONSULTE UM ESPECIALISTA -

Quando se trata de tomar decisões financeiras importantes — como escolher o cartão de crédito certo para suas necessidades —, buscar orientação profissional pode ser um passo sábio. Consultar um especialista em finanças ou um consultor financeiro pode oferecer clareza e insights valiosos para tomar uma decisão informada.

Um consultor financeiro é um profissional experiente nessas questões que poderá avaliar sua situação individual e oferecer orientações personalizadas. Ao compartilhar detalhes sobre sua renda, despesas, objetivos financeiros e histórico de crédito, um consultor orientará você a identificar as opções de cartão de crédito que melhor atendam às suas necessidades.

Um consultor financeiro poderá ainda ajudá-lo a entender os termos e condições dos cartões, analisar as taxas associadas e avaliar os benefícios oferecidos, o que pode ser particularmente útil se você estiver preocupado com seu histórico de crédito ou se estiver buscando maneiras de melhorar sua situação financeira.

Os consultores financeiros são profissionais qualificados e imparciais, cujo objetivo é contribuir para que você tome decisões informadas e benéficas para sua situação financeira. Eles podem oferecer insights sobre como usar o crédito de maneira responsável, maximizar os benefícios do cartão escolhido e planejar um futuro financeiro sólido.

Antes de tomar qualquer decisão, considere agendar uma consulta com um consultor financeiro para discutir suas opções. Com a ajuda de um especialista, você poderá fazer escolhas mais fundamentadas, escolher o cartão de crédito que melhor se alinhe com seus objetivos e estará no caminho certo para uma saúde financeira sustentável.

APROVEITE AO MÁXIMO SEU CARTÃO
- UTILIZAÇÃO INTELIGENTE -

Após conseguir o tão desejado cartão de crédito, é essencial utilizá-lo com prudência e sabedoria. Isso implica adotar uma abordagem consciente, que começa com a criação de um orçamento financeiro sólido. Ao estabelecer limites claros para seus gastos mensais, você garante que suas compras estejam alinhadas com suas metas financeiras mais amplas.

Ao fazer compras, é importante ser ponderado e evitar gastos impulsivos. Antes de adquirir um item, avalie cuidadosamente se você está perante uma necessidade real ou um desejo momentâneo. Ao permanecer dentro do seu orçamento, evitará acumular dívidas desnecessárias e manterá o controle sobre suas finanças.

Um dos aspectos mais críticos é pagar a fatura integralmente e dentro do prazo estabelecido. Isso não apenas evitará a cobrança de juros elevados, mas também demonstrará uma gestão financeira responsável. Manter o pagamento em dia é uma maneira eficaz de construir um histórico de crédito positivo, que será benéfico para futuras oportunidades financeiras.

Cada instituição financeira e bandeira de cartão pode ter critérios específicos para aprovação e concessão de crédito. Portanto, ser responsável financeiramente e usar o cartão de forma consciente é primordial. Ao adotar essas práticas, você não só desfrutará dos benefícios imediatos do seu cartão dos sonhos, mas também estabelecerá alicerces sólidos para um futuro financeiro mais seguro e bem-sucedido.

Ao aderir a essas orientações, você estará no caminho certo para usar o poder do crédito de maneira inteligente e eficaz. Com uma abordagem responsável, você maximizará os benefícios do seu cartão de crédito dos sonhos e ficará em uma posição vantajosa para alcançar suas metas financeiras de longo prazo.

OS BASTIDORES FINANCEIROS

- BANCOS E SUAS OFERTAS -

Nos bastidores das finanças, os bancos desempenham um papel central ao oferecer uma variedade de serviços financeiros. Além de serem instituições onde é possível abrir uma conta corrente ou poupança, os bancos também proporcionam uma série de produtos, incluindo cartões de crédito, empréstimos, investimentos e serviços de gestão de patrimônio. Cada banco compete para atrair clientes oferecendo diferentes tipos de cartões, taxas de juros, programas de recompensas e benefícios. Portanto, ao escolher um banco ou um cartão de crédito, é importante analisar cuidadosamente suas ofertas para encontrar o que melhor atende às suas necessidades financeiras.

Exploração Profunda e Esclarecedora

Os cartões de crédito, em particular, são uma parte significativa das ofertas bancárias. Cada banco compete para atrair clientes oferecendo diferentes tipos de cartões, cada um com características distintas. Isso inclui taxas de juros, programas de recompensas, limites de crédito e benefícios exclusivos. Por isso, antes de escolher um cartão de crédito, é preciso observar com critério as ofertas disponíveis para encontrar o produto que está mais em sintonia com suas necessidades e hábitos.

Além disso, os bancos satisfazem uma importante tarefa na gestão do dinheiro dos clientes. Eles oferecem serviços de gestão de patrimônio, por meio dos quais profissionais financeiros orientam os clientes a investir, diversificar seus ativos e planejar seu futuro financeiro. Essa orientação é valiosa para quem busca otimizar seus investimentos e garantir um futuro financeiro sólido.

Portanto, ao explorar os bastidores financeiros e as ofertas dos bancos, é necessário entender as diversas opções disponíveis e como elas podem impactar sua situação financeira. Ao tomar decisões informadas, poderá aproveitar ao máximo os serviços oferecidos pelos bancos e alcançar seus objetivos financeiros com sucesso.

- **A Natureza dos Bancos**: Os bancos encarnam uma responsabilidade substancial na economia, atuando como intermediários financeiros. Eles aceitam depósitos de clientes e os empregam para fornecer empréstimos a outras pessoas e empresas. É preciso compreender essa dinâmica para perceber como os bancos operam e geram lucro.
- **Produtos Financeiros**: Além de contas correntes e poupanças, os bancos oferecem uma variedade de produtos financeiros, como cartões de crédito, empréstimos pessoais, créditos imobiliários e investimentos. Cada produto possui características únicas e é concebido para atender a diferentes necessidades. Conhecer as opções disponíveis é essencial para tomar decisões financeiras informadas.
- **Regulamentação Financeira**: Os bancos estão sujeitos a regulamentações rigorosas para proteger os interesses dos clientes e a estabilidade das finanças. Essas regulamentações abrangem áreas como taxas de juros, proteção do consumidor, prevenção contra a lavagem de dinheiro e muito mais. Compreender a regulamentação financeira contribui para que os consumidores tenham confiança em suas transações bancárias.
- **Gestão de Riscos**: Os bancos enfrentam uma variedade de riscos, incluindo os de crédito, de mercado e operacionais. Para manter a estabilidade financeira, eles empregam estratégias de gestão de riscos. Os clientes podem se beneficiar ao entenderem como os bancos gerenciam esses riscos para proteger seus depósitos e investimentos.
- **Inovação Financeira**: A tecnologia está transformando a maneira como os bancos oferecem serviços. A ascensão das fintechs e a digitalização dos serviços bancários estão criando novas oportunidades e desafios. Acompanhar as tendências de inovação financeira pode fazer com que os clientes aproveitem ao máximo as opções disponíveis.
- **Impacto nas Finanças Pessoais**: As decisões financeiras dos bancos, como taxas de juros e políticas de empréstimos, têm um impacto direto nas finanças pessoais dos clientes. Entender como essas decisões podem afetar suas economias, empréstimos e investimentos é crucial para tomar decisões financeiras sólidas.

Os Enigmas Desvendados

Nos bastidores das finanças, um dos enigmas mais intrigantes para a maioria das pessoas são os juros. Existem dois tipos principais: juros simples, que são calculados apenas sobre o valor inicial, e juros compostos, que são calculados sobre o valor inicial mais os juros acumulados anteriormente. Os juros compostos são o motivo pelo qual o dinheiro em uma conta de poupança cresce ao longo do tempo e também porque as dívidas podem se tornar significativamente maiores se não forem pagas.

Outro enigma é o sistema de pontuação de crédito, que os bancos utilizam para avaliar a confiabilidade dos consumidores. Essa pontuação é baseada em histórico de pagamento, dívidas existentes e outros fatores. Ter uma boa pontuação de crédito é indispensável para obter empréstimos com taxas de juros baixas.

Investimentos bancários também são muitas vezes vistos como enigmas. Os bancos oferecem uma variedade de produtos, desde contas de poupança com juros até ações e fundos de investimento. Entender o risco e o retorno associados a esses investimentos é vital para tomar decisões informadas.

Por fim, as taxas e tarifas bancárias podem ser confusas. É importante conhecer quais taxas são cobradas pelos serviços bancários e como evitá-las. Negociar com o banco pode ser uma estratégia eficaz para reduzir esses custos.

Desvendar esses enigmas pode promover a tomada de decisões financeiras mais inteligentes e o aproveitamento ao máximo das relações com os bancos. Além disso existem outros aspectos:

- $ **Taxas e Juros Ocultos**: Muitas vezes, os bancos apresentam ofertas tentadoras, mas escondem taxas e juros em letras miúdas. Por isso, é necessário ler os termos e condições cuidadosamente para entender completamente os custos reais de um produto financeiro, como um cartão de crédito. Isso inclui taxas anuais, taxas de transação em moeda estrangeira e taxas de juros em caso de pagamento mínimo ou atraso.
- $ **Pontuações de Crédito e Aprovação**: Os bancos usam sua pontuação de crédito para determinar a aprovação de cartões e empréstimos. Compreender como sua pontuação é calculada e como ela afeta suas chances de aprovação é muito importante. Atrasos em pagamentos anteriores ou dívidas em aberto podem diminuir sua pontuação e dificultar a aprovação de certos produtos financeiros.
- $ **Programas de Recompensas e Benefícios**: Cartões de crédito, em certos casos, oferecem programas de recompensas, como milhas aéreas ou cashback. No entanto, esses programas variam muito em termos de valor e utilidade. É importante avaliar se os benefícios oferecidos se ajustam a seus hábitos e gastos. Um programa de recompensas que não corresponde às suas necessidades pode não ser tão vantajoso quanto parece.
- $ **Ofertas Promocionais**: Os bancos costumam promover ofertas especiais para atrair novos clientes, por exemplo, juros zero por um período limitado ou bônus de inscrição. No entanto, essas ofertas geralmente têm condições específicas e podem se transformar em encargos

significativos após o término do período promocional. Certifique-se de entender as implicações a longo prazo dessas ofertas antes de se inscrever.

- **Atendimento ao Cliente e Suporte**: A qualidade do atendimento ao cliente é indispensável. Em caso de problemas, como disputas de cobrança ou fraude, é essencial ter um banco que ofereça suporte eficaz e ágil. Pesquise as avaliações e reputação do banco em relação ao atendimento ao cliente antes de escolher seus serviços.

O Conhecimento como Guia

O conhecimento desempenha um papel vital na navegação pelo mundo das finanças. É o guia que viabiliza tomar decisões informadas e a evitar armadilhas financeiras. Aqui estão alguns pontos-chave:

- **Interpretar as Taxas de Juros:** Saber como as taxas de juros funcionam é essencial. Isso inclui juros em empréstimos — como crédito imobiliário e cartões de crédito — e juros ganhos em investimentos. Quanto maior a taxa de juros, mais você pagará nas dívidas e mais ganhará nos investimentos.
- **Informar-se sobre a Pontuação de Crédito:** Conhecer sua pontuação de crédito e como ela é calculada é crucial. Uma boa pontuação de crédito pode abrir portas para empréstimos com taxas mais baixas, enquanto uma pontuação ruim pode limitar suas opções.
- **Diversificar Investimentos:** Ter conhecimento sobre diferentes tipos de investimentos, como ações, títulos e fundos mútuos, ajuda a construir uma carteira de investimentos equilibrada e a mitigar riscos.
- **Compreender Taxas e Tarifas:** Saber quais taxas bancárias são justas e quais podem ser evitadas permite economizar dinheiro. Além disso, entender os encargos associados aos investimentos é essencial para tomar decisões informadas.
- **Planejamento Financeiro:** Ter conhecimento em planejamento financeiro permite que você estabeleça metas, crie um orçamento e economize para o futuro.
- **Negociação:** Saber como negociar com bancos e instituições financeiras pode resultar em melhores termos e condições em empréstimos, contas bancárias e investimentos.

A Força de uma Escolha Informada

Ao compreender as estratégias por trás das ofertas bancárias, você se torna um participante informado no mundo financeiro. Cada decisão que você toma é impulsionada pelo conhecimento das nuances que moldam as ofertas, capacitando-o para selecionar produtos que se harmonizam perfeitamente com sua trajetória financeira.

A força de uma escolha informada é o alicerce de uma saúde sólida nas finanças. Quando você entende as estratégias envolvidas nas ofertas bancárias, adquire a capacidade de tomar decisões financeiras que realmente se adequam a seus objetivos e às suas necessidades. Aqui estão alguns aspectos cruciais:

- $ **Comparação de Produtos:** Ao conhecer as ofertas disponíveis, poderá comparar produtos bancários, como contas correntes, cartões de crédito, empréstimos e investimentos. Isso lhe permite escolher aqueles que oferecem os melhores termos e benefícios para sua situação financeira.
- $ **Prevenção de Armadilhas:** Instruir-se sobre as nuances das ofertas bancárias possibilita que se identifiquem armadilhas financeiras. Dessa forma, poderá evitar produtos com taxas ocultas, cláusulas desfavoráveis ou condições que não atendem às suas necessidades.
- $ **Personalização Financeira:** Ao entender as opções disponíveis, poderá personalizar sua estratégia financeira. Isso significa escolher os produtos que se adequam ao seu padrão, metas econômicas e apetite ao risco.
- $ **Negociação de Termos Favoráveis:** Com conhecimento, estará em uma posição melhor para negociar com instituições financeiras. Poderá solicitar taxas de juros mais baixas em empréstimos ou melhores termos em contas de investimento, garantindo economia a longo prazo.
- $ **Proteção Financeira:** Saber interpretar as ofertas de seguros e serviços financeiros o ajudará a proteger sua saúde financeira. Por exemplo, poderá escolher os seguros que oferecem cobertura adequada para sua família e propriedades.
- $ **Empoderamento Financeiro:** A capacidade de fazer escolhas informadas proporciona um senso de empoderamento financeiro. Isso significa que suas decisões financeiras são tomadas com confiança, sabendo que você está no controle de seu destino financeiro.
- $ **Objetivos Alcançados:** Por fim, a força de uma escolha informada o levará até seus objetivos financeiros. Seja economizar para a aposentadoria, comprar uma casa ou criar um fundo de emergência, suas decisões são direcionadas para cumprir essas metas.

A Jornada de Autoempoderamento

A jornada de autoempoderamento financeiro começa com a compreensão profunda dos bastidores das ofertas bancárias. É uma jornada que permite que você se torne o mestre de seu próprio destino financeiro. Eis como isso funciona:

- $ **Compreendendo em Profundidade:** A primeira etapa é mergulhar nas complexidades das ofertas bancárias, o que envolve desvendar os mistérios dos produtos financeiros, entender as estratégias das instituições bancárias e descobrir como as ofertas são projetadas para atrair clientes.

- $ **Confiando em Seu Conhecimento:** À medida que você ganha conhecimentos, a confiança em suas habilidades financeiras cresce. Você não se sentirá mais à mercê das ofertas bancárias, mas sim um participante informado que pode tomar decisões com base em seus próprios interesses.
- $ **Tomando Decisões Conscientes:** Com a jornada de autoempoderamento, você passa a tomar decisões financeiras conscientes. Em vez de aceitar apenas o que lhe é oferecido, escolherá produtos financeiros em sintonia com seus objetivos e valores financeiros.
- $ **Negociando com Confiança:** Ao compreender as estratégias bancárias, você poderá negociar com confiança. Isso vale tanto para taxas de juros em empréstimos quanto para vantagens em contas de investimento, ou até mesmo benefícios adicionais em cartões de crédito.
- $ **Moldando Seu Futuro Financeiro:** A jornada de autoempoderamento não se resume a entender, mas de agir. Você começa a moldar seu futuro financeiro com base em suas próprias escolhas informadas, podendo envolver ações como construir riqueza, economizar para metas específicas ou planejar a aposentadoria.
- $ **Transformando o Conhecimento em Poder:** Conhecimento é poder, especialmente no mundo financeiro. A jornada de autoempoderamento permite que você aproveite esse conhecimento para tomar decisões que sirvam aos seus interesses e ao seu bem-estar financeiro.

Portanto, ao seguir a jornada de autoempoderamento, você não apenas descobrirá os segredos das ofertas bancárias, mas também se tornará protagonista de sua própria narrativa financeira. Com confiança e discernimento, usará o conhecimento adquirido para esculpir um futuro financeiro sólido e alinhado com seus objetivos e aspirações.

OS GRANDES BANQUEIROS
- OS BASTIDORES DO PODER FINANCEIRO -

Por trás de cada cartão de crédito existe um complexo e intrincado sistema financeiro, onde os bancos cumprem um papel substancial. Neste subcapítulo, mergulharemos nos bastidores do mundo bancário e exploraremos como os bancos emitem cartões de crédito, gerenciam riscos e oferecem uma variedade de ofertas aos consumidores. Conhecer esses bastidores é essencial para entender como tudo funciona. Warren Buffett disse certa vez: "Se você não encontrar uma maneira de ganhar dinheiro enquanto dorme, trabalhará até morrer." Os bancos sabem disso muito bem.

Agora você descobrirá como esses titãs financeiros moldam o cenário bancário e influenciam a economia global. Eis o que você precisa saber:

- $ **Figuras de Influência:** Os Grandes Banqueiros são líderes de instituições financeiras globais. Eles não apenas gerenciam o dinheiro de milhões, senão bilhões de pessoas, mas também exercem um impacto significativo nas políticas financeiras nacionais e internacionais.
- $ **Tomada de Decisão Estratégica:** Esses banqueiros não tomam decisões financeiras aleatórias. Cada movimento que fazem é estrategicamente planejado para maximizar os lucros de seus bancos e, por extensão, seu próprio poder financeiro.
- $ **Inovação Financeira:** Eles estão na vanguarda da inovação financeira. Grandes Banqueiros frequentemente introduzem novos produtos financeiros, estratégias de investimento e tecnologias que transformam a maneira como interagimos com o dinheiro.
- $ **Lobby e Influência Política:** Devido à vasta riqueza e influência de seus bancos, esses banqueiros muitas vezes têm poder significativo nos corredores do governo. Eles podem influenciar a formulação de políticas e regulamentos financeiros.
- $ **Concentração de Poder:** A concentração de poder nas mãos de um punhado de Grandes Banqueiros é uma preocupação, já que isso pode levar a um sistema financeiro desequilibrado. Entender como eles operam é essencial para avaliar o impacto de suas decisões na economia e em nossas finanças pessoais.
- $ **Desafios e Controvérsias:** Grandes Banqueiros também enfrentam desafios e controvérsias, como escândalos financeiros, críticas públicas e regulamentações mais rigorosas.
- $ **Papel na Economia Global:** Suas decisões têm um impacto direto nas taxas de juros, investimentos, mercados de ações e até mesmo na estabilidade financeira global. Portanto, entender seu papel é essencial para qualquer pessoa interessada em finanças e economia.

O Intrincado Tabuleiro Financeiro

A cada cartão de crédito que entra em sua carteira, um intricado sistema financeiro se desdobra nos bastidores. Neste subcapítulo, investigaremos os detalhes dessa teia complexa, na qual os bancos assumem uma função essencial. O palco está montado para uma exploração aprofundada das engrenagens que impulsionam o universo financeiro.

- **A Cadeia de Transações:** Cada vez que um cartão de crédito é usado, uma série de transações e processos financeiros é acionada. Desde a compra em uma loja até o pagamento ao comerciante, uma cadeia de eventos ocorre, envolvendo instituições financeiras, processadores de pagamentos e até mesmo redes de cartões de crédito.
- **O Fluxo de Dinheiro:** Entender como o dinheiro flui por meio desse sistema é indispensável. Desde o momento em que você faz uma compra até a liquidação das transações, o dinheiro percorre caminhos específicos, e cada etapa é crítica para garantir que os pagamentos sejam processados de maneira eficiente e segura.
- **A Importância dos Bancos:** Os bancos são peças-chave nesse tabuleiro. Eles atuam como intermediários entre você, o comerciante e outras instituições financeiras. Além disso, os bancos emitem e gerenciam cartões de crédito, estabelecem os limites de crédito e definem as taxas de juros.
- **Segurança Financeira:** O sistema financeiro é altamente regulamentado para garantir a segurança e a integridade das transações. Normas rígidas são aplicadas para proteger os dados do titular do cartão e garantir que as transações sejam legítimas.
- **Impacto Econômico:** As transações financeiras, incluindo o uso de cartões de crédito, têm um impacto direto na economia. As tendências de gastos podem influenciar a demanda por produtos e serviços, afetar as taxas de juros e até mesmo moldar a economia de um país.
- **Evolução Tecnológica:** A tecnologia desempenha um papel crescente nesse cenário. O advento de sistemas de pagamento digital e carteiras móveis está transformando a forma como interagimos com o dinheiro, criando novas oportunidades e desafios.

Desvendando os Mistérios do Mundo Bancário

Prepare-se para uma jornada nos recônditos do mundo bancário, onde os Grandes Banqueiros traçam estratégias e tomam decisões que ecoam por toda a economia. Com uma lupa nas mãos, desvendaremos o processo de emissão de cartões de crédito, a arte de gerenciar riscos e a diversidade de ofertas que eles apresentam aos consumidores.

- **O Processo de Emissão de Cartões de Crédito:** Os bancos têm o poder de emitir cartões de crédito e, ao fazê-lo, desencadeiam um intrincado processo de avaliação de crédito. Vamos detalhar como os bancos decidem quem é elegível para um cartão de crédito, que fatores influenciam essa decisão e como os limites de crédito são estabelecidos.
- **A Gestão de Riscos:** A tomada de decisões financeiras envolve uma análise cuidadosa dos riscos envolvidos. Discutiremos como os Grandes

Banqueiros gerenciam esses riscos, avaliam a probabilidade de inadimplência dos titulares de cartões e adotam estratégias para minimizar perdas.

- **A Diversidade de Ofertas:** Cada banco tem sua própria gama de cartões de crédito, cada um com características específicas. Analisaremos como os Grandes Banqueiros adaptam suas ofertas para atender a diferentes perfis de consumidores, desde cartões básicos até cartões premium com benefícios exclusivos.
- **O Impacto Econômico:** As decisões dos Grandes Banqueiros têm um impacto significativo na economia. Mudanças nas taxas de juros, políticas de crédito e estratégias de marketing podem influenciar o comportamento dos consumidores e até mesmo moldar a saúde econômica de um país.
- **O Futuro do Setor Bancário:** Exploraremos as tendências emergentes no setor bancário, incluindo a digitalização, a inovação tecnológica e as mudanças nas expectativas dos clientes. Como os Grandes Banqueiros estão se adaptando a essas mudanças e moldando o futuro do setor?

A Chave para o Entendimento

Dominar os bastidores é a chave que abre as portas do entendimento. Ao decifrar como os bancos entrelaçam suas operações com a economia global, você estará equipado para navegar pelo oceano financeiro com confiança e sabedoria.

Entender os meandros do mundo bancário é como desbloquear uma porta para a compreensão financeira. Conforme exploramos os intricados processos e as estratégias dos Grandes Banqueiros, surge uma imagem mais clara de como os bancos executam uma função imprescindível na economia global. Aqui estão os pontos essenciais para alcançar esse entendimento:

- **Conexão com a Economia Global:** Os bancos não são entidades isoladas; eles estão intrinsecamente conectados à economia global. Vamos revelar como suas operações e decisões afetam não apenas as finanças individuais, mas também o cenário econômico mundial.
- **A Alavanca do Poder Financeiro:** Discutiremos como os Grandes Banqueiros utilizam seu poder financeiro para influenciar políticas monetárias, taxas de juros e até mesmo as tendências do mercado de ações. Compreender essa alavanca é fundamental para navegar pelo cenário financeiro com desenvoltura.
- **Estratégias de Investimento:** Os bancos exercem uma tarefa insubstituível no mercado de investimentos. Exploraremos como eles gerenciam ativos, investem em diversos setores e até mesmo influenciam a alocação de recursos em toda a economia.

- **Tomada de Decisões Informada:** Ao adentrar os bastidores do poder financeiro, você estará bem equipado para tomar decisões financeiras informadas. Vamos destacar como o entendimento dessas operações complexas pode beneficiar suas próprias finanças pessoais.
- **O Caminho para a Sabedoria Financeira:** Desvendar os segredos dos Grandes Banqueiros é um passo em direção a uma maior sabedoria financeira. Com esse conhecimento, estará mais confiante em suas interações com o sistema bancário, investimentos e planejamento financeiro.

Palavras de Sabedoria de Warren Buffett

As já mencionadas palavras de Warren Buffett ressoam profundamente no mundo dos Grandes Banqueiros e ecoam nas operações financeiras globais. Lembre-se delas: "Se você não encontrar uma maneira de ganhar dinheiro enquanto dorme, trabalhará até morrer." Essa filosofia é o cerne do poder financeiro que impulsiona os bastidores bancários.

Aqui estão os principais pontos que você deve entender em relação a essa filosofia:

- **A Multiplicação do Dinheiro:** Os Grandes Banqueiros são mestres em fazer o dinheiro trabalhar incansavelmente para eles. Eles investem em ativos que geram renda passiva, como empréstimos, investimentos em ações e imóveis. Esse ciclo virtuoso de multiplicação de riqueza é a base do sistema bancário moderno.
- **A Importância dos Investimentos Inteligentes:** A frase de Buffett destaca a necessidade de investimentos inteligentes e estratégicos. Os Grandes Banqueiros aplicam seus recursos em oportunidades que geram retornos consistentes e sustentáveis a longo prazo.
- **Gestão de Riscos:** Para ganhar dinheiro enquanto dormem, os banqueiros também precisam ser especialistas em gerenciamento de riscos. Eles avaliam cuidadosamente os riscos associados a cada transação e tomam medidas para mitigá-los.
- **Impacto nos Consumidores:** Essa filosofia não se limita apenas ao mundo dos Grandes Banqueiros. Ela também impacta os consumidores, uma vez que os bancos oferecem produtos de investimento que permitem que as pessoas comuns participem desse ciclo virtuoso de ganhar dinheiro passivamente.
- **Planejamento Financeiro Pessoal:** Entender como fazer o dinheiro trabalhar por você enquanto dorme é essencial para o planejamento financeiro pessoal. Ao compreender esses princípios, poderá tomar decisões informadas sobre investimentos e alcançar a independência financeira.

As palavras sábias de Warren Buffett são também um farol que guia os Grandes Banqueiros na criação de riqueza e prosperidade, além de oferecerem uma valiosa lição para todos que buscam dominar o mundo financeiro. Ganhar dinheiro enquanto dorme não é apenas um sonho distante, mas uma realidade alcançável com a estratégia certa e o conhecimento apropriado.

Os Mestres da Estratégia Financeira

Os Grandes Banqueiros, verdadeiros mestres da estratégia financeira, operam nos bastidores do mundo bancário com destreza e visão. Eles são como jogadores habilidosos de xadrez, movendo as peças do tabuleiro financeiro com precisão. Aqui estão alguns pontos-chave que definem esses mestres:

- $ **Alinhamento Estratégico:** Os Grandes Banqueiros têm uma compreensão profunda das economias globais e regionais. Eles identificam tendências e oportunidades, alinhando as estratégias para aproveitar ao máximo as mudanças.
- $ **Geração de Valor:** Cada movimento que fazem é calculado para gerar valor, não apenas para os bancos, mas também para os consumidores. Eles desenvolvem produtos financeiros que atendem às necessidades dos clientes e proporcionam crescimento sustentável.
- $ **Cálculo da Estratégia:** A estratégia é a base de seu sucesso. Eles calculam cuidadosamente os riscos e recompensas de cada oferta, garantindo que cada movimento seja benéfico para todas as partes envolvidas.
- $ **Visão de Longo Prazo:** Os Grandes Banqueiros não buscam apenas resultados de curto prazo. Eles têm uma visão de longo prazo para suas instituições financeiras, procurando criar um legado de estabilidade e crescimento sustentável.
- $ **Motores da Economia:** Suas ações têm um impacto direto nas economias globais. As estratégias que empregam podem influenciar taxas de juros, o mercado de ações e até mesmo o acesso das pessoas a serviços financeiros.

Conhecer os mestres da estratégia financeira é essencial para entender os bastidores do poder financeiro. Eles moldam o curso das finanças globais, e ao desvendar seus segredos e táticas, você estará mais bem capacitado para navegar no complexo mundo das finanças. Esteja pronto para uma jornada emocionante que revelará como esses mestres do jogo criam um mundo de possibilidades nos bastidores desse universo.

A EMISSÃO DE CARTÕES DE CRÉDITO

- A JORNADA COMEÇA NO BANCO -

Os bancos são os emissores dos cartões de crédito, e a emissão de um novo cartão envolve um processo rigoroso de avaliação de crédito.

A obtenção de um cartão de crédito é uma etapa inicial indispensável na jornada financeira de muitos indivíduos. Nesse processo, os bancos têm um papel significativo como emissores dos cartões, e essa emissão envolve um cuidadoso e meticuloso processo de avaliação de crédito.

Os bancos não concedem cartões de crédito indiscriminadamente; realizam uma avaliação criteriosa da elegibilidade do solicitante. Durante essa análise, diversos aspectos são considerados, como a capacidade financeira do indivíduo, histórico de crédito, renda e outros fatores relevantes. Essa avaliação visa a assegurar que o cliente seja capaz de usar o cartão de crédito de maneira responsável e que garanta a capacidade de pagamento.

A Arte da Emissão

A emissão de cartões de crédito é uma verdadeira arte que os bancos dominam com precisão. Nesse processo, os bancos cumprem a função de artesãos, selecionando de maneira criteriosa os destinatários dessa poderosa ferramenta financeira. O processo de emissão de um novo cartão de crédito é orquestrado nos mínimos detalhes, com a análise de crédito como peça central. Aqui está um vislumbre da arte da emissão de cartões de crédito:

- **Seleção Criteriosa:** Os bancos não distribuem cartões indiscriminadamente. Eles avaliam com atenção o perfil de crédito de cada candidato para determinar a adequação ao cartão desejado. Isso envolve a análise de histórico de pagamento, dívidas existentes, histórico de crédito e renda.
- **Análise de Crédito:** A análise de crédito é o ponto central desse processo. Os bancos utilizam algoritmos complexos e modelos estatísticos para avaliar o risco de emprestar a um indivíduo específico. Quanto maior o risco percebido, mais rigorosas são as condições impostas.
- **Definição de Limites:** Os bancos também determinam os limites de crédito com base na análise de risco. Aqueles com histórico de crédito sólido poderão receber limites mais altos, enquanto os candidatos com histórico menos favorável terão limites mais baixos.
- **Personalização:** A emissão de cartões não é apenas uma questão de aprovação ou rejeição. Os bancos personalizam as ofertas com base no

perfil do candidato, o que engloba taxas de juros, benefícios específicos e programas de recompensas.

- **Tomada de Decisão Estratégica:** A concessão de crédito é uma decisão estratégica para os bancos. Eles buscam equilibrar o desejo de atrair clientes com a necessidade de proteger seus próprios interesses financeiros.

A arte da emissão de cartões de crédito é um processo bem planejado e executado pelos bancos. Eles aplicam sua experiência a essa análise criteriosa para determinar quem receberá a poderosa ferramenta financeira. Compreender esse processo é imprescindível para os consumidores que desejam obter aprovação para um determinado cartão de crédito.

Avaliação Detalhada

Os bancos não embarcam nesse processo com olhos vendados. Pelo contrário, mergulham profundamente na análise daqueles que buscam adquirir um cartão. Esse escrutínio é importante para determinar se o indivíduo possui as bases financeiras sólidas para gerenciar um cartão de crédito. Cada aspecto do perfil financeiro de quem busca um cartão é minuciosamente examinado, o que inclui:

- **Capacidade Financeira:** Os bancos avaliam se o solicitante possui a capacidade financeira para gerenciar um cartão de crédito, o que envolve calcular a relação entre a renda e as despesas regulares, garantindo que o indivíduo não fique sobrecarregado com dívidas.
- **Histórico de Crédito:** O histórico de crédito é uma peça fundamental. Os bancos analisam o comportamento passado do candidato em relação ao crédito, verificando se há histórico de pontualidade nos pagamentos, dívidas em atraso ou inadimplência.
- **Renda:** A renda é um fator crítico na decisão de aprovação. Os bancos avaliam a estabilidade e a consistência da renda do solicitante para determinar a capacidade de pagamento.
- **Dívidas Existentes:** Os bancos consideram as dívidas existentes do solicitante, como empréstimos pessoais, financiamentos ou outros cartões de crédito. Isso ajuda a calcular a carga de dívida total.
- **Outros Fatores Financeiros:** Além disso, aspectos como patrimônio líquido, ativos e obrigações financeiras, podem ser avaliados para obter uma imagem completa da saúde financeira do aspirante.

Essa avaliação detalhada contribui para determinar se um indivíduo possui bases financeiras sólidas para gerenciar um cartão de crédito de maneira responsável. Os bancos buscam minimizar os riscos ao conceder crédito, garantindo que os candidatos tenham a capacidade de cumprir suas obrigações financeiras de maneira consistente.

Responsabilidade em Foco

Mas não se trata apenas de números e estatísticas. A análise também busca compreender a responsabilidade do solicitante. Afinal, um cartão de crédito é uma ferramenta de grande potencial, e os bancos querem ter certeza de que seu uso seja feito de forma consciente e equilibrada.

Mais do que apenas avaliar números e estatísticas, a análise de solicitações de cartão de crédito também se concentra na responsabilidade do solicitante. Os bancos reconhecem que um cartão de crédito é uma ferramenta financeira poderosa, e eles têm um interesse genuíno em garantir que seu uso seja prudente e ético. Aqui estão alguns aspectos-chave dessa abordagem:

- $ **Comportamento Financeiro:** Os bancos procuram entender como o solicitante lida com suas finanças. Isso envolve examinar se há histórico de gastos responsáveis, pagamentos pontuais de contas e se o solicitante evita o endividamento excessivo.
- $ **Conhecimento Financeiro:** A capacidade do solicitante de compreender os conceitos financeiros básicos também é considerada, entre eles, as taxas de juros, o funcionamento das faturas de cartão de crédito e a importância de pagar o valor total da fatura.
- $ **Hábitos de Pagamento:** Os hábitos de pagamento anteriores são cruciais. Os bancos buscam sinais de compromisso, como pagar contas de serviços públicos, aluguel e outras dívidas de forma consistente e dentro do prazo.
- $ **Compreensão dos Termos:** Os bancos valorizam a capacidade do solicitante de assimilar os termos e condições do contrato de cartão de crédito. Isso inclui taxas de juros, limites de crédito, taxas associadas e políticas de pagamento mínimo.
- $ **Uso Consciente:** O foco está no uso consciente do crédito. Os bancos desejam garantir que os titulares de cartão usem a linha de crédito de maneira apropriada, evitando acumular dívidas excessivas.
- $ **Educação Financeira:** Alguns bancos podem até mesmo considerar o nível de educação financeira do solicitante, incentivando a busca de conhecimento nesse âmbito.

Essa abordagem coloca a responsabilidade financeira no centro do processo de análise de crédito, garantindo que os cartões de crédito sejam concedidos a indivíduos que demonstram um compromisso sólido em utilizar essa ferramenta de forma responsável.

A Importância da Jornada Inicial

Obter um cartão de crédito é o primeiro passo importante em uma jornada financeira mais ampla. Os bancos exercem uma função essencial nesse ponto de partida, pois sua avaliação criteriosa estabelece as bases para uma trajetória bem-sucedida. Seguem alguns dos motivos pelos quais a jornada inicial é importante:

- $ **Base para Construir Crédito:** Para muitas pessoas, o cartão de crédito é a primeira oportunidade de compor um histórico de crédito, cuja importância é enorme para futuras transações financeiras, como empréstimos para automóveis, crédito imobiliário, e até mesmo para obter cartões de crédito de mais alto nível.
- $ **Gerenciamento Financeiro:** O cartão de crédito oferece uma oportunidade para que os titulares aprendam a gerenciar suas finanças de forma responsável. Isso inclui fazer pagamentos pontuais, acompanhar gastos e evitar endividamento excessivo.
- $ **Crescimento Financeiro:** À medida que os indivíduos adquirem experiência em lidar com o cartão de crédito, eles podem ser elegíveis para limites de crédito superiores e ofertas de cartão de crédito mais vantajosas. Isso proporciona um crescimento financeiro contínuo.
- $ **Acesso a Oportunidades:** O cartão de crédito não é apenas uma ferramenta de pagamento; é também uma chave para acessar oportunidades financeiras e serviços adicionais, como programas de recompensas, seguro de compra e assistência de viagem.
- $ **Responsabilidade Financeira:** A jornada inicial ensina a responsabilidade financeira. Os titulares de cartões aprendem sobre a importância de fazer pagamentos em dia, manter baixos saldos de cartão de crédito e evitar taxas adicionais.

A obtenção de um cartão de crédito, apoiada pela avaliação criteriosa dos bancos, não é apenas o início de uma relação financeira, mas também o ponto de partida para uma jornada de crescimento e prosperidade financeira. É um investimento no futuro que pode abrir portas para uma variedade de oportunidades e realizações.

A Sabedoria que Orienta as Decisões

Cada decisão relacionada à emissão de cartões de crédito é fundamentada em um profundo entendimento das finanças do indivíduo. Os bancos, como guardiões desse processo, têm como objetivo promover a estabilidade financeira e a responsabilidade do cliente em cada etapa. Aqui estão alguns aspectos importantes sobre a sabedoria que guia essas decisões:

- **Avaliação Financeira Detalhada:** Os bancos realizam uma avaliação minuciosa das finanças de cada solicitante. Isso envolve analisar sua renda, histórico de crédito, dívidas existentes e outros fatores financeiros. Essa análise cuidadosa contribui para determinar a capacidade do indivíduo de gerenciar um cartão de crédito com responsabilidade.
- **Promoção da Estabilidade Financeira:** Os bancos não concedem cartões de crédito de forma arbitrária. Em vez disso, buscam promover a estabilidade financeira dos clientes. Isso significa que as decisões de emissão são orientadas para garantir que o indivíduo não fique sobrecarregado por dívidas ou compromissos financeiros que não pode suportar.
- **Responsabilidade do Cliente:** A responsabilidade financeira é um princípio. Os bancos procuram clientes que demonstrem um histórico de pagamento pontual, bom gerenciamento de dívidas e um comportamento financeiro responsável. Isso é imperioso para garantir que os titulares de cartões usem essa ferramenta de forma consciente.
- **Garantia de Segurança e Confiança:** A avaliação criteriosa de cada solicitante não é uma formalidade, mas um pilar importante do processo. Ela visa garantir que cada indivíduo possa embarcar em sua jornada financeira com segurança e confiança, sabendo que o cartão de crédito é uma ferramenta que pode impulsionar seu crescimento financeiro.

Compreender a sabedoria por trás das decisões de emissão de cartões de crédito oferece uma visão mais clara do funcionamento interno desse processo. Tenha em mente de que a avaliação de crédito não é apenas uma formalidade; é um passo significativo para garantir que o crédito seja usado de maneira responsável e que os clientes possam alcançar seus objetivos financeiros com confiança.

O PODER DO CRÉDITO ROTATIVO
- GERAÇÃO DE RECEITA PARA OS BANCOS -

Imagine o crédito rotativo como um parceiro estratégico com o qual os bancos contam para impulsionar seus ganhos financeiros. Neste capítulo, mergulharemos nesse mundo intrigante para entender como essa ferramenta, além de oferecer flexibilidade aos titulares de cartões, também se torna uma fonte valiosa de renda para as instituições financeiras.

Desvendando o Crédito Rotativo

Pode parecer um termo técnico, mas a ideia por trás do crédito rotativo é simples de entender. Você provavelmente já vivenciou isso sem perceber. Sabe quando você paga apenas uma parte da fatura do seu cartão de crédito e o restante fica "pendurado" para o próximo mês? Isso é exatamente o crédito rotativo em ação.

Imagine ter a flexibilidade de adiar o pagamento total da fatura para aliviar o fluxo de caixa. Soa como uma opção vantajosa para os titulares de cartões, certo? E é! Mas há mais nessa história do que aparenta.

A Mágica dos Juros

Aqui está o segredo: quando você opta pelo crédito rotativo, os juros entram em cena. Os juros cobrados sobre o valor não pago da sua fatura se tornam uma fonte de lucro para os bancos. Na verdade, essa mágica dos juros é uma parte significativa dos lucros bancários.

Agora, imagine isso em uma escala maior. Milhares de titulares de cartões em todo o país, talvez até milhões, optando pelo crédito rotativo. Isso resulta em uma fonte substancial de receita para os bancos. Eles fornecem a flexibilidade que você deseja, e em troca, colhem os frutos dos juros.

Por que Isso Importa

Agora poderá se perguntar: por que devo me importar com os meandros do crédito rotativo? A resposta é simples: conhecimento é poder. Ao entender como esse sistema funciona, poderá tomar decisões financeiras mais informadas. Ao entender como os bancos equilibram suas operações financeiras, você se tornará um consumidor mais consciente.

Ao explorar este capítulo, descobrirá como os bancos empregam o crédito rotativo como uma ferramenta estratégica para impulsionar seus lucros, mantendo um equilíbrio entre a flexibilidade que oferecem aos clientes e os ganhos que obtêm através dos juros. Prepare-se para mergulhar em um mundo onde as engrenagens financeiras giram, os números dançam e o crédito rotativo revela seu essencial encargo no universo bancário.

GESTÃO DE RISCOS FINANCEIROS

- EQUILIBRANDO RISCOS E RECOMPENSAS -

Os bancos gerenciam riscos ao emitir cartões de crédito. Eles avaliam cuidadosamente o perfil de crédito de cada solicitante para mitigar o risco de inadimplência. Quanto maior o risco percebido, maior será a taxa de juros ou menores serão os limites de crédito.

O Jogo dos Riscos

Os bancos não estão apenas distribuindo cartões de crédito a torto e a direito. Eles são exímios jogadores em um jogo sutil de riscos. Cada vez que um novo cartão é emitido, os bancos avaliam em detalhes o perfil financeiro do solicitante. Isso não é mero formalismo, mas uma medida crucial para mitigar os riscos associados à inadimplência.

A Dança da Avaliação

Imagine essa avaliação como uma dança muito bem coreografada. Os bancos não apenas observam o presente, mas também antecipam o futuro. Avaliam a capacidade do solicitante de lidar com as obrigações financeiras que o cartão traz consigo.

O Equilíbrio Sutil

Mas aqui está a verdadeira arte: equilibrar a equação dos riscos e recompensas. Quanto maior o risco percebido em um solicitante, maior poderá ser a taxa de juros associada ao cartão. Ou talvez os limites de crédito sejam ajustados para acomodar a capacidade financeira do indivíduo. Os bancos têm como objetivo alcançar esse equilíbrio delicado entre proteger seus próprios interesses e oferecer oportunidades de crédito acessíveis.

A Busca por Recompensas

Aqui reside o mistério desse ato. Ao equilibrar os riscos, os bancos também abrem caminhos para recompensas. Afinal, um cartão de crédito não é apenas uma responsabilidade, mas uma ferramenta poderosa para construir crédito, atender às necessidades financeiras e aproveitar oportunidades.

O Enigma da Gestão de Riscos

Prezado leitor, entenda que a gestão de riscos é um enigma complexo e intrincado. É a habilidade dos bancos em decifrar esse enigma que os torna verdadeiros mestres. Nesse delicado ato de equilíbrio, eles não apenas protegem seus próprios interesses, mas também garantem que cada indivíduo possa navegar por águas financeiras com confiança e determinação.

Ao compreender esse cenário, você ganha uma visão clara de como os bancos não apenas emitem cartões, mas também detêm uma importantíssima responsabilidade na salvaguarda das finanças de todos os envolvidos. A gestão de riscos é a dança das finanças em ação, onde cada passo é calculado e cada movimento tem um propósito.

OFERTAS & BENEFÍCIOS
- ATRAÇÃO E RETENÇÃO DE CLIENTES -

Para atrair e reter clientes, os bancos oferecem uma variedade de benefícios e recompensas, como programas de pontos, cashback, seguro de viagem e acesso a lounges de aeroporto. Essas ofertas visam cativar os consumidores e incentivá-los a usar seus cartões com frequência.

A Dança das Recompensas

Imagine isso como um jogo de sedução financeira, onde os bancos se tornam verdadeiros mestres da arte de cativar. Eles entendem que, em um mundo repleto de opções, precisam oferecer algo especial para chamar a atenção. Assim, nascem as ofertas e benefícios, uma gama de vantagens que fazem o coração dos clientes bater mais forte.

O Espetáculo das Opções

Essas ofertas são um verdadeiro espetáculo de escolhas. Programas de pontos que transformam suas compras em recompensas tangíveis, cashback que devolve parte do dinheiro gasto, seguro de viagem para aventuras resguardadas e até mesmo acesso a lounges luxuosos em aeroportos para voos mais relaxantes. Cada oferta é planejada com atenção para tornar a jornada financeira mais emocionante e conveniente.

Atração e Retenção

Aqui está a chave: atrair e reter clientes. Os bancos entendem que não basta apenas conquistar alguém por um momento, é preciso manter o relacionamento emocionante. As ofertas e benefícios não são apenas um brilho passageiro, mas um compromisso duradouro para proporcionar valor contínuo aos clientes. É como manter um romance de longa data com as finanças.

O Poder das Escolhas

Ao escolher um cartão, você estará escolhendo mais do que um retângulo de plástico. Estará escolhendo uma forma de viver, uma experiência financeira. As ofertas e benefícios são as cores que preenchem esse quadro, tornando-o mais vibrante e gratificante. Cada vez que você passa o cartão, estará aproveitando os privilégios que foram concebidos com zelo para você.

O Enigma da Escolha

Aqui reside o enigma: com tantas ofertas tentadoras, como escolher a melhor para você? Essa é a beleza da jornada financeira. Cada escolha é única, guiada por suas necessidades, aspirações e desejos. É aí que os bancos entram, oferecendo uma ampla variedade de opções para todos os tipos de perfis.

As ofertas e benefícios são o toque mágico que torna o percurso mais emocionante. É como um presente que continua dando um abraço acolhedor em forma de recompensas. Ao entender o poder por trás dessas ofertas, você se torna um jogador experiente no jogo das finanças, aproveitando ao máximo cada escolha que faz.

SEGMENTAÇÃO DE MERCADO
- CARTÕES PARA TODOS OS PERFIS -

Os bancos segmentam o mercado, oferecendo diferentes tipos de cartões para atender a várias faixas de renda e necessidades. Isso inclui cartões básicos para iniciantes em crédito, cartões premium com benefícios exclusivos e cartões de elite, como Platinum, Signature e Black, para clientes de alta renda.

Um Espelho de Necessidades

Imagine um espelho mágico que reflete suas necessidades financeiras e aspirações. Os bancos entenderam que não há uma única fórmula que sirva para todos. Cada pessoa tem uma jornada financeira única, e é por isso que eles oferecem uma variedade de cartões, cada um projetado para atender a diferentes perfis e situações.

Da Iniciação ao Estrelato

Pense nisso como uma escala de oportunidades. Os bancos desdobram um tapete de escolhas que vai desde cartões básicos para os que estão começando a explorar o mundo do crédito até cartões premium que abraçam você com um conjunto exclusivo de vantagens. E não podemos esquecer dos cartões de elite, como Platinum, Signature e Black, que brilham como estrelas no firmamento financeiro.

Cada Cartão, Um Capítulo

Cada cartão conta uma história diferente. Os cartões básicos são os capítulos iniciais, onde você começa a desvendar os segredos do crédito responsável. À medida que sua jornada evolui, os cartões premium se tornam seus aliados, oferecendo recompensas, seguros e experiências que enriquecem sua vida financeira.

O Mundo em Suas Mãos

Ao compreender a segmentação de mercado, você estará no controle. Escolherá o cartão que melhor se ajusta a suas metas e circunstâncias. É como ter um guarda-roupa de opções, cada uma pronta para vestir a sua marcha nas finanças de maneira impecável.

A Arte de Ser Único

É bom lembrar que a segmentação de mercado é uma prova de que você é único. Os bancos não apenas veem os números, também enxergam você — suas necessidades, ambições e sonhos. Cada cartão é um lembrete de que, no vasto mundo das finanças, sua jornada é especial e merece ser honrada.

Aventura no Universo dos Cartões

Navegar pelas ofertas de cartões é como explorar um universo de possibilidades. Cada escolha que você faz é uma estrela brilhante em sua trajetória. E agora, armado com o conhecimento sobre a segmentação de mercado, estará pronto para desbravar os céus das finanças com confiança e determinação.

MARKETING & PUBLICIDADE
- ESTRATÉGIAS PARA ATRAIR CLIENTES -

A publicidade e o marketing realizam uma tarefa imprescindível na promoção dos cartões de crédito. Os bancos utilizam estratégias criativas para destacar os benefícios de seus cartões e atrair potenciais solicitantes.

Relacionamento com o Cliente

Para manter a fidelidade do cliente, os bancos oferecem serviços de atendimento ao cliente, assistência de concierge e suporte especializado. O objetivo é criar uma experiência positiva e manter os clientes satisfeitos.

O Palco da Visibilidade

Imagine o cenário perfeito onde os holofotes brilham intensamente sobre cada cartão de crédito. Aqui, a publicidade e o marketing trabalham em harmonia, pintando um retrato vívido dos benefícios que esses cartões trazem consigo. Os bancos são mestres em criar histórias que despertam a curiosidade dos potenciais solicitantes.

Mágica da Atração

Pense nisso como uma mágica de persuasão. Os bancos utilizam estratégias engenhosas para tornar seus cartões irresistíveis. Eles destacam os descontos, as recompensas e os privilégios que os cartões trazem consigo, criando um apelo único para cada perfil de cliente.

Nada Além da Excelência

Mas a atração é apenas o começo. Aqui, a jornada deixa de ser uma via de mão única. Os bancos sabem que manter os clientes é tão importante quanto atraí-los. E é por isso que eles apostam alto no relacionamento com o cliente.

Uma Sinergia de Satisfação

Imagine um baile elegante onde a satisfação do cliente é a estrela da noite. Os bancos oferecem serviços excepcionais de atendimento ao cliente, onde cada interação é uma oportunidade para criar uma experiência positiva. Assistência de concierge, suporte especializado — tudo é orquestrado para manter os clientes satisfeitos.

Mais do que um Produto: Uma Experiência

Caro leitor, entenda que a relação entre você e o banco é mais do que um simples produto. É uma experiência construída em cada ponto de contato. A publicidade atrai, o marketing convence, mas é o compromisso em oferecer excelência que mantém essa ligação forte e duradoura.

A Jornada é Sua, mas a Guia é dos Mestres

Esteja atento: por trás de cada anúncio, por trás de cada estratégia de marketing, há uma equipe dedicada a criar uma jornada memorável para você. E enquanto você navega pelos mares das opções de cartões de crédito, saiba que cada detalhe foi projetado para tornar sua experiência o mais cativante possível.

TECNOLOGIA & INOVAÇÃO
- A EVOLUÇÃO DOS SERVIÇOS FINANCEIROS -

Com o avanço da tecnologia, os bancos estão explorando novas formas de interação com os clientes, como aplicativos móveis, pagamentos sem contato e segurança aprimorada. Essas inovações buscam melhorar a experiência do cliente e oferecer conveniência.

Ao entender os bastidores do sistema bancário por trás dos cartões de crédito, você ganha insights valiosos sobre como os bancos operam, tomam decisões e oferecem serviços aos consumidores. Isso favorecerá que suas próprias decisões sejam informadas ao escolher um cartão de crédito e a usar o crédito de maneira responsável para alcançar seus objetivos financeiros.

Os Raios da Inovação

Imagine um palco iluminado pelo brilho da inovação. Com o avançar do tempo, os bancos mergulharam no vasto oceano da tecnologia para reinventar a forma como nos relacionamos com os serviços financeiros. Aplicativos móveis, pagamentos sem contato, segurança reforçada — cada detalhe é concebido para melhorar a forma como interagimos com nossos bancos.

A Jornada Evolutiva

Aqui, testemunhamos a evolução dos serviços financeiros diante de nossos olhos. Os bancos têm abraçado a tecnologia com entusiasmo, criando uma série de inovações que não apenas simplificam nossa vida, mas também redefinem a maneira como experimentamos as transações financeiras.

O Toque Pessoal e a Praticidade

Considere os aplicativos móveis que colocam o banco na palma da sua mão. Pense nos pagamentos sem contato que agilizam suas compras. A segurança, coração de todas as transações, aprimora-se com tecnologias de ponta. Tudo é orquestrado para tornar a experiência bancária pessoal conveniente e, acima de tudo, segura.

A Jornada Começa Aqui

Ao entender esses avanços, estará munido com as informações essenciais para navegar nas águas dos cartões de crédito. Esse conhecimento não apenas permitirá que escolha seu cartão de crédito de maneira sábia, mas também a usá-lo com responsabilidade para alcançar seus objetivos financeiros.

Do Espelho da Inovação à Sua Decisão

Cada clique no aplicativo, cada pagamento sem contato, cada senha criptografada faz parte do mundo que os bancos construíram para você. Convido-o a explorar essa dança da inovação, a abraçar as tecnologias que facilitam sua vida financeira e a usar esse conhecimento para guiar suas escolhas, transformando-as em passos sólidos em direção a um futuro financeiro bem-sucedido.

DICAS PARA OBTER SEU CARTÃO DOS SONHOS

Solicitar um cartão de crédito é um passo importante em sua jornada financeira. Neste capítulo, vamos detalhar de forma abrangente o processo de solicitação de um cartão, desde a pesquisa inicial até a ativação do cartão aprovado.

NAVEGANDO PELA JORNADA DE SOLICITAÇÃO DE CARTÃO DE CRÉDITO

- DESVENDANDO CADA ETAPA -

O ato de solicitar um cartão de crédito é um marco crucial em sua trajetória financeira. Nesta seção, embarcaremos em uma jornada minuciosa pela intricada jornada de solicitação de um cartão de crédito, desde o primeiro passo de pesquisa até o momento em que o cartão aprovado ganha vida.

A Fundação do Conhecimento

Imagine essa etapa como a base sólida de uma construção financeira bem-sucedida. Exploraremos cada faceta desse processo com simplicidade e precisão, eliminando dúvidas e iluminando o caminho.

Mapeando as Etapas

Deixe-me ser seu guia nessa jornada. Começaremos com a pesquisa. Esse é o estágio inicial, onde você explora as diferentes opções de cartões disponíveis, considerando suas próprias necessidades e prioridades financeiras.

Decidindo com Confiança

Uma vez identificado o cartão que mais se alinhe aos seus objetivos, entramos no processo de solicitação. Aqui, você descobrirá como preencher formulários, fornecer as informações necessárias e preparar sua candidatura para avaliação.

Em Direção à Aprovação

Avançando, você explorará o processo de avaliação de crédito. Os bancos conduzem uma análise rigorosa para determinar sua elegibilidade. Suas finanças, histórico de crédito e renda são avaliados empregando uma série de critérios para uma decisão embasada.

DESBLOQUEANDO OPORTUNIDADES

- ATIVAÇÃO E USO -

Quando a aprovação chegar, uma sensação de realização preencherá o ar. Você aprenderá como ativar seu cartão e dar vida às suas possibilidades financeiras. Nesse momento, entrará no mundo do crédito responsável, tomando decisões informadas alinhadas com suas metas financeiras.

Convidado a Explorar

Ao completar essa jornada, estará armado com uma compreensão sólida do processo de solicitação de cartão de crédito. Esse conhecimento lhe abrirá portas mediante a capacitação para tomar decisões financeiras informadas que moldam um futuro próspero.

Abrindo as Portas para o Futuro

Nesta seção, convido-o a abraçar essa jornada. Depois de conhecer cada etapa, da pesquisa à ativação, estará equipado com as ferramentas para navegar pelo mundo dos cartões de crédito com confiança, garantindo um trajeto financeiro bem-sucedido.

SOLICITANDO SEU CARTÃO

- O PROCESSO DETALHADO -

Pesquisando Opções

- **Explorando o Mercado de Cartões de Crédito**
  Antes de iniciar o processo de solicitação, reserve um tempo para pesquisar e comparar as opções disponíveis no mercado. Considere fatores

como taxas de juros, anuidades, programas de recompensas e benefícios oferecidos por diferentes instituições financeiras. Escolher um cartão que se adeque às suas necessidades e perfil financeiro é essencial.

Requisitos de Elegibilidade

$ **Garantindo a Qualificação**
Cada cartão de crédito tem requisitos de elegibilidade específicos. Isso pode incluir uma renda mínima mensal, histórico de crédito positivo e outros critérios. Verifique com atenção os requisitos do cartão desejado e certifique-se de que você atende a todas as condições antes de prosseguir.

Preparando a Documentação

$ **Organizando os Detalhes**
Antes de iniciar a solicitação, reúna todos os documentos necessários. Isso geralmente inclui comprovante de renda — como contracheques ou declaração de imposto de renda —, comprovante de residência — por exemplo, como contas de serviços públicos — e documentos de identificação, como RG e CPF. Ter esses documentos em mãos agiliza o processo.

Formulário de Solicitação

$ **Preenchendo com Cuidado**
O formulário de solicitação é o ponto de partida oficial para obter um cartão de crédito. Preencha-o de forma precisa e cuidadosa, garantindo que todas as informações sejam corretas. Fornecer informações falsas ou incorretas pode resultar em atrasos no processo de aprovação.

Análise de Crédito

$ **Avaliando Sua Elegibilidade Financeira**
Após enviar a solicitação, a instituição financeira realizará uma análise de crédito detalhada, que envolve a avaliação do seu histórico de crédito, renda, dívidas existentes e outros fatores. A análise de crédito é crucial para determinar se você é um candidato de baixo risco e se está qualificado para o cartão desejado.

Aceitação e Ativação

$ **Recebendo e Usando Seu Novo Cartão**
Se sua solicitação for aprovada, você receberá o cartão em sua residência. Siga as instruções fornecidas pelo emissor para ativá-lo com

segurança. Geralmente, isso envolve um processo online ou uma ligação telefônica. Após a ativação, poderá começar a usar seu novo cartão.

Entendendo os Termos e as Condições

- **Leitura Atenta É Fundamental**
  Antes de usar o cartão, leia atentamente os termos e condições associados. Isso inclui as informações sobre taxas de juros, anuidades, limites de crédito, benefícios e políticas de pagamento. Compreender esses detalhes facilitará a tomada de decisões informadas sobre como usar o cartão de maneira eficaz.

Responsabilidade Financeira

- **Usando Seu Cartão com Sabedoria**
  Uma vez que seu cartão estiver ativado, é essencial usá-lo com responsabilidade. Estabeleça um orçamento claro que iniba gastos excessivos e planeje pagar a fatura integralmente para evitar encargos de juros. O uso responsável do cartão é essencial para manter um histórico de crédito saudável.

Solicitar um cartão de crédito é um processo minucioso, que exige atenção aos detalhes e responsabilidade financeira. Seguir essas etapas cuidadosamente aumentará suas chances de aprovação e permitirá que você aproveite ao máximo os benefícios do seu novo cartão.

CUIDADOS E RESPONSABILIDADES FINANCEIRAS

USANDO SEU CARTÃO COM SABEDORIA

O uso sábio de um cartão de crédito é essencial para manter uma saúde financeira sólida. Aqui estão algumas dicas importantes para usar seu cartão de crédito de maneira sábia:

- **Crie um Orçamento:** Antes de usar o cartão de crédito, é fundamental ter um orçamento. Saiba exatamente quanto pode gastar e defina limites para suas despesas. Isso possibilitará que evite gastos impulsivos e garantirá que consiga pagar o valor total de sua fatura.
- **Priorize o Pagamento Integral:** Sempre que possível, pague o valor integral da fatura do cartão de crédito, evitando a acumulação de juros, que poderá se tornar uma dívida significativa ao longo do tempo.
- **Evite o Mínimo:** Procure evitar pagar apenas o valor mínimo da fatura, pois isso resultará em juros elevados e um ciclo de dívida difícil de quebrar.
- **Mantenha o Saldo Baixo:** Evite manter saldos elevados no seu cartão de crédito. Quanto menor a dívida, menos juros pagará e mais controle terá sobre suas finanças.
- **Pague Pontualmente:** Certifique-se de pagar suas faturas pontualmente. Os atrasos não apenas resultam em encargos, mas também poderão afetar negativamente sua pontuação de crédito.
- **Evite Gastos Impulsivos:** Pense bem antes de fazer compras com seu cartão de crédito. Refreie gastos impulsivos e faça compras planejadas.
- **Aproveite os Benefícios:** Muitos cartões de crédito oferecem recompensas e benefícios, de cashback a milhas de viagem. Procure conhecer esses benefícios e aproveitá-los.

- **Monitore as Despesas:** Mantenha um registro das suas despesas com o cartão de crédito, permitindo manter o controle do orçamento e a garantir que não esteja gastando mais do que pode pagar.
- **Esteja Preparado para Emergências:** Use o cartão de crédito com responsabilidade, mas também reconheça que ele pode ser uma ferramenta valiosa em situações de emergência. Tenha um plano de como usá-lo caso surjam despesas inesperadas.
- **Reavalie Regularmente:** Reveja suas transações e seu histórico de crédito com frequência. Isso lhe permitirá identificar qualquer atividade suspeita, garantindo que seu cartão esteja funcionando a seu favor.

Lembre-se de que o uso responsável do cartão de crédito é fundamental para manter a estabilidade financeira e construir um histórico de crédito positivo. Use-o como um instrumento para alcançar seus objetivos financeiros, não como um meio de endividamento.

PLANEJAMENTO FINANCEIRO
- TOMANDO DECISÕES INFORMADAS -

Antes de usar o cartão de crédito para fazer uma compra, é essencial ter em mente um claro plano financeiro. Certifique-se de que conseguirá pagar pela compra na próxima fatura e se ela se alinha aos seus objetivos financeiros. Isso permitirá evitar gastos impulsivos que podem levar a dívidas indesejadas.

O planejamento financeiro é a pedra angular de um uso inteligente do cartão de crédito. Antes de fazer qualquer compra com seu cartão, siga estas etapas:

- **Avalie Sua Capacidade de Pagamento:** Estime se você tem os fundos necessários para pagar a compra na próxima fatura. Se a resposta for não, determine se a despesa é realmente essencial ou se pode ser adiada até que possa pagá-la integralmente.
- **Alinhe com Seus Objetivos Financeiros:** Considere como essa compra se encaixa em suas metas financeiras de longo prazo. Se a compra contribuirá para alcançar um objetivo, como economizar para uma viagem, poderá ser justificável. Caso contrário, reconsidere.
- **Evite Gastos Impulsivos:** Abstenha-se de comprar por impulso. Dê a si mesmo algum tempo para pensar antes de fazer uma compra significativa de modo a garantir que suas decisões são baseadas em necessidades reais e não em desejos momentâneos.
- **Use o Cartão como Ferramenta:** Tenha em mente que o cartão de crédito é uma ferramenta. Use-a de forma estratégica para acumular recompensas, proteger suas compras ou aproveitar as vantagens, mas sempre com responsabilidade.

- **Crie Metas de Gastos:** Estabeleça limites de gastos para categorias específicas, como alimentação, entretenimento e compras, visando evitar exageros e garantindo que não ultrapassará seu orçamento.
- **Mantenha um Registro:** Listar todas as suas despesas com o cartão de crédito lhe permitirá monitorar seu gasto total e identificar áreas onde economizar.
- **Tenha um Fundo de Emergência:** Mantenha uma quantia de dinheiro separada para despesas inesperadas. Isso lhe possibilitará evitar recorrer ao cartão de crédito em casos de situações imprevistas.
- **Compare Preços e Ofertas:** Antes de fazer uma compra, faça comparações de preços e ofertas em diferentes vendedores. Assim, economizará dinheiro, garantindo que esteja fazendo o melhor negócio possível.

O planejamento financeiro é fundamental para usar o cartão de crédito de forma consciente. Tome decisões informadas, evite gastos impulsivos e mantenha-se fiel a suas metas para garantir que seu cartão seja uma ferramenta útil, não uma fonte de endividamento desnecessário.

CONTROLE DE GASTOS
- MONITORANDO SUAS DESPESAS -

Manter um controle constante sobre seus gastos é crucial. Acompanhe todas as transações feitas com seu cartão de crédito e compare com seu orçamento de modo a identificar áreas onde talvez esteja gastando demais e fazer ajustes conforme a necessidade, evitando exceder suas possibilidades financeiras.

O controle de gastos é uma habilidade essencial para usar o cartão de crédito com bom senso. Aqui estão algumas dicas para monitorar suas despesas de forma eficaz:

- **Registre Todas as Transações:** Anote cada transação feita com seu cartão de crédito, seja em um aplicativo de gerenciamento financeiro, uma planilha ou até mesmo em um caderno. Isso inclui não apenas compras, mas também taxas, juros e pagamentos.
- **Defina um Limite de Gastos:** Estabeleça um limite mensal para seus gastos com cartão de crédito com base em seu orçamento para garantir que não gastará mais do que pode pagar.
- **Categorize Suas Despesas:** Agrupe suas despesas em categorias, como moradia, alimentação, transporte e entretenimento. Dessa forma, será mais fácil identificar as áreas onde talvez esteja gastando em excesso.
- **Use Aplicativos Financeiros:** Considere usar aplicativos de gerenciamento financeiro que se conectam automaticamente às suas contas e categorizam suas despesas, não apenas para economizar tempo, mas também para ter uma visão clara de seus hábitos de gastos.

- **Analise Seu Extrato Mensal:** Ao receber seu extrato mensal do cartão de crédito, revise-o cuidadosamente. Verifique se todas as transações são legítimas e se os valores correspondem ao que você esperava.
- **Esteja Ciente das Taxas:** Fique atento às taxas associadas ao seu cartão, como anuidades e taxas de juros. Esses custos podem afetar significativamente seus gastos totais.
- **Estabeleça Metas de Poupança:** Além de controlar seus gastos, defina alvos visando poupar. Determine uma porcentagem de sua renda para economizar e transfira esse valor para uma conta de poupança regularmente.
- **Faça Ajustes Conforme a Necessidade:** Se você perceber que está gastando demais em determinada categoria, faça os ajustes necessários em seu orçamento. Redirecione os recursos para áreas onde você realmente deseja gastar.
- **Evite Gastos Impulsivos:** Antes de fazer uma compra impulsiva, dê um passo atrás e pense se ela é realmente necessária. Evitar compras por impulso poderá ajudá-lo a manter suas despesas sob controle.
- **Recompense-se com Moderação:** É bom se dar recompensas ocasionalmente, mas faça isso de maneira prudente e dentro de limites financeiros razoáveis.

Lembrando-se dessas dicas e mantendo um registro cuidadoso de seus gastos, poderá controlar suas finanças de forma eficaz e usar o cartão de crédito de forma judiciosa, evitando o endividamento desnecessário.

PAGAMENTO DA FATURA
- PRIORIDADE PARA EVITAR JUROS -

O pagamento da fatura do cartão de crédito é um aspecto indispensável ao uso do cartão com bom senso. Aqui estão algumas orientações importantes:

- **Pagamento Integral:** Sempre que possível, priorize o pagamento integral da fatura até a data de vencimento. Isso significa pagar o valor total dos gastos realizados durante o mês. Fazer isso é fundamental para evitar o acúmulo de juros sobre os saldos não pagos. Além disso, o pagamento integral contribui para manter um histórico de crédito positivo.
- **Data de Vencimento:** Esteja ciente da data de vencimento de sua fatura. Normalmente, as faturas de cartão de crédito têm uma data de vencimento fixa a cada mês. Certifique-se de fazer o pagamento antes ou na data exata de vencimento para evitar multas e juros.
- **Pagamento Mínimo:** Se não puder pagar o valor total da fatura, é importante fazer pelo menos o pagamento mínimo exigido pela instituição financeira. Esse valor mínimo varia de acordo com a fatura, mas, em

geral, é uma porcentagem do saldo devedor. No entanto, esteja ciente de que fazer apenas o pagamento mínimo poderá resultar em juros elevados sobre o saldo remanescente.

- $ **Evite Rolar o Saldo:** Evite a prática de "rolar" o saldo de um mês para o próximo. Isso ocorre quando você paga apenas o mínimo e deixa o restante do saldo para o próximo mês. Os juros sobre o saldo remanescente pode acumular-se rapidamente, levando a uma dívida crescente.
- $ **Pagamentos em Dia:** Manter um histórico de pagamentos pontuais é essencial para sua saúde financeira. Pagamentos em dia não apenas evitam juros e multas, mas também possibilitam construir e manter uma boa pontuação de crédito.
- $ **Acompanhe Seus Gastos:** Fique atento aos gastos para evitar surpresas na fatura e garantir que terá os fundos necessários para pagar a fatura integralmente quando ela chegar.
- $ **Planejamento Antecipado:** Planeje seus gastos com antecedência, considerando sua capacidade de pagamento. Antes de fazer uma compra significativa, certifique-se de que terá recursos para pagar a fatura correspondente.

Com essas diretrizes, e priorizando o pagamento integral da fatura sempre que possível, evitará encargos de juros desnecessários e manterá um controle eficaz sobre suas finanças com seu cartão de crédito, contribuindo para um uso responsável do crédito e para uma relação saudável com seu cartão.

PRIORIZAÇÃO DE COMPRAS
- NECESSIDADES VERSUS DESEJOS -

Quando se trata de usar seu cartão de crédito de modo sensato, é preciso adotar uma mentalidade de priorização, o que envolve distinguir entre necessidades e desejos ao decidir quando e como usar seu cartão. Aqui estão algumas dicas importantes:

- $ **Identifique Necessidades:** Antes de usar seu cartão de crédito, avalie se a compra é uma necessidade ou um desejo. As necessidades são despesas essenciais para sua vida cotidiana, como moradia, alimentação, serviços públicos e cuidados médicos. Compras urgentes, como reparos de emergência ou contas médicas inesperadas, também podem ser consideradas necessidades.
- $ **Evite Compras Impulsivas:** Procure não ceder a impulsos de compra para itens que não são essenciais e podem prejudicar seu orçamento. Compras impulsivas muitas vezes levam a gastos em excesso e ao acúmulo de dívidas desnecessárias.

- $ **Priorize as Necessidades:** Reserve seu cartão de crédito para despesas que são verdadeiramente necessárias e essenciais, como situações em que precise de assistência financeira temporária para cobrir despesas urgentes.
- $ **Orçamento Antes de Comprar:** Antes de usar o cartão para uma compra considerada uma necessidade, certifique-se de que ela se ajusta ao seu orçamento. Avalie se você terá os recursos financeiros para pagar a fatura quando ela chegar.
- $ **Planejamento Financeiro:** Mantenha um planejamento financeiro sólido para saber exatamente quanto dinheiro tem disponível para gastar em despesas não essenciais, como entretenimento ou compras de luxo. Defina limites realistas para essas categorias de gastos.
- $ **Prioridades Financeiras:** Esteja ciente de suas prioridades financeiras de longo prazo, como economizar para a aposentadoria, criar um fundo de emergência ou pagar dívidas. Ao usar seu cartão de crédito, certifique-se de que suas decisões financeiras estejam alinhadas com essas metas.
- $ **Autocontrole:** Desenvolva autocontrole ao fazer compras. Avalie se realmente precisa do item que está prestes a comprar ou se é possível esperar e economizar para adquiri-lo mais tarde.
- $ **Acompanhe os Gastos:** Mantenha um registro de todos os gastos realizados com seu cartão de crédito para ajudá-lo a avaliar se está priorizando as necessidades e a manter seus gastos sob controle.

Priorizar compras de forma judiciosa é uma parte fundamental de usar seu cartão de crédito com responsabilidade, evitando o acúmulo de dívidas desnecessárias e mantendo um orçamento financeiro saudável, ajustado às suas metas financeiras de longo prazo.

PROTEÇÃO DOS DADOS
- SALVAGUARDANDO SUA INFORMAÇÃO -

A proteção dos dados é uma parte essencial da prática de uso do cartão de crédito com discernimento. Aqui estão algumas medidas elementares para manter suas informações pessoais e detalhes do cartão seguros:

- $ **Compartilhe com Cautela:** Evite compartilhar os detalhes do seu cartão de crédito com terceiros não verificados. Mantenha essas informações estritamente confidenciais e compartilhe-as apenas com entidades confiáveis, como instituições financeiras legítimas e comerciantes respeitáveis.

- **Práticas de Segurança:** Esteja ciente das práticas de segurança ao fazer compras online ou em locais físicos. Ao comprar online, certifique-se de que o site é seguro e criptografado antes de inserir seus detalhes de cartão. Procure o ícone de um cadeado na barra de endereços do navegador para verificar a segurança do site.
- **Senha Forte:** Use senhas fortes e exclusivas para suas contas online, incluindo aquelas associadas ao seu cartão de crédito. Evite senhas óbvias ou fáceis de adivinhar. Use uma combinação de letras maiúsculas e minúsculas, números e caracteres especiais em suas senhas.
- **Autenticação de Dois Fatores:** Ative a autenticação de dois fatores sempre que possível. Isso adiciona uma camada extra de segurança à sua conta, exigindo que você forneça um código de verificação adicional além da senha ao fazer login.
- **Monitore sua Conta:** Fique de olho na sua conta de cartão de crédito. Supervisione regularmente as transações para detectar atividades suspeitas ou não autorizadas. Relate imediatamente qualquer transação não reconhecida ao seu banco ou emissor do cartão.
- **Compras Seguras em Locais Físicos:** Ao fazer compras em lojas físicas, proteja seu cartão e insira o PIN com cuidado. Certifique-se de receber seu cartão de volta após a compra e mantenha sempre o recibo como comprovante.
- **Atenção a Comunicados Suspeitos:** Esteja alerta para tentativas de *phishing* por e-mail ou telefonemas suspeitos. Não forneça informações pessoais ou de cartão a menos que tenha certeza da legitimidade da fonte.
- **Bloqueio de Cartão Perdido ou Roubado:** Se perder seu cartão ou suspeitar que ele foi roubado, comunique imediatamente o banco ou emissor do cartão. Eles podem bloquear o cartão para evitar o uso não autorizado.

Proteger seus dados pessoais e detalhes do cartão é fundamental para evitar fraudes e roubo de identidade. Ao seguir essas práticas de segurança, você reduz o risco de problemas financeiros causados por atividades fraudulentas e mantém seu cartão de crédito seguro.

NEGOCIAÇÃO DE TAXAS E ANUIDADES
- FIQUE ATENTO ÀS OPORTUNIDADES -

Para usar seu cartão de crédito de maneira sábia, é fundamental monitorar as taxas de anuidade e outros encargos associados. Aqui estão algumas dicas para negociar essas taxas de forma eficaz:

- **Avalie Regularmente:** Analise as taxas de anuidade e outros encargos associados ao seu cartão com frequência. Poderá fazê-lo por meio do extrato ou entrando em contato com o banco emissor. Esteja ciente de quanto está pagando e se essas taxas são justas em relação aos benefícios oferecidos pelo cartão.
- **Pesquise Ofertas de Cartões:** Mantenha-se informado sobre as ofertas de cartões de crédito no mercado. Se encontrar um cartão com taxas mais baixas ou melhores benefícios, poderá usar a informação como alavanca em negociações com seu banco atual.
- **Contate o Banco Emissor:** Se você achar que as taxas de anuidade são excessivas, entre em contato com o banco emissor do cartão. Explique sua situação e seu histórico como cliente. Muitas instituições estão dispostas a negociar com clientes fiéis para mantê-los satisfeitos.
- **Mostre Fidelidade:** Ter um histórico de uso responsável do cartão e ser um cliente de longa data pode fortalecer sua posição ao negociar. Os bancos valorizam a fidelidade dos clientes e podem estar dispostos a oferecer reduções de taxas para mantê-lo.
- **Peça Isenção de Taxas:** Além de negociações para taxas mais baixas, poderá perguntar se há a possibilidade de isenção de taxas por um período, especialmente se isso estiver relacionado a um programa promocional ou a um aumento no uso do cartão.
- **Considere Cartões Alternativos:** Se não conseguir um acordo satisfatório com seu banco atual, considere explorar outras opções de cartões de crédito com taxas mais competitivas e benefícios que atendam às suas necessidades financeiras.
- **Esteja Preparado para Tomar Decisões:** Esteja pronto para tomar uma decisão informada. Se o banco não estiver disposto a negociar ou se as taxas permanecerem altas, considere a possibilidade de migrar para um cartão mais adequado às suas finanças.

As negociações de taxas e anuidades podem variar de acordo com o banco emissor e sua relação com o cliente. Manter-se informado e disposto a tomar medidas pode resultar em economias significativas e em um uso mais eficiente do seu cartão de crédito.

EVITAR SAQUES EM DINHEIRO

- TAXAS ELEVADAS E JUROS IMEDIATOS -

Usar o cartão de crédito com bom senso significa entender os riscos associados aos saques em dinheiro e como evitá-los:

- **Emergência Apenas:** Reserve os saques em dinheiro com cartão de crédito apenas para situações de extrema urgência, já que as taxas associadas a essas transações são geralmente muito elevadas. Além disso, os juros começam a ser calculados imediatamente a partir do momento em que se saca o dinheiro, o que pode resultar em custos substanciais.
- **Planejamento Financeiro:** Em vez de recorrer a saques em dinheiro, planeje seu orçamento de forma a ter uma reserva de emergência em uma conta de poupança separada. Isso poderá ajudá-lo a evitar a necessidade de recorrer ao cartão de crédito em momentos de dificuldade financeira.
- **Familiarização com as Taxas:** Esteja ciente das taxas associadas aos saques em caixas eletrônicos, que podem incluir uma taxa do seu banco, uma taxa do banco proprietário do caixa eletrônico e uma taxa de adiantamento em dinheiro. Juntas, essas taxas podem tornar o saque em dinheiro uma opção dispendiosa.
- **Conhecimento da Política do seu Cartão:** Leia os termos e condições do seu cartão de crédito para entender completamente como as transações de saque em dinheiro são tratadas. Às vezes, os saques em dinheiro têm limites mais baixos em relação ao limite de crédito disponível, o que pode limitar ainda mais seu acesso a dinheiro.
- **Alternativas:** Considere outras opções aos saques em dinheiro, como o uso de um cartão de débito ou pagamento eletrônico, que geralmente não envolvem taxas elevadas ou juros imediatos.
- **Consulte Seu Banco:** Se estiver em uma situação de emergência e precisar fazer um saque em dinheiro com o cartão de crédito, entre em contato com o banco emissor para entender bem as taxas e os juros envolvidos. Eles poderão oferecer orientações sobre como lidar com a situação da maneira mais econômica possível.

Evitar saques em dinheiro com cartão de crédito é fundamental para manter suas finanças sob controle e minimizar custos desnecessários. Mantenha seu cartão de crédito como uma ferramenta para despesas planejadas e sempre busque alternativas mais econômicas quando precisar de dinheiro em espécie.

MONITORAMENTO REGULAR
- ACOMPANHAMENTO DE ATIVIDADES -

O monitoramento regular das atividades do seu cartão de crédito é um passo vital para garantir que você o esteja usando com prudência e responsabilidade:

- **Verificação de Faturas:** Sempre examine com cuidado suas faturas mensais de cartão de crédito. Verifique cada transação para garantir que todas as cobranças sejam precisas e autorizadas. Esse é o momento de identificar qualquer atividade suspeita ou erros nas contas.

- **Extratos Online:** A maioria dos emissores de cartões de crédito oferece serviços de extratos online. Acesse regularmente esses extratos para verificar as transações em tempo real, em vez de esperar pela fatura mensal. Isso permite identificar e resolver rapidamente quaisquer problemas.
- **Notificações:** Configure notificações de transações em seu cartão, caso estejam disponíveis. Muitos emissores de cartões permitem que você receba alertas por e-mail, mensagem de texto ou notificações de aplicativos sempre que uma compra for feita com seu cartão. Essas notificações facilitarão detectar atividades não autorizadas sem demora.
- **Resolução Imediata:** Se você identificar uma cobrança não autorizada ou um erro em sua fatura, entre em contato com o emissor do cartão imediatamente. Eles geralmente têm procedimentos para investigar e resolver essas questões.
- **Orçamento e Controle:** O monitoramento regular não apenas permite identificar problemas, mas também faz parte de um planejamento financeiro sólido. Acompanhar suas despesas em relação ao seu orçamento facilita a manutenção do controle financeiro e a evitar gastos excessivos.
- **Histórico de Crédito:** Manter um histórico de crédito saudável é indispensável. O monitoramento regular das atividades do seu cartão de crédito possibilitará que seu histórico de crédito permaneça preciso e positivo.

O monitoramento regular é uma prática fundamental para usar seu cartão de crédito com sabedoria. Isso não apenas protege suas finanças, mas também contribui para uma experiência financeira mais tranquila e eficaz. Mantenha-se atento às atividades do seu cartão para alcançar seus objetivos financeiros de forma responsável.

CARTÕES ESPECIAIS E INOVAÇÕES FUTURAS

- A EVOLUÇÃO TECNOLÓGICA DOS CARTÕES -

A evolução tecnológica dos cartões especiais tem desencadeado uma transformação significativa na forma como realizamos transações e interagimos com o mundo financeiro. Esses cartões, que vão além de simples instrumentos de pagamento, estão na vanguarda das inovações futuras, incorporando tecnologias avançadas para aprimorar a segurança, a conveniência e a funcionalidade. Desde a integração de elementos de autenticação biométrica até a exploração de materiais sustentáveis, os cartões especiais estão moldando o cenário financeiro e abrindo portas para possibilidades emocionantes. Nesta breve exploração, examinaremos como a evolução tecnológica está redefinindo os cartões especiais e o que o futuro reserva para essa fascinante interseção entre finanças e tecnologia.

Cartões Especiais e Inovações Futuras

- $ **A Evolução Tecnológica dos Cartões:** Outrora simples meios de pagamento, os cartões estão passando por uma transformação tecnológica impressionante. A integração de chips inteligentes, biometria e Near Field Communication [Comunicação por Proximidade] (NFC) está redefinindo a segurança e a conveniência das transações.
- $ **Experiências Personalizadas e Sensoriais:** Os cartões especiais do futuro vão além das funcionalidades básicas. Eles se tornarão uma extensão da identidade do usuário, oferecendo experiências sensoriais, como texturas únicas, cores dinâmicas e até fragrâncias personalizadas.
- $ **Pagamentos por Meio de Dispositivos Móveis:** Com a crescente adoção de smartphones, os cartões estão se integrando aos dispositivos móveis. A tecnologia permite que os usuários façam pagamentos diretamente por meio de seus celulares, eliminando a necessidade física do cartão.

- **Segurança Aperfeiçoada por IA:** A inteligência artificial será fundamental para aprimorar a segurança dos cartões. Os sistemas de IA poderão detectar atividades suspeitas em tempo real, como transações não autorizadas, proporcionando uma camada adicional de proteção.
- **Sustentabilidade e Cartões Ecológicos:** No horizonte das inovações futuras estão os cartões feitos de materiais sustentáveis e recicláveis. A conscientização ambiental está impulsionando a criação de soluções de pagamento que minimizem o impacto no meio ambiente.

CARTÕES *CO-BRANDED*
- ALIANÇAS ESTRATÉGICAS -

Os cartões *co-branded* representam uma parceria entre instituições financeiras e empresas de diferentes setores para oferecer cartões de crédito que combinam os benefícios do emissor com as vantagens da marca parceira. Examinaremos esse tópico e exploraremos os detalhes desses cartões especiais.

Parcerias Estratégicas

Os cartões *co-branded* são projetados para atender a um público-alvo específico, alavancando a base de clientes de ambas as partes. Essas parcerias estratégicas resultam em cartões que oferecem recompensas e vantagens exclusivas relacionadas ao setor da marca parceira.

Benefícios Exclusivos e Vantagens

Os titulares de cartões *co-branded* desfrutam de uma variedade de benefícios exclusivos, como descontos em produtos ou serviços da empresa parceira, acesso a eventos exclusivos, programas de recompensas direcionados e ofertas personalizadas que refletem a natureza da parceria.

Exemplos de Cartões *Co-Branded*

Exemplos concretos de cartões *co-branded* notáveis são o Nubank Rewards, que oferece vantagens específicas em colaboração com empresas parceiras, como descontos em viagens, entretenimento ou produtos eletrônicos, e cartões *co-branded* de companhias aéreas que oferecem benefícios de milhagem e acesso a salas VIP.

Aumentando o Engajamento do Cliente

Os cartões *co-branded* também buscam fortalecer o relacionamento entre os clientes e as marcas parceiras. Isso pode resultar em maior fidelidade à marca, uma vez que os clientes se beneficiam das vantagens de ambas as empresas envolvidas na parceria.

PAGAMENTOS POR APROXIMAÇÃO

- CONVENIÊNCIA AO ALCANCE -

A tecnologia de pagamento por aproximação permite transações rápidas e convenientes apenas encostando o cartão em um terminal habilitado. Isso agiliza o processo de pagamento em lojas físicas e transporte público, tornando as transações mais eficientes.

Em um mundo cada vez mais acelerado, onde o tempo é um recurso precioso, a tecnologia está desempenhando um papel crucial na simplificação de tarefas cotidianas. Os pagamentos por aproximação emergem como uma solução inovadora e eficiente, trazendo uma nova dimensão de praticidade e agilidade para o processo de transações financeiras. Essa tecnologia revolucionária, que permite realizar pagamentos simplesmente encostando o cartão em um terminal habilitado, está redefinindo a maneira como lidamos com o dinheiro e conduzimos nossas compras diárias.

Imagine-se entrando em uma loja movimentada, com apenas alguns minutos disponíveis para comprar os itens necessários. Antigamente, essa situação poderia se transformar em uma espera frustrante na fila do caixa. No entanto, com os pagamentos por aproximação, esse cenário se transforma completamente. Ao chegar ao caixa, você simplesmente segura seu cartão próximo ao terminal, e a transação é concluída em questão de segundos. Não há mais necessidade de inserir senhas, assinar recibos ou contar troco. É como se a própria tecnologia estivesse trabalhando a seu favor, permitindo que você continue sua jornada sem interrupções indesejadas.

Além da conveniência nas lojas físicas, os pagamentos por aproximação também estão revolucionando o transporte público. Nos sistemas de transporte modernos, você pode usar seu cartão de pagamento por aproximação para acessar ônibus, metrôs e trens com facilidade. Não é mais necessário comprar bilhetes físicos ou carregar moedas para entrar no transporte público. Basta aproximar o cartão do leitor, e você estará pronto para embarcar. Essa simplicidade não apenas agiliza o processo de entrada, mas também elimina a necessidade de levar consigo múltiplos cartões de transporte na carteira.

Um aspecto fundamental dos pagamentos por aproximação é a segurança. A tecnologia utiliza criptografia avançada para proteger suas informações financeiras, garantindo que suas transações permaneçam privadas e seguras. Além disso, a conveniência de não precisar entregar o cartão a um caixa ou inseri-lo em uma máquina reduz o risco de fraude ou clonagem.

É importante notar que a tecnologia de pagamentos por aproximação é compatível com diversos tipos de dispositivos, como cartões de crédito, débito e até mesmo smartphones. À medida que essa tecnologia continua a se expandir, é provável que vejamos uma adoção mais ampla e uma integração ainda maior em nosso cotidiano.

Os pagamentos por aproximação estão mudando a forma como interagimos com o dinheiro e as transações financeiras. A conveniência, agilidade e segurança que essa tecnologia oferece estão proporcionando uma experiência mais fluida e eficiente, seja durante as compras em lojas físicas ou ao utilizar o transporte público. A tecnologia avança, e com ela, nossa jornada rumo a um futuro mais conveniente e simplificado.

CARTÕES VIRTUAIS

- SEGURANÇA NAS COMPRAS ONLINE -

Os cartões virtuais são uma inovação que aumenta a segurança em compras online. Eles geram um número de cartão temporário para cada transação, reduzindo o risco de roubo de informações pessoais e financeiras durante o processo de compra na internet. A segurança financeira é uma prioridade absoluta no uso de cartões de crédito. Neste subcapítulo, vamos embrenhar-nos nas tecnologias de segurança, com destaque para os cartões virtuais e a inovadora tokenização.

A era digital trouxe consigo inúmeras conveniências, incluindo a capacidade de fazer compras online sem sair de casa. No entanto, com essa comodidade, também surgiram preocupações crescentes sobre a segurança das informações pessoais e financeiras durante as transações online. É aqui que os cartões virtuais emergem como uma inovação brilhante, oferecendo uma camada extra de proteção para os consumidores em suas compras pela internet. Vamos analisar com atenção essa tecnologia transformadora e como ela está revolucionando a segurança nas compras online.

O Conceito de Cartões Virtuais

Os cartões virtuais são uma resposta engenhosa aos desafios de segurança enfrentados nas compras online. Em vez de utilizar o número de cartão de crédito físico, os cartões virtuais geram um número de cartão temporário e exclusivo para cada transação. Essa abordagem elimina a necessidade de compartilhar o número de cartão real, reduzindo drasticamente o risco de exposição a fraudes e roubos de identidade. Cada vez que um cliente faz uma compra, um novo número de cartão virtual é gerado, impedindo que informações sensíveis sejam reutilizadas ou interceptadas por criminosos cibernéticos.

Processo de Geração

A criação de um cartão virtual é um processo simples e altamente seguro. Quando um cliente deseja fazer uma compra online, ele acessa a plataforma de seu banco ou emissor de cartão de crédito e solicita a geração de um cartão virtual. Esse cartão é vinculado ao cartão físico do cliente, mas com um número exclusivo e data de validade temporária. O cliente pode definir um limite de gastos para o cartão virtual, adicionando mais um nível de controle sobre suas transações. Uma vez utilizado, o cartão virtual é automaticamente desativado, garantindo que ele não possa ser usado novamente por terceiros.

Vantagens e Usos

Além da segurança inquestionável, os cartões virtuais oferecem uma série de vantagens práticas. Eles são ideais para compras em sites menos conhecidos ou duvidosos, onde a preocupação com a segurança é maior. Além disso, os cartões virtuais são uma solução perfeita para assinaturas online, permitindo que os clientes mantenham o controle sobre pagamentos recorrentes sem comprometer seus números de cartão reais. Até mesmo testes gratuitos ou ofertas promocionais podem ser aproveitados com tranquilidade, uma vez que o cartão virtual pode ser configurado com um limite de gastos específico.

A segurança financeira é fundamental em um mundo digital cada vez mais interconectado. Os cartões virtuais representam um salto significativo em direção à proteção das informações dos consumidores durante as compras online. Com sua capacidade de gerar números temporários e únicos, esses cartões oferecem não apenas tranquilidade, mas também a liberdade de aproveitar a conveniência das compras online sem preocupações. Conforme a tecnologia continua a evoluir, os cartões virtuais estão solidificando seu lugar como uma ferramenta essencial para proteger nossas finanças em um mundo virtual em constante mudança.

TOKENIZAÇÃO

- ELEVANDO A SEGURANÇA A UM NOVO PATAMAR -

Entendendo a Tokenização

Aprofunde-se na tecnologia de tokenização, um método avançado de substituir os dados sensíveis do cartão por um "token" único. Isso reduz drasticamente o risco de exposição de informações.

No mundo contemporâneo, onde as informações pessoais e financeiras circulam pelo ciberespaço, a segurança se tornou uma prioridade inquestionável. Em meio a essa busca incessante por proteção, a tokenização surge como uma inovação que redefine a maneira como lidamos com os dados sensíveis de nossos cartões de crédito. A partir de agora, mergulharemos nas profundezas dessa tecnologia avançada e exploraremos como ela está elevando a segurança de nossas transações a um novo patamar.

A tokenização é um conceito inteligente e sofisticado que visa preservar a confidencialidade dos dados do cartão de crédito, minimizando os riscos de exposição e roubo. Imagine substituir seu número de cartão por um código exclusivo, o "token", que é gerado por algoritmos complexos e não possui nenhuma ligação direta com os detalhes reais do cartão. É esse token único que é compartilhado durante as transações, garantindo que suas informações permaneçam inacessíveis e seguras, mesmo em caso de violações de segurança.

Processo de Tokenização

O processo de tokenização envolve uma série de etapas cuidadosamente projetadas para garantir a máxima segurança. Quando você realiza uma transação, o sistema do emissor de cartão converte os dados reais do cartão em um token exclusivo. Esse token é então transmitido para o comerciante ou plataforma de pagamento, onde é armazenado temporariamente e usado para processar a transação. Em nenhum momento ao longo desse processo, os detalhes reais do cartão são expostos ou compartilhados, criando uma barreira impenetrável contra possíveis ameaças.

Ampliação da Segurança

A versatilidade da tokenização é um dos seus maiores trunfos. Ela pode ser aplicada em diversos cenários, desde pagamentos móveis até transações em lojas físicas. Além disso, a tokenização também oferece uma solução segura para o armazenamento de informações de pagamento em aplicativos, permitindo que você faça compras com um toque, sem comprometer a segurança.

Casos de Uso e Histórias Reais

A tokenização já demonstrou sua eficácia em situações do mundo real. Ao optar por essa abordagem de segurança, você se juntará a uma comunidade de pessoas que experimentaram a tranquilidade de transações online sem riscos. Conheceremos histórias de compradores inteligentes que usaram cartões virtuais com tokenização para evitar fraudes e proteger seus dados financeiros.

A tokenização está mudando o jogo da segurança financeira, proporcionando um nível de proteção que vai além do convencional. Ao entender e abraçar essa tecnologia, você assume o comando de suas informações, permitindo transações online e offline sem medo. Cada vez que utiliza um token, você escolhe a segurança em um mundo digital cada vez mais desafiador. Com a tokenização, suas transações serão muito mais do que uma troca de bens e serviços — serão um testemunho da sua dedicação à segurança em todos os níveis.

10

CAPÍTULO 10/32

O CARTÃO DE CRÉDITO E A REVOLUÇÃO DO DINHEIRO

BENEFÍCIOS ADICIONAIS DOS CARTÕES

- EXPANDINDO SEUS HORIZONTES FINANCEIROS -

Os cartões de crédito são muito mais do que meros instrumentos de pagamento. São verdadeiros aliados financeiros, repletos de benefícios que vão além das transações do dia a dia e que podem aumentar significativamente o valor que você obtém dos cartões. Neste capítulo, vamos desvendar o mundo dos benefícios adicionais oferecidos pelos cartões de crédito, mostrando como eles podem enriquecer sua experiência financeira e proporcionar um valor excepcional.

Explorando os Benefícios

Além das conveniências já conhecidas, como o parcelamento de compras e a flexibilidade de pagamento, os cartões de crédito oferecem uma gama diversificada de vantagens adicionais que podem tornar sua jornada financeira ainda mais gratificante. Referimo-nos a benefícios como seguros de viagem, proteção de compra, extensão de garantia, acesso a lounges em aeroportos, programas de recompensas e muito mais. Vamos conhecer cada um desses benefícios e entender como eles podem se encaixar perfeitamente em diferentes aspectos da sua vida.

Valorizando a Proteção

Imagine poder viajar com a tranquilidade de saber que está amparado por um seguro abrangente. Os cartões de crédito, com frequência, oferecem seguros de viagem que cobrem desde cancelamentos de voos até despesas médicas no exterior. Além disso, ao utilizar o cartão para fazer compras, estará protegido por garantias estendidas e seguros contra roubo e danos.

Experiências Elevadas

Os benefícios adicionais não se limitam apenas à segurança financeira. Com o cartão de crédito certo, você poderá ter acesso a lounges VIP em aeroportos, descontos em hotéis e restaurantes, ingressos para eventos exclusivos e até mesmo experiências únicas, como participar de degustações de vinhos ou workshops culturais. Esses privilégios transformarão suas atividades cotidianas em momentos memoráveis e enriquecedores.

Maximizando o Valor

Para aproveitar ao máximo esses benefícios, é essencial entender as ofertas do seu cartão e como ativá-las. A maioria das instituições financeiras fornece informações detalhadas sobre os benefícios disponíveis, e muitos possuem aplicativos que facilitam a ativação e o rastreamento dessas vantagens. Com um pouco de conhecimento e planejamento, você otimizará o uso do seu cartão, obtendo o máximo valor possível de cada transação.

Uma Jornada de Descobertas

Explorar os benefícios adicionais dos cartões de crédito é como percorrer uma jornada de descobertas. Ao aprofundar-se nas ofertas disponíveis, estará abrindo um tesouro de possibilidades que podem enriquecer sua vida de maneiras inesperadas. Entenda e aproveite esses benefícios; assim, estará transformando seu cartão de crédito em uma ferramenta poderosa não apenas para fazer pagamentos, mas para elevar sua qualidade de vida e criar experiências verdadeiramente incríveis.

SEGURO DE PROTEÇÃO DE COMPRAS
- GARANTINDO SUAS AQUISIÇÕES -

Protegendo Suas Aquisições de Forma Abrangente

Quando fazemos uma compra, é natural esperarmos que o item adquirido nos traga alegria e utilidade por um longo período. No entanto, imprevistos podem acontecer, e é aí que entra o seguro de proteção de compras, uma ferramenta valiosa para garantir que suas aquisições sejam sempre um motivo de satisfação. Neste segmento, daremos os detalhes de como esse seguro oferece uma cobertura abrangente para suas compras, estendendo a garantia original do fabricante e proporcionando tranquilidade em cada transação.

Cobertura Abrangente

O seguro de proteção de compras é um verdadeiro escudo de segurança para suas aquisições. Ele oferece cobertura contra uma variedade de situações, incluindo roubo, danos acidentais e até defeitos de fabricação. Imagine comprar um dispositivo eletrônico caro e, logo depois, de forma acidental, vê-lo danificado. Com o seguro de proteção de compras, poderá ter a certeza de que será reembolsado ou que o item será substituído, garantindo que seu investimento esteja sempre protegido.

Estendendo a Garantia

Uma das vantagens mais valiosas desse seguro é a capacidade de estender a garantia original do fabricante. Muitos produtos vêm com garantias limitadas, o que pode ser preocupante, especialmente para itens caros. Com o seguro de proteção de compras, você pode prolongar essa garantia, dando-lhe a tranquilidade de que, caso ocorra algum problema após o término da garantia original, ainda estará amparado. Essa extensão de garantia pode significar uma economia de dinheiro a longo prazo, uma vez que reparos e substituições podem ser custosos.

Processo de Acionamento

Acionar o seguro de proteção de compras é um processo relativamente simples e direto. Caso ocorra algum incidente coberto, como um roubo ou dano acidental, precisará entrar em contato com a instituição financeira que emitiu o cartão e seguir as orientações fornecidas. Em geral, precisará fornecer informações sobre a compra, o incidente e quaisquer documentos de comprovação necessários, como boletins de ocorrência ou fotos dos danos. Com essas informações em mãos, a instituição avaliará o caso e tomará as medidas apropriadas para reembolso ou substituição.

Valorizando Sua Paz de Espírito

O seguro de proteção de compras é mais do que apenas uma adição aos seus pagamentos com cartão. É um investimento na sua tranquilidade e na garantia de que suas compras estarão sempre protegidas, independentemente do que possa acontecer. Ao entender a amplitude da cobertura oferecida, a possibilidade de estender garantias e o processo de acionamento, você estará tomando medidas concretas para garantir que suas aquisições sejam sempre motivo de satisfação, não de preocupação. Lembre-se: quando se trata de proteger um artigo adquirido, o seguro de proteção de compras estará ao seu lado, oferecendo uma rede de segurança inestimável e valorizando cada investimento que você faz.

ASSISTÊNCIA EM VIAGENS

- MANTENDO-SE PROTEGIDO AONDE QUER QUE VOCÊ VÁ -

Viajar é uma experiência enriquecedora e emocionante, mas também pode trazer desafios inesperados. É aí que entra a assistência em viagens, uma gama de serviços valiosos oferecidos por alguns cartões de crédito para garantir que você esteja protegido e amparado durante suas jornadas. Neste segmento, examinaremos como esse instrumento pode funcionar como um verdadeiro salva-vidas em situações delicadas, proporcionando cobertura médica, assistência jurídica, suporte em emergências e até mesmo serviços de concierge para tornar sua viagem ainda mais memorável.

Serviços de Assistência

Os serviços de assistência em viagens englobam uma variedade de necessidades, abrangendo, como mencionamos, de cuidados médicos a assistência jurídica. Muitos cartões oferecem seguro médico de viagem, reembolso de despesas médicas, auxílio em casos de extravio de bagagem e até mesmo suporte em situações de cancelamento de viagem. Esses serviços podem proporcionar tranquilidade e proteção quando você mais precisa, garantindo poder lidar com imprevistos de forma eficiente e sem estresse.

Cobertura Internacional

A cobertura oferecida pelo seguro e assistência em viagens varia de acordo com o cartão e a região do mundo em que você esteja viajando. É importante entender os limites e as condições da cobertura para garantir uma proteção adequada durante suas jornadas internacionais. Muitos desses benefícios podem ser utilizados em diversos países, proporcionando uma rede de segurança global, em qualquer lugar.

Situações de Emergência

Em situações de emergência, os serviços de assistência em viagens podem ser imprescindíveis. Imagine estar em um país estrangeiro e enfrentar um problema de saúde ou sofrer um acidente. Ter acesso a um suporte médico confiável e eficiente pode fazer toda a diferença. Além disso, a assistência em viagens também pode oferecer auxílio jurídico em casos de contratempos durante sua estadia em outro país.

CONCIERGE E SERVIÇOS PERSONALIZADOS

- UMA EXPERIÊNCIA PREMIUM -

Imagine ter um assistente pessoal à disposição durante suas viagens, capaz de tornar cada momento mais especial e conveniente. É exatamente isso que os serviços de concierge oferecem aos portadores de determinados cartões de crédito. Vejamos como essa vantagem premium pode transformar sua viagem em uma jornada verdadeiramente memorável.

A Experiência do Concierge

O conceito de concierge remonta aos tempos em que os hóspedes de hotéis de luxo recebiam atendimento personalizado. Hoje em dia, ele alcança também os titulares de cartões premium, oferecendo respaldo em uma ampla variedade de tarefas. Desde fazer reservas em restaurantes renomados até organizar itinerários de viagem detalhados, o concierge estará à disposição para atender suas solicitações e facilitar sua vida durante a viagem.

Reservas de Hotéis e Passagens Aéreas

Uma das áreas em que o serviço de concierge se destaca é na reserva de acomodações e passagens aéreas. Com acesso a uma rede de contatos e parcerias, o concierge poderá garantir que você desfrute de hospedagem em hotéis de alto padrão e consiga voos que se adequem às suas preferências e horários. Com isso, terá menos preocupações com a logística e mais tempo para aproveitar a viagem.

Ingressos para Eventos Especiais

Já pensou em assistir àquele show ou evento com ingressos esgotados que você tanto desejava? O concierge poderá tornar isso realidade. Com habilidades de busca e contatos privilegiados, é possível que ele encontre e garanta ingressos para eventos concorridos, dando-lhe acesso a experiências exclusivas durante sua estadia.

Atendimento às Necessidades

Para aproveitar ao máximo os serviços de concierge, é importante comunicar claramente suas necessidades e desejos. Quanto mais informações você disponibilizar sobre suas preferências, interesses e planos de viagem, mais personalizado será o suporte oferecido. O concierge está para tornar sua viagem excepcional; portanto, não hesite em compartilhar seus sonhos e expectativas de viagem.

Utilizando o Serviço de Concierge

A forma de utilizar o serviço de concierge varia de acordo com o cartão e a instituição financeira. Em geral, precisará apenas entrar em contato por telefone ou aplicativo dedicado, informando os detalhes sobre o que precisa. Os especialistas em concierge trabalharão nos bastidores para transformar seus desejos em realidade, agindo como uma extensão do seu planejamento de viagem.

Aumentando o Valor de sua Viagem

Ao compreender e aproveitar os serviços de concierge, você enriquecerá sua experiência de viagem com comodidade e luxo. Não importa se está buscando relaxamento em um resort à beira-mar, uma aventura em uma cidade vibrante ou uma escapada cultural única — o serviço de concierge existe para garantir que sua viagem seja perfeita em todos os aspectos.

O Futuro das Viagens com Serviços Premium

Conforme a indústria de viagens evolui, os serviços de concierge vão se expandindo para oferecer ainda mais personalização e comodidade. Com acesso a tecnologias inovadoras e parcerias exclusivas, o concierge vem se tornando um recurso indispensável para viajantes que buscam uma experiência excepcional.

Ao utilizar os serviços de concierge, você transforma suas viagens em jornadas extraordinárias, onde cada detalhe é cuidado e otimizado para atender às suas necessidades. Com essa vantagem premium ao seu lado, suas aventuras ganham um toque especial que faz toda a diferença.

11

CAPÍTULO 11/32

O CARTÃO DE CRÉDITO E A REVOLUÇÃO DO DINHEIRO

PESQUISANDO E COMPARANDO OFERTAS

- ENCONTRE O CARTÃO IDEAL PARA VOCÊ -

Escolher o cartão de crédito certo é uma decisão importante, e para fazer uma escolha informada, é essencial realizar uma pesquisa detalhada e comparar as ofertas disponíveis. Felizmente, existem recursos online que podem facilitar esse processo, permitindo-lhe encontrar o cartão que melhor se adapte às suas necessidades e preferências. Vejamos como utilizar sites de comparação de cartões de crédito e outros critérios para tomar a decisão certa.

Explorando Sites de Comparação

Os sites de comparação de cartões de crédito são ferramentas valiosas para quem busca tomar uma decisão bem embasada. Eles fornecem uma visão abrangente das opções disponíveis, permitindo filtrar e comparar os benefícios, as taxas e as condições de diferentes cartões. Ao explorar esses sites, você terá uma noção clara das características de cada cartão e tomar uma decisão informada.

Identificando Benefícios Relevantes

Cada pessoa possui necessidades e estilo de vida únicos, e isso se reflete nas vantagens que um cartão pode oferecer. Enquanto pesquisa e compara as ofertas, leve em consideração os benefícios que mais se equiparam ao seu perfil de consumo. Se você for um viajante frequente, benefícios como milhas aéreas, acesso a salas VIP em aeroportos e seguro de viagem podem ser muito importantes. Por outro lado, se suas compras são majoritariamente em supermercados, um cartão que ofereça recompensas nessa categoria pode ser mais vantajoso.

Avaliando o Custo-Benefício

Ao comparar as ofertas, é fundamental avaliar o custo-benefício de cada cartão. Isso envolve analisar a anuidade e outras taxas associadas ao cartão em relação aos benefícios oferecidos. Um cartão com uma anuidade um pouco mais alta pode valer a pena se os benefícios proporcionarem economia ou comodidades que você realmente utiliza.

Compreendendo a Política de Aprovação:

Cada banco emissor tem suas próprias diretrizes de aprovação para os cartões de crédito. É importante pesquisar e entender essas políticas, pois esses aspectos poderão influenciar suas chances de aprovação. Considere fatores como histórico de crédito, renda e outras condições que os bancos possam ter em conta. Isso o ajudará a direcionar sua pesquisa para os cartões que estão mais alinhados com suas possibilidades de aprovação.

Tomando uma Decisão Informada

Ao utilizar os recursos de comparação e considerar os critérios antes mencionados, você estará mais bem preparado para fazer uma escolha embasada ao optar por um cartão de crédito. Lembre-se de que o cartão ideal é aquele que se encaixa perfeitamente às suas necessidades e objetivos financeiros, proporcionando benefícios tangíveis e contribuindo para uma experiência financeira positiva.

REQUISITOS E DOCUMENTAÇÃO

- PREPARANDO-SE PARA SOLICITAR UM CARTÃO DE CRÉDITO -

A solicitação de um cartão de crédito envolve a observância de algumas exigências e a preparação de documentos importantes para garantir uma requisição bem-sucedida. É fundamental entender esses aspectos antes de iniciar o processo de solicitação para aumentar suas chances de aprovação e tornar o procedimento mais eficiente.

Verificando a Renda Mínima Exigida

Cada cartão de crédito pode ter uma renda mínima exigida como critério para aprovação. Essa exigência varia de um cartão para outro e geralmente está relacionada aos benefícios e características do próprio cartão. Antes de escolher um cartão e iniciar o processo de solicitação, verifique se você atende aos requisitos de renda mínima. Dessa maneira, evitará gastar tempo solicitando um cartão para o qual não é elegível.

Preparando a Documentação Necessária

A documentação é uma parte essencial do processo de solicitação de cartão de crédito. Reúna os documentos necessários com antecedência para agilizar o processo. Entre eles estão os comprovantes de renda, que podem ser contracheques recentes ou declarações de imposto de renda, comprovantes de residência, como contas de serviços públicos no seu nome, e documentos de identificação, como RG e CPF. Ter esses documentos em mãos e organizados facilitará a conclusão da solicitação.

Avaliando seu Score de Crédito

Seu score de crédito desempenha um papel crucial na avaliação de sua solicitação de cartão de crédito. Verifique seu score antes de iniciar a solicitação, pois isso lhe dará uma ideia de como os credores poderão avaliar sua capacidade de gerir crédito. Um score mais alto geralmente indica maior responsabilidade financeira e pode resultar em melhores termos, como limites de crédito mais altos e taxas de juros mais baixas.

Garantindo uma Solicitação Bem-Sucedida

Ao cumprir os requisitos de renda mínima, preparar a documentação necessária e ter uma compreensão clara do seu score de crédito, estará mais bem equipado para uma solicitação bem-sucedida. Isso não apenas aumenta suas chances de ser aprovado, mas também ajuda a garantir que esteja solicitando o cartão mais adequado às suas necessidades e perfil financeiro. Lembre-se de fornecer informações precisas e completas ao preencher a solicitação e esteja pronto para responder a qualquer pergunta adicional que o emissor do cartão possa ter.

PREENCHENDO A SOLICITAÇÃO DO CARTÃO DE CRÉDITO

- DETALHES IMPORTANTES A CONSIDERAR -

O processo de preenchimento da solicitação de um cartão de crédito é um passo indispensável para garantir que você obtenha o cartão que melhor atende às suas necessidades financeiras e estilo de vida. A seguir, destacamos algumas orientações para ajudá-lo a preencher sua solicitação de forma eficaz e precisa.

Fornecendo Dados Precisos e Verdadeiros

É fundamental fornecer informações precisas e verdadeiras ao preencher a solicitação de cartão de crédito. Qualquer erro ou inconsistência pode causar atrasos no processamento ou até mesmo resultar em uma recusa. Certifique-se de digitar corretamente seu nome, endereço, número de CPF, renda e outros detalhes relevantes. Isso garantirá que sua solicitação seja processada com precisão e agilidade.

Escolhendo a Variante do Cartão Adequada

Muitos emissores de cartões de crédito oferecem diferentes variantes do mesmo cartão, cada uma com benefícios e características específicas. Antes de preencher a solicitação, reserve algum tempo para comparar as opções disponíveis e escolher aquela que melhor se combine com seus interesses e necessidades. Tenha em mente fatores como anuidade, programas de recompensas, benefícios de viagem, seguro de proteção de compras e outros recursos oferecidos pelo cartão. Selecione a variante que oferece os benefícios que mais se encaixem ao seu modo de viver e objetivos financeiros.

Informações de Renda e Emprego

A maioria das solicitações de cartão de crédito requer informações sobre sua renda e emprego. Certifique-se de fornecer dados precisos e atualizados sobre sua situação financeira para ajudar o emissor do cartão a avaliar sua capacidade de gerir crédito e determinar a linha que você poderá receber. Se tiver uma renda variável ou fontes adicionais de renda, inclua essas informações para proporcionar uma imagem completa de sua situação financeira.

Avaliando as Taxas e Termos

Antes de finalizar sua solicitação, revise cuidadosamente os termos e condições do cartão, incluindo as taxas associadas, a política de juros, as regras de recompensas e outras informações relevantes. Assegure-se de que compreendeu completamente os custos envolvidos no uso do cartão para evitar surpresas desagradáveis no futuro.

Assinatura e Consentimento

Ao finalizar o preenchimento da solicitação, é comum assinar eletronicamente ou dar seu consentimento para o processamento dos dados. Leia atentamente todas as informações fornecidas e certifique-se de entender os termos aos quais está concordando.

Ao seguir essas orientações, estará preenchendo sua solicitação de cartão de crédito de maneira informada e precisa, o que aumentará suas chances de ser aprovado para o cartão desejado e contribuirá para garantir que está escolhendo a melhor opção para suas necessidades financeiras.

ANÁLISE DE CRÉDITO E APROVAÇÃO
- O CAMINHO PARA OBTER SEU CARTÃO DE CRÉDITO -

A obtenção de um cartão de crédito envolve um processo de análise de crédito e aprovação conduzido pelo banco emissor. Nesse processo, várias etapas são realizadas para avaliar sua elegibilidade e determinar se você será aprovado para o cartão solicitado. Abaixo, explicaremos como essa análise é realizada e o que esperar enquanto aguarda a resposta.

Análise Detalhada do Banco

Após o envio da solicitação, o banco emissor iniciará uma análise minuciosa de suas informações financeiras. Isso envolve verificar seu histórico de crédito, sua renda, seu histórico de pagamento e outras informações relevantes. A análise busca entender sua capacidade de gerenciar crédito e cumprir com os pagamentos do cartão. Com base nesses dados, o banco determinará sua elegibilidade para receber o cartão de crédito.

Aprovação ou Recusa

Após concluir a análise, você receberá a notificação de aprovação ou recusa da solicitação. Se for aprovado, receberá detalhes sobre o cartão, como limite de crédito, benefícios e termos. Em caso de recusa, o banco informará sobre os motivos da decisão. Lembre-se de que uma recusa não é o fim; você poderá desenvolver estratégias para aprimorar sua elegibilidade futura seguindo boas práticas financeiras.

Prazos e Entrega do Cartão

Se for aprovado, aguarde o prazo estimado para a entrega do cartão em sua residência. Geralmente, os bancos enviam o cartão pelo correio em um envelope seguro. Ao receber o cartão, siga as orientações do banco para ativá-lo. Isso pode envolver um processo simples online ou uma chamada telefônica para garantir que o cartão esteja pronto para uso.

A análise de crédito e a aprovação são processos fundamentais para a obtenção de um cartão de crédito. Ao compreender as etapas envolvidas, estará preparado para enfrentar esses processos de maneira tranquila e saberá o que esperar em cada fase. Lembre-se de que a análise de crédito é uma maneira pela qual os bancos protegem tanto você quanto a si mesmos, garantindo que os cartões sejam emitidos de maneira responsável e sustentável.

12

0000 0000 0000 0000

CAPÍTULO 12/32

O CARTÃO DE CRÉDITO E A REVOLUÇÃO DO DINHEIRO

CUIDADOS E RESPONSABILIDADES FINANCEIRAS

- A JORNADA SEGURA -

Na complexa trama das finanças pessoais, embarcar em uma jornada segura é essencial para garantir a estabilidade e o bem-estar econômico. A gestão responsável das finanças abrange uma série de cuidados que vão desde o planejamento prudente até a tomada de decisões informadas. Nessa busca por segurança financeira, é preciso compreender as responsabilidades que acompanham cada transação e escolha monetária. Por meio da análise dos desafios e nuances desse percurso, é possível desvendar estratégias que nos permitam navegar pelas águas financeiras com confiança e preparo.

GERENCIANDO SUAS FINANÇAS

- O JEITO CERTO DE FAZER -

Gerenciar suas finanças de maneira eficaz é fundamental para garantir uma jornada financeira segura e bem-sucedida. Exploraremos a importância de um planejamento financeiro sólido e as medidas que poderá tomar para manter suas finanças sob controle.

Orçamento: A Base do Sucesso Financeiro

Criar e manter um orçamento é a pedra angular do gerenciamento financeiro. Registre todas as suas fontes de renda e despesas, categorizando cada gasto. Isso permite que você visualize para onde seu dinheiro está indo, identifique áreas onde pode economizar e evite gastos desnecessários.

Pagamento da Fatura: Compromisso com o Pagamento Integral

Priorize o pagamento integral da fatura do seu cartão de crédito a cada mês. Ao fazer isso, evitará o acúmulo de juros e encargos adicionais. Se não for possível pagar o valor total, pague ao menos o mínimo exigido, mas esteja ciente dos juros que serão cobrados.

Evitando Dívidas: Usando o Cartão com Responsabilidade

O cartão de crédito oferece facilidades, mas também traz consigo o risco de dívidas. Use-o com responsabilidade e evite acumular dívidas que possam sobrecarregar suas finanças. Avalie se uma compra é realmente necessária antes de fazê-la.

Emergências Financeiras: Construindo uma Reserva

Estabelecer uma reserva de emergência é vital para lidar com despesas inesperadas, como problemas de saúde ou reparos de emergência. Mantenha uma quantia para cobrir de três a seis meses de despesas básicas em uma conta poupança de fácil acesso.

MONITORANDO E PROTEGENDO SEU CRÉDITO
- GARANTINDO SUA SAÚDE FINANCEIRA -

Garantir a saúde do crédito é essencial para manter a estabilidade financeira e proteger-se contra fraudes e problemas futuros. Neste tópico, trataremos de como monitorar seu crédito e adotar medidas de proteção para manter as informações seguras.

Monitoramento Regular do Relatório de Crédito

A prática de monitorar regularmente seu relatório de crédito é fundamental para manter um controle preciso de sua situação financeira. Isso permite detectar qualquer atividade suspeita ou erros que possam afetar negativamente seu crédito. Serviços de monitoramento de crédito podem ser úteis, pois eles enviam alertas de alterações em seu relatório, garantindo que você seja informado imediatamente sobre qualquer problema.

Proteção de Identidade e Segurança Financeira

A proteção de sua identidade e informações financeiras é uma prioridade máxima. Evite compartilhar detalhes do seu cartão com pessoas que não conhece bem e esteja a par das práticas de segurança ao realizar transações online ou por telefone. Verifique se está utilizando conexões seguras ao inserir informações financeiras em sites e aplicativos e evite utilizar redes Wi-Fi públicas em transações sensíveis.

Além disso, considere ativar os serviços de alerta de fraude oferecidos pelo seu banco. Esses alertas poderão notificá-lo sobre atividades suspeitas em sua conta, como compras não autorizadas, permitindo que você tome medidas imediatas.

Monitoramento e Educação Financeira

Além de monitorar o crédito, investir em educação financeira é uma maneira eficaz de proteger a saúde de suas finanças. Ao compreender os princípios de gerenciamento de crédito, estará mais bem capacitado para tomar decisões financeiras conscientes e evitar problemas futuros.

Lembre-se de que a proteção do seu crédito é uma responsabilidade contínua. Ao adotar práticas de monitoramento regular e de proteção de identidade, estará garantindo sua tranquilidade e segurança financeira a longo prazo. Manter-se vigilante no que se refere ao seu crédito é um passo crítico para alcançar e manter um futuro financeiro estável e bem-sucedido.

LIDANDO COM DIFICULDADES FINANCEIRAS

- MEDIDAS PARA UM FUTURO FINANCEIRO MAIS ESTÁVEL -

Em momentos de dificuldades financeiras, é importante agir de forma proativa para minimizar o impacto da situação e buscar soluções viáveis. Nesta seção, percorreremos algumas maneiras de como lidar com essas dificuldades e tomar medidas para garantir sua estabilidade financeira a longo prazo.

Comunicação Aberta com o Emissor

Caso não consiga pagar a totalidade da fatura do seu cartão de crédito, é importante entrar em contato com o emissor. Muitos deles estão dispostos a trabalhar com os titulares de cartão para encontrar soluções temporárias, como planos de pagamento ou adiamento de vencimentos. Manter uma comunicação aberta e proativa poderá evitar juros acumulados e possíveis efeitos negativos em seu histórico de crédito.

A Busca de Ajuda Profissional

Quando as dívidas se tornam insustentáveis e tentar resolver as coisas por conta própria não parece ser suficiente, considerar a busca de aconselhamento financeiro profissional é uma medida sensata. Um consultor financeiro analisará sua situação, desenvolverá um plano de pagamento estruturado e o orientará sobre maneiras de reduzir e gerenciar suas dívidas de forma eficaz.

Ele poderá ainda oferecer estratégias para reorganizar seu orçamento, identificar áreas onde é possível economizar e ajudá-lo a estabelecer metas financeiras realistas. A orientação de um profissional pode proporcionar um senso de direção e controle sobre suas finanças, permitindo-lhe tomar medidas positivas para superar as dificuldades e retomar o caminho rumo a um futuro financeiro mais estável.

Lembre-se de que é essencial agir prontamente ao enfrentar dificuldades financeiras. Ao entrar em contato com o emissor do cartão e, se necessário, buscar ajuda profissional, estará tomando medidas ativas para superar obstáculos e construir uma base sólida para um sucesso financeiro de longo prazo.

EDUCAÇÃO FINANCEIRA CONTÍNUA
- O QUE FAZER -

Atualização e Aprendizado: Mantendo-se Informado

A educação financeira contínua é crucial. Esteja sempre atento a recursos educativos, como livros, seminários online, cursos e workshops, para aprimorar sua compreensão sobre gestão financeira e tomar decisões mais embasadas.

Compartilhando Conhecimento: Educação em Família

Compartilhe seu conhecimento financeiro com amigos e familiares, contribuindo para construir uma cultura de responsabilidade financeira e apoio mútuo.

Gerenciar as finanças de forma eficaz e responsável é um compromisso contínuo que pode impactar positivamente seu bem-estar financeiro e sua qualidade de vida. Ao implementar essas práticas e adotar uma abordagem proativa para cuidar do crédito e das finanças, estará construindo um futuro financeiro mais seguro e estável.

A busca pela educação financeira contínua é um passo fundamental para garantir um futuro financeiro sólido e bem-sucedido. Mantendo-se atualizado e aprendendo constantemente sobre questões financeiras, estará munido de ferramentas para fazer escolhas esclarecidas e inteligentes. Existem várias maneiras de continuar sua educação financeira:

- $ **Recursos Educacionais:** Esteja atento a livros, artigos, blogs e vídeos que abordem tópicos financeiros. Muitos especialistas compartilham insights valiosos sobre economia pessoal, investimentos, orçamento e muito mais.

- **Seminários e Cursos Online:** Participe de seminários virtuais, webinars e cursos online sobre finanças pessoais. Muitos deles são gratuitos e oferecem uma oportunidade excelente para aprender com especialistas do conforto da sua casa.
- **Cursos Presenciais:** Verifique se há workshops ou cursos presenciais em sua comunidade ou região que abordem educação financeira. A interação direta com instrutores e colegas pode enriquecer sua compreensão.
- **Aplicativos e Plataformas:** Utilize aplicativos de finanças pessoais e plataformas online para acompanhar seus gastos, criar orçamentos e receber dicas de economia.
- **Bibliotecas e Centros de Recursos:** Muitas bibliotecas oferecem livros e recursos sobre educação financeira. Verifique se há materiais disponíveis para empréstimo ou consulta.

Compartilhar conhecimentos financeiros com amigos e familiares também é uma prática valiosa. Dessa maneira, contribuirá para promover a conscientização sobre a importância da educação financeira, incentivará a tomada de decisões responsáveis e criará de uma rede de apoio mútuo para enfrentar desafios financeiros.

Não se esqueça de que a educação financeira é um processo contínuo e que o aprendizado constante pode levar a um maior domínio das suas finanças pessoais. Ao adotar essas práticas, estará no caminho certo para construir um futuro financeiro mais seguro e estável.

13

0000 0000 0000 0000

CAPÍTULO 13/32

O CARTÃO DE CRÉDITO E A REVOLUÇÃO DO DINHEIRO

O FUTURO DOS CARTÕES DE CRÉDITO

- INOVAÇÕES & PERSPECTIVAS -

Neste cenário financeiro em constante evolução, os cartões de crédito se destacam como protagonistas de uma jornada rumo ao futuro. As inovações tecnológicas têm redefinido a maneira como utilizamos e entendemos esses instrumentos de pagamento, antecipando um horizonte repleto de possibilidades empolgantes. Ao explorarmos as tendências emergentes e as perspectivas que se desenrolam, somos conduzidos a uma visão instigante do papel que os cartões de crédito continuarão desempenhando em nossa vida financeira, promovendo maior conveniência, segurança e interconexão em um mundo cada vez mais digitalizado.

O AVANÇO DA TECNOLOGIA

- O FUTURO DOS CARTÕES DE CRÉDITO -

A evolução tecnológica está transformando a maneira como utilizamos os cartões de crédito e interagimos com eles. À medida que a tecnologia avança, as inovações vão moldando o futuro desses instrumentos, tornando a jornada financeira ainda mais emocionante e prática.

Nos últimos anos, testemunhamos incríveis mudanças na área da tecnologia que têm impactado todos os aspectos da nossa vida, incluindo a forma como nos relacionamos com os cartões de crédito.

Uma das mudanças mais notáveis é a crescente adoção dos pagamentos por aproximação, que permitem que os consumidores efetuem transações apenas encostando o cartão em um terminal habilitado. Essa tecnologia agiliza o processo de pagamento em lojas físicas e no transporte público, tornando as transações mais rápidas e convenientes do que nunca. Além disso, com a ascensão dos dispositivos móveis, muitos cartões de crédito estão sendo digitalizados e armazenados em aplicativos de pagamento, viabilizando transações sem a necessidade de ter consigo o cartão físico.

Outra inovação notável é a tokenização, um método avançado de substituir os dados sensíveis do cartão por um "token" único que reduz drasticamente o risco de exposição de informações durante as transações, garantindo um nível extra de segurança ao realizar compras online ou em lojas físicas.

Além disso, os cartões de crédito estão incorporando cada vez mais serviços premium, como assistência em viagens, seguro de proteção de compras e acesso a concierges pessoais. Esses benefícios adicionais proporcionam uma experiência premium aos titulares de cartões, com comodidades e serviços que vão além das transações tradicionais.

À medida que a tecnologia continua avançando, podemos esperar muitas outras novidades no mundo dos cartões de crédito. A biometria, por exemplo, está começando a desempenhar um papel importante, com cartões equipados com sensores de impressão digital ou reconhecimento facial para realizar autenticações mais segura.

O avanço da tecnologia está moldando o futuro dos cartões de crédito de maneira impactante. Essas inovações não apenas tornam as transações mais convenientes e seguras, mas também adicionam uma dimensão fascinante à jornada financeira, à medida que elucidamos novas formas de gerenciar nossas finanças de maneira eficaz e inteligente. Fique atento às novidades tecnológicas que continuarão a transformar o modo como empregamos nossos cartões de crédito e abrace essa evolução em sua jornada financeira.

PAGAMENTOS MÓVEIS
- A REVOLUÇÃO DAS CARTEIRAS DIGITAIS -

Nos últimos anos, uma verdadeira revolução tem ocorrido no mundo dos pagamentos, impulsionada pela crescente adoção das carteiras digitais. Essas inovações, como Apple Pay, Google Pay e Samsung Pay, estão transformando a maneira como fazemos transações financeiras e estão se tornando uma parte cada vez mais importante da nossa vida cotidiana.

Carteiras Digitais

As carteiras digitais, como Apple Pay, Google Pay e Samsung Pay, permitem armazenar informações de pagamento em dispositivos móveis e realizar pagamentos sem a necessidade física do cartão. Essa tecnologia utiliza a criptografia e a autenticação biométrica para garantir transações seguras.

As carteiras digitais permitem que os usuários armazenem informações de pagamento de forma segura em seus dispositivos móveis, como smartphones e smartwatches. Esse avanço tecnológico não apenas dispensa a necessidade de carregar cartões físicos, mas também introduz uma camada adicional de segurança, pois os dados de pagamento são criptografados e protegidos por autenticação biométrica, como impressão digital ou reconhecimento facial.

Vantagens

Os pagamentos móveis oferecem conveniência e agilidade, eliminando a necessidade de portar cartões físicos. Além disso, muitas vezes estão integrados a programas de recompensas e ofertas exclusivas.

As vantagens dos pagamentos móveis são diversas e impactantes. A principal delas é a conveniência. Reflita sobre a liberdade que significa sair de casa apenas com seu telefone, sabendo que poderá pagar por compras em lojas físicas, restaurantes e até mesmo transportes públicos com um simples toque no seu dispositivo. Essa agilidade torna a experiência de compra mais rápida e fluida, especialmente em situações movimentadas.

Além disso, muitos serviços de pagamento móvel estão integrados a programas de recompensas e ofertas exclusivas. Isso significa que poderá acumular pontos, descontos e benefícios sempre que realizar uma transação através da sua carteira digital. Esses incentivos podem incluir de cashback em compras a acesso a eventos especiais e promoções.

A revolução das carteiras digitais está apenas começando, e à medida que mais varejistas, restaurantes e empresas adotarem essa tecnologia, poderemos esperar uma ampliação ainda maior dos casos de uso e benefícios oferecidos. A segurança, a praticidade e as recompensas associadas aos pagamentos móveis estão moldando o futuro das transações financeiras, proporcionando uma experiência mais eficiente, moderna e gratificante para os consumidores. Portanto, considere explorar e adotar as carteiras digitais como parte da sua jornada financeira e esteja preparado para se beneficiar das vantagens que elas trarão para o seu dia a dia.

INTERNET DAS COISAS
- A CONEXÃO DOS DISPOSITIVOS AO PAGAMENTO -

Conforme a tecnologia continua avançando, a integração de dispositivos por meio da Internet das Coisas (IoT) vem revolucionando diversos aspectos da nossa vida, inclusive a forma como realizamos pagamentos. A IoT vem transformando mecanismos cotidianos em ferramentas autônomas de pagamento, criando uma experiência de compra ainda mais conveniente e eficiente.

Imagine um mundo onde os dispositivos estão conectados de tal forma que possam realizar transações de pagamento sem a necessidade de intervenção humana. Essa é a promessa da IoT aplicada ao pagamento. Por exemplo, seu relógio inteligente poderá ser configurado para efetuar pagamentos em lojas físicas simplesmente aproximando-o de um terminal habilitado. Seu carro poderá realizar pagamentos automáticos em pedágios sem que seja necessário parar para efetuar a transação manualmente. Até mesmo sua geladeira inteligente poderá monitorar os itens essenciais que estão acabando e realizar compras autônomas para reabastecê-la.

Esse nível de integração entre dispositivos e pagamento transformará nossa rotina diária de maneiras inimagináveis. Além da praticidade, a IoT também poderá oferecer maior segurança nas transações. Com sistemas de autenticação biométrica incorporados em dispositivos, como reconhecimento facial ou impressão digital, as transações podem ser ainda mais protegidas contra fraudes.

A conexão dos dispositivos ao pagamento é um passo adiante na evolução das transações financeiras, criando uma experiência verdadeiramente integrada e fluida. A IoT está trazendo uma nova dimensão para a forma como interagimos com o mundo das finanças, e as possibilidades são empolgantes.

Neste percurso fascinante sobre os cartões de crédito e as transformações que a tecnologia está trazendo para esse cenário, é importante manter-se ciente de que a educação financeira continua sendo a base para tomar decisões informadas e responsáveis. Ao compreender as mudanças trazidas pela IoT e a maneira como ela vem moldando a forma como pagamos por bens e serviços, estará preparado para aproveitar ao máximo essas inovações e garantir que suas finanças estejam sempre no caminho certo.

CUIDADOS AO UTILIZAR O CARTÃO DE CRÉDITO

- MANTENDO O CONTROLE FINANCEIRO -

Utilizar o cartão de crédito com responsabilidade é essencial para manter suas finanças saudáveis e evitar dívidas desnecessárias. Neste capítulo, discutiremos estratégias detalhadas para garantir que você esteja no controle total do seu cartão de crédito.

Estabeleça um Orçamento

Estabelecer um orçamento antes de usar o cartão de crédito é um passo imprescindível para manter o controle financeiro:

- **Conheça Seus Gastos:** Antes de utilizar o cartão, faça um levantamento completo de seus gastos mensais, incluindo despesas fixas, como moradia, transporte e contas de serviços públicos, bem como despesas variáveis, como alimentação e entretenimento.
- **Defina Limites:** Com base em sua renda e despesas, estabeleça limites claros para seus gastos com o cartão de crédito. Determine um valor que você poderá confortavelmente pagar na fatura do cartão no final do mês.
- **Reserve Fundos:** Antes de fazer uma compra com o cartão de crédito, certifique-se de ter fundos suficientes reservados para cobrir esse gasto quando a fatura chegar. Assim, terá certeza de poder quitar o montante total da fatura e evitar juros.
- **Evite Gastos Impulsivos:** Não ceda a compras impulsivas. Avalie se uma compra é realmente necessária e se ela se encaixa em seu orçamento. Evitar compras desnecessárias contribuirá para manter suas finanças equilibradas.

- $ **Acompanhe os Gastos:** Mantenha um registro de todas as transações realizadas com o cartão de crédito, anotando as compras, as datas e os valores. Esse acompanhamento regular proporcionará uma visão clara de seus gastos.
- $ **Revisão Periódica:** Reveja seu orçamento periodicamente e faça ajustes conforme as necessidades. Mudanças na renda ou despesas poderão exigir uma atualização do seu plano financeiro.
- $ **Planejamento de Longo Prazo:** Além do orçamento mensal, considere metas de longo prazo, como economizar para uma emergência, uma viagem ou aposentadoria. O cartão de crédito pode ser uma ferramenta útil para atingir esses objetivos, desde que seja utilizado com responsabilidade.

Estabelecer um orçamento é fundamental para o uso do cartão de crédito de forma responsável, assegurando que você evite dívidas desnecessárias, mantenha suas finanças sob controle e alcance seus objetivos financeiros de maneira eficaz.

Pague a Fatura Integralmente

Uma das práticas mais cruciais ao usar um cartão de crédito é pagar o total da fatura:

- $ **Evite Juros:** O pagamento integral da fatura até a data de vencimento é fundamental para evitar o acúmulo de juros. Quando você paga apenas o valor mínimo ou faz pagamentos parciais, aplicam-se juros ao saldo remanescente, tornando sua dívida ainda maior.
- $ **Redução de Custos:** Pagar a fatura completa significa que você não terá que lidar com taxas de juros elevadas e outras tarifas associadas a saldos não pagos. Isso permitirá que economize dinheiro a longo prazo.
- $ **Preserve Seu Limite de Crédito:** O pagamento integral também favorece a preservação do limite de crédito para futuras compras. Quando você mantém um saldo alto não pago, reduz a quantidade de crédito disponível a ser usada.
- $ **Construção de Crédito:** Pagar a fatura integralmente e no prazo é uma maneira eficaz de construir e manter um bom histórico de crédito. Isso pode ser fundamental para futuras aprovações de crédito, como empréstimos para carros ou imóveis.
- $ **Controle Financeiro:** O pagamento do valor total da fatura demonstra responsabilidade financeira e disciplina, algo benéfico para manter o controle de suas finanças e evitar a armadilha das dívidas.

- **Priorize o Orçamento:** Ao planejar seu orçamento de forma adequada, reservando fundos para quitar a fatura integralmente, estabelece uma prioridade financeira. Assim, evite gastar mais do que pode pagar.
- **Use o Crédito de Maneira Inteligente:** Um cartão de crédito pode ser uma ferramenta poderosa quando usado de forma responsável. Pague a fatura integralmente para aproveitar os benefícios do crédito sem as desvantagens financeiras.

Quitar o valor total da fatura é fundamental para manter o controle financeiro, economizar dinheiro e construir um histórico de crédito positivo. Essa prática sólida permite que você aproveite ao máximo seu cartão de crédito e se resguarde contra armadilhas financeiras.

Evite o Pagamento Mínimo

É muito importante evitar o pagamento mínimo da fatura do cartão de crédito. Eis o porquê:

- **Juros Elevados:** Quando você opta por pagar apenas o valor mínimo, são aplicados juros à quantia remanescente. Essas taxas são, em geral, muito altas, o que significa que, ao longo do tempo, acabará pagando muito mais do que o valor original da compra.
- **Ciclo de Endividamento:** Ficar preso ao hábito de fazer apenas pagamentos mínimos pode criar um ciclo de endividamento. Se você não quitar o valor integral, aquilo que não for pago será transferido para o próximo mês, acumulando mais juros.
- **Crescimento da Dívida:** Conforme a dívida cresce devido aos juros, torna-se cada vez mais difícil quitar o valor total da fatura. Isso pode resultar em uma dívida descontrolada que se torna difícil de administrar.
- **Impacto no Crédito:** Pagar apenas o valor mínimo da fatura poderá afetar negativamente seu histórico de crédito. Os credores podem ver isso como um sinal de que você está com dificuldades financeiras, podendo dificultar a obtenção de crédito futuro em condições favoráveis.
- **Orçamento Descontrolado:** A prática prejudica o controle do orçamento ao não levar em consideração se você pode pagar pela compra nem se ela se adapta aos seus objetivos financeiros.
- **Priorize o Pagamento Integral:** A melhor prática é sempre priorizar a quitação do montante devido da fatura para evitar o acúmulo de juros, manter as finanças em equilíbrio e favorecer a construção de um histórico de crédito positivo.

- $ **Evite Dívidas Descontroladas:** Ao pagar o total do valor devido da fatura, evitará cair em um ciclo de endividamento insustentável que acarretará problemas financeiros significativos.

O cartão de crédito deve ser uma ferramenta financeira conveniente e útil, não um fardo de dívida crescente. Optar pelo pagamento integral em vez do mínimo é fundamental para manter o controle financeiro e aproveitar ao máximo esse recurso.

Conheça as Taxas e Encargos

Entender as taxas e encargos associados ao seu cartão é vital para manter o controle financeiro. Veja a seguir as razões pelas quais você deve estar ciente desses custos:

- $ **Evitar Surpresas Desagradáveis:** Ao conhecer as taxas e encargos, você minimiza a chance de surpresas desagradáveis na sua fatura, resguardando-se contra custos inesperados que podem impactar seu orçamento.
- $ **Tomar Decisões Informadas:** Saber quais taxas podem ser aplicadas em diferentes situações possibilita escolhas financeiras mais fundamentadas. Por exemplo, se estiver ciente de que há uma taxa por atraso, será mais diligente em pagar suas faturas a tempo.
- $ **Negociar com o Emissor:** Em alguns casos, é possível negociar com o emissor do cartão para reduzir ou eliminar certas taxas, especialmente se for um cliente fiel. Ter conhecimento sobre esses custos é útil ao iniciar uma negociação.
- $ **Escolher o Cartão Adequado:** Ao pesquisar diferentes cartões de crédito, você terá a oportunidade de comparar as taxas e encargos associados a cada um, auxiliando na escolha de um cartão que atenda aos seus objetivos financeiros e ofereça custos razoáveis.
- $ **Educação Financeira:** Entender as taxas de juros, os encargos por atraso e outras tarifas faz parte da educação financeira, tornando-o um consumidor mais consciente e capaz de tomar decisões sólidas.
- $ **Leia o Contrato:** É importante ler o contrato do seu cartão de crédito, que deve detalhar todas as taxas e encargos aplicáveis. Certifique-se de compreender completamente os termos antes de usar o cartão.
- $ **Evite Custos Desnecessários:** Conhecer as taxas auxilia na prevenção de despesas desnecessárias. Por exemplo, ao saber que uma tarifa é cobrada para saques em dinheiro, será possível evitar essa transação e os custos que ela gera.

Portanto, um aspecto importante do uso responsável do seu cartão de crédito é compreender as taxas e encargos a serem aplicados, pois isso contribui para manter suas finanças em ordem e tomar decisões que beneficiem seu orçamento.

Utilize os Limites de Crédito com Cautela

Para preservar um controle financeiro saudável, é importante ser prudente ao utilizar os limites de crédito do cartão. Aqui estão algumas razões para estar atento ao uso desses limites:

- **Pontuação de Crédito:** O seu limite de crédito e a quantidade de crédito que você utiliza (conhecido como taxa de utilização de crédito) são fatores cruciais que afetam a sua pontuação de crédito. Manter uma alta taxa de utilização de crédito, ou seja, gastar próximo ou até mesmo atingir o limite do cartão, comprometerá sua pontuação de crédito. Uma pontuação mais baixa tende a dificultar a obtenção de crédito no futuro, além de resultar em taxas de juros mais altas.
- **Risco de Endividamento:** Gastar até o limite do cartão aumenta significativamente o risco de endividamento. Quando você atinge o limite e não consegue quitar a fatura integralmente, corre o risco de acumular dívidas com juros elevados, desencadeando um ciclo de endividamento difícil de controlar.
- **Impacto no Orçamento:** Exceder o limite do cartão pode comprometer seu orçamento mensal, resultando em falta de fundos para despesas essenciais e em desafios financeiros inesperados.
- **Dificuldade em Lidar com Emergências:** Esgotar o limite do cartão com gastos não essenciais, pode deixá-lo sem crédito disponível para lidar com emergências financeiras, como despesas médicas inesperadas ou reparos urgentes.

É aconselhável manter um limite saudável de utilização de crédito, geralmente abaixo de 30% do total, pois isso promove a proteção de sua pontuação de crédito, reduz o risco de endividamento e garante o controle do seu orçamento.

Tenha em mente que o uso responsável do seu cartão de crédito vai além de manter os gastos dentro de seu orçamento; envolve também estar atento ao impacto financeiro de suas decisões de gasto.

Mantenha o Número de Cartões Controlado

É essencial controlar o número de cartões de crédito para garantir uma gestão financeira eficaz. Aqui estão algumas razões pelas quais é importante manter apenas os cartões que você realmente precisa:

- **Facilidade de Gerenciamento:** Quanto mais cartões de crédito você possuir, mais complicada se tornará a gestão das suas finanças. Cada cartão tem sua própria data de vencimento, limite de crédito, taxa de juros e benefícios. Administrar muitos cartões pode resultar em confusão e dificultar o acompanhamento de suas despesas.
- **Menor Risco de Dívida:** Cada cartão de crédito adicionado ao seu portfólio representa a tentação de gastar mais. Isso pode aumentar o risco de acumular dívidas, especialmente se você não conseguir controlar seus gastos.
- **Potencial para Taxas e Anuidades:** A maioria dos cartões de crédito cobra taxas anuais. Ter muitos cartões resultará em despesas significativas apenas para mantê-los ativos. Além disso, gerir várias contas aumenta o risco de esquecer de pagar uma fatura a tempo, resultando em encargos por atraso.
- **Impacto na Pontuação de Crédito:** Abrir muitos cartões de crédito em um curto período pode afetar negativamente sua pontuação de crédito. Isso ocorre porque a abertura de novas contas pode reduzir a média da idade de suas contas de crédito, o que é um fator na determinação da sua pontuação de crédito.

A recomendação é manter apenas os cartões que realmente atendem às suas necessidades financeiras e que você consegue gerenciar com facilidade. Avalie regularmente seus cartões e encerre aqueles que não são essenciais. Isso simplificará o controle financeiro, reduzirá o risco de dívida e ajudará a manter uma boa saúde financeira.

Monitore Regularmente

Monitorar as transações de cartão de crédito com regularidade é uma prática fundamental para manter o controle financeiro e proteger suas finanças. Aqui estão os principais motivos pelos quais esse hábito é crucial:

- **Detecção de Atividades Suspeitas:** Monitorar suas transações ajuda a identificar imediatamente qualquer atividade suspeita em sua conta, incluindo compras não autorizadas, transações duplicadas ou cobranças incorretas. Quanto mais cedo você detectar esses problemas, mais fácil será resolvê-los e evitar prejuízos financeiros.
- **Proteção contra Fraudes:** Os golpistas estão sempre à procura de oportunidades para cometer fraudes financeiras. Ao verificar suas transações com frequência, será possível detectar qualquer atividade fraudulenta antes que ela cause danos significativos à sua conta.
- **Controle de Gastos:** Acompanhar as despesas do cartão de crédito ajuda a manter o controle de seus gastos, permitindo que veja para onde

está indo seu dinheiro e que avalie se essas despesas estão dentro do seu orçamento. Isso é especialmente importante para evitar gastos impulsivos que podem levar a dívidas desnecessárias.

- **Cumprimento de Orçamento:** Ao estabelecer um orçamento financeiro, o monitoramento regular garante que você está aderindo a ele. Se perceber que está excedendo o orçamento em determinada categoria, poderá tomar medidas para fazer ajustes antes que as despesas saiam do controle.
- **Pontualidade no Pagamento:** Monitorar suas transações também o ajudará a se lembrar das datas de vencimento das faturas. Isso é essencial para evitar pagamentos em atraso, que podem resultar em encargos e impactar negativamente sua pontuação de crédito.

Para facilitar o monitoramento, muitos emissores de cartão de crédito oferecem aplicativos móveis que lhe permitem acompanhar suas transações em tempo real. Além disso, é importante revisar seus extratos bancários mensais para verificar todas as transações.

O monitoramento regular das atividades de seu cartão de crédito é uma prática essencial para o controle financeiro, proteção contra fraudes e garantia de que você está aderindo ao seu orçamento. É um passo importante para assegurar uma gestão financeira saudável.

Evite Empréstimos em Cartão de Crédito

Usar o cartão de crédito como fonte de empréstimos é uma prática que se deve evitar sempre que possível. Veja algumas razões pelas quais isso é importante:

- **Taxas de Juros Elevadas:** As taxas de juros associadas ao cartão de crédito geralmente são mais altas do que as de empréstimos tradicionais, como os pessoais ou garantidos. Isso significa que, ao usar seu cartão de crédito como empréstimo, estará se sujeitando a pagar uma quantia considerável em juros ao longo do tempo, tornando a quitação desse empréstimo muito mais cara do que o esperado.
- **Endividamento Descontrolado:** Recorrer com frequência ao cartão de crédito como fonte de empréstimo poderá levar a um ciclo vicioso de endividamento. O acúmulo de dívidas no cartão e o pagamento de juros elevados dificultará cada vez mais a liquidação dessas dívidas, prejudicando significativamente suas finanças pessoais e dificultando a conquista de seus objetivos financeiros.
- **Impacto na Pontuação de Crédito:** Manter um saldo elevado no cartão de crédito em relação ao limite disponível poderá prejudicar sua pontuação de crédito. Isso ocorre porque uma parte importante da pontuação

se baseia na relação entre o saldo e o limite do cartão de crédito. Caso essa relação seja alta, sua pontuação será afetada de modo negativo.

- $ **Alternativas Financeiras:** Em vez de recorrer ao cartão de crédito como fonte de empréstimo, é aconselhável considerar outras alternativas financeiras, como empréstimos pessoais, financiamentos com garantia ou linhas de crédito com juros mais baixos. Essas opções geralmente oferecem condições mais favoráveis e custos mais baixos do que usar um cartão de crédito para esse fim.

Evitar o uso do cartão de crédito como fonte de empréstimo é fundamental para manter um controle financeiro saudável. As altas taxas de juros, o risco de endividamento descontrolado e o impacto negativo na sua pontuação de crédito tornam essa prática desaconselhável. Em vez disso, explore alternativas mais favoráveis sempre que precisar de um financiamento, contribuindo para manter suas finanças em equilíbrio e proteger-se contra armadilhas financeiras no futuro.

Priorize as Necessidades

Ao usar seu cartão de crédito, é fundamental adotar uma abordagem que priorize suas necessidades financeiras essenciais. Eis algumas das razões pelas quais isso é importante:

- $ **Evitar Dívidas Desnecessárias:** Priorizar as necessidades significa usar o cartão de crédito para despesas essenciais, como moradia, alimentação, contas médicas ou reparos de emergência, evitando, assim, o acúmulo de dívidas desnecessárias por gastos supérfluos ou impulsivos.
- $ **Manter o Orçamento Equilibrado:** Ao centralizar os gastos com cartão de crédito em necessidades reais, manterá seu orçamento equilibrado e em sintonia com seus objetivos financeiros. Evitará ainda o esgotamento de recursos em compras que não agregam valor real à sua vida.
- $ **Reduzir Riscos de Endividamento:** Compras supérfluas ou impulsivas podem levar a um acúmulo rápido de dívidas de cartão de crédito o que, por sua vez, resultará em juros elevados e dificuldades financeiras. Priorizar as necessidades reduz o risco de endividamento excessivo.
- $ **Facilitar o Planejamento Financeiro:** Concentrando-se nas necessidades essenciais, poderá estabelecer um plano financeiro sólido e realista, o que lhe permitirá alocar recursos de forma eficaz, economizar para metas importantes e evitar gastar dinheiro de forma impulsiva.
- $ **Promover a Responsabilidade Financeira:** Escolhas conscientes e racionais em relação aos gastos com cartão de crédito, contribuem para promover a responsabilidade financeira. Isso significa tomar decisões informadas que beneficiam sua saúde financeira a longo prazo.

O cartão de crédito é uma ferramenta financeira poderosa, mas deve ser empregada com sabedoria. Ao priorizar as necessidades, o cartão passa a ser usado de forma estratégica para atender às despesas essenciais e evitar armadilhas financeiras, contribuindo ainda para um controle financeiro mais sólido e ajudando-o a alcançar seus objetivos financeiros com sucesso. Portanto, ao acionar o cartão de crédito, mantenha o foco nas necessidades reais e planejadas, garantindo um uso responsável desse recurso valioso.

Mantenha Contato com o Banco

Comunicar-se de forma aberta e constante com o banco emissor do seu cartão de crédito é uma prática sábia quando se trata de cuidados financeiros responsáveis. Aqui estão algumas razões pelas quais isso importa:

- $ **Auxiliar em Momentos de Dificuldade Financeira:** Se você se encontrar em uma situação financeira desafiadora e não conseguir pagar sua fatura integralmente, é essencial entrar em contato com o banco com rapidez. Ignorar o problema pode levar a penalidades financeiras, juros acumulados e impactos negativos em sua pontuação de crédito. O banco poderá oferecer soluções, como planos de pagamento ou alternativas para ajudá-lo a lidar com a situação.
- $ **Evitar Surpresas Desagradáveis:** Ao manter contato com o banco, você fica atualizado sobre as políticas de cartão de crédito, taxas, encargos e possíveis mudanças nas condições do contrato, evitando surpresas desagradáveis na fatura e garantindo que você esteja ciente de todos os aspectos do seu cartão.
- $ **Maximizar Benefícios e Recompensas:** Se o seu cartão de crédito oferece recompensas, pontos ou milhas, entrar em contato com o banco pode ajudá-lo a entender como maximizar esses benefícios. Ali poderão lhe oferecer dicas sobre como ganhar mais recompensas ou como resgatá-las da melhor forma possível.
- $ **Esclarecer Dúvidas e Preocupações:** Se tiver dúvidas ou preocupações relacionadas ao seu cartão de crédito — transações não reconhecidas, taxas inexplicáveis ou questões de segurança —, o banco estará lá para ajudar, com equipes de suporte ao cliente capacitadas para esclarecer essas questões e tomar medidas apropriadas, se necessário.
- $ **Promover um Relacionamento Positivo:** Manter uma comunicação aberta e construtiva com o banco permite construir um relacionamento positivo. Isso pode ser benéfico quando você precisa de assistência em situações extraordinárias ou deseja explorar outras ofertas financeiras, como taxas de juros mais baixas ou limites de crédito mais altos.

Os bancos estão cientes das dificuldades financeiras que as pessoas podem enfrentar e, em geral, estão dispostos a trabalhar com você para encontrar soluções que se adequem à sua situação. Portanto, se tiver problemas financeiros ou se precisar de esclarecimentos sobre o uso do cartão, não hesite em entrar em contato com o banco emissor. Manter essa comunicação aberta é fundamental para controlar as finanças e garantir o aproveitamento máximo dos benefícios desse instrumento.

FOCO NO LIMITE DISPONÍVEL

- GERENCIANDO O USO COM INTELIGÊNCIA -

Limite Disponível e Emergências

Manter uma margem de segurança no limite do seu cartão é indispensável para garantir que você esteja preparado para emergências financeiras inesperadas. Ao deixar uma porção do limite não utilizada, terá recursos disponíveis para lidar com despesas urgentes, como reparos de carro, despesas médicas ou outros imprevistos.

Impacto na Pontuação de Crédito

A utilização de uma grande parte do limite disponível poderá afetar negativamente sua pontuação de crédito. As agências de crédito consideram a relação entre o saldo do cartão e o limite como um fator de influência na pontuação. Equilibrar a relação entre o que você deve e o limite que utiliza é uma maneira inteligente de manter sua pontuação saudável.

Planejamento Financeiro Inteligente

Ao focar o limite disponível, você pratica um planejamento financeiro inteligente. Isso significa que utiliza o cartão como uma ferramenta para gerenciar suas finanças, em vez de depender dele como uma fonte de crédito contínua.

Estabeleça Limites Pessoais

Defina limites pessoais para o uso do seu cartão de crédito; por exemplo, uma quantia mensal ou por transação. Essa prática ajuda a evitar gastos excessivos e contribui para um controle financeiro eficaz.

Utilização Responsável

O foco no limite disponível constitui uma abordagem responsável na utilização do cartão de crédito, que contribui para reduzir o risco de endividamento excessivo e o estresse financeiro associado a dívidas fora de controle.

Lembre-se: o cartão de crédito é uma ferramenta valiosa quando usado com sabedoria. Prestar atenção no limite disponível é uma maneira poderosa de garantir que você aproveitará os benefícios do cartão mantendo, ao mesmo tempo, as finanças sob controle e protegidas de dívidas indesejadas.

CONTROLE DE FATURAS
- A IMPORTÂNCIA DO ACOMPANHAMENTO DETALHADO -

No universo das finanças pessoais, a habilidade de controlar as faturas de maneira minuciosa se destaca como um pilar fundamental. O acompanhamento atento e detalhado de despesas e pagamentos não apenas garante a saúde financeira, mas também confere uma compreensão clara dos gastos e padrões de consumo. Em nossa exploração sobre a importância do controle de faturas, revelamos como essa prática proativa é essencial para manter um equilíbrio financeiro sólido e tomar decisões informadas em relação aos recursos disponíveis.

Registro Detalhado das Transações

Registre em detalhes todas as transações realizadas com seu cartão de crédito. Esse registro pode ser feito de diversas maneiras; por exemplo, através de um aplicativo móvel específico, uma planilha eletrônica ou até mesmo um caderno dedicado a essa finalidade. Ao anotar datas, valores e detalhes de cada compra, terá uma visão clara de como está utilizando o cartão ao longo do tempo.

Identificação de Possíveis Erros

O acompanhamento regular de suas transações, possibilita que você aumente as chances de identificar possíveis erros ou cobranças indevidas em sua fatura, entre eles, valores incorretos ou duplicados, e também transações não reconhecidas. Esse monitoramento atento permite que você tome medidas imediatas para corrigir qualquer problema antes que ele se torne um obstáculo financeiro.

Controle de Gastos

Observar suas transações o ajudará a manter um controle eficaz dos seus gastos, uma vez que, visualizando-os de forma organizada, identificará áreas onde está gastando mais do que deveria e ajustará o comportamento financeiro.

Prevenção contra Fraudes

O acompanhamento regular de suas transações é também uma medida preventiva contra fraudes. Caso observe qualquer transação suspeita ou não autorizada, poderá relatá-la rapidamente ao emissor do cartão, que tomará as providências necessárias para garantir a segurança da sua conta.

Conscientização Financeira

O controle detalhado das suas transações contribui para uma conscientização financeira mais profunda. Terá uma visão completa dos seus hábitos de gastos e poderá tomar decisões informadas para otimizar suas finanças.

Hábito Saudável

Ao incorporar o hábito de registrar e acompanhar suas transações, estará cultivando uma prática financeira saudável e responsável. Esse simples ato fará uma grande diferença no seu controle financeiro a longo prazo.

Lembre-se de que o controle de faturas vai além de apenas acompanhar os valores. É uma ferramenta poderosa para manter suas finanças organizadas, protegidas e alinhadas com seus objetivos financeiros.

PAGAMENTO EM DIA
- EVITANDO JUROS E ENCARGOS ADICIONAIS -

No universo financeiro, a prática do pagamento em dia emerge como uma estratégia crucial para manter uma trajetória estável e saudável. A diligência em cumprir os compromissos financeiros dentro dos prazos estabelecidos não apenas evita o acúmulo de juros e encargos adicionais, como também preserva sua credibilidade e abre portas para um relacionamento mais positivo com instituições financeiras. Nesse contexto, exploramos como o hábito de efetuar pagamentos pontualmente se traduz em benefícios tangíveis, oferecendo segurança financeira e tranquilidade para alcançar objetivos de longo prazo.

Data de Vencimento

Esteja atento à data de vencimento da sua fatura e faça o pagamento até esse prazo. A data de vencimento é o limite para efetuar o pagamento sem a incidência de juros e multas. Coloque um lembrete em seu calendário ou configure alertas em seu aplicativo financeiro para garantir que você nunca perderá essa data crucial.

Compromisso Financeiro

Honrar o pagamento até a data de vencimento é mais do que um simples dever; é um compromisso que você assume com seu bem-estar financeiro. Atrasos podem resultar em encargos desnecessários e prejudicar sua saúde financeira a longo prazo.

Evitando Juros

Uma das principais razões para pagar sua fatura em dia é evitar a cobrança de juros sobre o saldo não pago. Os juros podem rapidamente acumular-se ao longo do tempo, aumentando significativamente o custo das suas compras a crédito.

Impacto no Histórico de Crédito

Além dos encargos financeiros, atrasos nos pagamentos também podem ter um impacto negativo em seu histórico de crédito. Um histórico de pagamentos em dia é imprescindível para manter uma boa pontuação, algo essencial para obter melhores condições de financiamento no futuro.

Pagamento Total da Fatura

Sempre que possível, pague o montante total da fatura. Dessa maneira, evitará o acúmulo de juros sobre o saldo remanescente, demonstrando disciplina financeira e possibilitando manter suas finanças sob controle.

Pagamento Mínimo

Caso não seja possível quitar o valor total, certifique-se de pagar pelo menos o valor mínimo exigido pela operadora do cartão. No entanto, não se esqueça: embora o pagamento mínimo possa evitar problemas imediatos de inadimplência, ele não isenta o saldo devedor dos juros aplicáveis.

Planejamento Financeiro

O pagamento em dia requer um planejamento financeiro sólido. Ao criar um orçamento e estabelecer prioridades para as despesas, garantirá fundos disponíveis para cumprir suas obrigações de pagamento.

Efetuar os pagamentos em dia é uma prática essencial para o uso responsável de seu cartão de crédito. Além de evitar custos adicionais, contribui para promover uma trajetória financeira mais saudável e positiva.

PROTEÇÃO E SEGURANÇA DO CARTÃO
- MONITORAMENTO DE TRANSAÇÕES -

A segurança do cartão de crédito é um aspecto essencial da sua saúde financeira. Conforme a tecnologia avança, também aumentam as medidas de proteção disponíveis para manter suas informações e transações seguras. Neste subcapítulo, analisaremos com maior profundidade as estratégias e precauções que podem ser adotadas para garantir a proteção do seu cartão.

NOTIFICAÇÕES EM TEMPO REAL
- UM GUARDIÃO VIRTUAL -

Ativar notificações em tempo real é como conceder a si mesmo um guardião virtual para vigiar suas transações. Através de alertas por SMS ou aplicativo, você é imediatamente informado de cada movimento financeiro realizado com seu cartão. Essa camada adicional de vigilância lhe permite, de forma instantânea, detectar atividades não autorizadas, possibilitando uma rápida ação para conter qualquer ameaça.

Considere as notificações em tempo real como um escudo protetor invisível, sempre pronto para defender seu cartão de crédito. Ao ativar esse recurso vital, fortalecerá sua segurança financeira de maneira notável. Assim que uma transação for executada com o seu cartão, seja para comprar algo online, jantar em um restaurante ou abastecer seu veículo, você receberá uma mensagem imediata. Essa mensagem é como um alerta instantâneo que o manterá constantemente conectado às atividades da sua conta.

Se alguém utilizar seu cartão, a notificação em tempo real agirá como um sinal de alerta. Imagine estar na vanguarda da defesa, sempre preparado para responder a qualquer ameaça potencial. Se por acaso uma transação suspeita ou não autorizada ocorrer, não precisa esperar até o final do mês para descobrir: será informado no exato momento em que a transação acontecer.

Essa abordagem proativa para a segurança financeira tem um impacto notável. Ao tomar imediata ciência sobre atividades não autorizadas, poderá agir com rapidez e eficácia. Se algo estiver errado, terá somente que notificar seu banco ou emissor do cartão de imediato para resolver a situação. Isso reduz significativamente o tempo em que transações não autorizadas podem ocorrer, minimizando os danos potenciais e protegendo suas finanças.

As notificações em tempo real proporcionam mais do que apenas segurança. Elas lhe conferem um nível mais profundo de controle sobre suas finanças, facilitando o rastreamento de seus gastos e ajudando a manter o orçamento sob controle. Você se torna o guardião atento do seu dinheiro, sempre ciente de onde cada centavo está sendo gasto.

Em última análise, ativar notificações em tempo real é como adicionar um parceiro de segurança virtual ao seu lado. Com essa camada adicional de defesa, você garante controle total sobre seu cartão de crédito, proporcionando maior tranquilidade, segurança nas transações e confiança em sua jornada financeira.

VERIFICAÇÃO REGULAR
- UM HÁBITO QUE VALE A PENA -

Além das notificações em tempo real, cultivar o hábito de verificar regularmente sua fatura é um dos pilares fundamentais para proteger seu cartão. Reserve um tempo habitual para examinar cada transação, pois a análise minuciosa lhe permitirá identificar qualquer gasto suspeito ou desconhecido. Se não reconhecer uma transação ou se alguma delas for duvidosa, não hesite em contatar o emissor do cartão. Ele tem meios para investigar e resolver quaisquer problemas de segurança.

A seguir, elencamos algumas dicas para implementar a verificação regular como parte de sua rotina financeira:

Estabeleça um Cronograma

Defina um momento específico para revisar suas transações com regularidade. Pode ser uma vez por semana, quinzenalmente ou mensalmente, dependendo da sua preferência. Coloque esse compromisso na sua agenda para garantir que não seja esquecido.

Use Recursos Online

Muitos emissores de cartão oferecem aplicativos móveis ou acesso online para visualizar as transações em tempo real. Aproveite essas ferramentas para revisar suas atividades recentes de forma conveniente.

Registre os Movimentos

Ao revisar suas transações, anote quaisquer gastos suspeitos ou que você não reconheça, o que facilitará ao entrar em contato com o emissor para relatar uma possível fraude.

Compare com Comprovantes

Sempre que possível, compare suas transações com os comprovantes de compra que você possui. Isso poderá ajudá-lo a identificar discrepâncias e garantir que todas as transações sejam legítimas.

Fique Atento a Pequenos Valores:

Às vezes, os fraudadores realizam pequenas transações para testar se o cartão está ativo antes de realizar uma compra maior. Portanto, esteja atento a qualquer gasto que pareça insignificante.

Contate o Emissor

Se você não reconhecer uma transação ou identificar algo suspeito, entre em contato imediatamente com o emissor do cartão, que possui equipes especializadas para investigar e resolver questões de segurança.

Atualize as Informações de Contato

Certifique-se de que suas informações de contato junto ao emissor do cartão estejam atualizadas, de modo a garantir que receberá qualquer notificação importante sobre suas transações.

Além de ajudar a identificar atividades não autorizadas, a verificação regular de suas transações também demonstra um compromisso ativo com sua segurança financeira. Ao dedicar um tempo para examinar sua fatura e relatar quaisquer problemas, você protege seus ativos e contribui para um ambiente financeiro mais seguro para você e outros usuários de cartões de crédito.

PREVENÇÃO INTELIGENTE
- COMBINANDO MEDIDAS PARA MAIS SEGURANÇA -

Ao combinar notificações em tempo real com verificações regulares, você cria um sistema de prevenção inteligente. Essa abordagem dupla maximiza sua capacidade de detectar qualquer atividade incomum e tomar medidas imediatas. A segurança do cartão de crédito depende de vigilância constante e proatividade. Estar atento a cada movimento financeiro é uma forma eficaz de manter sua paz de espírito e proteger suas finanças. Lembre-se: estar no controle é a chave para uma experiência segura e satisfatória com seu cartão de crédito. Seguem alguns benefícios adicionais da prevenção inteligente:

Resposta Rápida a Atividades Suspeitas

Conforme mencionamos anteriormente, a combinação de notificações em tempo real e verificações regulares permitem identificar rapidamente qualquer atividade suspeita e favorecem uma resposta mais rápida e eficaz para lidar com qualquer problema de segurança.

Minimização de Danos

Ao detectar e agir prontamente em relação a atividades não autorizadas, conseguirá minimizar os danos potenciais causados por fraudes ou transações indevidas.

Criação de Hábito

A prática regular de verificar as transações e responder a notificações contribui para criar um hábito saudável de monitoramento financeiro, fortalecendo sua capacidade de gerir as finanças de forma responsável.

Confiança Financeira

Ao adotar uma abordagem proativa para a segurança do seu cartão, você desenvolve confiança em suas habilidades de proteção financeira e se torna um consumidor mais consciente.

Redução de Estresse

Saber que você está tomando medidas ativas para proteger sua segurança financeira o beneficiarão ao reduzir o estresse e a ansiedade associados ao uso de cartões de crédito.

Tenha em mente que a prevenção inteligente não se limita apenas ao monitoramento de transações. Também envolve práticas como não compartilhar informações sensíveis do cartão, utilizar sites seguros para compras online e manter suas informações de contato atualizadas junto ao emissor do cartão.

Mediante a adoção de uma abordagem proativa e a combinação de medidas de prevenção, você estará assumindo o controle total da segurança do seu cartão de crédito. Essa atitude responsável não apenas protegerá suas finanças, mas também contribuirá para um ambiente mais seguro e confiável para todos os usuários de cartões de crédito.

PROTEÇÃO DE DADOS PESSOAIS

- PREVENÇÃO CONTRA FRAUDES -

No mundo digital de hoje, a proteção de dados pessoais é essencial para evitar fraudes e garantir a segurança financeira. Uma das principais áreas de preocupação é a prevenção contra fraudes, pois indivíduos mal-intencionados podem se aproveitar de informações pessoais para cometer atividades ilícitas. Seguem algumas estratégias cruciais para proteger suas informações e prevenir fraudes:

Não Compartilhe Informações Sensíveis

Mantenha suas informações pessoais e financeiras em sigilo absoluto, incluindo detalhes como o número do seu cartão de crédito, o código de segurança (CVV), a senha e qualquer outra informação confidencial. Lembre-se de que instituições financeiras legítimas nunca pedirão informações sensíveis por e-mail, mensagem de texto ou telefone.

Transações Legítimas

Só compartilhe informações confidenciais em transações legítimas. Certifique-se de que esteja lidando com empresas ou indivíduos confiáveis ao fornecer seus dados. Verifique a autenticidade da solicitação e, se necessário, entre em contato diretamente com a empresa através dos canais oficiais para confirmar a transação.

Compras Online Seguras

Fazer compras online é conveniente, mas também pode expor seus dados a riscos. Ao comprar online, siga estas práticas:

- **Certifique-se de que o site seja seguro:** Verifique a presença de um ícone de cadeado na barra de endereços e procure o prefixo "https://" no início do URL. Isso indica que a conexão é criptografada e mais segura.
- **Use métodos de pagamento seguros:** Opte por métodos de pagamento seguros, como carteiras digitais (por exemplo, PayPal, Apple Pay, Google Pay). Esses métodos oferecem camadas adicionais de autenticação e proteção, reduzindo o risco de exposição de suas informações financeiras.
- **Evite Wi-Fi público**: Abstenha-se de fazer compras online ou acessar informações financeiras sensíveis quando estiver conectado a redes Wi-Fi públicas, que podem ser menos seguras.

Verificação de Atividades Suspeitas

Esteja atento a atividades suspeitas em suas contas financeiras. Confira regularmente seus extratos bancários, históricos de transações e relatórios de crédito para identificar qualquer atividade não autorizada. Se notar algo incomum, entre em contato imediatamente com sua instituição financeira.

Autenticação de Dois Fatores

Ative a autenticação de dois fatores (2FA) sempre que possível. Isso adiciona uma camada extra de segurança ao exigir uma segunda forma de autenticação, além da senha, antes de acessar sua conta ou realizar transações.

Senhas Fortes

Crie senhas fortes e únicas para suas contas financeiras e evite reutilizá-las em diferentes plataformas. Senhas complexas com combinações de letras maiúsculas, minúsculas, números e caracteres especiais são mais difíceis de serem descobertas por hackers.

Ao ter em mente essas práticas e adotar medidas rigorosas de segurança, fortalecerá sua proteção contra fraudes e manterá suas informações pessoais e financeiras seguras. A prevenção é a chave para evitar situações indesejadas e garantir sua tranquilidade no ambiente digital.

16

0000 0000 0000 0000

CAPÍTULO 16/32

O CARTÃO DE CRÉDITO E A REVOLUÇÃO DO DINHEIRO

RELATÓRIOS DE CRÉDITO

- VERIFICANDO SUA SAÚDE FINANCEIRA -

Acesso aos Relatórios

Uma das ferramentas mais valiosas para entender sua saúde financeira é o relatório de crédito. Você deve solicitar regularmente seus relatórios de crédito de agências confiáveis, como Serasa Experian, Boa Vista SCPC e SPC Brasil. Esses relatórios proporcionam um panorama detalhado do seu histórico financeiro, incluindo informações sobre contas, pagamentos, dívidas e atividades relacionadas ao seu crédito.

Ao examinar seus relatórios de crédito, terá uma visão clara de como suas ações financeiras impactam sua pontuação de crédito e elegibilidade para empréstimos, financiamentos ou outros serviços financeiros. Monitorar esses relatórios regularmente lhe permitirá ainda identificar qualquer atividade suspeita, erros ou discrepâncias que possam afetar adversamente sua saúde financeira.

Importância da Pontuação de Crédito

A pontuação de crédito é um indicador crítico de saúde financeira. Ela é calculada com base em histórico de pagamentos, uso de crédito, tipos de contas e outros fatores. Uma pontuação de crédito mais alta indica uma probabilidade maior de ser aprovado para empréstimos e obter taxas de juros mais favoráveis. Portanto, ao verificar os relatórios de crédito, esteja atento à sua pontuação e tome medidas para melhorá-la, se necessário.

Correção de Erros

É fundamental examinar os relatórios de crédito em busca de erros ou informações incorretas. Se encontrar qualquer discrepância, tome medidas imediatas para corrigi-las. Entre em contato com a agência de crédito correspondente e forneça a documentação que comprove a exatidão das informações. A correção de informações imprecisas é essencial para manter um histórico de crédito preciso e confiável, o que, por sua vez, poderá beneficiar suas futuras atividades financeiras.

Monitoramento Contínuo

O monitoramento contínuo dos seus relatórios de crédito é uma prática inteligente. Além de ajudar a identificar possíveis fraudes, ele permite que você avalie seu progresso financeiro ao longo do tempo. Poderá notar melhorias em sua pontuação de crédito à medida que implementa hábitos financeiros positivos, como pagar contas em dia, manter baixos saldos de crédito e gerenciar suas dívidas de maneira responsável.

Ao adotar medidas rigorosas de monitoramento e correção de erros, estará protegendo sua saúde financeira e minimizando os riscos associados ao uso de cartões de crédito e outras atividades. Essas ações demonstram responsabilidade e dedicação ao manter uma posição financeira sólida, garantindo que você esteja bem informado e equipado para, no futuro, fazer escolhas fundamentadas.

CONQUISTANDO UM BOM HISTÓRICO DE CRÉDITO

- O QUE VOCÊ PODE FAZER -

Construir e manter um histórico de crédito saudável é fundamental para ter acesso a melhores condições financeiras e oportunidades. Neste subcapítulo, vamos ver mais sobre estratégias para estabelecer um histórico de crédito positivo e demonstrar responsabilidade financeira.

PAGAMENTOS PONTUAIS

- A BASE DA SAÚDE FINANCEIRA -

Importância dos Pagamentos

Fazer os pagamentos das faturas com pontualidade é essencial para construir um bom histórico de crédito. Pagamentos atrasados podem afetar negativamente sua pontuação de crédito e indicar falta de responsabilidade financeira.

Automatização

Considere configurar pagamentos automáticos para evitar esquecimentos, garantindo que suas contas sejam pagas dentro do prazo, o que reforçará sua credibilidade como pagador.

Uso Consciente: Equilibrando Gastos e Dívidas

- **Evite Dívidas Excessivas:** Utilize seu cartão de crédito de forma consciente e evite o acúmulo de dívidas desnecessárias. Gastar mais do que você pode pagar resulta em juros elevados e dificuldades financeiras.
- **Relação entre Limite e Gastos:** Mantenha o equilíbrio entre o limite de crédito e os gastos. Evite gastar perto ou acima do limite, pois isso pode indicar dependência excessiva de crédito.

DIVERSIDADE DE CRÉDITO

- DEMONSTRANDO CAPACIDADE FINANCEIRA -

Variedade de Tipos de Crédito

Ter diversos tipos de crédito em seu histórico, como empréstimos, financiamentos ou até cartões, mostra que você pode gerir diferentes obrigações financeiras.

Gerenciamento Eficiente

Ao demonstrar que consegue lidar com várias formas de crédito de maneira eficiente, aumentará sua credibilidade como tomador de crédito responsável.

MONITORAMENTO E AJUSTES

- ACOMPANHANDO SUA SAÚDE FINANCEIRA -

Pontuação de Crédito

Verifique sua pontuação de crédito regularmente por meio de agências de crédito confiáveis. Isso o ajudará a identificar áreas de melhoria e acompanhar seu progresso ao longo do tempo.

Correções e Melhorias

Caso encontre informações incorretas ou negativas em seu relatório de crédito, tome medidas para corrigi-las e implemente estratégias para melhorar sua pontuação.

Um histórico de crédito sólido é uma ferramenta poderosa que pode abrir portas para taxas de juros mais baixas, aprovações mais fáceis e vantagens financeiras. Ao seguir essas estratégias de forma consistente, você constrói bases sólidas para um futuro financeiro mais estável e promissor.

17

0000 0000 0000 0000

CAPÍTULO 17/32

O CARTÃO DE CRÉDITO E A REVOLUÇÃO DO DINHEIRO

MILHAS AÉREAS

- EXPLORANDO O MUNDO DAS VANTAGENS DE VIAGEM -

As milhas aéreas são um sistema de recompensas oferecido por companhias de aviação como parte de seus programas de fidelidade. Estes visam recompensar os clientes fiéis que frequentemente voam com a companhia, oferecendo-lhes benefícios, vantagens e a oportunidade de acumular milhas que podem ser posteriormente trocadas por passagens aéreas, upgrades de classe, hospedagens em hotéis, aluguéis de carros e produtos e serviços relacionados a viagens.

Funcionamento das Milhas Aéreas

O funcionamento das milhas aéreas é relativamente simples. Cada vez que você voa com uma companhia aérea participante, é creditado um determinado número de milhas à sua conta, com base na distância percorrida, a classe da passagem e o valor gasto. Conforme acumula milhas, poderá usá-las para resgatar prêmios de viagem e outros benefícios oferecidos pelo programa de fidelidade.

Tipos de Milhas Aéreas

Existem dois tipos principais de milhas aéreas: as milhas de resgate e as milhas de status. As milhas de resgate são as que você acumula para trocar por prêmios, como passagens aéreas e outros produtos ou serviços relacionados a viagens. Já as milhas de status são aquelas que determinam seu nível de fidelidade e status dentro do programa. Quanto mais você voa, mais milhas de status acumula, o que pode proporcionar benefícios adicionais, como upgrades de classe, embarque prioritário e acesso a salas VIP.

Benefícios das Milhas Aéreas

As milhas aéreas oferecem uma série de benefícios aos viajantes frequentes. Além da possibilidade de resgatar passagens aéreas gratuitas ou com desconto, as milhas também podem ser utilizadas para:

- **Upgrades de Classe:** Utilizar milhas para melhorar sua classe de viagem, como passar de classe econômica para executiva.
- **Hospedagens em Hotéis:** Reservar acomodações em hotéis parceiros mediante as milhas acumuladas.
- **Aluguéis de Carros:** Alugar um carro com milhas aéreas para maior conveniência durante sua viagem.
- **Produtos e Serviços:** Trocar milhas por produtos eletrônicos, roupas, refeições em restaurantes e outros serviços.
- **Experiências Exclusivas:** Algumas companhias aéreas oferecem a possibilidade de trocar milhas por experiências únicas, como ingressos para eventos esportivos ou culturais.

Dicas para Maximizar suas Milhas Aéreas

Maximizar o uso das milhas aéreas pode ser uma maneira inteligente de economizar dinheiro em viagens. Aqui estão algumas dicas para ajudá-lo a obter o máximo proveito das suas milhas:

- **Inscreva-se em Programas de Fidelidade:** Comece inscrevendo-se nos programas de fidelidade das companhias aéreas com as quais você mais viaja. Isso é fundamental para começar a acumular milhas. Certifique-se de fornecer informações precisas e atualizadas ao se inscrever.
- **Concentre-se em uma ou Poucas Companhias Aéreas:** Em vez de se inscrever em programas de várias companhias aéreas, concentre-se em uma ou duas que atendem bem às suas necessidades de viagem. Isso o ajudará a acumular milhas mais rapidamente em uma companhia específica.
- **Use o Cartão de Crédito de Recompensas:** Considere a possibilidade de usar um cartão de crédito que ofereça recompensas em milhas aéreas. Muitos bancos oferecem cartões de crédito que permitem que você ganhe milhas com cada compra. Confira bem os termos e condições do cartão.
- **Aproveite Promoções e Ofertas:** Fique de olho em promoções e ofertas especiais que podem ajudar você a ganhar milhas extras, incluindo bônus de inscrição em cartões de crédito ou ofertas de transferência de milhas.
- **Planeje com Antecedência:** Planeje suas viagens com antecedência sempre que possível. Reservar voos com milhas aéreas com antecedência costuma ser mais fácil e pode exigir menos milhas do que reservar em cima da hora.
- **Monitore as Milhas:** Mantenha um registro das milhas que você ganha e das que venceram. As milhas geralmente têm uma data de validade, então certifique-se de usá-las antes de que expirem.

- $ **Combine Milhas com Flexibilidade de Viagem:** Seja flexível com suas datas de viagem. Às vezes, voar em dias ou horários menos procurados pode permitir que você use menos milhas para o mesmo voo.
- $ **Pesquise Rotas Alternativas:** Considere voar para aeroportos alternativos próximos ao seu destino final. Isso pode oferecer mais opções de resgate de milhas.
- $ **Participe de Programas de Parceiros:** Além de acumular milhas voando, verifique se o programa de fidelidade da companhia aérea tem parceiros, como hotéis, locadoras de veículos e varejistas, onde também poderá ganhar milhas.
- $ **Fique Atento às Taxas e Restrições:** Esteja ciente das taxas associadas ao resgate de milhas, como as de processamento. Além disso, observe as restrições, como datas indisponíveis para resgates em milhas.

As milhas aéreas podem ser uma maneira valiosa de economizar em viagens, mas é importante ser estratégico e entender os detalhes dos programas de fidelidade das companhias aéreas e dos cartões de crédito de recompensas. Com planejamento cuidadoso e uso inteligente, poderá viajar mais e gastar menos ao operar as milhas aéreas.

Use cartões de crédito vinculados

Uma estratégia eficaz para maximizar suas milhas aéreas é aproveitar cartões de crédito que estejam vinculados a programas de recompensas de companhias aéreas. Seguem algumas considerações importantes:

- $ **Escolha o Cartão de Crédito Certo:** Ao escolher um cartão de crédito vinculado a um programa de milhas, pesquise e compare as opções disponíveis. Considere fatores como taxa anual, recompensas oferecidas, além dos termos e condições do cartão.
- $ **Entenda os Termos do Cartão:** Leia atentamente os termos do cartão de crédito para entender como é possível acumular milhas. Alguns cartões oferecem milhas por cada dólar gasto, enquanto outros podem oferecer bônus de inscrição ou milhas extras para categorias específicas, como restaurantes ou viagens.
- $ **Pague a Fatura Integralmente:** Procure quitar o valor total da fatura do cartão de crédito a cada mês. Isso evitará o pagamento de juros e garantirá que você está realmente lucrando com as milhas acumuladas.
- $ **Aproveite os Bônus de Inscrição:** Muitos cartões de crédito oferecem bônus substanciais de inscrição que podem render uma quantidade significativa de milhas. Certifique-se de atender aos requisitos de gastos para obter esses bônus.

- **Confira o Saldo de Milhas:** Acompanhe regularmente o saldo de milhas em sua conta. Os cartões de crédito vinculados geralmente transferem automaticamente as milhas para sua conta no programa de fidelidade da companhia aérea, mas é conveniente verificar para garantir que todas as milhas estejam sendo creditadas corretamente.
- **Considere Cartões de Parceiros:** Além dos cartões de crédito diretamente vinculados a companhias aéreas, alguns cartões de crédito de parceiros podem oferecer flexibilidade adicional para acumular milhas em várias companhias aéreas e programas de fidelidade.
- **Fique Atento a Benefícios Adicionais:** Além de milhas, muitos cartões vinculados oferecem benefícios adicionais, como seguro de viagem, acesso a salas VIP de aeroporto e créditos para despesas de viagem. Esses benefícios podem aumentar o valor do cartão.

Usar cartões de crédito vinculados a programas de milhas aéreas exige responsabilidade financeira. Empenhe-se em gerenciar suas finanças de forma adequada, pagando as faturas a tempo e não acumulando dívidas. Com o uso inteligente, os cartões vinculados acelerarão seu acúmulo de milhas e tornarão suas próximas viagens mais econômicas.

Aproveite promoções e parcerias

Uma maneira inteligente de maximizar as milhas aéreas é estar atento a promoções especiais e parcerias oferecidas pelas companhias aéreas e seus parceiros. Aqui estão algumas dicas sobre como fazer isso:

- **Inscreva-se em Newsletters:** Muitas companhias aéreas e programas de fidelidade têm newsletters ou alertas por e-mail que informam sobre promoções e ofertas especiais. Procure inscrever-se para receber essas notificações.
- **Siga as Empresas nas Redes Sociais:** Siga as companhias aéreas e programas de fidelidade nas redes sociais, como Facebook, Twitter e Instagram. Eles frequentemente compartilham informações sobre promoções exclusivas e ofertas relâmpago.
- **Acompanhe Sites de Promoções:** Há sites especializados que compilam e compartilham promoções de milhas aéreas. Visite esses sites regularmente para ficar por dentro das ofertas mais recentes.
- **Prefira Cartões de Crédito com Ofertas Especiais:** Alguns cartões de crédito oferecem parcerias com companhias aéreas que permitem ganhar milhas extras ao fazer compras em determinados estabelecimentos. Assegure-se de conhecer essas ofertas e de usar seu cartão de crédito de maneira estratégica.

- **Participe de Programas de Fidelidade de Parceiros:** Muitos programas têm parcerias com empresas de aluguel de carros, hotéis, restaurantes e varejistas. Ao participar deles e fornecer seu número de fidelidade, você poderá acumular milhas extras em suas atividades cotidianas.
- **Considere Transferências de Pontos:** Alguns programas de recompensas de cartões de crédito permitem transferir pontos diretamente para programas de milhas aéreas, constituindo uma maneira eficaz de acumular milhas, especialmente se você tiver cartões com pontos acumulados.
- **Conheça as Regras e Restrições:** Ao participar de promoções ou ofertas especiais, esteja ciente das regras e restrições. Algumas promoções podem ter datas de validade ou exigir que você atenda a certos requisitos, como fazer uma compra mínima.
- **Planeje as Viagens em Torno de Promoções:** Se tiver flexibilidade em suas datas de viagem, poderá planejá-las em torno de promoções de milhas aéreas. Isso pode representar uma economia significativa no valor das passagens.

Ficar atento a promoções e parcerias é uma maneira inteligente de aumentar sua pontuação de milhas aéreas sem fazer esforço adicional. Lembre-se de que as ofertas podem variar; portanto, estar informado é fundamental para aproveitar ao máximo essas oportunidades.

Administre as milhas

Para aproveitar ao máximo suas milhas aéreas, é fundamental ter um sistema de administração eficaz. Veja agora algumas dicas sobre como gerenciar suas milhas:

- **Acompanhe-as Regularmente:** Faça o acompanhamento frequente do saldo de suas milhas, o que pode ser feito através do site da companhia aérea ou do programa de fidelidade. Verifique se todas as milhas ganhas estão refletidas corretamente em sua conta.
- **Atenção à Validade:** Milhas aéreas geralmente têm datas de validade. Certifique-se de estar ciente das políticas de validade do programa de fidelidade e use suas milhas antes que expirem. Você pode definir lembretes para evitar que isso aconteça.
- **Planeje com Antecedência:** Ao planejar viagens, verifique se tem milhas suficientes para cobrir parte ou a totalidade do custo da passagem. Planejar com antecedência lhe permitirá reservar voos quando as melhores opções estiverem disponíveis.
- **Use as Milhas Estrategicamente:** Em vez de gastar suas milhas em voos de curta distância ou econômicos, reserve-as para voos de longa

distância ou classe executiva para maximizar o valor delas. Esses voos costumam ser mais caros quando pagos em dinheiro.

- **Confira Promoções Especiais:** Algumas companhias aéreas oferecem promoções especiais que lhe permitem resgatar milhas com desconto. Fique de olho nessas ofertas e aproveite quando elas estiverem disponíveis.
- **Considere Parceiros de Aliança:** Muitos programas de fidelidade fazem parte de alianças de companhias aéreas, o que significa que você pode usar suas milhas em diferentes empresas que estejam dentro da mesma aliança. Isso aumenta suas opções de viagem.
- **Pense em Upgrades:** Use suas milhas para obter upgrades de classe, por exemplo, da econômica para a executiva. Dessa forma, transformará uma viagem comum em uma experiência luxuosa.
- **Evite Transferências Desnecessárias:** Transferir milhas entre programas de fidelidade geralmente envolve taxas e pode não ser a melhor opção. Planeje suas atividades de acúmulo de milhas em torno do programa que oferece os melhores benefícios para você.
- **Seja Flexível:** Às vezes, ser flexível com datas e destinos possibilitará que você encontre ofertas de resgate de milhas mais vantajosas.
- **Mantenha Contato com o Atendimento ao Cliente:** Se tiver dúvidas sobre como usar suas milhas ou enfrentar problemas com resgates, entre em contato com o atendimento ao cliente da companhia aérea ou do programa de fidelidade. Eles lhe darão orientações úteis.

Administrar suas milhas aéreas com cuidado é essencial para garantir que elas sejam usadas de maneira eficaz e assim obter o máximo benefício de suas viagens. Com planejamento e atenção aos detalhes, suas milhas poderão abrir portas para experiências de viagem incríveis.

Programas de Milhas Aéreas

Muitos cartões de crédito oferecem programas de recompensas que permitem acumular milhas com base nos gastos feitos com o cartão. Esses programas são uma maneira eficaz de aumentar o acúmulo e maximizar os benefícios relacionados a viagens. Aqui estão algumas dicas sobre como aproveitar esses programas:

- **Escolha o Cartão Certo:** Primeiro, escolha um que lhe proporcione um programa de recompensas alinhado com suas necessidades de viagem e gastos. Existem cartões específicos que se associam a companhias aéreas ou oferecem flexibilidade ao permitir que você transfira milhas para várias companhias aéreas.

- **Conheça as Taxas e Anuidades:** Conheça as taxas associadas ao seu cartão, incluindo as anuais. Às vezes, os benefícios das milhas aéreas podem superar essas despesas, mas é importante fazer essa análise.
- **Use o Cartão para Despesas Diárias:** Acione seu cartão de crédito para efetuar gastos com supermercado, combustível e contas. Dessa forma, acumulará milhas rapidamente, aproveitando os gastos regulares.
- **Fique Atento às Promoções:** Muitos programas de recompensas oferecem promoções sazonais que permitem que você ganhe milhas extras por determinadas compras ou em determinados estabelecimentos. Fique atento à essas ofertas e aproveite-as sempre que possível.
- **Aproveite os Bônus de Inscrição:** Ao se inscrever para um novo cartão de crédito com um programa de milhas aéreas, verifique se há um bônus de inscrição. Por meio dele, terá um grande impulso inicial no saldo de suas milhas.
- **Monitore o Saldo Regularmente:** Acompanhe o saldo de suas milhas e verifique se todas as milhas ganhas estão sendo creditadas corretamente em sua conta de recompensas.
- **Considere Transferências Inteligentes:** Se seu cartão permitir a transferência de milhas para diferentes programas de fidelidade de companhias aéreas, avalie quando isso pode ser vantajoso. Às vezes, uma companhia aérea específica pode oferecer melhores ofertas de resgate.
- **Use Suas Milhas com Estratégia:** Planeje suas viagens para aproveitar ao máximo as milhas. Essas práticas incluem reservar voos durante períodos de baixa demanda ou optar por upgrades de classe.
- **Mantenha-se Atualizado:** Esteja ciente das mudanças nas políticas e benefícios do programa de recompensas do seu cartão. Isso poderá ajudá-lo a tomar decisões informadas sobre como usar as milhas.
- **Evite Dívidas:** Embora você esteja acumulando milhas, é essencial não gastar além do orçamento e evitar dívidas de cartão de crédito. Os juros sobre saldos não pagos podem anular os benefícios das milhas.

Aproveitar programas de milhas aéreas é uma maneira inteligente de tornar suas viagens mais acessíveis e gratificantes. Ao usar o cartão de maneira estratégica e seguir essas dicas, estará potencializando suas milhas, o que lhe possibilitará aproveitar ao máximo suas próximas aventuras de viagem.

Acúmulo Estratégico

Acumular milhas aéreas de forma estratégica pode ser uma maneira eficaz de obter benefícios substanciais em suas viagens. Eis algumas dicas para entender melhor a mecânica do acúmulo de milhas e maximizar seus ganhos:

- **Conheça os Tipos de Milhas:** Compreenda que nem todas as milhas são iguais. Como vimos, existem as de "resgate" (que você usa para comprar passagens) e as de "status" (que determinam sua classificação exclusiva em um programa de fidelidade). As milhas de resgate são as mais valiosas para a maioria dos viajantes.
- **Analise as Parcerias:** Muitas companhias aéreas fazem parte de alianças globais que favorecem o acúmulo de milhas em várias companhias parceiras. Assegure-se de aproveitar essas parcerias ao reservar voos em empresas parceiras.
- **Considere Cartões de Crédito *Co-branded*:** Cartões de crédito *co-branded* em parceria com uma companhia aérea podem oferecer benefícios significativos de acúmulo de milhas. Esses cartões, em geral, oferecem milhas extras por dólar gasto em compras relacionadas à companhia aérea.
- **Utilize Cartões de Categoria Específica:** Alguns cartões oferecem categorias específicas com maiores taxas de recompensa. Por exemplo, um deles pode oferecer o triplo de milhas em gastos com restaurantes e viagens. Use esses cartões em conformidade com suas despesas para otimizar o acúmulo.
- **Aproveite as Promoções de Bônus:** Fique de olho em promoções de bônus de milhas. Muitos programas de recompensas oferecem bônus sazonais ou de inscrição que podem resultar em ganhos substanciais.
- **Faça Compras em Parceiros:** Muitos programas de fidelidade têm lojas online com parceiros. Ao fazer compras nessas lojas, poderá acumular milhas adicionais.
- **Planeje com Antecedência:** Planeje suas viagens com antecedência sempre que possível, o que lhe permite reservar voos quando as tarifas são mais baixas e ter mais flexibilidade para encontrar opções de resgate de milhas.
- **Calcule os Gastos Estrategicamente:** Avalie suas despesas e considere quais cartões de crédito usar para maximizar as recompensas. Por exemplo, use um cartão com maiores recompensas em supermercados para suas compras nessa categoria.
- **Acompanhe os Prazos de Validade:** Confira as datas de validade de suas milhas. Muitas delas têm prazo, e é importante utilizá-las ou renová-las antes que expirem.
- **Mantenha-se Informado:** Fique atualizado sobre as políticas e promoções do seu programa de fidelidade. Assine newsletters e siga as redes sociais para não perder oportunidades de acúmulo.

Ao entender as nuances do acúmulo de milhas aéreas e adotar uma abordagem estratégica, poderá maximizar suas recompensas e desfrutar de viagens mais econômicas e vantajosas.

Resgate Inteligente

Resgatar suas milhas aéreas de forma inteligente é tão importante quanto acumulá-las estrategicamente. Aqui estão algumas dicas para aproveitar ao máximo suas milhas quando chegar a hora de usá-las:

- $ **Planeje com Antecedência:** Resgatar milhas com antecedência é, muitas vezes, a chave para obter as melhores ofertas. As companhias aéreas geralmente disponibilizam uma quantidade limitada de assentos para resgates de milhas, e esses lugares tendem a esgotar-se rapidamente, especialmente em voos populares.
- $ **Flexibilidade nas Datas:** Se tiver flexibilidade nas datas de viagem, poderá encontrar mais opções de resgate e até mesmo tarifas mais baixas em milhas em dias menos concorridos. Verifique os calendários de prêmios das companhias aéreas para identificar as datas mais vantajosas.
- $ **Pesquise as Rotas e as Companhias Aéreas:** Nem todas as rotas e companhias aéreas têm o mesmo valor de resgate. Pesquise diferentes opções para encontrar a melhor combinação de custo em milhas e disponibilidade.
- $ **Economize Milhas para Voos Caros:** Considere economizar suas milhas para voos de longa distância ou de classe executiva, onde o valor das milhas pode ser mais significativo em comparação com voos curtos de classe econômica.
- $ **Estadias em Hotéis:** Além de voos, muitos programas de fidelidade de companhias aéreas permitem que você resgate milhas por estadias em hotéis. Avalie se é mais vantajoso gastá-las em voos ou estadias, dependendo das suas necessidades de viagem.
- $ **Combinando Dinheiro e Milhas:** Algumas companhias aéreas permitem que você pague parte da tarifa em dinheiro e parte em milhas. Isso pode ser útil quando você não tem milhas suficientes para cobrir toda a viagem.
- $ **Taxas e Impostos:** Lembre-se de que, mesmo quando você faz uso das milhas para um voo, ainda poderá haver taxas e impostos a serem pagos. Verifique esses custos ao fazer o resgate.
- $ **Use Milhas para Upgrades:** Se deseja uma experiência de voo mais confortável, considere usar as milhas para fazer upgrades para classes superiores, como a executiva ou a primeira classe.

- **Mantenha-se Informado:** Fique atualizado sobre as políticas de resgate do seu programa de fidelidade. Às vezes, as companhias aéreas oferecem promoções de resgate que representam economias significativas.
- **Ponderação de Custos:** Avalie o valor das milhas em relação ao custo de comprar um bilhete. Às vezes, pode ser mais econômico pagar pela passagem em vez de usar milhas, em especial, em voos curtos.

Em última análise, a chave para o resgate inteligente de milhas aéreas é encontrar o equilíbrio entre necessidades de viagem, flexibilidade de datas e melhor relação custo-benefício. Isso lhe permitirá aproveitar ao máximo suas milhas e desfrutar de viagens mais acessíveis e gratificantes.

PARCERIAS COM LOJAS
- ECONOMIZANDO EM COMPRAS -

As parcerias entre cartões de crédito e lojas, sejam redes de varejo físicas ou plataformas de comércio eletrônico, são uma maneira inteligente de economizar dinheiro e obter benefícios adicionais em suas compras. Essas colaborações estratégicas proporcionam aos titulares de cartões a oportunidade de desfrutar de descontos, cashback e outras vantagens especiais, tornando suas experiências de compra mais econômicas e gratificantes.

Benefícios das Parcerias com Lojas

- **Descontos Exclusivos:** Muitos cartões estabelecem parcerias com lojas renomadas, permitindo que os titulares aproveitem descontos exclusivos ao pagar com o cartão de crédito. Esses descontos podem ser aplicados a uma ampla variedade de produtos e categorias, desde roupas e eletrônicos até viagens e entretenimento.
- **Cashback:** Algumas parcerias possibilitam que você receba uma porcentagem do valor gasto na forma de cashback, ou seja, ao fazer uma compra em uma loja parceira, parte do dinheiro é reembolsada diretamente na sua conta do cartão de crédito.
- **Promoções Especiais:** Lojas parceiras, com frequência, lançam promoções sazonais, como liquidações, eventos de desconto ou ofertas relâmpago. Os titulares de cartões podem se beneficiar dessas promoções ao realizar compras durante esses períodos.
- **Benefícios Adicionais:** Há ainda as parcerias que oferecem benefícios extras, como frete grátis, brindes ou acesso a eventos exclusivos.

Explorando o Catálogo de Parceiros

Cada cartão de crédito pode ter um catálogo único de lojas e estabelecimentos parceiros. É fundamental explorar e conhecer as opções disponíveis para aproveitar ao máximo essas colaborações. Ao visitar o site ou aplicativo do seu cartão, poderá encontrar informações sobre os parceiros, benefícios oferecidos e como usufruir deles.

Estratégias de Compras Inteligentes

Para potencializar as parcerias com lojas, considere estas estratégias inteligentes:

- **Planeje as Compras:** Fique atento aos períodos de promoção, como Black Friday, Natal e outras datas especiais, para fazer compras maiores e aproveitar os descontos oferecidos pelas lojas parceiras.
- **Pesquise Antes de Comprar:** Verifique antecipadamente se a loja é parceira do seu cartão e quais benefícios estão disponíveis. Compare os descontos e o cashback oferecidos por diferentes parceiros para escolher a melhor opção.
- **Aproveite Ofertas Específicas:** Algumas lojas parceiras podem proporcionar ofertas exclusivas, como cashback em determinadas categorias de produtos. Aproveite essas ofertas para economizar ainda mais.
- **Combine com Outras Promoções:** Em certos casos, você poderá combinar os benefícios das parcerias com outras promoções ou cupons de desconto, aumentando a economia.
- **Fique Atento a Atualizações:** Os parceiros de lojas podem mudar ao longo do tempo, por isso, esteja atento a atualizações e novas adições ao catálogo de parceiros do seu cartão.

Ao aproveitar as parcerias com lojas de forma estratégica, não apenas economizará dinheiro em suas compras, mas também desfrutará de benefícios adicionais que tornam suas experiências de compra mais vantajosas e gratificantes.

CASOS DE USO PRÁTICOS

- EXEMPLOS REAIS DE BENEFÍCIOS DO CARTÃO DE CRÉDITO -

Os cartões de crédito oferecem uma ampla gama de benefícios que podem ser aproveitados de maneira prática e vantajosa em situações do dia a dia. Vamos explorar exemplos reais de como os titulares de cartões podem utilizar esses benefícios para alcançar suas metas financeiras e usufruir de experiências incríveis.

Estudo de Caso – Viagem dos Sonhos

Imagine um cliente que acumulou milhas aéreas ao longo de vários anos usando o cartão de crédito. Finalmente, ele decide resgatar essas milhas para realizar a viagem dos sonhos a um destino exótico, como as ilhas Maldivas. Com as milhas, ele consegue reservar passagens aéreas em classe executiva e hospedagem em um resort de luxo. O cliente economiza uma quantia significativa de dinheiro que teria sido gasta em passagens aéreas e acomodação.

Além disso, o cliente aproveita outros benefícios do cartão durante a viagem, como acesso a salas VIP em aeroportos, seguro de viagem, assistência médica emergencial e proteção contra extravio de bagagem. Esses benefícios adicionais contribuem para uma experiência de viagem mais tranquila e confortável.

Experiência de Compras Inteligentes

Outro exemplo prático envolve um cliente que adora fazer compras online. Ele está planejando comprar um novo laptop para o trabalho. Ao verificar as parcerias de lojas do seu cartão de crédito, descobre que uma loja de eletrônicos oferece 15% de desconto em laptops para titulares do cartão.

Ele aproveita essa oferta, faz a compra com o cartão de crédito e economiza um bom dinheiro. Além disso, paga pelo laptop em parcelas sem juros, graças à opção de parcelamento oferecida pelo cartão.

Com esses exemplos, fica claro como os benefícios dos cartões de crédito podem ser aplicados em situações do mundo real. Os titulares de cartões podem transformar milhas acumuladas em experiências de viagem emocionantes, economizar dinheiro em compras importantes e desfrutar de uma variedade de vantagens exclusivas que tornam sua vida mais confortável e conveniente.

Ao conhecer e explorar os benefícios do seu cartão de crédito, poderá tomar decisões financeiras mais inteligentes e maximizar o valor que obtém com suas compras e despesas cotidianas. Confira sempre os detalhes dos benefícios oferecidos pelo cartão e como eles se aplicam às suas necessidades e preferências individuais.

ARMADILHAS FINANCEIRAS DOS CARTÕES DE CRÉDITO

- COMO EVITAR ISSO -

Quando se trata de usar cartões de crédito, é fundamental estar ciente das armadilhas financeiras que podem comprometer suas finanças. Neste capítulo, vamos nos aprofundar naquelas mais comuns e em como você pode evitá-las de maneira eficaz.

Pagamento Mínimo

- **Armadilha:** Optar pelo pagamento mínimo da fatura pode parecer conveniente a curto prazo, mas resulta em juros acumulados elevados ao longo do tempo.
- **Estratégia de Prevenção:** Sempre pague o valor total da fatura dentro do prazo de vencimento. Caso contrário, os juros e encargos poderão se acumular rapidamente.

Gastos Excessivos

- **Armadilha:** Gastar além das suas possibilidades de pagamento conduzirá a uma dívida crescente e, por consequência, a dificuldades financeiras.
- **Estratégia de Prevenção:** Mantenha um orçamento rigoroso e só use o cartão para compras que poderá quitar na íntegra na próxima fatura.

Taxas e Encargos Ocultos

- **Armadilha:** Taxas de anuidade, taxas de atraso e outras cobranças podem impactar significativamente seus gastos.

- **Estratégia de Prevenção:** Leia atentamente os termos e condições do cartão. Escolha aqueles com taxas baixas ou isenção de anuidade e esteja ciente das taxas extras.

Compras Impulsivas

- **Armadilha:** Fazer compras por impulso pode levar a gastos desnecessários e aumento da dívida.
- **Estratégia de Prevenção:** Reflita antes de fazer compras. Estabeleça um limite para gastos impulsivos e planeje suas compras com antecedência.

Acúmulo de Milhas sem Uso

- **Armadilha:** Acumular milhas ou pontos de recompensa sem usá-los pode resultar em perda de valor ao longo do tempo.
- **Estratégia de Prevenção:** Habitue-se a acompanhar seus pontos e milhas. Utilize-os para viagens, produtos ou outros benefícios antes que expirem.

Dívida Rotativa

- **Armadilha:** Rolar dívidas de um mês para o outro aumenta os juros e dificulta o pagamento.
- **Estratégia de Prevenção:** Evite a dívida rotativa pagando o saldo integral a cada mês. Caso tenha uma dívida, concentre-se em pagá-la o mais rápido possível.

Desconhecimento dos Benefícios

- **Armadilha:** Não aproveitar os benefícios do cartão, como recompensas ou seguros, significa perder oportunidades de economizar.
- **Estratégia de Prevenção:** Familiarize-se com os benefícios do seu cartão. Use recompensas e recursos adicionais, como seguro de viagem, sempre que possível.

Falta de Planejamento para Grandes Despesas

- **Armadilha:** Não planejar grandes despesas, como férias ou eletrônicos caros, pode levar a gastos excessivos não planejados.
- **Estratégia de Prevenção:** Planeje compras maiores com antecedência. Reserve dinheiro ou economize antes de usar o cartão.

Ao estar ciente dessas armadilhas e adotar estratégias eficazes para evitá-las, estará utilizando seus cartões de crédito de maneira responsável e segura. Manter um controle rigoroso sobre seus gastos, pagar integralmente as faturas e aproveitar os benefícios oferecidos pelo cartão o ajudará a garantir uma experiência financeira positiva e evitará quedas desnecessárias.

COMPRAS POR IMPULSO
- CONHECENDO E CONTROLANDO OS DESEJOS -

As compras por impulso podem ser um desafio para muitas pessoas, levando a gastos desnecessários e impactando negativamente o controle financeiro. Neste tópico, vamos explorar maneiras de conhecer e controlar esses impulsos, permitindo uma abordagem mais consciente e responsável ao usar seu cartão de crédito.

Identificação de Padrões

O primeiro passo para controlar as compras por impulso é aprofundar-se na compreensão dos gatilhos que as desencadeiam. Faça uma análise de suas compras recentes e identifique os momentos em que as fez sem real necessidade. Pergunte-se quais emoções, situações ou influências externas levaram a essas decisões. Ao reconhecer padrões de comportamento, estará mais bem equipado para evitar gastos impulsivos no futuro.

Estabelecendo Limites

Definir limites é uma estratégia fundamental para controlar as compras por impulso. Antes de fazer uma compra, pause e estabeleça um limite de gastos para aquele item ou categoria. Analise se a compra é realmente necessária e se ela se encaixa dentro do seu orçamento. Ao criar um espaço entre o impulso e a decisão de compra, terá a oportunidade de avaliar se o gasto é realmente justificado.

Planejamento de Compras

O planejamento é uma ferramenta poderosa para evitar compras impulsivas. Antes de fazer qualquer compra, especialmente aquelas que envolvem um valor significativo, crie uma lista. Anote o que você realmente precisa e defina critérios claros para adicionar um novo item à lista. Avalie se esse item é uma necessidade real ou se é apenas um desejo momentâneo. Além disso, estabeleça um período de reflexão, como esperar um dia antes de finalizar uma compra.

Outra estratégia é estabelecer a regra de esperar. Sempre que sentir o impulso de comprar algo, dê a si mesmo um período de tempo, por exemplo, uma semana, para pensar sobre a compra. Durante esse período, avalie se o item ainda parece tão atraente e necessário.

Educação Financeira Contínua

A educação financeira é uma ferramenta valiosa no combate às compras por impulso. Aprenda sobre a importância do orçamento, metas financeiras e como controlar seus gastos. Ao entender como as compras impulsivas podem afetar seus objetivos financeiros de longo prazo, você se sentirá mais motivado a adotar práticas conscientes de consumo.

Com essas estratégias, estará mais apto a reconhecer e controlar seus desejos de compras impulsivas, o que lhe permitirá utilizar seu cartão de crédito de maneira mais responsável, evitando gastos desnecessários e contribuindo para uma saúde financeira mais sólida e equilibrada. Lembre-se de que o autoconhecimento, a disciplina e o planejamento são essenciais para superar as armadilhas das compras impulsivas.

PROMOÇÕES IRRESISTÍVEIS
- AVALIANDO A VERDADEIRA VANTAGEM -

As promoções se tornaram uma parte frequente do cotidiano, atraindo consumidores com ofertas tentadoras. No entanto, nem sempre o que parece ser uma economia é de fato um bom negócio. Consumidores compulsivos muitas vezes caem na armadilha, comprometendo suas finanças. Para evitar sucumbir à tentação, aqui estão algumas dicas valiosas para avaliar promoções de maneira consciente e tomar decisões financeiras informadas:

Análise de Promoções

Desenvolva habilidades críticas para compras inteligentes. A arte de avaliar promoções vai além de simplesmente observar o preço reduzido de um produto. Trata-se de uma abordagem cuidadosa e crítica que leva em consideração diversos fatores para determinar se a oferta é realmente vantajosa a longo prazo. Essas são algumas etapas essenciais para desenvolver habilidades de análise de promoções de forma eficaz:

- $ **Entenda o Produto ou Serviço:** Antes de se empolgar com uma promoção, é fundamental entender completamente o produto ou serviço em questão. Pesquise suas características, especificações técnicas e benefícios. Compreender o que está comprando é o primeiro passo para uma análise precisa.
- $ **Calcule o Custo Total a Longo Prazo:** Além do preço inicial, leve em consideração os custos totais ao longo do tempo. Isso inclui os de manutenção, reparos e substituições. Um produto com preço mais baixo pode se tornar uma opção mais cara se você precisar gastar constantemente em sua manutenção.

- $ **Considere a Durabilidade e a Qualidade:** A durabilidade e a qualidade do produto são aspectos essenciais a se analisar. Um item mais caro, mas de alta qualidade, pode se mostrar mais econômico com o tempo, pois durará mais e exigirá menos gastos com consertos.
- $ **Pesquise Avaliações e Comentários:** Procure por avaliações de outros consumidores que já compraram o produto. Isso pode fornecer insights sobre eficácia, durabilidade e satisfação geral do item. Avaliações honestas contribuem para confirmar se a promoção vale a pena.
- $ **Avalie a Necessidade Real:** Pergunte-se se o produto ou serviço é realmente necessário. Às vezes, a emoção de uma promoção pode levar a compras desnecessárias. Certifique-se de que o item atende a uma necessidade real em sua vida.
- $ **Compare com Alternativas:** Não se prenda apenas à promoção em questão. Compare o produto ou serviço com alternativas similares no mercado. Isso pode revelar se a promoção oferece a melhor relação custo-benefício.
- $ **Verifique as Políticas de Devolução:** Procure entender as políticas de devolução da loja, algo importante caso perceba que o produto não atende às suas expectativas após a compra.
- $ **Planeje Seu Orçamento:** Lembre-se de considerar o impacto da compra em seu orçamento geral. Avalie se essa aquisição se encaixa nos seus planos financeiros de curto e longo prazo.

Obs.: A análise de promoções exige paciência, pesquisa e discernimento. Ao desenvolver essas habilidades, você se capacita para tomar decisões de compra mais conscientes e informadas. Não se esqueça de que nem toda promoção é uma oportunidade genuína, e que a verdadeira vantagem está em fazer escolhas que atendam às suas necessidades e objetivos financeiros de maneira sustentável.

Parcelamento Consciente:

Tome decisões financeiras inteligentes. Embora as promoções de parcelamento sem juros possam parecer atraentes, é essencial adotar uma abordagem consciente ao considerar essa opção. Parcelar uma compra pode oferecer flexibilidade de pagamento, mas também é uma forma de comprometer sua renda futura. Seguem algumas estratégias para adotar um parcelamento consciente e tomar decisões financeiras inteligentes:

- $ **Avalie Sua Capacidade Financeira Atual e Futura:** Antes de optar pelo parcelamento, faça uma análise realista de suas finanças. Considere suas despesas mensais, seus compromissos financeiros existentes e seu fluxo de caixa futuro. Assegure-se de que poderá pagar as parcelas sem prejudicar suas obrigações financeiras.
- $ **Estabeleça um Orçamento Detalhado:** Crie um orçamento que inclua todas as suas despesas e receitas. Isso contribuirá para visualizar claramente sua situação financeira e determinar se o parcelamento é viável dentro das suas possibilidades.
- $ **Calcule o Valor Total da Compra:** Ao optar pelo parcelamento sem juros, muitas vezes é fácil perder de vista o valor total da compra. Calcule o custo total da compra ao longo do período de parcelamento para ter uma compreensão clara do compromisso financeiro.
- $ **Priorize Necessidades Sobre Desejos:** Reserve o parcelamento para itens essenciais e necessidades reais, em vez de desejos momentâneos. Fazer compras por impulso e parcelar pode levar a dívidas desnecessárias e comprometer seu orçamento.
- $ **Considere o Impacto a Longo Prazo:** Pondere como o parcelamento afetará suas finanças a longo prazo. Avalie se as parcelas planejadas não prejudicarão suas metas financeiras, como poupança, investimentos ou pagamento de dívidas.
- $ **Limite o Número de Parcelas:** Quando parcelar uma compra, tente limitar o número de parcelas para evitar comprometer-se por um período muito longo. Quanto mais parcelas, maior a probabilidade de sua situação financeira mudar no futuro.
- $ **Mantenha um Fundo de Emergência:** Antes de optar pelo parcelamento, certifique-se de ter um fundo de emergência adequado garantindo, dessa forma, que você terá recursos disponíveis para lidar com despesas inesperadas sem recorrer a mais dívidas.
- $ **Negocie Condições Favoráveis:** Antes de finalizar o parcelamento, verifique se é possível negociar termos mais favoráveis com o estabelecimento, por exemplo, um número menor de parcelas ou condições de pagamento mais flexíveis.

Obs.: Ao adotar essas estratégias de parcelamento consciente, você tomará decisões financeiras mais informadas e responsáveis. Lembre-se de que o objetivo é garantir que suas finanças permaneçam saudáveis e equilibradas, permitindo que você aproveite os benefícios das promoções sem comprometer sua estabilidade financeira a longo prazo.

Foco nos Benefícios

Ao se deparar com uma promoção tentadora, é fundamental adotar uma abordagem criteriosa e focar os benefícios reais que a oferta proporciona. Afinal, nem todas as promoções representam uma vantagem verdadeira para suas finanças. Aqui estão alguns pontos a considerar ao analisar os benefícios de uma promoção:

- **Adequação às Necessidades:** Antes de ceder à tentação de uma promoção, avalie se o produto ou serviço realmente atende às suas necessidades. Analise se a compra contribuirá para melhorar sua vida de maneira significativa ou se é um gasto supérfluo.
- **Qualidade do Produto ou Serviço:** Não permita que o desconto ou a promoção encubra a qualidade do que está sendo oferecido. Confirme se o produto ou serviço é de boa qualidade e se atende aos padrões que você espera.
- **Comparação de Preços:** Compare o preço promocional com os preços regulares de mercado ou de concorrentes. Às vezes, a "economia" de uma promoção não é tão significativa quanto parece quando você considera outras opções disponíveis.
- **Economia Real:** Avalie se a economia proporcionada pela promoção é realmente significativa em relação ao seu orçamento geral. Às vezes, é mais vantajoso gastar um pouco mais para adquirir um produto de maior qualidade e durabilidade.
- **Necessidade Imediata vs. Planejamento:** Considere se a promoção se alinha com seus planos financeiros e metas de curto e longo prazo. Uma economia momentânea pode não justificar a compra se ela não estiver em sintonia com suas prioridades financeiras.
- **Avaliação de Comentários e Avaliações:** Pesquise avaliações e comentários de outros consumidores sobre o produto ou serviço em promoção. Isso poderá ajudá-lo a obter insights sobre a experiência de outras pessoas e auxiliar na sua decisão.
- **Evite Compras por Impulso:** Tenha em mente que a emoção de uma promoção pode levar a compras por impulso. Antes de finalizar a compra, dê um passo atrás, reflita e tenha certeza de que se trata de uma decisão ponderada.
- **Priorize as Necessidades Financeiras:** Ao analisar os benefícios, priorize as necessidades e objetivos financeiros. Se a promoção não contribuir para suas metas, pode ser melhor evitar a compra.

Obs.: Ao adotar uma análise detalhada e focar os benefícios reais de uma promoção, estará tomando decisões de compra mais fundamentadas e em concordância com suas prioridades financeiras. Não perca de vista que a chave é encontrar um equilíbrio entre aproveitar oportunidades econômicas e garantir que suas finanças permaneçam saudáveis e sustentáveis a longo prazo.

Comparação de Preços

Garanta a melhor oferta. A pesquisa de mercado e a comparação de preços desempenham um papel crucial na tomada de decisões de compra inteligentes. Ao se deparar com uma promoção tentadora, é essencial realizar uma análise abrangente dos preços para garantir que você está obtendo a melhor oferta. Aqui estão algumas dicas para conduzir uma pesquisa de mercado eficaz:

- **Exploração de Diferentes Fontes:** Não se limite a uma única fonte de informações. Explore diversas lojas, tanto físicas quanto online, para comparar os preços do produto ou serviço em questão. Lembre-se de que diferentes varejistas podem ter diferentes políticas de preços e ofertas especiais.
- **Use Plataformas Online:** Aproveite as ferramentas disponíveis online para comparar preços. Existem sites e aplicativos dedicados a ajudar os consumidores a encontrar as melhores ofertas, além de exibir comparações de preços entre diferentes varejistas.
- **Leve em Consideração Custos Adicionais:** Ao comparar preços, leve em consideração todos os custos adicionais que podem estar associados à compra, como frete, taxas de envio, garantia estendida e manutenção. Isso pode influenciar significativamente o custo total.
- **Compare Produtos Similares:** Além de comparar preços de produtos idênticos, também é importante comparar produtos similares que atendam às mesmas necessidades. Às vezes, um produto levemente mais caro pode oferecer maior qualidade e durabilidade.
- **Verifique Ofertas Especiais:** Além das promoções, investigue se há outras ofertas especiais, como descontos em pacotes, brindes ou vantagens adicionais que possam tornar uma oferta mais vantajosa.
- **Considere a Qualidade e a Durabilidade:** Nem sempre o preço mais baixo significa a melhor escolha. Avalie a qualidade e a durabilidade do produto ou serviço, pois um item mais caro pode valer a pena a longo prazo devido à sua vida útil prolongada.

- **Leia Avaliações e Comentários:** Além de comparar preços, leia as avaliações e os comentários de outros consumidores sobre o produto ou serviço. Isso poderá apresentar perspectivas sobre a experiência de uso e ajudá-lo a avaliar se o produto vale o investimento.
- **Planejamento de Compras:** Não tome decisões de compra apressadas. Planeje-as com antecedência, para ter tempo de pesquisar e comparar preços, além de avaliar diferentes opções.

> **Obs.:** A comparação de preços é uma habilidade valiosa que pode ajudá-lo a economizar dinheiro a longo prazo e evitar compras por impulso. Ao investir tempo e esforço na pesquisa de mercado, você estará mais bem equipado para tomar decisões de compra informadas e alcançar um equilíbrio entre qualidade e preço.

Orçamento e Necessidades

Faça escolhas financeiramente conscientes. Ao avaliar promoções e ofertas tentadoras, é fundamental garantir que suas decisões de compra estejam alinhadas com seu orçamento e necessidades financeiras. Controlar os gastos e fazer escolhas conscientes contribui para uma saúde financeira sólida e evita o endividamento desnecessário. Essas são algumas estratégias para encaixar as promoções no seu orçamento:

- **Estabeleça Prioridades Financeiras:** Antes de aproveitar uma promoção, avalie suas prioridades financeiras. Determine quais despesas são essenciais, como moradia, alimentação e contas fixas. Reserve uma parte do seu orçamento para gastos não essenciais, como compras de lazer.
- **Calcule o Impacto Financeiro:** Ao considerar uma promoção, calcule o impacto financeiro da compra em seu orçamento geral. Examine se a despesa é sustentável sem comprometer outras áreas importantes da sua vida financeira.
- **Evite o Endividamento:** Não permita que promoções o conduzam ao endividamento. Se a promoção exigir o pagamento parcelado, certifique-se de que as parcelas caibam confortavelmente no seu orçamento mensal. Abstenha-se de acumular dívidas que possam gerar juros altos.
- **Use uma Planilha de Orçamento:** Elabore uma planilha de orçamento que liste todas as suas fontes de renda e despesas mensais. Isso o ajudará a ter uma visão clara das suas finanças e a identificar onde poderá ajustar os gastos para acomodar promoções.

- **Pense a Longo Prazo:** Além de avaliar o impacto imediato da promoção, leve em conta sua repercussão a longo prazo. A compra atenderá às suas necessidades por um período significativo de tempo? Você ainda estará satisfeito com a compra no futuro?
- **Avalie Alternativas:** Em vez de ceder a todas as promoções que encontrar, avalie se há alternativas mais econômicas. Pode ser que existam opções semelhantes a preços mais acessíveis ou promoções futuras mais vantajosas.
- **Poupe para Compras Planejadas:** Se tiver interesse em aproveitar uma promoção específica, planeje com antecedência. Crie um fundo de reserva para compras planejadas, assim poderá aproveitar oportunidades sem comprometer seu orçamento mensal.
- **Pratique o Autocontrole:** Tenha autocontrole ao avaliar promoções. Pondere se a compra é uma necessidade real ou um desejo impulsivo. O autocontrole o ajudará a tomar decisões financeiras consoantes com seus objetivos.

Obs.: Ao encaixar promoções no seu orçamento e considerar cuidadosamente suas necessidades financeiras, você construirá uma base sólida para tomar decisões de compra mais conscientes e benéficas para sua saúde financeira a longo prazo. Não se esqueça: a disciplina financeira é essencial para alcançar suas metas econômicas.

Evitar Compras por Impulso

As compras por impulso podem comprometer suas finanças e levar a gastos desnecessários. Para evitar essa cilada, é importante adotar estratégias que promovam a reflexão e ajudem a tomar decisões conscientes antes de fazer uma compra. Seguem algumas abordagens eficazes:

- **Reflexão e Espera:** Quando sentir o impulso de fazer uma compra, dê um passo atrás e reflita sobre a real necessidade do item. Avalie se realmente precisa dele ou se está sendo influenciado por um desejo momentâneo. Considere aguardar um tempo antes de finalizar a compra. Dê a si mesmo um prazo, por exemplo, 24 horas, para avaliar se a compra é realmente necessária.
- **Crie uma Lista de Desejos:** Elabore uma lista de desejos com os itens que você gostaria de comprar. Ao deparar-se com um impulso de compra,

adicione o item à lista em vez de comprá-lo de imediato. Periodicamente, reveja a lista e avalie se esses itens ainda são desejados ou necessários.

- **Estabeleça um Limite Financeiro:** Defina um limite financeiro para compras por impulso. Antes de fazer uma compra, verifique se ela está dentro desse limite. Ter um limite o ajudará a controlar gastos desnecessários e a manter suas finanças em ordem.
- **Questione o Motivo:** Pergunte-se por que você quer fazer essa compra. É uma necessidade genuína ou um desejo momentâneo? Avalie se o item trará valor real à sua vida e se é uma prioridade dentro do seu orçamento.
- **Use Dinheiro em Espécie:** Para compras menores, considere usar dinheiro em espécie em vez de cartões. O ato de gastar dinheiro físico pode fazer você pensar duas vezes antes de fazer uma compra impulsiva.
- **Desabilite as Notificações de Ofertas:** Desative as notificações de promoções e ofertas em seus dispositivos eletrônicos. Isso reduzirá a tentação de fazer compras impulsivas baseadas em anúncios.
- **Mantenha Objetivos Financeiros Claros:** Não perca de vista suas metas de longo prazo. Antes de fazer uma compra impulsiva, reflita sobre como essa decisão poderá impactar sua capacidade de, por exemplo, economizar para uma viagem ou pagar dívidas.
- **Busque Alternativas para Aliviar o Estresse:** Muitas vezes, as compras por impulso são o resultado do estresse ou tédio. Em vez de comprar, opte por alternativas saudáveis para aliviar o estresse, como exercícios físicos, meditação, hobbies ou atividades ao ar livre.
- **Compre com uma Lista:** Quando for às compras, especialmente em supermercados, faça uma lista do que você realmente precisa. Mantenha-se fiel à lista e evite adicionar itens impulsivamente ao carrinho.

Obs.: Ao adotar essas estratégias, você cultivará hábitos de compra mais conscientes e aprenderá a resistir aos impulsos momentâneos. Isso não apenas preservará suas finanças, como também ajudará a direcionar seu dinheiro para metas e prioridades mais significativas. Lembre-se de que a disciplina é a chave para evitar compras impulsivas e alcançar uma saúde financeira sólida.

Planejamento de Compras

O planejamento de compras é uma abordagem fundamental para manter suas finanças saudáveis e evitar gastos por impulso ou desnecessários. Ao adotar estratégias de planejamento, poderá tomar decisões mais conscientes e direcionar seus gastos de forma eficaz. Uma das principais práticas de planejamento de compras é criar e seguir uma lista. Aprofundamos, a seguir, essa estratégia:

- **Planeje a Lista de Compras:** Uma lista é uma ferramenta simples, porém eficaz, para evitar compras impulsivas e manter o foco nas necessidades reais. Ela consiste em criar uma relação organizada dos itens que você pretende comprar antes de ir às compras.
- **Identifique Necessidades:** Antes de elaborar a lista, faça um inventário dos itens essenciais que precisa adquirir, incluindo alimentos, produtos de higiene, produtos de limpeza e outras necessidades básicas.
- **Priorize os Itens:** Classifique tudo por ordem de importância. No topo da lista, estarão os itens realmente essenciais e os que não poderá adiar.
- **Evite Compras Impulsivas:** Mantendo-se fiel à lista, reduzirá as chances de ceder a compras impulsivas de itens não planejados. Isso o ajudará a manter o autocontrole e a evitar gastos desnecessários.
- **Defina um Orçamento:** Ao criar sua lista, estabeleça um orçamento para as compras. Essa prática limitará os gastos totais e contribuirá para tomar decisões conscientes enquanto as estiver fazendo.
- **Use Tecnologia a seu Favor:** Crie listas de compras físicas em papel ou use aplicativos para tal finalidade em seu smartphone. Essas ferramentas farão com que mantenha a lista organizada e acessível.
- **Reveja e Atualize:** Revise periodicamente sua lista de compras para fazer ajustes e atualizações com base nas necessidades em evolução, garantindo assim que sempre comprará o que é realmente necessário.
- **Resista à Tentação:** Quando estiver fazendo compras, siga rigorosamente a lista que você preparou. Evite adicionar itens extras ao carrinho, a menos que sejam realmente essenciais.
- **Evite Compras em Jejum:** Ir às compras com fome pode levar a decisões impulsivas e à compra de itens desnecessários. Procure fazer suas compras após uma refeição.
- **Planeje com Antecedência:** Tente planejar as compras com antecedência, fazendo uma lista para cada ocasião, seja para a semana ou para um evento específico.
- **Celebre a Disciplina:** Após cumprir sua lista à risca e evitar gastos impulsivos, celebre seu autocontrole e disciplina financeira. Reconheça os esforços para tomar decisões conscientes.

Obs.: Incorporar a prática de manter uma lista de compras planejada em sua rotina, contribuirá para desenvolver hábitos financeiros saudáveis e para um melhor gerenciamento de suas finanças pessoais.

Essa estratégia fará com que você evite compras por impulso, economize dinheiro e garanta o direcionamento de seus gastos para as necessidades e prioridades.

Afastar a Pressão Externa

Tome decisões financeiras com confiança. Em um mundo repleto de promoções tentadoras e pressões externas para consumir, é crucial desenvolver a capacidade de resistir às influências que vêm de fora e tomar decisões financeiras que estejam de acordo com suas próprias necessidades e metas. Ao cultivar a resistência à pressão, poderá proteger suas finanças e evitar gastos impulsivos que acabem comprometendo seu bem-estar financeiro. Eis algumas estratégias para evitar a pressão externa e tomar decisões de compra com confiança:

- $ **Reconheça Necessidades e Objetivos Financeiros:** Antes de ceder a qualquer pressão para comprar, esteja bem ciente das suas necessidades e metas. Avalie se a compra está em linha com seus objetivos de curto e longo prazo.
- $ **Distinga entre Desejos e Necessidades:** Avalie se o item em questão é realmente uma necessidade ou apenas um desejo momentâneo. Fazer essa distinção poderá ajudá-lo a priorizar gastos mais importantes.
- $ **Estabeleça Limites Antecipadamente:** Decida de antemão quanto está disposto a gastar em determinada categoria de produtos ou durante uma promoção. Ter limites claros lhe possibilitará conter gastos excessivos.
- $ **Pratique o Adiamento de Compras:** Quando se sentir pressionado a comprar algo, adote a estratégia de adiar a decisão. Dê a si mesmo tempo para refletir e considerar se a compra é realmente necessária.
- $ **Tenha um Plano de Gastos:** Elabore um orçamento detalhado que inclua categorias específicas de gastos. Isso o ajudará a direcionar seu dinheiro para as áreas que mais importam, além de reduzir a vulnerabilidade a gastos impulsivos.
- $ **Aprenda a Dizer "Não":** Pratique dizer "não" a promoções e ofertas que não contribuem para seus objetivos financeiros. Lembre-se de que você está no controle das suas decisões de compra.
- $ **Cultive a Autoconsciência:** Esteja atento aos seus sentimentos e emoções ao fazer compras. Reconheça quando você está sendo influenciado pela pressão externa e tome medidas para se afastar da situação.
- $ **Compreendendo o Valor Real:** Analise a proposta de valor do produto ou serviço em promoção. Pergunte a sim mesmo se os benefícios superam os custos e se a compra realmente agrega valor à sua vida.

- $ **Evite Comparações Desnecessárias:** Não se compare aos outros ou ceda à pressão social para adquirir algo apenas porque os outros o estão fazendo. Concentre-se nas suas próprias prioridades.
- $ **Lembre-se das Metas de Longo Prazo:** Mantenha suas metas financeiras de longo prazo em mente. Avalie se a compra contribui para alcançá-las ou se é apenas um desvio temporário.

Obs.: Ao adotar essas estratégias, você fortalecerá sua capacidade de resistir à pressão externa e de tomar decisões de compra em sintonia com suas necessidades e objetivos financeiros. Cultivar essa habilidade não apenas protege suas finanças, como também permite que você viva uma vida mais consciente e satisfatória, onde suas escolhas de consumo são reflexo das suas prioridades e valores.

LIDANDO COM O ENDIVIDAMENTO DE FORMA RESPONSÁVEL

- ESTRATÉGIAS PARA UM FUTURO FINANCEIRO SÓLIDO -

Quando as dívidas começam a se acumular, é natural sentir-se sobrecarregado e preocupado com as consequências financeiras. No entanto, existem estratégias eficazes que podem ajudá-lo a enfrentar esse problema de maneira responsável e evitar que a situação piore. Neste capítulo, vamos explorar em detalhes algumas abordagens importantes para lidar com o endividamento de forma proativa e construir um futuro financeiro sólido.

Transferências de Saldo

Gerencie suas dívidas com muita cautela. As transferências de saldo são uma estratégia que pode ser útil ao lidar com dívidas de cartão de crédito de alto custo. O conceito envolve transferir o saldo de um cartão de crédito com alta taxa de juros para outro cartão com uma taxa de juros mais baixa, ou mesmo sem juros, por um período promocional. Estes são alguns pontos-chave a serem considerados:

- $ **Entendendo as Transferências de Saldo:** Compreender completamente como as transferências de saldo funcionam é essencial. Confira as taxas envolvidas na transferência e as condições do período promocional.
- $ **Implicações e Riscos:** Embora essa ação possa oferecer alívio temporário das altas taxas de juros, é importante saber que, após o término do período promocional, essas taxas poderão aumentar significativamente.
- $ **Potenciais Economias:** Ao escolher essa estratégia, faça cálculos para determinar se as economias obtidas com as taxas de juros mais baixas superam quaisquer taxas de transferência que você possa incorrer.

Analisando Taxas e Prazos

Tome decisões informadas. Caso considere a transferência de saldo, realize antes uma análise cuidadosa das taxas e prazos envolvidos. Aqui estão algumas etapas para ajudar na tomada de decisão:

- **Taxas de Transferência:** Embora algumas ofertas possam ter taxas de transferência de saldo iniciais baixas, verifique-as com cuidado para garantir que elas não anularão as economias de juros.
- **Taxas de Juros após o Período Promocional:** Compreenda como as taxas de juros mudarão após o término do período promocional. Esteja preparado para pagar taxas mais altas caso não liquide o saldo a tempo.
- **Prazos de Pagamento:** Analise o período promocional oferecido para liquidar o saldo transferido. Certifique-se de que esse seja um período razoável para você pagar a dívida.

Explorando Alternativas Viáveis

Tome decisões conscientes. Além das transferências de saldo, há outras alternativas viáveis para lidar com dívidas de cartão de crédito. Algumas delas incluem:

- **Negociação Direta com o Banco:** Entre em contato com o emissor do cartão de crédito para discutir opções de pagamento e negociações para redução de taxas.
- **Consolidação de Dívidas:** Considere consolidar várias dívidas de cartão de crédito em um empréstimo pessoal com uma taxa de juros mais baixa.
- **Planejamento Financeiro:** Desenvolva um plano financeiro realista para liquidar as dívidas ao longo do tempo. Isso pode envolver reduzir gastos, aumentar a renda ou uma combinação de ambos.

Ao enfrentar o endividamento, é essencial abordar a situação de maneira consciente e informada. Avalie todas as opções disponíveis, compreenda as implicações de cada estratégia e escolha a mais adequada para seus objetivos financeiros. Tenha presente que o gerenciamento responsável das dívidas não apenas alivia o estresse financeiro, mas também coloca você no caminho certo para um futuro financeiro mais estável e próspero.

NEGOCIAÇÃO DE DÍVIDAS
- UMA ABORDAGEM PRAGMÁTICA -

Lidar com dívidas acumuladas pode ser um desafio, mas é importante adotar uma abordagem pragmática e eficaz para resolver a situação de forma responsável. Neste tópico, apresentaremos formas de negociar dívidas de cartão de crédito de maneira estratégica e evitar armadilhas financeiras.

Comunicação com o Banco

Priorize a transparência. A comunicação aberta com o banco emissor do cartão é fundamental assim que você perceber dificuldades em quitar a fatura integral. Ignorar o problema não é uma solução viável, e os bancos geralmente estão dispostos a trabalhar com os clientes para encontrar soluções.

- $ **Entrando em Contato:** Não hesite em comunicar-se com o banco assim que perceber que não conseguirá pagar a fatura integral. Explique sua situação de forma honesta e transparente.
- $ **Identificando Opções:** O banco poderá oferecer diferentes opções de negociação, como parcelamento da dívida, redução de taxas de juros ou planos de pagamento temporários.

Explorando Opções de Negociação

Escolha a melhor estratégia. Ao negociar dívidas, é importante compreender as opções disponíveis e escolher a que melhor se adeque à sua situação financeira.

- $ **Parcelamento da Dívida:** Essa opção envolve dividir o valor da dívida em parcelas menores, tornando mais fácil o pagamento ao longo do tempo.
- $ **Renegociação de Taxas de Juros:** Negociar a redução das taxas de juros pode significar uma economia significativa no longo prazo.
- $ **Planos de Pagamento Temporários:** Alguns bancos podem permitir que você faça um acordo para reduzir temporariamente os pagamentos enquanto se reorganiza financeiramente.

Negociação Eficiente

Comunique-se de maneira eficaz. Uma negociação hábil requer clareza e proatividade. Ao abordar a negociação, siga estas dicas:

- $ **Dê Informações Claras:** Seja transparente sobre sua situação financeira e explique os desafios que está enfrentando.
- $ **Proponha Soluções Realistas:** Apresente um plano de pagamento que seja realista e que você possa cumprir. Isso demonstra comprometimento e ajuda a construir confiança.

Evitando o Rotativo e Implementando Estratégias de Pagamento Inteligentes

Evitar tanto o pagamento do valor mínimo da fatura quanto o uso do rotativo é fundamental para proteger-se contra dívidas crescentes.

- **Pagamento Integral:** Sempre que possível, quite o saldo integral da fatura. Evite o pagamento mínimo, pois isso poderá levar a saldos devedores crescentes devido aos juros acumulados.
- **Plano de Pagamento:** Crie um plano de pagamento que lhe permita liquidar a dívida integralmente a cada mês. Isso o ajudará a evitar juros compostos e a manter o controle sobre sua dívida.

Compreendendo os Juros Compostos e Mantendo o Controle Financeiro

Os juros compostos podem aumentar rapidamente o saldo devedor. Entender seu funcionamento é crucial para evitar que a dívida se torne uma bola de neve.

Ao enfrentar o desafio do endividamento, lembre-se de que a negociação eficaz, a comunicação aberta com o banco e o uso inteligente de estratégias de pagamento podem fazer a diferença. Mantenha-se informado, seja proativo na busca de soluções e esteja comprometido com a criação de um futuro financeiro sólido. Evitar as armadilhas financeiras e adotar práticas responsáveis o ajudarão a usar seu cartão de crédito de maneira inteligente e a alcançar uma estabilidade financeira duradoura.

CASHBACK

Os cartões de cashback representam uma emocionante inovação no mundo dos cartões de crédito, oferecendo aos usuários a oportunidade de receber recompensas monetárias diretamente em suas contas. Vamos aprofundar nossa compreensão sobre o funcionamento desses cartões e ver como você pode aproveitar ao máximo os benefícios.

Mecanismo de Cashback - Entendendo o Funcionamento:

- **Porcentagem de Devolução:** A porcentagem de cashback refere-se à parcela do valor gasto em uma compra que será devolvida ao titular do cartão. Essa porcentagem pode variar dependendo da categoria de gastos. Por exemplo, um cartão pode oferecer 1% de cashback em todas as compras, mas 3% em compras de supermercado.
- **Cashback Imediato vs. Acumulado:** Alguns cartões oferecem cashback imediatamente após cada compra, enquanto outros acumulam os valores gastos ao longo de um período. O cashback acumulado pode ser resgatado após atingir um limite mínimo estabelecido pelo banco emissor.
- **Resgate e Utilização:** O cashback pode ser resgatado de várias maneiras. É possível escolher abater o valor diretamente em sua fatura de cartão, transferi-lo para sua conta bancária ou utilizá-lo para descontos em compras futuras.

Estratégias de Aproveitamento para Maximizar o Cashback

- **Alinhamento de Gastos:** A chave para maximizar o cashback é alinhar seus gastos com as categorias que oferecem as maiores recompensas. Se você gasta muito em supermercados, por exemplo, escolher um cartão que ofereça cashback elevado nessa categoria pode ser vantajoso.

- **Cashback em Categorias Específicas:** Alguns cartões oferecem taxas de cashback mais elevadas em categorias específicas, como restaurantes, postos de gasolina ou viagens. Ao escolher cartões que se alinham com suas despesas mais frequentes, poderá ganhar mais recompensas.
- **Combinando Cartões:** Uma estratégia avançada envolve combinar diferentes cartões de cashback para otimizar os ganhos. Por exemplo, você poderá utilizar um cartão com alto cashback em supermercados, outro em postos de gasolina e um terceiro para compras online. Isso lhe permitirá maximizar os benefícios em várias áreas de gastos.

Planejamento Inteligente para Benefícios Financeiros Duradouros:

Ao utilizar cartões de cashback de forma estratégica, transformará suas compras cotidianas em economias significativas. Não perca de vista os seguintes aspectos:

- **Escolha dos Cartões:** Dê preferência a cartões em sintonia com seus hábitos de gastos;
- **Taxas:** Aproveite taxas de cashback mais elevadas em categorias específicas;
- **Utilização:** Usufrua do cashback de maneira sensata, seja para abater despesas ou para reforçar sua conta bancária;
- **Combinação:** Considere combinar diferentes cartões para maximizar as recompensas em várias áreas.

> **Obs.:** Lembre-se de que a chave para o uso eficaz dos cartões de cashback é estratégia. Com planejamento cuidadoso, transformará suas compras do dia a dia em uma oportunidade de economia significativa; ao mesmo tempo, manterá um controle financeiro sólido.

PROGRAMA DE PONTOS

- MAXIMIZANDO VANTAGENS ATRAVÉS DE RECOMPENSAS -

Os programas de pontos são uma maneira envolvente de aproveitar ao máximo suas despesas diárias, permitindo-lhe acumular pontos que podem ser trocados por uma variedade de benefícios. Vamos entender em detalhes esses programas e como você pode tirar proveito das recompensas oferecidas.

Acúmulo de Pontos e Benefícios

- **Estrutura de Pontuação:** Cada compra realizada com um cartão de programa de pontos resulta no acúmulo de pontos, geralmente com base no valor gasto. As diferentes categorias de despesas podem oferecer taxas de acúmulo variadas, permitindo-lhe ganhar mais pontos ao gastar em determinadas áreas, como restaurantes, viagens ou supermercados.
- **Variedade de Benefícios:** Os pontos acumulados podem ser trocados por uma ampla variedade de benefícios, entre eles, produtos eletrônicos, eletrodomésticos, passagens aéreas, hospedagem em hotéis, vouchers de viagem, serviços de entretenimento, experiências culturais, doações para instituições de caridade e muito mais.
- **Flexibilidade de Resgate:** Esses programas permitem que você troque seus pontos por recompensas que atendam às suas necessidades e interesses. Alguns também possibilitam o resgate parcial. Assim, poderá utilizar uma parte dos pontos para obter algum benefício específico.

Estratégias Inteligentes de Resgate e Uso

- **Planejamento de Resgate:** Essa é uma prática fundamental para maximizar o valor das recompensas. Avalie suas opções e escolha aquelas que proporcionam o maior benefício em relação ao seu estilo de vida e metas.

- **Troca por Milhas Aéreas:** Trocar pontos por milhas aéreas é uma estratégia comum que lhe permite economizar significativamente em passagens aéreas e aproveitar viagens a custos mais baixos ou até mesmo gratuitas, dependendo do programa e da disponibilidade.
- **Parcerias e Benefícios Adicionais:** Muitos programas de pontos estabelecem parcerias com empresas e marcas renomadas. Entre os benefícios podem estar descontos exclusivos, ofertas especiais e acesso a eventos. Essas parcerias ampliam ainda mais os benefícios dos pontos acumulados.

Escolhendo o Programa de Pontos Adequado para Você

- **Avalie Necessidades e Interesses:** Escolha um programa de pontos que se adapte às suas necessidades, interesses e estilo de vida. Se você viaja com frequência, um programa que ofereça recompensas de viagem pode ser ideal. Se prefere produtos e experiências, opte por um com opções variadas de resgate.
- **Leia os Termos e Condições:** Antes de aderir a um programa de pontos, verifique com atenção os termos e condições. Confira as regras de expiração de pontos, taxas de adesão e detalhes sobre o resgate.
- **Consistência no Uso do Cartão:** Para acumular pontos de maneira eficaz, é importante usar o cartão regularmente. No entanto, mantenha o controle dos gastos para evitar dívidas.

Ao compreender os detalhes dos programas de pontos e desenvolver estratégias inteligentes de uso e resgate, poderá transformar suas compras diárias em recompensas valiosas. Lembre-se de escolher um programa em concordância com seus objetivos e aproveite as vantagens oferecidas para melhorar sua experiência financeira.

OS PROGRAMAS

No Brasil, existem diversos programas de pontuação oferecidos por diferentes empresas e instituições financeiras. Alguns dos mais conhecidos e populares no país são:

- **Programas de Pontos dos Cartões de Crédito:** A maioria dos principais bancos e instituições financeiras no Brasil oferece programas de pontos vinculados aos cartões de crédito. Eles permitem que os titulares de cartões acumulem pontos a cada compra realizada e depois os troquem por uma variedade de recompensas, como produtos, viagens, passagens aéreas, descontos em parceiros, entre outros.

- **Programa Smiles (GOL):** É um dos programas de fidelidade mais populares no Brasil, principalmente para viagens aéreas. Os membros acumulam milhas que podem ser resgatadas em passagens, upgrades de classe, hospedagens em hotéis, além de outros benefícios relacionados.
- **Programa LATAM Pass:** Semelhante ao Smiles, é voltado para recompensas de viagens na LATAM Airlines. Os membros acumulam pontos que podem ser trocados por passagens aéreas, upgrades e serviços vinculados a viagens.
- **Programa TudoAzul (Azul Linhas Aéreas):** O TudoAzul é o programa de fidelidade da Azul Linhas Aéreas. Ele permite acumular pontos a serem resgatados em passagens, serviços de viagens e outros benefícios.
- **Programa Livelo:** A Livelo é uma empresa de recompensas que oferece programas de pontos em parceria com diversos bancos e cartões de crédito que também possibilita acumular pontos e trocá-los por uma ampla variedade de produtos, serviços e experiências.
- **Programa Dotz:** O Dotz é um programa de recompensas no qual os membros arrecadam "Dotz" em suas compras diárias. Esses Dotz podem ser trocados por produtos, serviços e descontos em diversos parceiros.
- **Programa Esfera (Santander):** Oferecido pelo Banco Santander proporciona pontos aos titulares de cartões, que podem ser trocados por produtos, viagens, ingressos para eventos, entre outros.
- **Programa Ponto para Você (Itaú):** Neste programa, os clientes podem acumular pontos e trocá-los por benefícios variados, incluindo produtos, viagens e serviços.
- **Programa Vai de Visa:** Oferece benefícios e descontos exclusivos para os titulares de cartões Visa, como ofertas em restaurantes, lojas e serviços.
- **Programa Mastercard Surpreenda:** Este programa permite que os clientes acumulem pontos a cada compra e os troquem por produtos e serviços selecionados.

Obs.: Lembrando que os detalhes e benefícios de cada programa podem variar ao longo do tempo, e é importante verificar diretamente com as instituições financeiras ou empresas parceiras para obter informações atualizadas sobre os programas de pontuação disponíveis no Brasil.

VANTAGEM & DESVANTAGENS

A seguir, listamos as vantagens e desvantagens de alguns dos programas de pontuação mais populares no Brasil:

Programa Smiles (GOL)

- **Vantagens:** Amplas opções de resgate, incluindo passagens aéreas, upgrades, diárias de hotéis e aluguéis de automóveis. Parcerias com diversas empresas para acumular milhas em atividades cotidianas.
- **Desvantagens:** Taxas de resgate, disponibilidade limitada de assentos em voos promocionais, complexidade nas regras de acúmulo e resgate.

Programa LATAM Pass

- **Vantagens:** Grande rede de destinos, flexibilidade de datas para resgates, opções de upgrade de classe e aluguéis de carros.
- **Desvantagens:** Restrições em voos promocionais, possíveis taxas de resgate, menor disponibilidade de voos em comparação com outras empresas.

Programa TudoAzul (Azul Linhas Aéreas)

- **Vantagens:** Diversas parcerias para acumular pontos, flexibilidade nas datas de resgate, ampla rede de destinos nacionais e internacionais.
- **Desvantagens:** Taxas de resgate, disponibilidade limitada em voos promocionais, menor reconhecimento internacional comparado a outras companhias.

Programa Livelo

- **Vantagens:** Amplas opções de resgate, parcerias com diversos bancos e empresas, flexibilidade nas trocas por produtos, serviços e experiências.
- **Desvantagens:** Algumas promoções são limitadas no tempo, possíveis taxas de resgate em certos produtos ou serviços.

Programa Dotz

- **Vantagens:** Acúmulo de pontos em várias lojas e parceiros, diversidade de produtos e serviços no catálogo de resgate.
- **Desvantagens:** Alguns produtos podem ter valores mais altos em relação ao mercado, prazo de validade dos pontos.

Programa Esfera (Santander)

- **Vantagens:** Variedade de produtos e serviços no catálogo de resgate, opções de acumular pontos com diversos cartões do Santander.
- **Desvantagens:** Restrições de disponibilidade em alguns produtos, possíveis taxas de resgate.

Programa Ponto para Você (Itaú)

- **Vantagens:** Flexibilidade no resgate de produtos, serviços e experiências, acúmulo de pontos em diferentes cartões Itaú.
- **Desvantagens:** Alguns produtos podem ter valores mais altos em relação ao mercado, prazo de validade dos pontos.

Programa Vai de Visa

- **Vantagens:** Descontos e benefícios em uma ampla rede de estabelecimentos, promoções sazonais.
- **Desvantagens:** Benefícios limitados a parceiros específicos, não oferece a mesma variedade de recompensas que os programas de companhias aéreas.

Programa Mastercard Surpreenda

- **Vantagens:** Possibilidade de "compre 1, leve 2" em parceiros, ampla rede de estabelecimentos participantes.
- **Desvantagens:** Benefícios limitados a parceiros específicos e também não oferece uma variedade tão ampla de recompensas como os programas de companhias aéreas.

Obs.: Lembrando que as vantagens e desvantagens podem variar com base nas preferências individuais, no perfil de gastos e nas necessidades de cada pessoa. Por isso, antes de escolher o programa de pontuação, é importante considerar cuidadosamente as características de cada um deles e como elas se adaptam às suas prioridades.

SEGURANÇA

- NOVAS TECNOLOGIAS -

Cada vez mais, a tecnologia vem avançando e ajudando a todos nós de forma fantástica e variada. No mundo financeiro, ela é de suma importância para evitar fraudes e golpes. A seguir, vamos ver alguns tipos utilizados hoje em dia.

BIOMETRIA

Ela está revolucionando a forma como interagimos com a tecnologia, e os cartões de crédito não são exceção. A biometria é uma inovação tecnológica que vem transformado radicalmente a maneira como autenticamos e realizamos transações, incluindo aquelas relacionadas a cartões de crédito. Trata-se de uma tecnologia que utiliza características únicas do corpo humano, como impressão digital, reconhecimento facial, de íris ou até mesmo de voz, para a autenticação e a autorização de transações. Ela oferece um nível elevado de segurança, pois é extremamente difícil replicar ou falsificar características biométricas.

Vamos analisar em detalhes como a biometria está revolucionando a segurança nas transações financeiras:

Impressão Digital

A impressão digital é uma das formas mais antigas e amplamente utilizadas de autenticação biométrica. Os sensores de impressão digital capturam as minúcias exclusivas dos sulcos e cristas das pontas dos dedos, criando um padrão único que é praticamente impossível de replicar. Nos cartões de crédito, a impressão digital pode ser empregada para autorizar transações, desbloquear cartões ou acessar aplicativos relacionados a serviços financeiros.

Reconhecimento Facial

O reconhecimento facial é outra tecnologia biométrica que ganhou destaque. Ela analisa características faciais únicas, como proporções, ângulos e detalhes, para identificar uma pessoa. Os smartphones modernos, por exemplo, frequentemente usam o reconhecimento facial como medida de segurança para desbloqueio. Nos cartões de crédito, essa tecnologia pode ser utilizada para verificar a identidade do titular do cartão durante as transações.

Reconhecimento de Íris

O reconhecimento de íris é uma tecnologia que escaneia o padrão colorido e complexo da íris dos olhos de uma pessoa. Assim como a impressão digital, a íris é única para cada indivíduo, sendo, portanto, difícil de replicar. Essa tecnologia oferece um alto nível de precisão e é usada em cenários de segurança rigorosa, como controle de fronteiras. Nos cartões de crédito, o reconhecimento de íris pode ser uma camada adicional de autenticação.

Reconhecimento de Voz

O reconhecimento de voz analisa as características individuais da voz de uma pessoa, como tom, ritmo e padrões de fala. Esses elementos são únicos e podem ser usados para a autenticação. Embora menos comum em cartões de crédito, essa tecnologia pode ser integrada a aplicativos de serviços financeiros para autenticar transações por meio da voz do usuário.

A biometria oferece vantagens significativas para a segurança das transações financeiras:

- **Aprimoramento:** A biometria elimina a necessidade de senhas ou PINs, que podem ser roubados, perdidos ou comprometidos.
- **Conveniência:** A autenticação biométrica é rápida e intuitiva, proporcionando uma experiência de usuário mais fluida.
- **Imunidade contra Falsificação:** As características biométricas são únicas e extremamente difíceis de replicar, reduzindo significativamente os riscos de fraude.
- **Proteção contra Ameaças Avançadas:** A biometria é mais resistente a ataques cibernéticos, como ataques de phishing e hacking.

Apesar das vantagens, a biometria também apresenta desafios e considerações de privacidade. É importante garantir que as informações biométricas sejam armazenadas e usadas de maneira segura e em conformidade com regulamentações de proteção de dados.

Vantagens e Desvantagens da Biometria na Segurança

A biometria, como tecnologia de autenticação baseada em características únicas do corpo humano, oferece diversas vantagens em relação a outros métodos de segurança tradicionais. No entanto, também apresenta algumas desvantagens que precisam ser consideradas. Vamos explorar esses aspectos:

Vantagens da Biometria

- **Segurança Elevada:** A biometria oferece um alto nível de segurança, pois as características biométricas, como impressão digital, íris, reconhecimento facial e de voz, são exclusivas para cada indivíduo. Isso dificulta a falsificação ou o roubo de identidade.
- **Conveniência:** Ao contrário de senhas ou PINs, as características biométricas não podem ser esquecidas ou perdidas, tornando a autenticação mais conveniente para os usuários. Não há necessidade de lembrar várias senhas.
- **Rapidez e Eficiência:** A autenticação biométrica é geralmente rápida e eficiente. Leva apenas segundos para verificar a identidade do usuário com base em suas características únicas.
- **Redução de Fraudes:** A biometria reduz significativamente as chances de fraudes, como adivinhar senhas ou roubar cartões de acesso. Isso é especialmente relevante em ambientes de alto risco, como sistemas financeiros.
- **Integração com Dispositivos:** A biometria pode ser facilmente integrada a dispositivos como smartphones, laptops e caixas eletrônicos, tornando a autenticação mais segura em várias plataformas.
- **Não Requer Manutenção:** Diferentemente das senhas, que precisam ser atualizadas regularmente, as características biométricas permanecem constantes ao longo do tempo, eliminando a necessidade de manutenção frequente.

Desvantagens da Biometria

- **Privacidade e Dados Pessoais:** A coleta e o armazenamento de dados biométricos levantam preocupações com a privacidade e o uso indevido dessas informações por parte de terceiros.
- **Falhas na Autenticação:** Embora rara, a autenticação biométrica pode falhar em situações em que não se consegue ler corretamente as características biométricas do usuário devido a lesões, doenças ou outros fatores.

- **Custo de Implementação:** A implementação de sistemas biométricos pode ser cara, envolvendo aquisição de hardware e software especializados, treinamento e manutenção.
- **Desafios Técnicos:** Alguns métodos biométricos, como o reconhecimento facial, podem ser afetados por variações na iluminação, ângulos de captura e até mesmo alterações na aparência do usuário.
- **Ameaças de Dados:** Assim como qualquer sistema de armazenamento de dados, os sistemas biométricos estão sujeitos a ameaças de segurança, como violações e ataques cibernéticos.
- **Impossibilidade de Alteração:** Ao contrário das senhas, que podem ser alteradas em caso de comprometimento, as características biométricas são permanentes e não podem ser modificadas.
- **Adoção Universal Limitada:** A adoção de tecnologias biométricas ainda não é universalmente aceita, o que pode limitar sua eficácia em alguns ambientes ou países.

Equilibrando Vantagens e Desvantagens

A biometria oferece uma abordagem inovadora e altamente segura para autenticação e segurança. No entanto, as vantagens devem ser pesadas cuidadosamente contra as desvantagens, levando em consideração a natureza das informações a serem protegidas, as necessidades dos usuários e os riscos potenciais. Com o avanço contínuo da tecnologia, a biometria continuará a evoluir e lidar com algumas das desvantagens atuais, tornando-a uma opção cada vez mais atraente para a proteção de dados e a segurança cibernética.

No geral, a biometria vem desempenhando um papel fundamental na transformação da segurança nas transações financeiras, proporcionando um nível mais alto de proteção e conveniência para os usuários de cartões de crédito e serviços financeiros em geral.

TOKENIZAÇÃO

A tokenização é uma medida de segurança essencial que vem ganhando cada vez mais destaque no mundo das transações financeiras, incluindo o uso de cartões de crédito. Vamos aprofundar a discussão sobre como a tokenização funciona e como ela contribui para a proteção dos dados sensíveis dos cartões:

Funcionamento da Tokenização

A tokenização envolve a substituição dos dados sensíveis do cartão, por exemplo, o número, por um código único chamado token. Esse processo é realizado por um sistema seguro que gera um token exclusivo, não reversível, que é vinculado ao cartão original sem revelar, no entanto, nenhuma informação sensível.

Processo de Transação

Quando uma transação é realizada, utiliza-se o token em vez dos dados reais do cartão. Esse token é enviado para a instituição financeira ou processador de pagamentos, que possui uma correspondência segura entre o token e os detalhes do cartão. A transação é então autorizada e processada de forma segura, sem expor o número do cartão original.

Redução do Risco de Exposição

A principal vantagem da tokenização é a redução significativa do risco de exposição dos dados reais do cartão. Mesmo se um invasor obtivesse acesso aos tokens, esses códigos seriam inúteis para realizar transações sem a correspondência correta com os detalhes reais do cartão.

Proteção contra Violações de Dados

Em caso de violações de segurança em bancos de dados de empresas, os invasores não terão acesso aos números reais de cartões, o que contribui para minimizar o impacto das violações, uma vez que os dados armazenados são tokens, em vez de informações sensíveis completas.

Segurança em Diferentes Canais

A tokenização não se limita apenas a transações físicas com cartões de crédito. Ela também é empregada em pagamentos móveis, comércio eletrônico e outras formas de transações digitais, garantindo um alto nível de segurança em várias plataformas.

Embora a tokenização seja uma medida de segurança eficaz, é importante notar que ela não é uma solução infalível. Em alguns casos, ainda pode haver vulnerabilidades, como ataques em nível de aplicativo ou esquemas de phishing que enganam os usuários para que forneçam seus tokens.

A tokenização desempenha um papel fundamental na proteção dos dados sensíveis dos cartões de crédito e na redução do risco de fraude financeira. Ao implementar essa tecnologia, as instituições e empresas fortalecem a segurança das transações e proporcionam aos usuários uma experiência mais segura e tranquila ao usar seus cartões de crédito em diferentes contextos.

Vantagens e Desvantagens da Tokenização

A tokenização é uma abordagem avançada de segurança que oferece várias vantagens significativas na proteção de dados financeiros e pessoais. No entanto, ela também apresenta algumas desvantagens que devem ser consideradas. Exploremos esses aspectos:

Vantagens da Tokenização

- **Proteção de Dados Sensíveis:** A tokenização substitui informações sensíveis, como números de cartão de crédito, por tokens únicos, reduzindo o risco de exposição de dados reais em caso de violações de segurança.
- **Segurança Aprimorada:** Os tokens são inúteis para hackers, pois não possuem valor fora do contexto da transação específica. Isso cria uma camada adicional de segurança, mesmo que os tokens sejam interceptados.
- **Versatilidade de Uso:** A tokenização pode ser usada em várias plataformas e sistemas, incluindo pagamentos em lojas físicas, compras online e aplicativos móveis.
- **Eficiência de Processamento:** Transações com tokens podem ser processadas rapidamente, diminuindo o tempo de espera e melhorando a experiência do usuário.
- **Conformidade com Regulamentações:** A tokenização ajuda as empresas a atenderem aos requisitos regulatórios, como o PCI DSS, ao minimizar o armazenamento de dados sensíveis.
- **Redução de Riscos de Fraude:** Como os tokens não podem ser facilmente associados a informações reais do cartão, a exposição a fraudes e atividades maliciosas é reduzida de forma significativa.

Desvantagens da Tokenização

- **Custo de Implementação:** A implementação da tokenização pode envolver custos substanciais, incluindo a aquisição de hardware e software especializados, treinamento e integração com sistemas existentes.
- **Dependência de Terceiros:** Alguns sistemas de tokenização podem depender de provedores terceirizados, o que pode resultar em uma dependência externa para a segurança dos dados.
- **Complexidade Técnica:** A integração da tokenização em sistemas existentes pode ser tecnicamente complexa, exigindo conhecimentos especializados e recursos consideráveis.
- **Gerenciamento de Tokens:** À medida que o número de transações aumenta, o gerenciamento de tokens pode se tornar desafiador e exigir soluções eficazes de armazenamento e recuperação.
- **Falta de Padronização:** A falta de padronização na tokenização pode dificultar a interoperabilidade entre sistemas e a migração de dados.
- **Possíveis Vulnerabilidades:** Embora a tokenização seja uma técnica de segurança robusta, ainda é possível que vulnerabilidades específicas sejam exploradas por hackers experientes.

Avaliando as Vantagens e Desvantagens

A tokenização oferece uma camada valiosa de proteção de dados em transações financeiras e digitais. Suas vantagens superam as desvantagens, mas é importante considerar cuidadosamente a adequação do sistema às necessidades e à estrutura da organização. No momento de pesar os benefícios contra os possíveis desafios e custos, as empresas tomarão decisões informadas a respeito de implementar a tokenização como parte de suas estratégias de segurança cibernética.

AUTENTICAÇÃO DE DOIS FATORES (2FA)

A Autenticação de Dois Fatores (2FA) é uma medida de segurança avançada que visa fortalecer o processo de autenticação e proteger ainda mais as informações e transações financeiras. Trataremos agora sobre o funcionamento da 2FA e sua contribuição para a segurança das operações envolvendo cartões de crédito e outras transações financeiras:

Funcionamento da 2FA

A 2FA é um processo que exige que o usuário forneça duas formas diferentes de autenticação para acessar uma conta ou realizar uma transação que, em geral, caem em três categorias:

- **Algo que o Usuário Sabe:** Isso inclui senhas, códigos PIN ou respostas a perguntas de segurança. São conhecidos como fatores de autenticação baseados no conhecimento.
- **Algo que o Usuário Tem:** Envolve um dispositivo físico ou virtual que o usuário possui, como um smartphone, um token de segurança ou um cartão inteligente. São fatores de autenticação baseados na posse.
- **Algo que o Usuário É:** Abrange características únicas do usuário, como impressões digitais, reconhecimento facial ou voz. São fatores de autenticação baseados em biometria.

Vantagens da Autenticação de Dois Fatores (2FA)

A autenticação de dois fatores (2FA) oferece diversas vantagens que contribuem significativamente para a segurança de contas e transações online. Ao adicionar uma camada extra de verificação à autenticação tradicional baseada em senha, a 2FA traz diversos benefícios:

- **Proteção Adicional:** A principal vantagem da 2FA é a adição de uma camada a mais de segurança. Mesmo que um invasor tenha conseguido obter a senha do usuário, não será suficiente para acessar a conta ou efetuar transações sem o segundo fator de autenticação.

- **Dificuldade para Hackers:** A 2FA torna o processo de invasão mais complexo e difícil para hackers. Eles não apenas precisariam descobrir a senha, mas também superar a barreira do segundo fator de autenticação.
- **Proteção contra Roubo de Senhas:** Em casos de roubo ou vazamento de senhas, a 2FA oferece uma camada extra de segurança, tornando a conta mais resistente a acessos não autorizados.
- **Segurança em Caso de Perda de Dispositivos:** Se um dispositivo, como um smartphone, for perdido ou roubado, o invasor não poderá acessar a conta sem o segundo fator de autenticação, o que contribui para mitigar o risco de acesso não autorizado.
- **Variedade de Métodos:** A 2FA oferece diversos métodos para a segunda etapa de autenticação, como códigos temporários, aplicativos de autenticação, biometria e tokens físicos. Isso permite que os usuários escolham aquele que percebam como o mais conveniente e seguro.

Desvantagens Potenciais

Apesar das vantagens, a 2FA também apresenta algumas desvantagens e considerações que devem ser levadas em conta:

- **Vulnerabilidades do SMS:** Métodos de 2FA que envolvem o envio de códigos por SMS podem ser vulneráveis a ataques de redirecionamento de mensagens, onde um invasor as envia para outro número.
- **SIM Swapping:** O SIM swapping é um tipo de ataque no qual um invasor engana a operadora de telefonia para transferir o número de telefone da vítima para um cartão SIM sob o controle do invasor.
- **Replicação de Fatores Biométricos:** Em alguns casos, os fatores biométricos, como impressões digitais, reconhecimento facial ou de íris, podem ser replicados por métodos de falsificação, embora se trate de um processo mais complexo.

Reforço de Segurança

Apesar das desvantagens potenciais, a Autenticação de Dois Fatores é uma ferramenta poderosa para reforçar a segurança digital. Ela oferece proteção adicional contra ameaças cibernéticas e ajuda a manter as contas e informações pessoais mais seguras, especialmente quando combinada com outros métodos de segurança, como atualizações regulares de senha, educação do usuário e tecnologias de autenticação avançadas.

Implementação em Transações Financeiras

A autenticação de dois fatores é amplamente utilizada em transações financeiras, especialmente ao se executar operações sensíveis, como transferências de dinheiro ou alterações de informações pessoais. Ela adiciona uma camada de segurança adicional para garantir que apenas o titular legítimo do cartão ou da conta possa realizar essas ações.

Adoção Crescente

Devido ao aumento da segurança que oferece, a 2FA está se tornando uma prática padrão em muitas plataformas e serviços financeiros. Os usuários são encorajados a habilitar a 2FA, sempre que possível, de modo a proteger suas contas e transações contra acesso não autorizado.

A Autenticação de Dois Fatores desempenha um papel vital na segurança das transações financeiras, protegendo as contas e os dados dos usuários contra ameaças e violações de segurança. Ao adicionar uma camada extra de verificação, ela contribui significativamente para a tranquilidade dos consumidores quando estes utilizam seus cartões de crédito e realizam operações financeiras online.

MACHINE LEARNING & INTELIGÊNCIA ARTIFICIAL (IA)

O Machine Learning e a Inteligência Artificial (IA) vêm desempenhando um papel crucial na detecção e prevenção de fraudes no mundo financeiro, incluindo o uso de cartões de crédito. Vamos examinar com cuidado como essas tecnologias estão sendo aplicadas para melhorar a segurança nas transações:

Análise de Padrões de Comportamento

Uma das principais vantagens do uso de Machine Learning e IA na detecção de fraudes é a capacidade de analisar padrões de comportamento do usuário em tempo real. Essas tecnologias podem examinar grandes volumes de dados, incluindo históricos de transações anteriores, localizações, horários e padrões de gastos, a fim de identificar atividades suspeitas.

Por exemplo, se um cliente normalmente faz compras locais e, de repente, uma transação é feita em um país estrangeiro, o sistema pode detectar essa discrepância e desencadear uma verificação adicional ou um alerta para o usuário.

Detecção de Anomalias e Fraudes

O Machine Learning e a IA são extremamente eficazes na detecção de anomalias que podem indicar atividades fraudulentas. Essas tecnologias conseguem criar modelos que distinguem entre padrões de gastos típicos e comportamentos suspeitos, permitindo que o sistema identifique, com alta precisão, transações não autorizadas.

Por exemplo, se um cartão for usado para fazer várias transações de grande valor em um curto período de tempo, o sistema poderá interpretar isso como um sinal de possível fraude e bloquear temporariamente o cartão para evitar danos maiores.

Aprendizado Contínuo

O Machine Learning permite que os sistemas se adaptem e aprendam com novos dados. Assim, quanto mais o sistema for alimentado com informações sobre padrões de transações legítimas e fraudulentas, mais eficaz ele se tornará na detecção de ameaças.

À medida que novos tipos de fraudes surgem, os modelos de Machine Learning podem ser ajustados e treinados para reconhecer esses padrões emergentes, mantendo a eficácia da detecção ao longo do tempo.

Tempo Real e Resposta Imediata

Uma das maiores vantagens do uso de Machine Learning e IA na detecção de fraudes é a capacidade de agir em tempo real, ou seja, quando uma atividade suspeita é identificada, o sistema pode tomar medidas imediatas, como enviar alertas ao usuário, bloquear transações ou notificar o banco.

Essa resposta em tempo real é fundamental para minimizar os danos causados por fraudes e proteger as contas dos usuários de maneira eficaz.

O uso de Machine Learning e Inteligência Artificial está revolucionando a segurança das transações financeiras, incluindo o uso de cartões de crédito. Essas tecnologias avançadas permitem a detecção rápida e precisa de fraudes, protegendo os consumidores e melhorando a experiência geral de uso dos cartões.

Vantagens do Uso de Machine Learning e Inteligência Artificial

- $ **Detecção Precisa de Fraudes:** O Machine Learning e a Inteligência Artificial conseguem analisar grandes volumes de dados e identificar padrões sutis que podem indicar atividades fraudulentas, resultando em uma detecção mais precisa e eficaz de transações não autorizadas.
- $ **Tempo Real:** Essas tecnologias monitoram as transações em tempo real, permitindo uma resposta imediata a atividades suspeitas. Isso ajuda a minimizar danos, bloqueando transações fraudulentas antes que causem prejuízos significativos.
- $ **Aprendizado Contínuo:** Os modelos de Machine Learning aprendem com novos dados, adaptando-se a padrões emergentes de fraudes e fazendo com que a eficácia na detecção de ameaças melhore com o tempo.

- $ **Redução de Falsos Positivos:** A análise inteligente de dados reduz a ocorrência de falsos positivos, ou seja, transações legítimas que são erroneamente identificadas como fraudulentas. Dessa maneira, melhora-se a experiência do usuário, evitando bloqueios desnecessários.
- $ **Personalização de Perfis:** As tecnologias de Machine Learning podem criar perfis individuais de usuários, levando em consideração seus padrões de gastos únicos e comportamentos. Isso permite uma detecção mais eficaz de atividades suspeitas, que se adapta ao estilo de vida de cada pessoa.

Desvantagens do Uso de Machine Learning e Inteligência Artificial

- $ **Custos de Implantação:** A implementação de sistemas avançados de Machine Learning e IA pode ser custosa, pois envolve a aquisição de tecnologia, treinamento de pessoal e manutenção contínua dos sistemas.
- $ **Necessidade de Dados Precisos:** Essas tecnologias dependem de dados precisos e confiáveis para funcionar corretamente. Dados incorretos ou incompletos podem afetar a eficácia dos modelos.
- $ **Possíveis Violações de Privacidade:** A coleta e análise de grandes quantidades de dados podem levantar preocupações com a privacidade dos usuários. É importante garantir que os dados sejam usados de maneira ética e de acordo com regulamentações de proteção de dados.
- $ **Ameaças Cibernéticas:** Embora essas tecnologias ajudem a detectar fraudes, também podem ser alvo de ataques cibernéticos por parte de hackers. Garantir a segurança dos sistemas é fundamental para evitar que informações sensíveis sejam comprometidas.
- $ **Exclusão de Transações Legítimas:** Em certos casos, os sistemas de Machine Learning podem interpretar transações legítimas como sendo suspeitas, bloqueando compras autênticas e frustrando os usuários.
- $ **Complexidade Técnica:** A implementação e manutenção de sistemas de Machine Learning requerem conhecimentos técnicos avançados, tornando-se um desafio para empresas menores ou com recursos limitados.

Em geral, as vantagens do uso de Machine Learning e Inteligência Artificial na segurança de cartões de crédito superam as desvantagens. Essas tecnologias têm o potencial de transformar a maneira como lidamos com transações financeiras, tornando-as mais seguras, eficazes e personalizadas para cada usuário. No entanto, é importante abordar as desvantagens com medidas adequadas para garantir o sucesso e a segurança dessas implementações.

Custo de implantação

O custo de implantação de sistemas de Machine Learning e Inteligência Artificial para a segurança de cartões de crédito pode variar consideravelmente e depende de vários fatores entre os quais estão:

- **Tecnologia e Infraestrutura:** Aquisição e configuração de hardware e software necessários para implementar os sistemas de Machine Learning e IA. Isso pode incluir servidores poderosos, placas gráficas (GPUs), armazenamento de dados e software de análise avançada.
- **Desenvolvimento e Treinamento de Modelos:** Desenvolver e treinar os modelos de Machine Learning requer expertise técnica e tempo, o que envolve a contratação de cientistas de dados, engenheiros de Machine Learning e outros profissionais especializados.
- **Aquisição de Dados:** Coletar e preparar conjuntos de dados relevantes para treinar modelos pode ter custos associados, especialmente se for necessário adquirir dados de terceiros ou realizar pesquisas específicas.
- **Personalização e Adaptação:** Adaptar modelos de Machine Learning às necessidades específicas da instituição financeira requer esforço adicional, como ajustes nos algoritmos e treinamento com dados internos.
- **Integração com Sistemas Existentes:** Integrar os sistemas de Machine Learning aos sistemas de segurança e transações existentes pode ser complexo e demandar investimentos.
- **Manutenção Contínua:** Após a implementação, os sistemas de Machine Learning e IA requerem monitoramento constante, atualizações de modelos e ajustes para manter a eficácia, envolvendo custos contínuos com pessoal especializado.
- **Treinamento de Pessoal:** Capacitar a equipe para entender, operar e manter os sistemas de Machine Learning e IA também requer investimentos em treinamento e desenvolvimento.

É importante ressaltar que, embora o custo inicial de implantação possa ser significativo, os benefícios em termos de segurança e detecção de fraudes podem resultar em economias substanciais a longo prazo. Além disso, as tecnologias de Machine Learning e IA estão em constante evolução, o que conduz a reduções de custo à medida que se tornam mais acessíveis e amplamente adotadas.

CRIPTOGRAFIA

A criptografia desempenha um papel essencial na segurança das transações financeiras e na proteção de informações sensíveis, como os números de cartão de crédito e senhas. É uma técnica de codificação de dados que transforma informações legíveis em um formato ilegível — o texto cifrado —, por meio de algoritmos matemáticos complexos. Somente os detentores da chave de descriptografia correta transformarão o texto cifrado de volta em informações legíveis.

Quanto ao papel da criptografia na segurança das transações com cartão de crédito, eis outros pontos importantes:

- **Confidencialidade:** A criptografia garante a confidencialidade das informações transmitidas. Quando um cliente faz uma transação online usando seu cartão de crédito, as informações do cartão são criptografadas antes de serem enviadas pela internet, impedindo que hackers e interceptadores maliciosos obtenham acesso aos números do cartão e outras informações confidenciais.
- **Integridade dos Dados:** Além de proteger a confidencialidade, ela também garante a integridade dos dados. Isso significa que os dados transmitidos não poderão ser alterados por terceiros durante a transferência. Se houver qualquer tentativa de modificar os dados criptografados, a integridade da mensagem será quebrada e a transação rejeitada.
- **Chaves de Criptografia:** A criptografia utiliza chaves para cifrar e decifrar os dados. A chave de criptografia é um valor único e complexo empregado para realizar as operações de codificação e decodificação. O remetente codifica os dados com uma chave e o destinatário aciona uma chave correspondente para decodificá-los.
- **Padrões de Criptografia:** Existem diversos padrões de criptografia amplamente aceitos e utilizados na indústria financeira e tecnológica, como o SSL/TLS (Secure Sockets Layer/Transport Layer Security) para proteger conexões na internet e o AES (Advanced Encryption Standard) para criptografar dados sensíveis.
- **Autenticação:** Ela também serve para autenticar a identidade das partes envolvidas em uma transação. Isso ajuda a garantir que as informações sejam enviadas para a entidade correta e não para um invasor.
- **Criptografia de Ponta a Ponta:** A criptografia também é usada em soluções de pagamento e comunicações, garantindo a segurança das informações do cliente em todos os pontos do processo, desde o momento em que elas são inseridas até a autorização final da transação.

A criptografia desempenha um papel fundamental na proteção das informações financeiras e pessoais dos usuários de cartões de crédito ao criar uma camada de segurança robusta que possibilita prevenir o acesso não autorizado e garante a privacidade das transações online.

Vantagens da Criptografia

- **Segurança dos Dados:** A principal vantagem da criptografia é a segurança dos dados, pois ela protege informações sensíveis, como números de cartão de crédito, senhas e detalhes pessoais, impedindo que sejam acessados por hackers e pessoas não autorizadas.

- $ **Confidencialidade:** A criptografia garante que apenas as partes autorizadas possam acessar e entender as informações, algo especialmente importante em transações financeiras, onde a confidencialidade é essencial para evitar fraudes e roubo de identidade.
- $ **Integridade dos Dados:** Ela também garante a integridade dos dados, assegurando que as informações não foram alteradas durante a transferência, impedindo que terceiros maliciosos modifiquem os dados para prejudicar ou enganar os usuários.
- $ **Autenticação:** Além de proteger os dados, a criptografia é empregada para autenticar a identidade das partes envolvidas em uma transação. Isso ajuda a garantir que as informações estejam sendo trocadas com a entidade correta e não com um invasor.
- $ **Prevenção de Ataques:** Ela dificulta a ação de hackers, uma vez que, sem a chave de descriptografia, os dados interceptados se tornam ilegíveis, desencorajando tentativas de ataques e reduzindo os riscos de violações de segurança.

Desvantagens da Criptografia

- $ **Complexidade:** A implementação correta da criptografia pode ser complexa e requer conhecimento técnico especializado. Erros na configuração podem comprometer a segurança.
- $ **Custo:** Implementar sistemas eficazes pode exigir investimentos significativos em termos de infraestrutura e recursos tecnológicos.
- $ **Desempenho:** Ela pode adicionar uma carga adicional de processamento aos sistemas, podendo afetar o desempenho em algumas situações.
- $ **Recuperação de Dados Perdidos:** Se a chave de criptografia for perdida ou esquecida, os dados criptografados poderão se tornar inacessíveis, resultando em perda irreversível.
- $ **Possível Impacto Negativo dos Avanços Tecnológicos:** Embora a criptografia seja altamente segura, existe a possibilidade teórica de que futuros avanços tecnológicos possam quebrar os algoritmos de criptografia existentes, embora isso seja uma preocupação remota.

Em geral, as vantagens da criptografia superam suas desvantagens, especialmente no contexto das transações financeiras e na proteção de informações pessoais. As tecnologias de criptografia estão em constante evolução para enfrentar os desafios e riscos emergentes, tornando-se uma peça fundamental na segurança digital moderna.

MONITORAMENTO DE TRANSAÇÕES
- PROTEGENDO SUAS FINANÇAS EM TEMPO REAL -

No mundo digital de hoje, onde transações financeiras acontecem a uma velocidade vertiginosa, o monitoramento é crucial para proteger as finanças individuais. Esse sistema avançado possibilita o rastreamento de atividades incomuns ou suspeitas nas contas de clientes, permitindo que as instituições financeiras identifiquem e respondam rapidamente a ações fraudulentas. Vejamos como ele funciona e por que é vital para a segurança financeira.

Funcionamento do Monitoramento de Transações

- **Análise em Tempo Real:** Os sistemas de monitoramento utilizam algoritmos avançados para analisar em tempo real as transações realizadas nas contas dos clientes, incluindo compras com cartão, transferências bancárias, pagamentos online e outras atividades financeiras.
- **Padrões de Comportamento:** Esses sistemas traçam padrões de comportamento normais para cada cliente, levando em consideração seus hábitos de gastos, locais de transações e tipos de atividades financeiras. Qualquer desvio significativo desses padrões pode acionar um alerta.
- **Identificação de Anomalias:** O monitoramento de transações utiliza a análise de dados para identificar aquelas que são suspeitas ou não usuais. Entre elas, compras de alto valor, transações internacionais repentinas, múltiplas transações em curto espaço de tempo ou atividades incomuns fora dos padrões do cliente.
- **Alertas e Ações Imediatas:** Quando uma transação suspeita é detectada, o sistema gera um alerta para a equipe de segurança do banco ou da instituição financeira, que pode tomar medidas imediatas, como bloquear a transação, entrar em contato com o cliente para confirmar a atividade ou até mesmo desativar temporariamente a conta, se necessário.

Importância do Monitoramento de Transações

- **Detecção Precoce de Fraudes:** Ao permitir a detecção precoce de atividades fraudulentas, contribui para minimizar os danos financeiros causados por transações não autorizadas ou roubo de identidade.
- **Proteção contra Ameaças Emergentes:** À medida que os métodos de fraude evoluem, o monitoramento de transações se adapta para identificar novas ameaças, como esquemas de phishing, compras não autorizadas e transações suspeitas.

- **Ações Proativas:** Com o monitoramento em tempo real, as instituições financeiras podem agir de forma proativa para interromper transações fraudulentas antes que ocorram, evitando prejuízos.
- **Confiança do Cliente:** Saber que as atividades financeiras estão sendo monitoradas e protegidas reforça a confiança na instituição financeira e nos sistemas de pagamento, incentivando o uso seguro e frequente dos serviços.

Desafios e Avanços

Embora o monitoramento de transações seja uma ferramenta poderosa na luta contra fraudes, há desafios a serem superados, como evitar falsos positivos, garantir a privacidade dos dados e manter a eficiência em meio a um grande volume de transações. No entanto, os avanços em Inteligência Artificial e Machine Learning estão aprimorando a capacidade desses sistemas de identificar padrões complexos e anomalias sutis, aumentando a precisão na detecção de fraudes.

O monitoramento de transações é uma linha de defesa imprescindível na segurança financeira, capacitando as instituições do ramo a agirem de forma rápida e decisiva para proteger os clientes contra atividades fraudulentas, mantendo assim a integridade do sistema financeiro e a confiança dos usuários.

Vantagens do Monitoramento de Transações

- **Detecção Precoce de Fraudes:** A principal vantagem do monitoramento de transações é a capacidade de detectar fraudes e atividades suspeitas em estágios iniciais. Isso ajuda a evitar danos financeiros significativos e a proteger os clientes contra perdas.
- **Ações Rápidas:** Com alertas em tempo real, as instituições podem agir com rapidez para bloquear transações suspeitas, reduzindo o impacto de atividades fraudulentas e minimizando riscos para os clientes.
- **Adaptação a Novos Métodos de Fraude:** À medida que as práticas fraudulentas se tornam mais sofisticadas, os sistemas de monitoramento também podem ser atualizados para identificar essas novas ameaças, protegendo os clientes contra as táticas mais recentes dos fraudadores.
- **Credibilidade e Confiança:** O monitoramento constante e a proteção ativa das transações garantem aos clientes a integridade dos serviços, demonstrando o compromisso das instituições financeiras em manter as informações seguras e as contas protegidas.

Desvantagens do Monitoramento de Transações

- **Falsos Positivos:** Os sistemas de monitoramento podem ocasionalmente gerar falsos positivos, bloqueando transações legítimas devido a padrões de gastos incomuns. Isso pode causar frustração aos clientes e interrupções desnecessárias nas transações.

- **Custo e Complexidade:** Implementar sistemas de monitoramento de transações avançados requer investimento em tecnologia e treinamento de pessoal. Além disso, a complexidade dos algoritmos e análises pode exigir recursos significativos.
- **Privacidade e Dados Pessoais:** A coleta e o processamento de dados pessoais para o monitoramento de transações levantam preocupações sobre a privacidade. As instituições financeiras devem garantir que os dados dos clientes sejam tratados com segurança e de acordo com as regulamentações de proteção de dados.
- **Adaptação a Novos Comportamentos:** Às vezes, os sistemas de monitoramento enfrentam desafios para se adaptar a novos comportamentos de gastos dos clientes, o que pode fazer com que atividades legítimas sejam erroneamente identificadas como suspeitas.

Em geral, as vantagens do monitoramento de transações superam suas desvantagens, pois ele desempenha um papel crucial na proteção contra fraudes e atividades financeiras suspeitas. As instituições do setor trabalham constantemente para aprimorar esses sistemas, minimizando falsos positivos e garantindo que os clientes possam desfrutar de transações seguras e protegidas.

NOTIFICAÇÕES EM TEMPO REAL
- MONITORANDO SUAS FINANÇAS COM VIGILÂNCIA CONSTANTE -

As notificações em tempo real têm se tornado uma ferramenta valiosa nas estratégias de segurança financeira, proporcionando aos clientes uma maneira eficaz de monitorar as contas e identificar atividades suspeitas ou não autorizadas. Bancos e instituições relacionadas oferecem essa funcionalidade por meio de aplicativos móveis ou mensagens de texto, mantendo os clientes informados sobre cada transação que ocorre em suas contas. Veremos em detalhes como as notificações em tempo real funcionam e quais são suas vantagens.

Funcionamento das Notificações em Tempo Real

As notificações em tempo real operam com base em um sistema de alertas automatizados, ativados sempre que uma transação é realizada em uma conta. Isso inclui não apenas compras com cartões de crédito, mas também saques, transferências e outras atividades financeiras. Quando uma transação é processada, um alerta é enviado instantaneamente para o cliente por meio de um aplicativo móvel ou mensagem de texto, informando os detalhes da transação, como o valor, o estabelecimento em que foi feita e a data. Além disso, se a atividade for considerada suspeita com base em padrões de gastos anteriores, o cliente poderá receber um alerta de possível fraude, solicitando que confirme ou recuse a transação.

Vantagens das Notificações em Tempo Real

- **Detecção Imediata de Atividades Suspeitas:** A maior vantagem das notificações em tempo real é a detecção imediata de atividades suspeitas. Se um cliente não reconhecer uma transação ou suspeitar de fraude, poderá tomar medidas imediatas para bloquear a conta ou contestar a transação perante o banco.
- **Controle e Consciência Financeira:** As notificações em tempo real mantêm os clientes informados sobre seus gastos quase imediatamente, promovendo uma maior conscientização financeira ao permitir que acompanhem suas finanças de forma mais eficaz e evitando surpresas desagradáveis.
- **Personalização e Configuração:** Os clientes podem personalizar as configurações de notificação de acordo com suas preferências, podendo optar por receber alertas para todas as transações, apenas para aquelas acima de um determinado valor ou para tipos específicos de atividades.
- **Intervenção Rápida:** Se uma transação não autorizada ocorrer, os clientes poderão agir rapidamente para bloquear a conta, mudar senhas ou contestar a transação com o banco, minimizando os danos financeiros.

Desvantagens das Notificações em Tempo Real

- **Sobrecarga de Informações:** Em alguns casos, receber muitas notificações em tempo real pode levar à sobrecarga de informações, dificultando a distinção entre atividades legítimas e suspeitas.
- **Dependência da Conexão com a Internet:** As notificações em tempo real requerem uma conexão com a internet para o recebimento. Em áreas com cobertura instável, elas podem não chegar de imediato.
- **Falsos Positivos:** Assim como em outros sistemas de monitoramento, pode haver casos de falsos positivos, nos quais atividades legítimas são erroneamente identificadas como suspeitas.

Monitoramento Empoderado para Segurança Financeira

As notificações em tempo real são uma ferramenta poderosa para capacitar os clientes a monitorarem suas finanças com maior vigilância e a responderem de forma eficaz a atividades suspeitas. Embora possa haver algumas desvantagens, os benefícios superam esses pontos negativos, proporcionando aos clientes um maior controle sobre as contas e contribuindo para a segurança financeira geral. É importante que os clientes aproveitem essa funcionalidade oferecida pelas instituições financeiras para tomar medidas proativas e evitar possíveis fraudes ou atividades não autorizadas.

SEGURANÇA NFC (NEAR FIELD COMMUNICATION)

- PAGAMENTOS SEM CONTATO COM PROTEÇÃO AVANÇADA -

A tecnologia NFC (Near Field Communication), ou Comunicação de Campo Próximo, revolucionou a forma como realizamos transações financeiras, permitindo pagamentos sem contato de maneira rápida e conveniente. Além da praticidade, o NFC também oferece medidas de segurança avançadas para proteger transações e informações financeiras. Discutiremos a seguir como a segurança NFC funciona e como ela contribui para a proteção dos pagamentos sem contato.

Funcionamento da Tecnologia NFC

A tecnologia NFC permite a troca de informações sem fio entre dispositivos compatíveis que estejam a uma curta distância um do outro — em geral, a alguns centímetros —, possibilitando a realização de pagamentos sem contato em que um aparelho — smartphone ou cartão de crédito — é aproximado de um terminal de pagamento para concluir a transação. Essa praticidade tornou o NFC uma escolha disseminada para pagamentos em lojas, transporte público e outras situações.

Medidas de Segurança Incorporadas no NFC

- **Autenticação:** Antes de realizar uma transação NFC, é necessário autenticá-la seja inserindo uma senha, usando biometria — impressão digital ou reconhecimento facial — ou outra forma de identificação. Assim, garante-se que apenas o proprietário autorizado do dispositivo possa realizar pagamentos.
- **Criptografia:** As informações transmitidas via NFC são criptografadas, o que significa que elas são embaralhadas de tal forma que apenas os dispositivos autorizados poderão decifrá-las. Isso protege os dados financeiros contra interceptações maliciosas durante a transmissão.
- **Limitação de Distância:** A tecnologia NFC funciona a uma distância muito reduzida, de 1 a 4 centímetros. Portanto, os dispositivos precisam estar muito próximos para completar a transação, o que diminui significativamente o risco de operações não autorizadas ou não intencionais.

Vantagens da Segurança NFC

- **Rapidez e Conveniência:** O NFC permite pagamentos rápidos e sem contato, reduzindo o tempo de espera em filas e a necessidade de manusear dinheiro ou cartões físicos.
- **Autenticação Forte:** Ao requerer autenticação, seja por senha ou biometria, garante-se que só o proprietário autorizado realize transações.
- **Proteção de Dados:** A criptografia e a limitação da distância garantem a transmissão de informações financeiras de maneira segura e protegida.

Desafios e Considerações

- **Perda ou Roubo:** Embora o NFC seja seguro, se um dispositivo for perdido ou roubado, pode haver riscos de uso não autorizado, especialmente se não houver medidas adicionais de segurança, como bloqueio remoto.
- **Compatibilidade:** Nem todos os dispositivos ou terminais de pagamento são compatíveis com NFC, limitando sua utilidade em certas situações.

Pagamentos sem Contato com Tranquilidade

A tecnologia NFC trouxe uma nova dimensão de praticidade aos pagamentos, tornando-os mais rápidos e convenientes do que nunca. Ao mesmo tempo, a segurança incorporada ao NFC, incluindo a autenticação, a criptografia e a limitação da distância, oferece uma camada adicional de proteção para os usuários. Embora existam alguns desafios a serem considerados, a segurança do NFC continua aprimorando-se para atender às necessidades e expectativas dos consumidores modernos que buscam transações financeiras seguras e sem complicações.

FIREWALLS E SEGURANÇA DE REDE
- PROTEÇÃO CONTRA AMEAÇAS CIBERNÉTICAS -

A segurança cibernética é uma preocupação fundamental para as instituições financeiras, que lidam diariamente com informações sensíveis e transações financeiras. Nesse contexto, a implementação de firewalls avançados e de medidas de segurança de rede desempenha um papel significativo na proteção dos sistemas contra ameaças externas e acessos não autorizados. Vamos examinar em profundidade como os firewalls e as medidas de segurança de rede funcionam para salvaguardar as instituições financeiras e seus clientes.

Um firewall é um componente essencial da segurança que atua como uma barreira entre a rede interna de uma instituição financeira e a internet. É projetado para monitorar, filtrar e controlar o tráfego de rede com base em regras predefinidas. Os firewalls podem ser implementados em níveis diferentes, como em dispositivos individuais, servidores ou em todo o perímetro da rede.

Funcionamento dos Firewalls

- **Filtragem de Pacotes:** Os firewalls analisam os pacotes de dados que entram e saem da rede em busca de padrões suspeitos ou maliciosos. Isso ajuda a bloquear o tráfego indesejado ou potencialmente perigoso.
- **Inspeção de Estado:** Além de analisar pacotes individuais, os firewalls modernos examinam o estado das conexões, mantendo registros das que estão ativas e determinando se são legítimas ou devem ser bloqueadas.
- **Políticas de Acesso:** Os firewalls aplicam políticas de acesso para determinar que tipos de tráfego são autorizados ou bloqueados, por meio da restrição de portas específicas, do controle de acesso a certos endereços IP e do bloqueio de tipos de tráfego conhecidos por serem maliciosos.

Medidas de Segurança de Rede: Defesa Multicamadas

Além dos firewalls, as instituições financeiras implementam uma variedade de medidas de segurança de rede para proteger seus sistemas e dados:

- **Detecção de Intrusões:** Esses sistemas monitoram constantemente a rede em busca de atividades suspeitas ou de tentativas de invasão. Eles podem emitir alertas ou tomar ações automáticas para conter ameaças.
- **Segmentação de Rede:** Dividir a rede em segmentos isolados contribui para limitar o alcance de um ataque. Isso impede que um invasor acesse a totalidade dos sistemas da instituição financeira de uma só vez.
- **Monitoramento de Tráfego:** O monitoramento constante do tráfego de rede permite a detecção precoce de comportamentos incomuns, como fluxos de dados suspeitos ou padrões de tráfego maliciosos.

Vantagens dos Firewalls e da Segurança de Rede

Os firewalls e as medidas de segurança de rede propiciam uma série de vantagens indispensáveis para as instituições financeiras e organizações em geral que buscam proteger suas redes e dados sensíveis:

- **Proteção contra Ameaças Cibernéticas:** A principal vantagem dos firewalls e das medidas de segurança de rede é a proteção contra ameaças cibernéticas, incluindo malware, vírus, ransomware, phishing e ataques de hackers. Eles atuam como uma barreira defensiva entre a rede interna e o tráfego da Internet, bloqueando acessos não autorizados.
- **Detecção de Atividades Suspeitas:** Os sistemas de segurança de rede podem identificar atividades incomuns ou suspeitas na rede, como padrões anormais de tráfego, tentativas não autorizadas de acesso ou comportamentos de usuários fora do padrão. Isso ajuda a detectar possíveis ataques em estágios iniciais.

- **Controle de Acesso:** Firewalls e sistemas de segurança de rede permitem que as organizações controlem o acesso aos seus recursos, restringindo assim o acesso não autorizado a dados sensíveis.
- **Segurança em Redes Sem Fio:** Para organizações que utilizam redes sem fio, os firewalls podem fornecer proteção essencial contra intrusões e ataques em redes Wi-Fi.
- **Prevenção de Vazamento de Dados:** Os firewalls podem ajudar a prevenir vazamentos de dados sensíveis, monitorando e filtrando o tráfego de saída para garantir que as informações confidenciais não sejam transmitidas para locais não autorizados.
- **Bloqueio de Conteúdo Malicioso:** Os firewalls podem bloquear sites maliciosos, downloads suspeitos e conteúdo não seguro, protegendo os usuários contra ameaças provenientes da Internet.
- **Proteção Contra Ataques de Negação de Serviço Distribuída (DDoS):** Os firewalls e os sistemas de segurança de rede ajudam a mitigar ataques DDoS ao filtrar e restringir o tráfego malicioso, garantindo assim a disponibilidade dos serviços online.
- **Auditoria e Monitoramento:** Os sistemas de segurança de rede permitem o monitoramento constante das atividades da rede e a geração de registros de auditoria, algo essencial para identificar e investigar possíveis incidentes de segurança.
- **Conformidade Regulatória:** Muitas regulamentações e padrões de segurança, como PCI DSS, exigem a implementação de firewalls e medidas de segurança de rede para proteger dados sensíveis do cliente.
- **Alertas e Notificações:** Os firewalls podem gerar alertas e notificações em tempo real sobre atividades suspeitas ou tentativas de violação de segurança, proporcionando uma resposta rápida.
- **Controle Granular:** Algumas soluções de firewall permitem um controle granular sobre quais aplicativos e serviços podem ser acessados, o que ajuda a evitar o uso indevido de recursos da rede.
- **Atualizações e Patches:** Os fabricantes de firewalls frequentemente lançam atualizações e patches de segurança para proteger contra as últimas ameaças cibernéticas.
- **Proteção de Dispositivos Internos:** Além de proteger contra ameaças externas, os firewalls também ajudam a proteger os dispositivos internos contra infecções por malware.
- **Segurança em Redes Distribuídas:** Para organizações com várias filiais ou escritórios, os firewalls podem garantir que todas as partes da rede estejam protegidas de maneira consistente.

- **Educação e Conscientização:** A implementação de firewalls e de medidas de segurança de rede também promove uma cultura de segurança cibernética, incentivando a educação e a conscientização dos usuários.

Segurança Abrangente e Proteção Contínua

As vantagens dos firewalls e das medidas de segurança de rede são imprescindíveis para a proteção eficaz contra ameaças cibernéticas. No entanto, é importante considerar as necessidades específicas da organização, implementar uma estratégia de segurança abrangente e garantir que as soluções estejam atualizadas para enfrentar os desafios em constante evolução no cenário de cibersegurança.

Desvantagens dos Firewalls e da Segurança de Rede

Embora os firewalls e as medidas de segurança de rede sejam ferramentas essenciais para proteger instituições financeiras contra ameaças cibernéticas, também há desvantagens e considerações importantes a serem levadas em conta:

- **Complexidade de Configuração e Gerenciamento:** Configurar e gerenciar firewalls e sistemas de segurança de rede pode ser complexo, exigindo conhecimento técnico especializado. Erros na configuração podem resultar em vulnerabilidades de segurança.
- **Risco de Falsos Positivos e Negativos:** Os sistemas de segurança de rede, incluindo firewalls, podem gerar falsos positivos (bloqueiam tráfego legítimo) ou falsos negativos (não detectam atividades maliciosas), afetando a experiência do usuário ou permitir ameaças não detectadas.
- **Limitações Técnicas:** Alguns ataques cibernéticos mais avançados podem ser projetados para contornarem os firewalls tradicionais, explorando vulnerabilidades ou técnicas sofisticadas de evasão.
- **Necessidade de Atualizações Contínuas:** O cenário de ameaças cibernéticas está em constante transformação, exigindo atualizações regulares dos sistemas de segurança de rede para a proteção contra novas vulnerabilidades e táticas de ataque.
- **Complexidade de Gerenciamento de Ameaças:** Detectar e responder a ameaças cibernéticas exige monitoramento constante e análise detalhada do tráfego de rede, o que pode demandar considerável uso de recursos e pessoal especializado.
- **Sobrecarga de Tráfego:** Em situações de alto tráfego, os firewalls podem sofrer sobrecarga, impactando o desempenho da rede e afetando a velocidade das transações e a experiência do usuário.
- **Ameaças Internas:** Embora os firewalls sejam projetados para proteger contra ameaças externas, as ameaças internas, como funcionários

mal-intencionados, também podem representar um desafio. Os firewalls não são capazes de prevenir completamente essas ameaças.

- $ **Dependência da Tecnologia:** A eficácia dos firewalls e das medidas de segurança de rede depende da qualidade da tecnologia usada e da capacidade de atualização quanto às últimas ameaças cibernéticas.
- $ **Custos Financeiros e de Recursos:** A implementação, configuração e manutenção de firewalls e medidas de segurança de rede requerem investimentos financeiros e de recursos humanos, o que pode ser um desafio para algumas instituições financeiras.
- $ **Evolução das Táticas de Ataque:** Os cibercriminosos estão sempre desenvolvendo novas táticas para contornar as medidas de segurança. As instituições financeiras precisam estar preparadas para se adaptar a essas ameaças em constante mudança.
- $ **Equilibrando a Proteção e a Usabilidade:** Embora os firewalls e as medidas de segurança de rede sejam componentes essenciais da defesa cibernética de instituições financeiras, é importante reconhecer que não existem soluções de segurança infalíveis. As desvantagens mencionadas acima destacam a necessidade de equilibrar efetivamente a segurança com a usabilidade e a eficiência das operações financeiras. Isso envolve a adoção de abordagens multifacetadas de segurança, atualizações regulares, treinamento de pessoal e uma compreensão contínua das ameaças cibernéticas emergentes.

Desafios e Considerações

- $ **Evitar Falsos Positivos:** A configuração incorreta de firewalls pode resultar em bloqueio de tráfego legítimo, prejudicando a experiência do usuário. É importante equilibrar a segurança com a acessibilidade.
- $ **Evolução das Ameaças:** As ameaças cibernéticas estão em constante mudança, o que exige a atualização constante das políticas de segurança e das configurações dos firewalls.

Proteção Resiliente em um Mundo Digital:

Os firewalls e as medidas de segurança de rede desempenham um papel-chave na proteção das instituições financeiras contra ameaças cibernéticas em adaptação contínua. Essas defesas atuam em conjunto para criar uma barreira digital resistente, que ajude a garantir a integridade das informações financeiras e a segurança das transações, proporcionando tranquilidade aos clientes e mantendo a confiança no mundo financeiro digital.

EDUCAÇÃO DO USUÁRIO

- FORTALECENDO A PRIMEIRA LINHA DE DEFESA CIBERNÉTICA -

A educação do usuário tem uma função significativa na garantia da segurança cibernética de uma organização ou usuário individual. Embora as tecnologias de segurança sejam essenciais, o conhecimento e o comportamento consciente dos usuários, muitas vezes, se tornam a primeira linha de defesa contra ameaças cibernéticas. Trataremos agora desse tema e de suas principais facetas:

- **Conscientização sobre Segurança:** Constitui o primeiro passo na educação dos usuários. Eles devem estar cientes das ameaças cibernéticas comuns, como phishing, malware, engenharia social e fraudes, para que possam reconhecer e evitar atividades suspeitas.
- **Boas Práticas de Senhas:** Os usuários devem ser instruídos a criar senhas fortes e únicas para cada conta, evitando aquelas fáceis de adivinhar. Também é importante promover a prática de alterar as senhas regularmente e garantir que elas não sejam compartilhadas com terceiros.
- **Autenticação de Dois Fatores (2FA):** Ensinar aos usuários a importância da 2FA e como ativá-la em suas contas é fundamental. Eles devem entender que essa forma de autenticação adiciona uma camada extra de segurança, por meio de algo que eles sabem (senha) e algo que eles têm (código de verificação).
- **Proteção de Dados Pessoais:** Os usuários devem ser orientados sobre a importância de proteger seus dados pessoais e financeiros, não compartilhando informações confidenciais — como senhas, números de cartão de crédito ou códigos CVV — com ninguém e estando cientes de práticas seguras ao fornecer informações online.
- **Atualização de Software:** A educação do usuário deve enfatizar a importância de manter o software atualizado, incluindo sistemas operacionais, aplicativos e programas antivírus. Softwares desatualizados podem conter vulnerabilidades que os hackers poderão explorar.
- **Verificação Regular:** Incentivar os usuários a verificarem regularmente extratos bancários, transações de cartão de crédito e notificações de atividade incomum é fundamental, permitindo identificar rapidamente eventuais atividades suspeitas e tomar medidas para mitigar ameaças.
- **Atenção a E-mails Suspeitos:** Os usuários devem ser treinados para reconhecer e-mails suspeitos, especialmente aqueles que solicitam informações pessoais ou financeiras. Devem ser instruídos a evitar clicar em links ou baixar anexos de fontes não confiáveis.

- **Prática de Backup:** Deve-se informar os usuários sobre a importância dos backups regulares de dados, para que possam recuperá-los em caso de perda devido a ataques de ransomware ou falhas de hardware.
- **Simulações de Phishing:** Realizar simulações de phishing pode ser uma estratégia eficaz para educar os usuários. Isso envolve o envio de e-mails de phishing simulados para testar a capacidade dos usuários de identificar ameaças e evitar cair em golpes.
- **Cultura de Segurança:** Educar usuários e funcionários sobre segurança cibernética contribui para a criação de uma cultura de segurança na organização. Quando todos estão cientes das ameaças e comprometidos em seguir as melhores práticas, a segurança cibernética se torna um esforço colaborativo.

Capacitando os Usuários para uma Experiência Cibernética Segura

A conscientização e educação dos usuários são pilares fundamentais da segurança cibernética eficaz. Ao investir nelas, as organizações podem fortalecer sua postura de segurança e criar um ambiente onde todos são agentes ativos na proteção contra ameaças cibernéticas. Essa prática não apenas reduz o risco de violações, como também promove uma cultura de segurança cibernética sólida e resiliente.

A adoção dessas tecnologias no mundo financeiro desempenha um papel crucial na proteção de dados e na prevenção de fraudes. No entanto, é importante lembrar que, embora essas tecnologias sejam eficazes, a vigilância constante e a adoção de práticas seguras por parte dos usuários também são essenciais para manter a segurança financeira.

23

0000 0000 0000 0000

CAPÍTULO 23/32

O CARTÃO DE CRÉDITO E A REVOLUÇÃO DO DINHEIRO

CARTÕES SUSTENTÁVEIS

- CONTRIBUINDO PARA UM FUTURO MAIS VERDE -

Os cartões sustentáveis representam uma abordagem inovadora e responsável na indústria de cartões de crédito, pois levam em conta os impactos ambientais e sociais. Essa tendência reflete a crescente conscientização sobre a necessidade de adotar práticas mais sustentáveis em todos os aspectos da vida, incluindo as transações financeiras. Destacaremos, a partir de agora, os principais atributos e benefícios dos cartões sustentáveis.

- $ **Materiais Ecológicos:** Uma das principais características dos cartões sustentáveis é a utilização de materiais reciclados ou biodegradáveis na fabricação. Isso reduz significativamente a pegada de carbono e o desperdício de plástico, contribuindo para a conservação do meio ambiente.
- $ **Redução do Impacto Ambiental:** Os cartões sustentáveis, ao empregar materiais mais ecológicos, possibilitam a redução da demanda por recursos naturais não renováveis — como petróleo — utilizados na produção de plástico convencional. Isso, por sua vez, contribui para a diminuição da poluição e do consumo de energia.
- $ **Inovações Tecnológicas:** Além dos materiais, os cartões sustentáveis também estão incorporando inovações tecnológicas para reduzir o impacto ambiental. Uma delas é a adoção de cartões virtuais, que eliminam a necessidade de plástico físico. Os cartões virtuais podem ser usados para transações online e em dispositivos móveis, reduzindo ainda mais a produção de plástico.
- $ **Programas de Responsabilidade Social:** Alguns emissores de cartões estão introduzindo programas de responsabilidade social que direcionam uma parte dos gastos dos usuários para causas sociais ou ambientais. Assim, uma porcentagem das compras feitas com o cartão é destinada a organizações sem fins lucrativos ou projetos de sustentabilidade.

- **Impacto Positivo na Sociedade:** Os cartões sustentáveis não apenas beneficiam o meio ambiente, como também têm um impacto positivo na sociedade. Ao apoiar causas sociais e ambientais, os usuários desses cartões contribuem para a promoção de mudanças positivas e para a construção de um mundo mais justo e equilibrado.

Vantagens dos Cartões Sustentáveis

- **Redução do Impacto Ambiental:** A principal vantagem dos cartões sustentáveis é a contribuição para a redução do impacto ambiental. O uso de materiais reciclados ou biodegradáveis, diminui a quantidade de plástico produzido e o consumo de recursos naturais não renováveis.
- **Conscientização Ambiental:** Esses cartões também têm o potencial de aumentar a conscientização ambiental. Ao optar por um cartão que prioriza a sustentabilidade, incentiva-se os usuários a refletirem sobre escolhas de consumo e a adotarem práticas mais responsáveis.
- **Inovação Tecnológica:** A adoção de inovações tecnológicas, como os cartões virtuais, oferece conveniência aos usuários ao mesmo tempo em que reduz a necessidade de plástico físico. Isso reflete uma abordagem moderna e alinhada com as tendências tecnológicas.
- **Contribuição para Causas Sociais e Ambientais:** Os programas de responsabilidade social associados a alguns cartões sustentáveis dão aos usuários a oportunidade de contribuírem para causas sociais ou ambientais através das suas transações diárias, promovendo mudanças positivas na sociedade.

Desvantagens dos Cartões Sustentáveis

- **Disponibilidade Limitada:** A oferta de cartões sustentáveis ainda é limitada quando comparada aos cartões tradicionais. Nem todos os emissores de cartões oferecem opções sustentáveis, o que pode restringir a escolha dos consumidores.
- **Custos Adicionais:** A implementação de materiais ecológicos e inovações tecnológicas pode resultar em custos mais altos de produção para os emissores de cartões, refletindo-se em taxas ou anuidades mais altas para os usuários.
- **Compatibilidade e Aceitação:** Alguns estabelecimentos podem não estar totalmente preparados para aceitar cartões virtuais, limitando, assim, a utilidade dessa opção. Além disso, a aceitação de cartões sustentáveis pode variar dependendo da região ou do país.
- **Limitações Tecnológicas:** Embora os cartões virtuais e outras inovações sejam promissoras, algumas pessoas podem não estar familiarizadas ou não sentir-se confortáveis com essas tecnologias, o que dificulta a adoção generalizada dos cartões sustentáveis.

- **Impacto na Durabilidade:** Materiais alternativos, como os biodegradáveis, podem ter uma durabilidade potencialmente menor em comparação com o plástico convencional, resultando em cartões que se desgastam mais rapidamente e que exigem substituições mais frequentes.

Os cartões sustentáveis trazem vantagens significativas ao reduzir o impacto ambiental e promover a conscientização sobre questões sustentáveis. No entanto, eles também enfrentam desafios relacionados à disponibilidade, aos custos e à aceitação no mercado. A decisão de optar por um cartão sustentável deve levar em consideração tanto os benefícios ambientais quanto as considerações práticas e financeiras individuais.

Uma Jornada de Responsabilidade Financeira e Sustentabilidade

A tendência dos cartões sustentáveis reflete a importância crescente de adotar práticas responsáveis e conscientes em todos os aspectos da vida, incluindo as finanças pessoais. À medida que nos tornamos mais conscientes dos impactos ambientais e sociais das nossas escolhas, esses cartões representam uma oportunidade de alinhar nossas transações financeiras com valores de sustentabilidade.

Conforme avançamos para o futuro, é fundamental continuarmos aprendendo, explorando e adotando novas abordagens que nos permitam alcançar um equilíbrio saudável entre nossas metas financeiras e o bem-estar do planeta. A jornada pelo mundo dos cartões de crédito é, afinal, uma parte integrante da nossa busca por um estilo de vida mais consciente e sustentável.

CONSTRUINDO E MANTENDO UM HISTÓRICO DE CRÉDITO

- A MELHOR MANEIRA -

Construir e manter um histórico de crédito sólido é fundamental para a saúde financeira e o acesso a melhores oportunidades no futuro. Permita-me guiá-lo através das práticas que o levarão a alcançar esse objetivo de forma bem-sucedida:

Estabelecendo o Limite de Crédito Adequado

Para começar, é crucial alinhar o limite de crédito com sua renda e capacidade de pagamento. Evite a tentação de solicitar limites extremamente altos que possam tentá-lo a gastos excessivos. Afinal, um limite muito alto pode ser como uma estrada pavimentada que leva diretamente ao endividamento.

Lembre-se de que o limite de crédito não é um sinal de status; é uma ferramenta financeira que deve ser usada com responsabilidade. Portanto, determine um limite que esteja em harmonia com sua situação atual.

Entenda também que um limite de crédito muito alto, quando usado inadequadamente, pode ter um impacto negativo em seu histórico. Mesmo a utilização de uma pequena parte desse limite pode indicar um risco de endividamento alto em relação ao total, o que pode afetar negativamente sua pontuação de crédito.

Uso Regular e Consciente

Abordaremos a seguir a maneira como você deve usar seu crédito de forma regular e consciente.

Em primeiro lugar, é importante manter uma atividade saudável no histórico de crédito, e isso envolve usar o cartão de forma regular. No entanto, em vez de fazer grandes compras que podem ser difíceis de pagar na íntegra, opte por pequenas compras que poderá quitar sem esforço, demonstrando, dessa maneira, que você é um tomador de crédito responsável, pois não se sobrecarregará financeiramente.

Um dos pilares fundamentais é pagar o valor total da fatura até a data de vencimento. Isso não apenas evita juros, como também contribui para um histórico de crédito positivo. Os pagamentos em dia sinalizam responsabilidade financeira e são essenciais para manter sua pontuação de crédito em bom estado.

Relatório de Crédito

Agora, vamos mergulhar no mundo dos relatórios de crédito.

Para manter um olho atento em sua saúde financeira, é crucial monitorar regularmente seu relatório de crédito. Você pode fazer isso facilmente através de agências de crédito como o Serasa ou SPC. Lembre-se de que esse é um passo essencial para identificar problemas potenciais precocemente.

Além disso, saiba como identificar e corrigir informações incorretas ou desatualizadas em seu relatório de crédito. Erros nesses relatórios podem prejudicar seriamente sua pontuação. Portanto, não subestime a importância de manter seu relatório preciso e atualizado.

Agora que você compreende as práticas fundamentais para construir e manter um histórico de crédito sólido, não se esqueça de que a responsabilidade financeira é a chave. Implemente essas estratégias em sua vida cotidiana e veja sua saúde financeira prosperar. Construir um histórico de crédito sólido é um passo vital para alcançar um futuro financeiro mais seguro e repleto de oportunidades.

Limite de Crédito

- **Relação com a Renda:** O limite de crédito deve estar alinhado com sua renda e capacidade de pagamento; portanto, evite solicitar limites muito altos que possam levar a gastos excessivos.
- **Impacto no Crédito:** Um limite de crédito muito alto pode impactar negativamente seu histórico mesmo se você utilizar apenas uma pequena parte desse limite.

Uso Regular e Consciente

- **Pequenas Compras:** É importante usar o cartão regularmente para manter uma atividade saudável em seu histórico, em geral, com a realização de pequenas compras que você poderá pagar integralmente.
- **Pagamento Pontual:** Quite o montante total da fatura até a data de vencimento para evitar juros e garantir um histórico positivo.

Monitorar seu relatório de crédito e corrigir erros é crucial para manter uma saúde financeira em excelente forma. Detalharemos agora como proceder:

Monitoramento Regular

- **Acesse Seu Relatório de Crédito:** Primeiro, é essencial que você acesse seu relatório de crédito. Para fazer isso, entre em contato com agências de crédito confiáveis, como o Serasa ou o SPC. Eles são os guardiões das informações relacionadas ao seu histórico financeiro.
- **Verifique Seu Relatório Regularmente:** Estabeleça o hábito de verificar seu relatório de crédito regularmente, pelo menos uma vez por ano. Esse simples passo permite que você acompanhe o que está sendo relatado sobre sua atividade financeira.
- **Análise Detalhada:** Ao obter seu relatório, não se limite a dar uma olhada rápida. Faça uma análise minuciosa. Verifique se todas as informações são precisas e se reconhece todas as contas listadas.

Correção de Erros:

- **Identifique Informações Incorretas:** Se você encontrar informações que não correspondem à sua atividade financeira ou que sejam imprecisas, é hora de agir. Entre eles podem estar contas que você não abriu, atrasos de pagamento não condizentes com a realidade ou até mesmo a presença de dívidas que já foram pagas.
- **Entre em Contato com a Agência de Crédito:** Ao identificar um erro, entre em contato com a agência de crédito responsável pela informação incorreta. Eles têm canais de comunicação específicos para correções.
- **Forneça a Documentação:** Para corrigir o erro, poderão lhe solicitar que forneça documentos que comprovem a inexatidão das informações. Esteja preparado para apresentar evidências, como recibos de pagamento, comprovantes de quitação de dívidas ou outras informações relevantes.
- **Acompanhe o Processo:** Após relatar o erro e fornecer a documentação necessária, acompanhe o processo de correção de perto. Certifique-se de que as informações incorretas sejam removidas ou corrigidas em seu relatório de crédito.
- **Confirme a Correção:** Após a correção, verifique novamente seu relatório de crédito para garantir que o erro foi devidamente corrigido. Esse passo é vital para garantir que seu histórico de crédito seja preciso.

Lembre-se: seu relatório de crédito é uma parte valiosa de sua vida financeira. Portanto, esteja atento a ele e aja prontamente para corrigir qualquer erro. Ter um relatório de crédito preciso é indispensável para manter uma boa pontuação de crédito e garantir o acesso a melhores oportunidades financeiras no futuro.

DIVERSIDADE DE CRÉDITO:
- MISTURA DE TIPOS DE CRÉDITO -

Ter uma diversidade de tipos de crédito em seu histórico financeiro é uma prática importante para demonstrar sua capacidade de gerenciar diversas obrigações de forma responsável. A mistura de tipos de crédito, que inclui cartões, empréstimos e financiamentos, pode ter um impacto positivo em sua saúde financeira geral. Vamos explorar mais a fundo como essa diversidade de crédito pode influenciar sua pontuação e quais são os benefícios associados:

Impacto na Pontuação de Crédito

A diversidade de crédito desempenha um papel significativo na determinação da sua pontuação de crédito. As agências de crédito e os modelos de pontuação, como o FICO Score, levam em consideração a variedade de contas que você detém ao avaliar sua capacidade de gerenciar dívidas. Aqui estão algumas maneiras pelas quais a diversidade de crédito pode impactar sua pontuação:

Demonstração de Habilidade de Gerenciamento

Ter uma mistura saudável de tipos de crédito, como o rotativo (cartões de crédito) e o de instalação (empréstimos e financiamentos), mostra aos credores que você é capaz de lidar com diferentes tipos de obrigações financeiras.

Histórico de Pagamentos Diversificado

Ter contas em diferentes categorias permite que você demonstre um histórico de pagamentos sólido em várias áreas. Pagamentos pontuais em uma variedade de contas refletem responsabilidade financeira.

Uso Responsável do Crédito

Ao gerenciar com sucesso diferentes tipos de crédito, você mostra que é capaz de fazer uso dele de forma responsável e evitar o endividamento excessivo.

Aumento na Pontuação de Crédito

A diversidade de crédito pode contribuir para uma pontuação de crédito mais alta, pois reflete um perfil financeiro mais completo e confiável.

Benefícios da Diversidade de Crédito

- **Taxas de Juros Favoráveis:** Um histórico de crédito diversificado pode resultar em taxas de juros mais baixas quando você solicita empréstimos ou financiamentos, economizando dinheiro ao longo do tempo.

- **Limites de Crédito Mais Altos:** A diversidade de crédito pode influenciar positivamente a decisão dos credores de conceder limites de crédito mais altos em cartões e contas.
- **Aprovação Facilitada:** Ter uma variedade de tipos de crédito pode tornar mais fácil a aprovação para novas linhas de crédito, pois mostra que você é um mutuário confiável.
- **Perfil Financeiro Robusto:** A diversidade de crédito constrói um perfil financeiro sólido e bem estruturado, o que pode ser vantajoso para objetivos futuros, como a compra de uma casa ou um carro.
- **Melhoria ao Longo do Tempo:** Com um histórico de crédito diversificado, você estabelece bases sólidas para um futuro financeiro mais estável e saudável, com acesso a melhores oportunidades e benefícios.

No entanto, é importante abordar a diversidade de crédito com responsabilidade. Ter vários tipos de contas não significa que você deve contrair dívidas excessivas. O gerenciamento responsável e o pagamento pontual de todas as suas obrigações financeiras continuam sendo as chaves para manter um histórico de crédito saudável e aproveitar ao máximo os benefícios da diversidade de crédito. Lembre-se de que a construção de um bom histórico de crédito é uma jornada contínua que recompensará sua disciplina financeira a longo prazo.

Desvantagens da Diversidade de Crédito

Embora a diversidade de crédito ofereça uma série de vantagens, também é importante estar ciente de alguns possíveis riscos ou pontos de atenção ao lidar com diferentes tipos de contas de crédito:

- **Complexidade de Gerenciamento:** Uma variedade de contas pode tornar o gerenciamento financeiro mais complexo. Controlar várias datas de vencimento, saldos e termos pode ser desafiador, exigindo um planejamento cuidadoso.
- **Risco de Endividamento Excessivo:** O acesso a diferentes tipos de crédito pode aumentar o risco de contrair dívidas excessivas, especialmente se não houver um plano claro para gerir suas obrigações financeiras. No longo prazo, o uso irresponsável do crédito conduzirá a problemas financeiros.
- **Requisitos de Qualificação:** Algumas formas de crédito, como empréstimos ou financiamentos, podem ter requisitos de qualificação mais rigorosos. Se você não atender a esses requisitos, poderá ser mais difícil obter determinados tipos.
- **Custos Financeiros:** Cada modalidade tem suas próprias despesas — taxas de juros, tarifas e encargos. Antes de se comprometer com um novo crédito, entenda completamente os custos envolvidos.

- **Potencial Impacto na Pontuação de Crédito:** Abrir muitas contas de crédito em um curto período pode resultar em uma diminuição temporária na sua pontuação devido à consulta de crédito (inquérito). Além disso, se você não gerir adequadamente todas essas contas, seu histórico de pagamentos e sua pontuação de crédito poderão ser prejudicados.
- **Dificuldade de Mudança de Hábitos:** Ter acesso a diversas modalidades de crédito pode levar a hábitos de gastos inadequados. A facilidade de usar crédito pode dificultar, para algumas pessoas, o controle dos gastos e a manutenção de um orçamento disciplinado.
- **Potencial para Confusão Financeira:** Com muitas contas diferentes, há a possibilidade de confusão financeira, como efetuar pagamentos incorretos ou perder prazos, pode resultar em atrasos nos pagamentos ou em taxas adicionais.
- **Aceitação Limitada:** Nem todos os tipos de crédito são recebidos em todos os lugares. Por exemplo, enquanto os cartões de crédito são amplamente aceitos, outros métodos de pagamento podem ter restrições ou limitações em certos estabelecimentos.

Obs.: É importante abordar a diversidade de crédito com responsabilidade, levando em conta sua situação financeira pessoal. Antes de adquirir novas contas de crédito, avalie cuidadosamente benefícios e riscos, considere sua capacidade de gerir obrigações e planeje-se adequadamente para evitar problemas financeiros futuros.

25

CAPÍTULO 25/32

O CARTÃO DE CRÉDITO E A REVOLUÇÃO DO DINHEIRO

ESTRATÉGIAS PARA APROVEITAR AO MÁXIMO OS BENEFÍCIOS

Aproveitar ao máximo os benefícios oferecidos pelos cartões de crédito exige uma abordagem estratégica e consciente. Vamos explorar em detalhes algumas estratégias para tirar o máximo proveito dessas vantagens:

Aproveitando Programas de Recompensas

- **Entendendo o Acúmulo:** Para começar, é essencial compreender como os programas de recompensas funcionam. Isso implica saber como você acumula pontos ou milhas a cada compra realizada com o cartão. Essa é a base para aproveitar ao máximo esses programas.
- **Estratégias de Acúmulo:** Agora, vamos às estratégias. É possível maximizar o acúmulo de pontos de várias maneiras. Concentrar gastos em categorias que oferecem mais pontos é uma delas. Fique também atento a promoções de bônus de recompensas que podem acelerar seus ganhos.
- **Resgate Inteligente:** Por fim, lembre-se da importância do resgate. Resgatar pontos ou milhas de forma estratégica é fundamental. Escolha recompensas que realmente agreguem valor à sua vida, como viagens ou produtos que você deseja.

Parcerias e Descontos

- **Explorando Parcerias:** Os cartões de crédito frequentemente estabelecem parcerias com lojas, restaurantes e serviços, oferecendo descontos exclusivos ou benefícios adicionais. Explore-as para economizar dinheiro em suas compras ou aproveitar serviços de forma mais vantajosa.
- **Utilizando Descontos:** Vamos além e exemplifiquemos. Imagine que você tem um cartão parceiro de uma rede de cinemas. Isso pode significar descontos especiais em ingressos. Saiba como utilizar esses descontos e quais são os requisitos para aproveitá-los ao máximo.

- **Planejando Compras:** Uma estratégia inteligente é planejar suas compras de acordo com os descontos oferecidos pelos parceiros do seu cartão. Isso pode envolver aguardar por promoções especiais ou fazer compras durante determinados períodos do ano para economizar mais.

Estratégias de Pagamento

- **Conversão de Parcelas:** Alguns cartões oferecem a opção de parcelamento de compras sem juros, o que é útil para transformar gastos maiores em parcelas menores, tornando o gerenciamento financeiro mais eficaz. Aprenda a utilizar essa opção de forma sensata.
- **Pagamento de Contas:** Você sabia que pode pagar contas do dia a dia, como serviços públicos, utilizando o cartão de crédito? Essa é uma ótima maneira de acumular recompensas, desde que você pague a fatura integralmente. Saiba como realizar esses pagamentos com segurança.

Aproveitando Benefícios Secundários

- **Seguro de Viagem:** Muitos cartões oferecem seguro de viagem como benefício. Compreenda como ativar esse seguro e quais são as coberturas disponíveis. Isso pode economizar dinheiro e garantir tranquilidade durante suas viagens.
- **Proteção de Compras:** A proteção de compras é outro benefício que pode ser valioso. Entenda como funciona esse recurso, incluindo as situações em que poderá receber reembolso ou reparo para itens comprados com o cartão em caso de roubo, danos ou defeitos.

Ao seguir essas estratégias, estará no caminho certo para maximizar os benefícios oferecidos pelo seu cartão de crédito. Lembre-se de que a chave está na conscientização, no planejamento cuidadoso e na utilização responsável do cartão. Dessa forma, você otimizará seus ganhos e vantagens, tornando sua experiência financeira ainda mais gratificante.

26

CAPÍTULO 26/32

O CARTÃO DE CRÉDITO E A REVOLUÇÃO DO DINHEIRO

O PODER DO PLANEJAMENTO FINANCEIRO

O Poder do Planejamento Financeiro refere-se à capacidade transformadora que um planejamento bem elaborado e executado pode exercer sobre a vida financeira de um indivíduo ou de uma família. É o processo de criar uma estrutura detalhada que abrange o gerenciamento de renda, despesas, poupanças, investimentos e metas financeiras, a fim de alcançar uma saúde sólida nessa esfera e atingir objetivos de curto, médio e longo prazo.

Esse planejamento envolve a análise cuidadosa das finanças pessoais, incluindo receitas e gastos, para identificar áreas de oportunidade e áreas que requerem ajustes. Ele permite que os indivíduos compreendam plenamente sua situação financeira atual e desenvolvam estratégias específicas para otimizar recursos, controlar dívidas, aumentar a poupança e investir de maneira inteligente.

O poder do planejamento financeiro reside na sua capacidade de proporcionar:

- **Controle Financeiro:** O planejamento financeiro permite que as pessoas tenham um controle completo sobre suas finanças, tomando decisões informadas sobre como ganhar, gastar e investir seu dinheiro.
- **Objetivos Alcançáveis:** Ajuda a definir metas financeiras claras e realistas, permitindo a alocação adequada de recursos para atingir esses objetivos ao longo do tempo.
- **Redução do Estresse Financeiro:** Ao eliminar a incerteza e o improviso financeiro, o planejamento proporciona tranquilidade e reduz o estresse relacionado às finanças.
- **Preparação para Emergências:** Através da criação de uma reserva de emergência, o planejamento financeiro prepara para situações imprevistas e ajuda a evitar dívidas desnecessárias.

- $ **Melhoria do Crédito:** Um planejamento bem executado pode levar a um histórico de crédito saudável, o que resulta em acesso a melhores taxas de juros e condições favoráveis de crédito.
- $ **Conquista da Independência Financeira:** Ao definir prioridades e economizar de maneira consistente, o planejamento financeiro capacita as pessoas a alcançarem a independência financeira e viver de acordo com suas aspirações.
- $ **Aproveitamento de Oportunidades:** Permite identificar e aproveitar oportunidades de investimento e crescimento financeiro, maximizando o potencial de acúmulo de riqueza.

O Poder do Planejamento Financeiro reside na sua capacidade de propiciar um roteiro estratégico para uma vida financeira saudável, ajudando as pessoas a tomar decisões financeiras informadas, atingir metas e alcançar a estabilidade econômica a longo prazo. É uma ferramenta essencial para o sucesso financeiro e para a realização de sonhos e ambições.

ORÇAMENTO & METAS FINANCEIRAS

O gerenciamento eficaz das finanças é alicerçado em um planejamento sólido, que abrange aspectos cruciais, como orçamento e metas financeiras. Neste subcapítulo, examinaremos esses conceitos fundamentais de forma mais abrangente e a maneira como poderão ser aplicados para construir uma base financeira saudável e alcançar objetivos econômicos com sucesso.

Criando um Orçamento

Uma análise detalhada de gastos é o ponto de partida para a criação de um orçamento eficaz. Ao realizar um levantamento minucioso de todas as despesas, desde as fixas até as variáveis e eventuais, você adquire uma compreensão profunda de como está utilizando seu dinheiro. Esse processo não apenas revela padrões de gastos, como também lhe permite identificar áreas onde é possível economizar. Ao direcionar recursos para metas específicas, poderá tomar decisões financeiras mais informadas e conscientes.

Dividir o orçamento em categorias claras, como moradia, alimentação, transporte e entretenimento, é uma estratégia eficaz para visualizar e monitorar seus gastos. Essa abordagem proporciona uma visão organizada das diversas áreas em que o dinheiro é direcionado, facilitando a identificação de quais categorias consomem a maior parte dos recursos. Essa clareza é essencial para tomar decisões embasadas sobre onde é possível realizar ajustes.

Estabelecer limites de gastos para cada categoria é uma etapa crucial para manter a disciplina financeira. Defini-los ajuda a evitar excessos e assegura que suas despesas estejam alinhadas com sua renda. Dessa maneira, você constrói uma base para um estilo de vida financeiramente sustentável.

Estabelecendo Metas Financeiras

Explorar diferentes tipos de metas financeiras é fundamental para criar um plano abrangente que englobe aspirações de curto, médio e longo prazo. Metas específicas e mensuráveis são mais tangíveis e motivadoras, permitindo-lhe acompanhar seu progresso de maneira concreta.

Priorizar metas é uma abordagem sensata para direcionar seus recursos e esforços de forma eficaz. Ao focar uma meta por vez, você evita dispersão de esforços e aumenta suas chances de alcançar resultados significativos. A priorização também ajuda a definir a urgência e a importância de cada objetivo, permitindo-lhe tomar decisões informadas sobre a alocação de recursos.

O acompanhamento regular do progresso em direção às metas é uma prática essencial para manter-se no caminho certo. A vida financeira está sujeita a mudanças e desafios, e é importante fazer ajustes no orçamento conforme necessário. A flexibilidade é fundamental para garantir que você permanecerá adaptável às circunstâncias em constante evolução e para garantir que suas metas continuarão alinhadas com seus valores e aspirações.

Em última análise, criar um orçamento sólido e estabelecer metas financeiras concretas constituem a base para uma jornada bem-sucedida nesse âmbito. São passos que o capacitarão a tomar o controle de suas finanças, alinhar gastos às prioridades e perseguir seus objetivos com determinação e foco. O poder do planejamento financeiro está em sua capacidade de proporcionar clareza, responsabilidade e direção, permitindo-lhe construir uma base robusta para um futuro financeiro próspero.

POUPANÇA & INVESTIMENTOS

Além de administrar seus gastos, poupar e investir desempenham um papel essencial na construção de uma base financeira sólida e na busca por um futuro financeiro próspero. Neste subcapítulo, exploraremos as minúcias sobre a importância da poupança consciente e do conhecimento de opções de investimento para alcançar suas metas financeiras.

Poupança Consciente

Uma das pedras angulares de uma saúde financeira sólida é a criação de uma reserva de emergência. Essa reserva atua como um amortecedor financeiro, permitindo-lhe lidar com despesas imprevistas sem recorrer a dívidas onerosas. É recomendável que a reserva de emergência cubra entre três e seis meses de despesas básicas, proporcionando uma rede de segurança vital em momentos de dificuldade.

Automatizar transferências para uma conta de poupança é uma estratégia eficaz para garantir que você esteja economizando de maneira consistente e sem a necessidade de intervenção manual. Essa automatização de economias, fará com que você remova a tentação de gastar o dinheiro destinado à poupança e estabeleça uma prática sólida de cuidado financeiro.

Explorando Investimentos

Conhecer as diferentes opções de investimento é um passo importante para fazer seu dinheiro trabalhar por você. Diferentes tipos de investimentos, como ações, títulos, fundos de investimento e opções de renda fixa e variável, oferecem uma gama de riscos e retornos. Para tomar decisões informadas sobre como alocar seus recursos, é preciso entender essas alternativas.

A diversificação desempenha um papel fundamental na construção de uma carteira de investimentos equilibrada. Ao investir em uma variedade de ativos, você reduz o risco associado a oscilações em um único mercado ou setor. Diversificar também aumenta suas chances de aproveitar oportunidades de crescimento em várias áreas, proporcionando um equilíbrio entre riscos e recompensas ao longo do tempo.

A busca por aconselhamento profissional é altamente recomendada ao considerar investimentos mais complexos. Consultores financeiros qualificados poderão lhe oferecer insights valiosos, avaliar seu perfil de risco e ajudá-lo a criar uma estratégia de investimento em sintonia com suas metas. Esse aconselhamento é particularmente relevante quando se trata de decisões mais intricadas, como investir em imóveis ou planejar a aposentadoria.

Ao dominar o planejamento financeiro, estabelecer objetivos claros e adotar uma abordagem estratégica para poupança e investimentos, você constrói os pilares de uma jornada financeira bem-sucedida. Essas práticas não apenas impulsionam sua independência financeira, como também proporcionam a confiança necessária para enfrentar os desafios e aproveitar as oportunidades que surgem ao longo do caminho. Lembre-se de que a educação contínua e o monitoramento atento de suas finanças são essenciais para continuar progredindo em direção a um futuro financeiro vigoroso e próspero.

RECURSOS DE AUXÍLIO FINANCEIRO

Em momentos de dificuldades financeiras, é fundamental compreender que você não está sozinho e que há recursos disponíveis para oferecer apoio e orientação. Neste subcapítulo, lidaremos com os diferentes recursos de auxílio financeiro que você pode buscar ao enfrentar desafios.

Procurando Apoio

- **ONGs e Organizações Locais:** Existem várias organizações não governamentais (ONGs) e entidades locais que se dedicam a oferecer apoio financeiro e orientação para pessoas que enfrentam dificuldades. Essas organizações podem conceder assistência emergencial, como ajuda com contas básicas, alimentos e moradia. Além disso, muitas delas oferecem programas de aconselhamento de dívidas, ajudando-o a desenvolver um plano para lidar com suas obrigações financeiras de forma eficaz.
- **Programas Governamentais:** Muitos governos oferecem programas de auxílio, como benefícios sociais, subsídios e assistência a famílias de baixa renda. Esses programas podem incluir suporte financeiro direto, assistência médica, moradia subsidiada e muito mais. Ao enfrentar dificuldades, é importante verificar quais programas governamentais estão disponíveis em sua região e como se qualificar para receber ajuda.

Educação Financeira

Nunca se deve subestimar a importância da educação financeira, em especial quando se trata de prevenir dificuldades financeiras futuras. Compreender os princípios básicos de planejamento, orçamento, poupança e investimento pode ajudá-lo a evitar problemas recorrentes e a tomar decisões mais fundamentadas.

- **Recursos de Educação Financeira:** Há muitos recursos confiáveis de educação financeira para ajudá-lo a desenvolver habilidades essenciais, incluindo cursos online sobre finanças pessoais, workshops presenciais em sua comunidade, livros, artigos e materiais educativos fornecidos por instituições financeiras e organizações de renome. Esses recursos podem capacitá-lo a tomar o controle de suas finanças e construir uma base sólida para um futuro financeiro mais seguro.

Ao enfrentar dificuldades financeiras, lembre-se de que buscar ajuda é um passo valioso para superar a situação. Ao explorar recursos de auxílio financeiro, como ONGs locais e programas governamentais, poderá receber a assistência necessária para superar os desafios imediatos. Além disso, investir em sua própria educação financeira lhe dará as ferramentas necessárias para fazer escolhas embasadas e recuperar a estabilidade financeira a longo prazo. A jornada para uma saúde financeira sólida começa com a conscientização, a busca de recursos e o compromisso com a educação contínua.

27

0000 0000 0000 0000

CAPÍTULO 27/32

FUTURO FINANCEIRO
- CONSTRUINDO RIQUEZA & BEM-ESTAR -

"Futuro Financeiro: Construindo Riqueza e Bem-Estar" refere-se ao processo de planejar, gerenciar e investir recursos de maneira estratégica para garantir uma vida financeiramente segura e próspera a longo prazo. Envolve adotar medidas proativas, como poupança consistente, investimentos inteligentes, proteção financeira por meio de seguros adequados e a preparação para a aposentadoria. Construir um futuro financeiro sólido não apenas visa o acúmulo de riqueza, mas também o bem-estar financeiro, que proporciona estabilidade, segurança e a capacidade de enfrentar desafios econômicos futuros com confiança.

PLANEJANDO PARA O FUTURO

Planejar para o futuro é essencial para poder alcançar estabilidade financeira e bem-estar a longo prazo. Neste subcapítulo, demonstraremos a importância do planejamento para o futuro e como tomar medidas proativas pode garantir um futuro financeiro seguro e confortável.

Aposentadoria Consciente

- **Previdência Social e Privada:** A aposentadoria é um dos principais marcos financeiros na vida de uma pessoa. É importante entender os sistemas de previdência social e privada disponíveis. A previdência social, oferecida pelo governo, e os planos de previdência privada lhe permitem contribuir ao longo da vida para acumular fundos que lhe garantirão uma renda mensal quando você se aposentar. Procure entender as diferenças entre esses sistemas, seus benefícios e como uma combinação de ambos pode resultar em uma aposentadoria mais confortável.
- **Cálculo de Necessidades:** É necessário economizar para manter seu padrão de vida na aposentadoria. Considere fatores como despesas

médicas, moradia, alimentação, lazer e outros gastos. Elabore um plano de aposentadoria que leve em conta suas metas pessoais e o estilo de vida desejado após parar de trabalhar.

Proteção Financeira

- **Seguros Adequados:** A proteção financeira é uma parte crucial do planejamento para o futuro. Explore os diferentes tipos de seguros necessários para proteger você e sua família em situações difíceis. O seguro de vida proporciona segurança financeira para sua família em caso de seu falecimento, enquanto o seguro de saúde ajuda a cobrir despesas médicas. Além disso, o seguro por invalidez oferece suporte em caso de incapacidade de trabalhar devido a lesões ou doenças.
- **Reserva de Emergência:** A reserva de emergência é uma salvaguarda fundamental para enfrentar situações inesperadas, como doenças, acidentes ou a perda de emprego. É de suma importância ter uma quantia significativa de dinheiro reservada para lidar com despesas urgentes sem ter que recorrer a empréstimos ou contrair dívidas. Construa uma reserva de emergência que cubra pelo menos entre três e seis meses de despesas básicas.

Ao planejar para o futuro de forma consciente, abordando a aposentadoria, a proteção financeira e a reserva de emergência, você construirá uma base sólida para a estabilidade financeira e o bem-estar a longo prazo. O planejamento financeiro é uma jornada contínua, e tomar medidas hoje poderá lhe dar paz de espírito e segurança financeira nos anos vindouros.

CONTRIBUIÇÃO SOCIAL E SUSTENTABILIDADE

A seguir, discutiremos a importância de contribuir para a sociedade e o meio ambiente, além de cuidar das finanças pessoais:

Responsabilidade Social

- **Voluntariado e Doações:** O voluntariado e as doações podem criar um impacto positivo nas comunidades. Reserve tempo para atividades voluntárias e considere fazer doações para organizações sem fins lucrativos. Mesmo pequenos gestos podem fazer a diferença.
- **Impacto Social:** Há muitas histórias inspiradoras de indivíduos que transformaram vidas por meio de ações sociais. A sua determinação pode influenciar mudanças positivas em questões sociais, motivando outras pessoas a se envolverem em projetos similares.

Investimentos Sustentáveis

- **Economia Verde:** É muito importante investir em setores sustentáveis, como energias renováveis e tecnologias limpas. Esses investimentos não apenas podem gerar retorno financeiro, como também contribuem para a preservação do meio ambiente e para a transição para uma economia mais sustentável.
- **Fundos ESG:** São fundos de investimento que consideram critérios ambientais, sociais e de governança (ESG). Escolha fundos alinhados com seus valores, que possibilitem que seus investimentos também tenham um impacto positivo no mundo.

Uma Jornada Financeira para a Vida Toda

Encerramos este capítulo enfatizando a importância de uma visão de longo prazo e a interconexão entre o bem-estar financeiro pessoal, o impacto social e o ambiental. Reforçamos que a educação financeira é uma jornada contínua e que cada decisão financeira contribui para a construção de um futuro sólido. Encorajamos você a aplicar os princípios discutidos neste guia em sua jornada financeira contínua, adaptando-se às mudanças e tomando decisões informadas que promovam a prosperidade pessoal e coletiva.

28

0000 0000 0000 0000

CAPÍTULO 28/32

O CARTÃO DE CRÉDITO E A REVOLUÇÃO DO DINHEIRO

MILHAS AÉREAS

- DECOLANDO PARA O MUNDO DAS VANTAGENS -

Essa é a parte que muitos adoram. Dicas, truques e insights valiosos o aguardam à medida que percorremos o processo de acúmulo de milhas, transformando você em um verdadeiro expert na arte de voar com vantagens. Desbravaremos desde a escolha de companhias aéreas que oferecem acordos benéficos até a exploração de parcerias estratégicas que ampliam suas oportunidades de acúmulo. Sintonize-se com os pormenores, aprenda a decifrar os termos e esteja pronto para alçar voo rumo a um mundo de benefícios exclusivos.

O QUE SÃO MILHAS AÉREAS E COMO ACUMULÁ-LAS?

O Conceito de Milhas Aéreas

No mundo moderno das viagens, as milhas aéreas desempenham um papel crucial ao oferecer aos viajantes a oportunidade de aproveitar ao máximo suas jornadas. Esses programas de recompensas, amplamente disponibilizados por companhias aéreas e instituições financeiras, transformaram a maneira como as pessoas exploram o globo. Elas são, em essência, moedas virtuais que podem ser adquiridas por meio de várias atividades. Ao optar por uma viagem de avião, fazer gastos com seu cartão, hospedar-se em hotéis parceiros ou até mesmo realizar compras específicas, acumulará essas valiosas milhas que servem como uma espécie de "ouro moderno", dando-lhe acesso a uma ampla gama de vantagens e benefícios.

Como Acumular Milhas

Desvendar o intrigante mundo do acúmulo de milhas exige entender os pormenores das opções disponíveis. A primeira estrada a explorar é a realização de viagens com companhias aéreas parceiras, o que lhe permite obter milhas não apenas com a empresa aérea principal, mas também com suas afiliadas globais. Além disso, os cartões de crédito com programas de recompensas são uma ferramenta poderosa para maximizar ganhos em milhas. Cada transação realizada com esses cartões se traduz em uma adição valiosa ao saldo de milhas, impulsionando suas futuras aventuras. No entanto, é vital destacar a importância de compreender as regras e condições que regem o acúmulo de milhas. Os programas podem variar em termos de elegibilidade, validade e formas de resgate. Portanto, a busca por conhecimento detalhado é crucial para otimizar os ganhos.

CARTÕES DE CRÉDITO & MILHAS

Na busca pelo segredo para impulsionar o acúmulo de milhas, adentramos o fascinante universo dos cartões de crédito com programas de recompensas. Cada cartão se revela como um aliado estratégico, impulsionando meticulosamente o contador de milhas a cada transação realizada. Nessa exploração minuciosa, visitaremos os diferentes tipos de cartões disponíveis, desvendando suas nuances e potencialidades: desde aqueles destinados a viajantes ávidos até os que se harmonizam perfeitamente com variados estilos de vida, cada um encontrará o caminho que mais se aproxime às suas aspirações.

Abrimos as portas para um mundo de benefícios e vantagens, revelando como selecionar o cartão ideal que se adapte ao perfil de cada indivíduo. Não se trata apenas de possuir um cartão, mas sim de elevar essa relação a um nível estratégico. Compartilharemos táticas sagazes para otimizar a utilização do cartão, transformando cada gasto em uma preciosa oportunidade de acumular milhas. Ao desvendar os matizes intricados dos programas de recompensas ligados aos cartões de crédito, você estará armado com as ferramentas essenciais para alçar suas futuras jornadas de viagem com uma maestria refinada e uma eficácia inigualável. Que essas estratégias o conduzam aos destinos desejados, enquanto você desfruta das vantagens colossais que uma abordagem inteligente aos cartões de crédito pode proporcionar.

A escolha dos melhores cartões para acumular milhas depende das preferências pessoais, dos padrões de gastos e dos objetivos de viagem de cada indivíduo. É importante ressaltar que a eficácia no acúmulo de milhas também depende do perfil de gastos e das taxas associadas a cada cartão. Além disso, verificar as promoções sazonais, os bônus de inscrição e os termos de transferência de pontos para as companhias aéreas parceiras é fundamental. Antes de escolher um cartão, considere cuidadosamente suas necessidades e consulte especialistas financeiros para tomar uma decisão informada que atenda às suas metas de viagem e finanças pessoais.

Os melhores segmentos de cartões para acumular milhas podem variar com base nas preferências individuais e nos padrões de gastos. No entanto, alguns segmentos populares para a acúmulo eficaz de milhas incluem:

- **Cartões *Co-branded* de Companhias Aéreas:** Diretamente associados a uma companhia aérea específica, oferecem benefícios e acúmulo de milhas destinados a voos com essa companhia e suas parceiras.
- **Cartões de Crédito com Parcerias Diversas:** Alguns permitem transferir pontos para várias companhias aéreas ou programas de recompensas, proporcionando flexibilidade na escolha de onde usar suas milhas.
- **Cartões com Bonificações de Inscrição:** Oferecem bônus de inscrição, concedendo uma quantidade significativa de milhas ao se tornar titular do cartão e atingir um gasto mínimo dentro de um período específico.
- **Cartões de Categoria Premium:** Esses cartões costumam oferecer benefícios exclusivos, como acesso a salas VIP em aeroportos, seguro de viagem e outras vantagens, além do acúmulo de milhas.
- **Cartões Voltados para Estilo de Vida:** Alguns cartões estão alinhados com interesses específicos, como gastronomia, entretenimento ou varejo, oferecendo o acúmulo de milhas em compras relacionadas a essas áreas.
- **Cartões com Foco em Viagens e Hospedagem:** Estes cartões privilegiam benefícios como descontos em hotéis, aluguel de carros e outras despesas relacionadas a viagens, além do acúmulo de milhas.
- **Cartões com Parcerias Internacionais:** Certos cartões têm parcerias com programas de recompensas internacionais, o que pode ser vantajoso para quem realiza viagens ao exterior com frequência.

Obs.: Tenha presente que a escolha do segmento de cartões mais adequado depende dos objetivos de viagem, estilo de vida, preferências pessoais e padrões de gastos. É recomendável comparar cuidadosamente termos, taxas, benefícios e políticas de acúmulo e resgate de cada cartão para fazer uma escolha informada.

CARTÕES DE CRÉDITO
- MELHORES SEGMENTOS PARA GANHAR MILHAS -

Segmentos de cartões bons para milhas referem-se às categorias ou tipos de cartões de crédito que oferecem vantagens significativas e eficazes para acumular milhas ou pontos. São projetados para atender às preferências e necessidades individuais dos titulares de cartões, proporcionando oportunidades específicas de acúmulo de milhas, podendo maximizar os benefícios, seja através de parcerias estratégicas, bônus de inscrição, vantagens exclusivas ou programas de recompensas flexíveis. Os segmentos incluem:

Visa

A bandeira Visa proporciona uma ampla variedade de cartões com parcerias que permitem acumular milhas. Os cartões dessa bandeira frequentemente oferecem programas de recompensas que viabilizam a conversão de pontos em milhas aéreas de diversas companhias parceiras. Além disso, a Visa dispõe de uma rede global de aceitação, facilitando acumular pontos em diferentes locais e atividades.

Mastercard

Assim como a Visa, a Mastercard disponibiliza diversos cartões de crédito com programas de recompensas que possibilitam a acúmulo de milhas. Os cartões Mastercard também oferecem benefícios como proteção de compra e seguro de viagem, complementando o acúmulo de milhas com vantagens adicionais.

Elo

Os cartões Elo têm se destacado no mercado brasileiro, oferecendo programas de recompensas que asseguram o acúmulo de pontos transferíveis para programas de milhas de companhias aéreas parceiras. Alguns cartões Elo também oferecem acesso a salas VIP em aeroportos e outros benefícios de viagem.

American Express (Amex)

Os cartões American Express são conhecidos por oferecer benefícios exclusivos e programas de recompensas focados em experiências de viagem. Eles permitem o acúmulo de pontos Membership Rewards, que podem ser convertidos em milhas de diversas companhias aéreas ou usados para resgates em passagens e hotéis.

Diners Club

A bandeira Diners Club oferece cartões que, em geral, promovem o acúmulo de pontos que podem ser transferidos para programas de milhas de companhias aéreas parceiras. Além disso, muitos cartões Diners Club oferecem acesso a salas VIP em aeroportos e outras vantagens de viagem.

Hipercard

Embora menos comum, o Hipercard também oferece programas de recompensas que permitem o acúmulo de pontos. Eles podem ser convertidos em milhas aéreas ou usados para resgatar produtos e serviços.

Obs.: Lembre-se de que a escolha do melhor cartão para acumular milhas dependerá de suas preferências pessoais, padrões de gastos e objetivos de viagem. Antes de escolher um cartão, é fundamental comparar os benefícios, as taxas, as políticas de acúmulo e resgate, bem como verificar se as companhias aéreas parceiras são aquelas que você costuma utilizar para suas viagens.

ABRINDO AS PORTAS PARA O MUNDO DE MILHAS E RECOMPENSAS

No intricado mundo das milhas, dominar as estratégias certas é como possuir uma chave mágica para desbloquear uma riqueza de possibilidades. Ao dominá-las, poderá dar um salto significativo em direção ao aumento do acúmulo de milhas, abrindo portas para experiências de viagem memoráveis e vantagens excepcionais. Neste subcapítulo, mergulharemos em duas táticas fundamentais que podem catapultar suas milhas para alturas impressionantes, dando-lhe acesso a experiências de viagem inesquecíveis e vantagens extraordinárias.

COMPRAS EM PARCEIROS
- DESVENDANDO TESOUROS NAS TRANSAÇÕES COTIDIANAS -

Cada compra é uma oportunidade disfarçada de acúmulo de milhas. Através das parcerias estabelecidas entre programas de recompensas e estabelecimentos variados, você pode transformar suas atividades diárias em fontes robustas de milhas. Imagine degustar uma refeição em um restaurante parceiro, onde cada garfada agrega milhas, ou abastecer seu veículo em um posto afiliado, assistindo suas milhas crescerem proporcionalmente ao seu tanque de combustível.

EXPLORANDO OFERTAS EXCLUSIVAS
- APROVEITANDO AS VANTAGENS DO MOMENTO PERFEITO -

Imagine este cenário: de lojas a restaurantes, postos de gasolina e uma variedade de estabelecimentos, cada compra que você realiza pode, na verdade, ser uma ponte para acumular milhas preciosas.

Através de exemplos tangíveis e detalhados, vamos guiá-lo por um catálogo diversificado de parcerias que abrange uma gama de setores. Você aprenderá a reconhecer e capitalizar essas oportunidades de acúmulo, transformando cada transação aparentemente comum em um ato estratégico para ampliar suas milhas. Esse conhecimento fará com que suas atividades diárias se tornem pontos de partida para recompensas de viagem incríveis, à medida que você impulsiona as recompensas a patamares antes inexplorados.

Nem todas as milhas são iguais em valor, e a verdadeira mágica das recompensas de viagem reside nas promoções sazonais e nos bônus passageiros. Essas ofertas relâmpago são como raios de sol, iluminando as milhas com um brilho especial e efêmero. Neste guia especializado, você será orientado a sintonizar os sentidos, sempre alerta para detectar oportunidades únicas oferecidas pelos programas de fidelidade.

Por meio de insights perspicazes e orientação prática, você aprenderá a decifrar os códigos subjacentes das promoções. Como um explorador moderno, você se tornará habilidoso, pronto para identificar e aproveitar momentos estratégicos. E como um caçador de tesouros que busca preciosidades em locais específicos, estará atento a ofertas sazonais, bônus temporários e vantagens momentâneas que poderão multiplicar suas milhas.

Essa abordagem estratégica é como plantar sementes em solo fértil, aguardando o momento propício para colher os frutos. Seja uma promoção de fim de ano ou um bônus por inscrição, você estará preparado para maximizar suas milhas, elevando suas experiências de viagem a patamares emocionantes e inexplorados.

PROMOÇÕES ESPECIAIS
- COLHENDO O FRUTO DO MOMENTO OPORTUNO -

Como dissemos, as milhas variam, e o verdadeiro encanto reside nas promoções sazonais e bônus passageiros. Essas ofertas relâmpago são como raios de sol, iluminando suas milhas com um brilho especial. Nosso guia expert orientará você a manter seus sentidos alertas, prontos para identificar oportunidades especiais oferecidas pelos programas de fidelidade.

Através de insights perspicazes, aprenderá a decifrar os códigos das promoções e a tirar proveito dos momentos oportunos, estando sempre pronto para colher os benefícios exclusivos que surgem em momentos estratégicos. Seja através de ofertas sazonais ou bônus temporários, você multiplicará suas milhas, elevando suas experiências de viagem a um nível totalmente novo.

29

CAPÍTULO 29/32

PROGRAMAS DE FIDELIDADE

Cada programa é uma porta de entrada para um mundo de vantagens excepcionais, criadas especialmente para aqueles que buscam extrair o máximo de suas experiências de viagem.

Iremos além, explicando minuciosamente os mecanismos que estão por trás do funcionamento desses programas — desde o acúmulo de milhas por meio de voos, parcerias e atividades específicas até as estratégias inteligentes para otimizar o processo de acúmulo. Guiaremos você através de exemplos práticos, revelando como transformar essas milhas em passagens aéreas, upgrades de categoria, hospedagem em hotéis e outras vantagens exclusivas. Além disso, receberá insights sobre como escolher um programa de fidelidade em sintonia com suas aspirações, considerando destinos, frequência de viagem e preferências pessoais.

Prepare-se para embarcar em uma jornada de recompensas inigualáveis, onde cada milha percorrida é uma etapa rumo a experiências excepcionais.

OS PROGRAMAS

No Brasil, diversos programas de fidelidade para milhas têm ganhado destaque ao longo dos anos, proporcionando aos viajantes oportunidades únicas de acumular recompensas e desfrutar de benefícios exclusivos. Aqui estão alguns dos principais programas de fidelidade e informações sobre sua criação e adesão:

Programa TudoAzul (Azul Linhas Aéreas)

- O TudoAzul é o programa de fidelidade da Azul Linhas Aéreas. Para aderir, basta criar uma conta no site do programa. Os participantes acumulam pontos por meio de voos, parceiros e atividades específicas, podendo trocá-los por passagens aéreas, upgrades, hospedagem em hotéis e outras vantagens.

Programa Smiles (GOL Linhas Aéreas)

- O Smiles, da GOL Linhas Aéreas, é um dos programas mais antigos do Brasil, podendo-se aderir online. Os membros acumulam milhas voando com a GOL e parceiras, e através de outras atividades. Elas podem ser usadas para adquirir passagens, produtos, serviços e muito mais.

Programa LATAM Pass (LATAM Airlines)

- Originalmente conhecido como TAM Fidelidade, após a fusão da TAM com a LAN, o programa se tornou LATAM Pass, podendo os interessados fazerem a inscrição online. É possível acumular pontos através de voos, parceiros e compras e trocá-los por passagens, upgrades e produtos.

Programa Livelo

- A Livelo é uma empresa de recompensas que propicia acumular pontos por meio de parcerias com diversas empresas e cartões de crédito. Os pontos podem ser trocados por produtos, serviços e passagens aéreas.

A adesão aos programas de fidelidade geralmente é realizada online, através dos sites específicos de cada programa. Os interessados devem preencher um formulário de cadastro e criar uma conta. Após a inscrição, os membros começam a acumular milhas ou pontos por meio de voos, compras com parceiros e outras atividades qualificadas. É importante ler as regras e condições de cada programa para entender como acumular e resgatar as milhas de maneira eficaz. Não se esqueça de que os detalhes e processos podem mudar ao longo do tempo, portanto, é sempre recomendável verificar as informações mais recentes nos sites dos programas de fidelidade.

RESGATANDO MILHAS

- VIAGENS & BENEFÍCIOS -

Ao contemplarmos a vastidão das opções no mundo das viagens e benefícios, o ato de resgatar milhas assume uma função essencial e empolgante. Nesse universo dinâmico, o ato transcende a simples troca de pontos: ele abre portas para experiências que enriquecem nossa jornada. O equilíbrio entre o acúmulo estratégico e a utilização inteligente de milhas oferece um leque de oportunidades, permitindo que os exploradores modernos desbravem destinos sonhados e desfrutem de privilégios exclusivos. Nesse cenário repleto de possibilidades, adentraremos o fascinante mundo do resgate de milhas, onde as fronteiras são ampliadas e as aventuras são moldadas pela magia das oportunidades que se desdobram.

Explore conosco as estratégias e dicas para resgatar milhas de forma inteligente, maximizando o valor de suas recompensas.

RESGATE DE PASSAGENS AÉREAS - NAVEGANDO PELO CAMINHO DAS VIAGENS -

Aqui, nós o conduziremos através de um guia passo a passo que desbrava o processo de resgatar milhas por passagens aéreas. Desde a pesquisa de disponibilidade até a seleção das melhores opções, você descobrirá como transformar suas milhas em bilhetes para destinos dos seus sonhos. Com ênfase em maximizar o valor, exploraremos estratégias para otimizar suas milhas, garantindo que cada resgate seja uma vitória.

Explorando o Guia Passo a Passo

- **Pesquisa de Disponibilidade:** Verifique a disponibilidade de voos usando suas milhas.
- **Escolha Inteligente:** Selecione as melhores opções de voo e rotas.
- **Planejando com Precisão:** Sincronize datas e horários para uma viagem perfeita.
- **Maximize o Valor:** Crie estratégias para obter o máximo proveito de suas milhas ao resgatar passagens aéreas.

UPGRADES & BENEFÍCIOS EXCLUSIVOS - ELEVANDO SUA EXPERIÊNCIA DE VIAGEM -

Desvendaremos os segredos de como suas milhas podem abrir as portas para uma experiência de viagem ainda mais excepcional. Explicaremos detalhadamente como usar suas milhas para obter upgrades de classe, concedendo acesso a luxuosas cabines e serviços premium. Além disso, revelaremos como as milhas podem garantir acesso a salas VIP em aeroportos, proporcionando momentos relaxantes e confortáveis antes do embarque.

Explorando os Benefícios

- **Upgrade de Classe:** Você pode transformar suas milhas em upgrades para o próximo voo e voar com mais conforto e luxo.
- **Acesso a Salas VIP:** Suas milhas podem dispor de acesso a ambientes exclusivos em aeroportos.

TRANSFERÊNCIA & COMPRA DE MILHAS
- EXPLORANDO OPÇÕES ESTRATÉGICAS -

No intricado cenário das milhas e benefícios, a transferência e compra de milhas emergem como táticas estratégicas, capazes de redefinir a maneira como navegamos pelo mundo das recompensas. A transferência de milhas não é apenas um ato de compartilhar, mas sim um canal para maximizar oportunidades, permitindo que amigos e familiares alcancem seus objetivos de viagem. Por outro lado, a compra de milhas apresenta uma porta de entrada para experiências inesperadas, possibilitando a realização de viagens inesquecíveis e o aproveitamento de privilégios exclusivos. Nessa exploração das opções estratégicas de transferência e compra de milhas, desvendaremos como essas práticas inteligentes podem desbloquear um mundo de possibilidades, expandindo horizontes e tornando realidade as mais audaciosas aventuras.

Agora, daremos algumas táticas avançadas de acúmulo de milhas, abrindo caminho para a exploração das transferências entre programas e a estratégia ponderada de compra. Descubra como essas opções podem otimizar suas milhas, dando-lhe flexibilidade e aumentando suas possibilidades.

TRANSFERÊNCIA ENTRE PROGRAMAS
- AMPLIANDO HORIZONTES DE RESGATE -

Aqui, desvendaremos o poder de transferir milhas entre diferentes programas de fidelidade. Com instruções claras, você entenderá como essa prática pode trazer flexibilidade e potencial de resgate expandido. Destacamos os benefícios, como a possibilidade de acumular milhas em um programa e utilizá-las em outro, enquanto discutimos os pontos a considerar antes de prosseguir.

Explorando Transferências

- $ **Flexibilidade Aprimorada:** Transfira milhas entre programas para ampliar suas opções de resgate.
- $ **Vantagens e Limitações:** Avalie os prós e contras dessa opção, considerando taxas e restrições.
- $ **Compra de Milhas:** Desenvolva uma estratégia calculada para maximizar benefícios

Este tópico ilumina as situações em que a compra de milhas pode ser uma jogada estratégica. Detalhamos o processo de compra, os custos envolvidos e, mais importante, como avaliar se essa opção é adequada para suas necessidades e metas de viagem. Você saberá como a compra de milhas pode preencher lacunas e possibilitar resgates que de outra forma seriam inatingíveis.

Explorando a Compra

- **Estratégia Planejada:** A compra de milhas pode servir como um impulso estratégico para seus objetivos de resgate.
- **Avaliação de Custos e Benefícios:** Avalie se a compra de milhas é financeiramente vantajosa e se alinha com suas intenções de viagem.

NAVEGANDO POR NOVAS FRONTEIRAS - VENDENDO E TROCANDO SUAS MILHAS -

Em um mundo onde as possibilidades são tão vastas quanto as extensões do horizonte, a venda e troca de milhas surge como uma maneira instigante de desbravar novas fronteiras. Essa prática dinâmica transcende a visão convencional das milhas como meras recompensas, transformando-as em ativos que podem ser explorados de formas inovadoras. A venda de milhas propicia a chance de transformar o saldo acumulado em oportunidades financeiras tangíveis, enquanto a troca de milhas possibilita mergulhar em experiências que transcendem os limites tradicionais das recompensas de viagem. Nesta exploração das possibilidades emocionantes de vender e trocar milhas, navegaremos por territórios desconhecidos e abriremos portas para aventuras inesperadas, permitindo que os viajantes modernos ampliem suas fronteiras e alcancem horizontes mais amplos do que nunca.

Investigaremos o potencial da venda de milhas e a emocionante troca por produtos e serviços. Prepare-se para descobrir opções que podem aumentar o valor de suas recompensas, permitindo novas experiências.

VENDA DE MILHAS - CONSIDERANDO RISCOS & VANTAGENS -

Adentramos o território da venda de milhas, através de uma análise completa dos riscos e vantagens envolvidos nesse processo. Vender milhas pode ser uma estratégia para obter benefícios financeiros imediatos, mas também pode envolver desafios. Vamos discutir os prós e contras, além de fornecer orientações essenciais para encontrar opções seguras e confiáveis para a venda, garantindo que você esteja bem informado ao tomar essa decisão.

Explorando a Venda de Milhas

- **Avaliação Equilibrada:** Analise os benefícios financeiros em comparação com os riscos potenciais.
- **Orientação Segura:** Encontre plataformas confiáveis e processos seguros para vender suas milhas.

Vamos expandir seus horizontes apresentando programas que permitem trocar milhas por produtos, serviços e até mesmo diárias de hotéis. Além das tradicionais passagens aéreas, descobrirá uma variedade de opções para aproveitar ao máximo as milhas. Essa alternativa abrirá um mundo de possibilidades, permitindo-lhe resgatar milhas por itens tangíveis e experiências gratificantes.

Explorando as Trocas Criativas

- **Diversificação de Benefícios:** Descubra como trocar suas milhas por produtos e serviços que atendam às suas necessidades.
- **Além das Passagens:** Explore várias opções, desde eletrônicos a estadias em hotéis.

NAVEGANDO ALÉM DAS FRONTEIRAS

- TÁTICAS AVANÇADAS PARA MAXIMIZAR SUAS MILHAS -

Falaremos sobre as estratégias avançadas, revelando segredos que vão transformar a maneira como você encara suas milhas. Prepare-se para dominar táticas que elevarão suas recompensas a um nível totalmente novo, permitindo-lhe realizar voos mais longos e desfrutar de vantagens adicionais sem custos extras.

STOPOVER

- EXPANDINDO HORIZONTES SEM CUSTOS ADICIONAIS -

O termo *stopover* é uma pérola escondida no mundo das milhas aéreas e viagens que permite aos viajantes estenderem suas jornadas sem custos adicionais. Essa estratégia constitui uma maneira inteligente de aproveitar ao máximo suas milhas e explorar destinos adicionais em suas viagens. Explicaremos o conceito de *stopover* para que você possa compreender como usá-lo para enriquecer ainda mais suas experiências de viagem.

O que é um stopover

Um *stopover* é uma parada intermediária em sua jornada aérea que vai além do tempo normal de conexão entre voos. Enquanto as escalas são breves paradas que geralmente duram algumas horas, um *stopover* permite que você permaneça em uma cidade intermediária por vários dias, às vezes até semanas, sem custos adicionais na tarifa de passagem.

A principal vantagem de um *stopover* é que ele favorece explorar um destino extra durante sua viagem, tornando sua experiência de viagem mais rica e diversificada. Imagine voar de Nova York para Bangkok com uma longa escala em Tóquio. Em vez de ficar apenas algumas horas no aeroporto, você poderia planejar um *stopover* nessa cidade por cinco dias, e assim explorá-la, conhecendo sua cultura e atrações antes de continuar sua viagem para Bangkok. Assim, conhecerá dois destinos emocionantes em uma única viagem.

Planejando Rotas Inteligentes

A chave para aproveitar ao máximo a estratégia do *stopover* é o planejamento inteligente de rotas. Seguem dicas sobre como implementá-lo de forma eficaz:

- $ **Escolha um hub aéreo estratégico:** Comece selecionando um aeroporto que sirva como hub para a companhia aérea que você está usando. Muitas vezes, as companhias aéreas oferecem *stopovers* em seus hubs como parte de suas políticas de passagens aéreas.
- $ **Verifique as regras da companhia aérea:** Cada companhia aérea tem suas próprias políticas de *stopover*, assim, verifique se a companhia que você está usando disponibiliza a opção e quais são as regras específicas.
- $ **Pesquise destinos intermediários:** Escolha um destino intermediário que lhe interesse e que se conecte facilmente ao seu destino final. Confirme se terá tempo suficiente para visitar o local durante o *stopover*.
- $ **Planeje a estadia:** Reserve acomodações e atividades com antecedência para aproveitar ao máximo o tempo no destino intermediário. Pesquise as atrações locais, a cultura e a gastronomia para criar uma experiência memorável.
- $ **Esteja ciente das restrições de visto:** Verifique se você precisa de visto para o destino intermediário e garanta que sua documentação esteja em ordem antes da viagem.
- $ **Aproveite ao máximo:** Durante seu *stopover*, explore a cidade, conheça sua cultura e desfrute das experiências locais. Lembre-se de que você está enriquecendo sua viagem e maximizando o valor de suas milhas aéreas.

Resumindo, o *stopover* é uma estratégia inteligente que lhe permite explorar destinos extras durante suas viagens, tornando cada jornada mais emocionante e diversificada. Com planejamento cuidadoso, você poderá aproveitar ao máximo suas milhas aéreas e expandir seus horizontes sem custos adicionais.

COMBINAÇÃO DE PROGRAMAS
- ALCANÇANDO NOVAS ALTURAS -

Aqui, forneceremos instruções claras sobre como combinar milhas de diferentes programas de fidelidade. Isso abre um mundo de possibilidades, permitindo-lhe alcançar o saldo necessário para resgates de viagem desejados. Você descobrirá como aproveitar ao máximo suas milhas, sincronizando os recursos de programas distintos para atingir suas metas de resgate.

Explorando Combinações

- **Fusão de Milhas:** Combine os saldos de diferentes programas para maximizar suas opções de resgate.
- **Alcançando Objetivos:** Crie estratégias para atingir o saldo necessário para viagens dos sonhos.

O conhecimento adquirido aqui o capacitará a desbloquear recompensas emocionantes e econômicas. Ao dominar estratégias avançadas, você estará preparado para planejar viagens incríveis, explorando o mundo enquanto economiza. Experimente personalizar as estratégias conforme suas preferências, sabendo que tem em mãos as ferramentas para tirar o máximo proveito de suas milhas aéreas e criar experiências de viagem inesquecíveis.

STATUS DE VIAJANTE FREQUENTE & BENEFÍCIOS
- ELEVANDO SUA JORNADA -

Continuando nossa jornada pelo universo das milhas aéreas, examinaremos os prestigiados níveis de status e os luxuosos benefícios reservados para os viajantes frequentes. Prepare-se para mergulhar na experiência aprimorada que aguarda aqueles que conquistam esses patamares elevados.

No universo das viagens, o status de viajante frequente se destaca como um passaporte para uma jornada aprimorada. Ao atingir esse patamar de prestígio, as portas se abrem para uma série de benefícios que transcendem as expectativas convencionais. Desde upgrades elegantes até acesso a lounges exclusivos, o status de viajante frequente eleva a experiência do explorador moderno. Nesta exploração dos benefícios que permeiam esse status cobiçado, desvendaremos como ele não apenas torna as viagens mais luxuosas, mas também transforma a maneira como vivemos cada aventura. Ao alçar voo com o status de viajante frequente, estaremos destinados a desfrutar de uma jornada que transcende os limites, revelando uma dimensão de conforto, conveniência e excelência que ressoa profundamente na alma de todo viajante apaixonado.

NÍVEIS DE STATUS

- ESCALANDO A HIERARQUIA DA EXPERIÊNCIA -

Nos programas de fidelidade das companhias aéreas, os níveis de status têm uma função decisiva na experiência do viajante. Eles representam diferentes graus de prestígio e benefícios, desde níveis básicos, como Silver, até os mais prestigiosos, como Platinum e Executive. Nesta seção, analisaremos minuciosamente esses níveis de status, revelando os critérios necessários para alcançá-los e como eles podem variar entre diferentes programas de fidelidade.

Jornada para o Prestígio

- **Silver:** O nível Silver é, em geral, o ponto de partida para muitos viajantes frequentes. Para alcançar esse status, é necessário acumular um número mínimo de milhas de voo ou segmentos de voos em um ano-calendário. Os benefícios do nível Silver podem incluir prioridade no check-in e embarque, franquia de bagagem adicional e acesso a salas VIP.
- **Gold:** É um passo acima do Silver e tipicamente se obtém acumulando mais milhas ou segmentos de voo. Pode incluir todos os benefícios do Silver, além de acesso a salas VIP mais exclusivas, tratamento prioritário em casos de irregularidades de voo e upgrades de classe.
- **Platinum:** Reservado para viajantes frequentes altamente dedicados, os critérios para alcançá-lo são substancialmente maiores do que nos níveis anteriores. Os benefícios costumam incluir tudo o que os demais proporcionam, além de upgrade de classe mais frequente, maior franquia de bagagem e prioridade máxima em todos os aspectos da viagem.
- **Executive:** É o nível mais alto em muitos programas de fidelidade de companhias aéreas. Alcançá-lo é um feito notável e requer uma fidelidade significativa à companhia aérea parceira. Inclui todas as vantagens dos níveis anteriores, bem como tratamento VIP, check-in e embarque exclusivos, além de assistência pessoal em todas as etapas da jornada.

Caminho para o Topo

- O caminho para alcançar esses níveis de status varia de acordo com o programa de fidelidade da companhia aérea. Geralmente, os critérios incluem o acúmulo de milhas de voo ou segmentos de voo ao longo de um ano calendário. Além disso, alguns programas também podem considerar os gastos acumulados em passagens aéreas como um critério.
- É importante observar que os critérios para alcançar esses níveis podem ser ajustados ao longo do tempo pelos programas de fidelidade das companhias aéreas. Portanto, é preciso verificar as regras específicas do programa que você participa.
- Os viajantes frequentes muitas vezes planejam cuidadosamente suas viagens e escolhem voar com uma única companhia aérea ou membros de uma aliança de companhias aéreas para maximizar sua elegibilidade para esses níveis de status.

Os níveis de status nos programas de fidelidade das companhias aéreas propiciam uma jornada emocionante para os viajantes frequentes, recompensando a fidelidade e a dedicação. Cada nível representa uma conquista e entrega benefícios adicionais para tornar as viagens mais confortáveis e convenientes. No entanto, os critérios para alcançar esses níveis podem variar, então é importante estar ciente das regras do programa de fidelidade ao planejar suas viagens e aspirar a esses prestigiosos níveis de status.

BENEFÍCIOS DO STATUS
- O PODER DAS ALTURAS ALCANÇADAS -

Os viajantes frequentes que alcançam status elevados em programas de fidelidade de companhias aéreas são recompensados com uma série de benefícios exclusivos que aprimoram significativamente sua experiência de viagem. Nesta seção, discutiremos esses benefícios em detalhes, fornecendo um panorama completo de como eles transformam uma viagem comum em uma experiência excepcional.

Voando nas Nuvens de Luxo

- **Upgrades de Cabine:** Um dos benefícios mais cobiçados para os viajantes frequentes é a oportunidade de receber upgrades de cabine gratuitos ou com desconto. Assim, ao atingir certo nível de status, poderá ser promovido da classe econômica para a executiva ou da executiva para a primeira sem custos adicionais, garantindo mais espaço, conforto e serviços premium durante o voo.

- **Acesso a Salas VIP:** Os membros com status elevados geralmente têm acesso gratuito ou com desconto às salas VIP nos aeroportos. Essas salas proporcionam um ambiente tranquilo e luxuoso, com assentos confortáveis, comida e bebida de qualidade, Wi-Fi de alta velocidade e outras comodidades. É um refúgio perfeito para relaxar antes do voo.
- **Embarque com Prioridade:** Os viajantes frequentes com status elevados costumam embarcar antes dos demais passageiros, desfrutando de um embarque mais tranquilo e sem pressa. Isso lhe permite organizar suas bagagens de mão com facilidade e se acomodar a bordo com tranquilidade.
- **Franquia de Bagagem Ampliada:** Às vezes, os membros com status elevados têm direito a uma franquia de bagagem mais generosa, permitindo-lhe despachar mais malas sem custos adicionais. Isso é particularmente útil para viajantes que precisam transportar bagagem adicional.

Vantagens que Elevam

- **Experiência de Viagem Aprimorada:** Os benefícios do status elevado transformam uma viagem comum em uma experiência excepcional. Por exemplo, imagine poder relaxar em uma sala VIP, desfrutar de refeições gourmet, ter espaço extra na cabine e ser tratado com prioridade em todos os aspectos da sua jornada.
- **Economia Financeira:** Os upgrades de cabine e o acesso gratuito às salas VIP representam uma economia significativa, pois esses serviços normalmente custariam muito se fossem adquiridos separadamente.
- **Acúmulo de Milhas Bônus:** Além dos benefícios tangíveis, os membros com status elevados costumam acumular milhas bônus em voos, podendo ganhar milhas mais rapidamente para futuras viagens.
- **Fidelidade Recompensada:** Os programas de fidelidade das companhias aéreas reconhecem e recompensam a lealdade dos viajantes frequentes, disponibilizando benefícios exclusivos que tornam cada viagem mais agradável e conveniente.

Os benefícios do status elevado em programas de fidelidade de companhias aéreas são uma recompensa merecida para os viajantes frequentes. Eles não apenas aprimoram a experiência de viagem, privilegiando conforto e conveniência adicionais, mas também representam uma economia substancial e um reconhecimento da lealdade do viajante. Cada upgrade de cabine, acesso à sala VIP e embarque prioritário contribui para tornar cada jornada uma experiência memorável.

RESGATES EM PARCEIROS & ALIANÇAS AÉREAS
- EXPANDINDO HORIZONTES DE RESGATE -

Essa estratégia inteligente permite que os viajantes ampliem significativamente as possibilidades de resgate de suas milhas, indo além dos voos tradicionais e explorando um vasto mundo de recompensas de viagem. Vejamos o que isso significa e como você pode tirar o máximo proveito dessa abordagem.

Entendendo os Resgates em Parceiros e Alianças Aéreas

- **Ampliando Horizontes de Resgate:** Imagine suas milhas como chaves que podem abrir portas para destinos e experiências que vão além das rotas diretas de uma única companhia aérea. Os resgates em parceiros e alianças aéreas transcendem as fronteiras das companhias aéreas individuais, permitindo-lhe voar com diversas companhias dentro de uma ampla rede de parceiros.
- **Estratégia Inteligente de Viagem:** Ao conhecer essa intrincada rede de parcerias, você pode usar suas milhas para voar com companhias aéreas que fazem parte da mesma aliança aérea ou têm acordos de parceria. Isso abre um leque diversificado de opções de viagem e itinerários, tornando possível alcançar destinos que, de outra forma, seriam difíceis de acessar com uma única companhia aérea.
- **Versatilidade de Destinos:** Graças aos resgates em parceiros e alianças aéreas, suas milhas se transformam em passaportes versáteis, isto é, poderá usar as milhas e voar para destinos distantes e incríveis, mesmo que a companhia que opera o voo não seja aquela com a qual originalmente acumulou suas milhas. Dessa maneira, ampliará suas opções de viagem e poderá realizar seus sonhos de percorrer lugares diferentes.
- **Riqueza de Experiências:** Além de destinos variados, as alianças aéreas e parcerias também abrem o acesso a várias experiências de viagem. Isso inclui acesso a salas VIP, upgrades de cabine e benefícios adicionais que tornam sua jornada mais confortável e memorável.
- **Planejamento Inteligente:** Para aproveitar ao máximo os resgates em parceiros e alianças aéreas, é importante planejar suas viagens com antecedência e entender as opções disponíveis. Isso inclui conhecer as alianças aéreas e os parceiros de cada programa de fidelidade, bem como as regras e restrições associadas aos resgates em parceiros.

Os resgates em parceiros e alianças aéreas representam uma maneira inteligente e versátil de usar suas milhas para viajar. Eles expandem seus horizontes de resgate, permitindo-lhe explorar uma ampla gama de destinos e experiências, independentemente de qual companhia aérea opera o voo. É uma estratégia que enriquece sua jornada de viagem, oferecendo-lhe uma visão rica e diversificada do mundo que está esperando para ser explorado.

PARCEIROS DE RESGATE
- MAIS DO QUE VOAR -

Quando se trata de usar suas milhas, muitas vezes pensamos apenas em voos, mas há todo um mundo de possibilidades além disso. Vamos detalhar como resgatar milhas não se limita apenas a passagens aéreas, mas se estende a uma variedade de atividades de viagem, incluindo hospedagem em hotéis, aluguel de carros e até mesmo experiências turísticas. Vamos nos aprofundar ainda mais.

Além dos Céus

- **Resgate Versátil:** O conceito-chave, neste ponto, é que suas milhas podem ser usadas para muito mais do que apenas voos. As companhias aéreas parceiras permitem resgatar milhas para uma ampla gama de atividades relacionadas a viagens, incluindo hospedagem em hotéis, aluguel de veículos, pacotes de viagem e até mesmo experiências exclusivas.
- **Hospedagem:** Você pode usar as milhas para reservar estadias em hotéis parceiros das companhias aéreas, permitindo-lhe economizar em acomodações durante a viagem. Muitos programas de fidelidade brindam uma escolha de hotéis, desde opções econômicas até hotéis de luxo.
- **Aluguel de Carros:** Precisa de um veículo durante sua viagem? Muitos programas de fidelidade têm parcerias com locadoras de carros, permitindo-lhe alugar um carro com suas milhas. Isso pode ser útil para explorar seu destino com liberdade.
- **Experiências Exclusivas:** Além de voos e hospedagens, alguns programas de fidelidade viabilizam que você troque as milhas por experiências exclusivas; por exemplo, ingressos para eventos esportivos, concertos, passeios turísticos exclusivos e muito mais.

Parceiros de Viagem

- **Diversidade de Opções:** Entre as diferentes categorias de parceiros de resgate estão companhias aéreas, hotéis, locadoras de veículos e até mesmo empresas de turismo que disponibilizam pacotes de viagem. Cada tipo de parceiro oferece oportunidades únicas de resgate.
- **Flexibilidade:** A diversidade de parceiros de resgate outorga flexibilidade aos viajantes, isto é, poderá adaptar as escolhas de resgate de acordo com suas necessidades e preferências. Se você valoriza uma estadia

luxuosa em um hotel, poderá usar suas milhas para isso. Se prefere percorrer seu destino de carro, o aluguel de veículos pode ser uma opção.

- **Maximização de Valor:** Ao se familiarizar com os diferentes parceiros de resgate disponíveis e suas respectivas ofertas, maximizará o valor de suas milhas. Assim, elas deixam de ser uma moeda para voos e se tornam uma ferramenta versátil para enriquecer experiências de viagem.

Ao avaliar os parceiros de resgate diversificados oferecidos pelos programas de fidelidade, você abrirá um mundo de possibilidades para suas viagens. Desde hospedagem em hotéis até experiências exclusivas, suas milhas podem tornar sua jornada ainda mais memorável e enriquecedora.

ALIANÇAS AÉREAS
- TEIAS GLOBAIS DE POSSIBILIDADES -

Trataremos das principais alianças aéreas globais — Star Alliance, SkyTeam e Oneworld — e revelar como essas redes funcionam para o benefício dos membros dos programas de fidelidade das companhias aéreas. Você entenderá como usar suas milhas para voar com companhias aéreas que fazem parte da mesma aliança, dando-lhe acesso a itinerários mais abrangentes e conexões convenientes. Vamos nos aprofundar nesse conceito.

Alcance Global

- **Redes Mundiais:** As alianças aéreas globais são coalizões de várias empresas aéreas de todo o mundo que se unem para expandir o alcance de rotas e serviços. Assim, como membro do programa de fidelidade de uma companhia que faz parte de uma aliança, suas milhas poderão ser usadas não apenas em voos da companhia aérea principal, mas também naqueles operados por outras dentro da mesma aliança.
- **Conexões Mais Convenientes:** O benefício básico, neste caso, é a conveniência. Quando você planeja uma viagem, pode usar suas milhas para voar com diferentes companhias aéreas que fazem parte da mesma aliança. Isso lhe dá acesso a itinerários mais flexíveis e conexões suaves entre voos. Por exemplo, você pode voar de uma cidade para outra em um voo de uma companhia aérea parceira e, em seguida, pegar outro voo da mesma aliança para seu destino final.

Vantagens Estratégicas

- **Benefícios do Programa de Fidelidade:** Como membro de um programa de fidelidade de uma companhia aérea que faz parte de uma aliança, poderá acumular milhas voando com qualquer empresa da mesma aliança. Desse modo, suas milhas se acumularão mais rapidamente, permitindo-lhe atingir o status elite mais facilmente e aproveitar de benefícios como upgrades de cabine, acesso a salas VIP e embarque prioritário.

- **Flexibilidade de Resgate:** Além de acumular milhas mais eficientemente, você também pode resgatá-las de forma mais estratégica. Se uma companhia aérea específica não tiver disponibilidade para o seu destino ou data desejada, você pode procurar outras companhias da mesma aliança que ofereçam voos adequados. Isso aumenta suas chances de encontrar opções de resgate que atendam às suas necessidades.
- **Maximização de Milhas:** Compreender como as alianças aéreas funcionam e como as milhas podem ser usadas em toda a rede da aliança lhe permite maximizar o valor de suas milhas. Você pode desbravar destinos mais amplos e criar itinerários personalizados para suas viagens.

Vimos como as alianças aéreas globais, como Star Alliance, SkyTeam e Oneworld, expandem as opções de resgate e conexões para os membros dos programas de fidelidade das companhias aéreas. Ao utilizar milhas para voar com diferentes companhias pertencentes à mesma aliança, os viajantes podem desfrutar de uma maior flexibilidade e conveniência em suas viagens, além de maximizar o valor de suas milhas para experiências de viagem mais enriquecedoras.

MILHAS PARA HOTÉIS, CARROS & EXPERIÊNCIAS

- ALÉM DOS CÉUS -

Milhas que Abrem Portas

Abordemos as oportunidades empolgantes que, além das passagens aéreas tradicionais, suas milhas podem desbloquear. Prepare-se para descobrir um mundo vasto e diversificado de resgates, onde hotéis, carros e experiências memoráveis podem ser adquiridos com suas milhas.

Milhas que transcendem os ares revelam um universo ainda mais vasto de possibilidades. Ao adentrar o mundo das recompensas para hotéis, carros e experiências, encontramos um cenário onde as milhas não apenas nos levam a destinos distantes, mas também abrem portas para momentos memoráveis. Da hospedagem luxuosa à liberdade de explorar com um carro alugado, essas milhas se transformam em chaves que desbloqueiam um vasto leque de opções. Nessa jornada pelas terras que vão além dos céus, exploramos como as milhas, antes reservadas ao domínio aéreo, se tornam agentes de transformação que enriquecem nossas aventuras, tornando cada passo da jornada uma experiência inesquecível.

Hospedagem Sofisticada

Quando se trata de usar suas milhas para estadias em hotéis de luxo, siga estas etapas:

- $ **Pesquise as opções:** Primeiro, pesquise hotéis parceiros do programa de fidelidade da companhia aérea à qual você pertence. Verifique se eles oferecem a opção de resgatar milhas por estadias.
- $ **Verifique os requisitos:** Certifique-se de atender aos requisitos de milhas necessárias para resgatar uma estadia no hotel desejado.
- $ **Reserve com antecedência:** Faça sua reserva com antecedência, pois hotéis de luxo tendem a ter alta demanda. Esteja ciente das políticas de reserva e cancelamento.
- $ **Desfrute da hospedagem:** Ao chegar ao seu destino, aproveite sua estadia no hotel de luxo, sabendo que suas milhas tornaram essa experiência possível.

Mobilidade e Liberdade (Aluguel de Carros)

Se você deseja utilizar suas milhas para alugar um carro e explorar um destino à sua maneira, siga estas instruções:

- $ **Pesquisa de parceiros:** Verifique se o programa de fidelidade da companhia aérea disponibiliza opções de aluguel de carros em parceria com locadoras confiáveis.
- $ **Escolha o veículo:** Selecione aquele que melhor atenda às suas necessidades de viagem, como tamanho, tipo e recursos.
- $ **Verifique os requisitos:** Verifique se tem milhas suficientes para cobrir o valor do aluguel e conheça eventuais custos adicionais, como seguro.
- $ **Reserve com antecedência:** Faça sua reserva com antecedência, especialmente em épocas de alta temporada de viagens.
- $ **Pegue o carro:** No destino, retire seu carro alugado e aproveite a liberdade de percorrer a região de acordo com seu próprio cronograma.

Experiências Memoráveis

Para adquirir experiências únicas usando suas milhas, siga estas etapas:

- $ **Explore as opções:** Verifique as experiências disponíveis para resgate em eventos, passeios, atividades culturais, esportivas ou outras experiências emocionantes.
- $ **Escolha sua experiência:** Selecione a experiência que mais lhe interessa e que se encaixa no seu itinerário de viagem.
- $ **Verifique os requisitos:** Certifique-se de ter milhas suficientes para resgatar a experiência desejada.

- **Faça a reserva:** Entre em contato com o programa de fidelidade ou parceiro responsável pela experiência para fazer a reserva.
- **Desfrute da experiência:** Participe da experiência única que você resgatou, criando memórias especiais durante sua viagem.

Seguindo essas ideias, poderá aproveitar ao máximo as milhas, enriquecendo sua jornada e tornando cada momento da viagem uma experiência inesquecível.

RESGATES ALÉM DAS PASSAGENS AÉREAS

- HOSPEDAGEM, CARROS & EXPERIÊNCIAS -

Agora, você vai descobrir como usar suas milhas para criar experiências únicas em suas viagens, indo além das passagens aéreas tradicionais. Abordaremos como os programas de fidelidade proporcionam flexibilidade para que você possa usar suas milhas de várias maneiras empolgantes.

- **Acolhimento com Milhas:** Uma das maneiras de usar as milhas é hospedar-se em hotéis de qualidade. De tal modo, aprimorará sua experiência de viagem, desfrutando de estadias especiais nos destinos. Imagine ficar em hotéis de luxo; isso dará um toque especial às suas aventuras.
- **Rodando com Milhas:** Suas milhas também podem ser trocadas por aluguel de carros, propiciando-lhe liberdade e mobilidade durante as viagens. Escolha veículos que atendem às suas necessidades e explore destinos de forma conveniente.
- **Explorando Experiências Memoráveis:** Suas milhas não se limitam a passagens aéreas. Você pode usá-las para adquirir experiências únicas, como passeios turísticos e ingressos para eventos culturais. Isso transforma suas milhas em lembranças valiosas e experiências inesquecíveis.

Ao entender a variedade de opções disponíveis para resgatar suas milhas, você estará preparado para criar itinerários de viagem verdadeiramente únicos. Explore novos destinos de maneiras emocionantes e personalizadas, tornando suas viagens inesquecíveis. Suas milhas têm o poder de enriquecer suas aventuras, indo além das passagens aéreas tradicionais.

CUIDADOS E PRAZOS DAS MILHAS

- GARANTINDO O USO EFICIENTE DAS SUAS MILHAS -

Abordaremos um aspecto vital das milhas aéreas — o cuidado e a atenção necessários para gerenciar com sabedoria esse valioso recurso. Este é um guia essencial para garantir que suas milhas sejam usadas com eficiência, evitando contratempos e maximizando suas vantagens.

No universo das recompensas de viagem, a gestão cuidadosa e a compreensão dos prazos assumem grande importância para garantir o uso eficiente de suas milhas preciosas. A jornada de acúmulo de milhas exige uma abordagem proativa, onde o conhecimento dos prazos de validade e das políticas de expiração é vital. Além disso, os cuidados na escolha de quando e como resgatar milhas podem influenciar a amplitude das experiências que você pode alcançar. Nessa exploração da relação intrincada entre cuidados e prazos das milhas, mergulharemos nas estratégias que permitem que os viajantes inteligentes otimizem suas recompensas, garantindo que cada milha acumulada seja transformada em um valor inestimável, criando memórias que perduram por muitas viagens futuras.

Seguem algumas dicas que podem ajudá-lo a entender mais sobre as milhas:

- $ **Entendendo as Políticas de Validade**: O primeiro passo é compreender as políticas de validade das milhas em seu programa de fidelidade. Cada programa tem suas próprias regras quanto ao período de validade das milhas acumuladas. Verifique esses prazos e esteja ciente de quando suas milhas expirarão.
- $ **Atenção às Milhas Expirantes**: Fique atento às milhas que estão prestes a expirar. Muitas vezes, os programas viabilizam maneiras de estender a validade das milhas, como fazer um voo ou transação específica com cartão de crédito. Certifique-se de aproveitar essas oportunidades para evitar perder suas milhas duramente ganhas.
- $ **Planejamento de Resgates Estratégicos**: Não resgate suas milhas imediatamente após atingir a quantidade necessária. Planeje com cuidado seus resgates para aproveitar ao máximo suas milhas. Às vezes, é vantajoso esperar por promoções ou ofertas especiais que podem aumentar o valor das suas milhas.
- $ **Uso Inteligente de Cartões de Crédito**: Muitos programas de fidelidade têm parcerias com cartões de crédito que permitem acumular milhas em cada compra. Escolha cartões que se alinhem com seus objetivos de viagem e maximizem o acúmulo de milhas.
- $ **Monitoramento Regular**: Mantenha um registro de suas milhas e acompanhe suas transações. Isso ajudará a garantir que você esteja ciente de quantas milhas possui e quando estão programadas para expirar.
- $ **Resgates Significativos**: Ao resgatar suas milhas, escolha opções que agreguem valor às suas viagens. Pense em upgrades de cabine, voos em horários convenientes e destinos que realmente deseja desbravar.
- $ **Cuidado com Taxas e Restrições**: Conheça todas as taxas ou restrições associadas ao resgate de milhas. Algumas passagens resgatadas com milhas podem ter taxas adicionais; assim, leia os termos com atenção.
- $ **Planejamento de Viagens Futuras**: Se você é um viajante frequente, planeje suas futuras viagens com antecedência e considere como suas

milhas podem ser usadas para esses planos. Isso pode incluir o acúmulo de milhas específicas para destinos desejados.

Tenha em mente que as políticas de milhas podem variar entre os programas de fidelidade; por isso, é indispensável estar familiarizado com os regulamentos do seu programa específico. Com essas estratégias e cuidados em mente, poderá gerir suas milhas com eficiência e aproveitar ao máximo esse valioso recurso.

VALIDADE DAS MILHAS
- UMA CORRIDA CONTRA O TEMPO -

Aqui, fornecemos uma análise profunda das regras de validade das milhas em diferentes programas de fidelidade. Cada detalhe é minuciosamente explorado para que você compreenda como funciona o relógio das suas milhas. Ensinaremos como monitorar as datas de vencimento das milhas acumuladas e delinearemos estratégias para evitar que elas expirem, mantendo uma contagem ativa por meio de atividades regulares.

Em meio às recompensas de viagem, a validade das milhas se destaca como um fator crítico a ser gerenciado com precisão. Cada programa de fidelidade possui regras específicas sobre quanto tempo suas milhas permanecerão válidas antes de expirarem. Portanto, é vital compreender o relógio que está contando as milhas acumuladas e como evitar que elas expirem prematuramente.

Vencimento Iminente

O primeiro passo para um gerenciamento eficaz das milhas é familiarizar-se com as datas de validade estabelecidas pelo programa de fidelidade ao qual você está inscrito. Essas datas variam amplamente entre programas, indo de meses a anos. É imprescindível monitorar regularmente o status de suas milhas, verificando quando elas estão prestes a vencer. A maioria dos programas propicia maneiras de verificar essa informação por meio de seus sites ou aplicativos móveis.

Ao entender o prazo de validade de suas milhas, você pode criar um calendário ou definir lembretes para acompanhar essas datas. Isso o ajudará a evitar que suas milhas expirem inadvertidamente.

Ação Preventiva

Para manter suas milhas ativas e evitar a expiração, muitos programas de fidelidade mantêm estratégias simples, como:

- $ **Acúmulo Regular:** A maneira mais eficaz de manter suas milhas ativas é continuar acumulando-as. Isso pode ser feito por meio de voos, gastos com cartões de crédito afiliados ao programa, compras em parceiros ou outras atividades especificadas pelo programa. Certifique-se de ler as políticas do programa para entender quais atividades são elegíveis para manter suas milhas ativas.

- **Resgate Estratégico:** O resgate de milhas por passagens aéreas ou outras recompensas também pode ser uma forma eficaz de mantê-las ativas. Mesmo que você não tenha planos imediatos de viagem, considerar a reserva de voos futuros usando suas milhas pode ser uma maneira inteligente de evitar a expiração.
- **Compra de Milhas:** Alguns programas permitem comprar milhas. Embora essa opção tenha custos, pode ser útil para estender a validade de suas milhas, especialmente se estiver próximo da data de expiração.
- **Transferência de Milhas:** Em certos casos, poderá transferir milhas para outra pessoa, como um amigo ou membro da família. É uma opção útil para evitar que expirem, caso o programa permita a transferência.

A validade das milhas é um aspecto crítico dos programas de fidelidade que requer atenção e ação proativa por parte do viajante. Ao compreender as datas de validade, monitorando-as regularmente e adotando estratégias para mantê-las ativas, poderá garantir que elas permaneçam como um recurso valioso e duradouro, pronto para transformar seus planos de viagem em realidade.

ATENÇÃO ÀS ALTERAÇÕES
- NAVEGANDO COM FLEXIBILIDADE -

Agora, vamos abordar a importância de se manter sempre informado sobre possíveis mudanças nas políticas dos programas de milhagem. É vital entender que esses programas podem ajustar suas regras, seus valores de resgate e suas parcerias ao longo do tempo. Aqui, você encontrará orientações claras sobre como os membros podem se adaptar com sucesso a essas mudanças, permitindo-lhe continuar a usar suas milhas de maneira inteligente e eficaz.

Antecipando Mudanças

- **Adaptação Estratégica:** É essencial entender e saber reagir às alterações nas políticas dos programas de milhagem. Isso envolve monitorar regularmente as comunicações dos programas, como e-mails e atualizações no site. Fique atento a qualquer anúncio sobre mudanças iminentes.
- **Navegando com Consciência:** Esteja sempre ciente das possíveis alterações nos programas de milhagem. Procure adaptar-se e ajustar a estratégia de acúmulo e resgate conforme as políticas forem mudando. Esteja aberto a novas parcerias e oportunidades que podem surgir.

Ao compreender os prazos e cuidados envolvidos no mundo das milhas aéreas, você estará equipado com as ferramentas necessárias para administrar suas milhas de forma inteligente e evitar contratempos indesejados. Seja mantendo suas milhas ativas ou se adaptando às mudanças, você navegará com confiança, aproveitando ao máximo o valor acumulado em suas viagens e experiências.

PLANEJAMENTO DE VIAGENS INTELIGENTE - NAVEGANDO COM ESTRATÉGIA -

Bem-vindo ao empolgante território do planejamento de viagens inteligente, onde estratégia e conhecimento se unem para aprimorar a sua experiência e maximizar o valor das suas milhas aéreas. Ao se preparar para essa jornada, você descobrirá insights e dicas que transformarão completamente a sua abordagem ao planejamento de viagens, tornando suas jornadas mais suaves e recompensadoras.

O Conceito de "Navegando com Estratégia"

O planejamento de viagens evoluiu consideravelmente com a integração de tecnologias inteligentes, dando origem ao poderoso conceito de "Navegando com Estratégia". Nessa abordagem inovadora, os viajantes aproveitam recursos avançados para otimizar cada aspecto de sua jornada, desde a escolha do destino inicial até o momento do retorno para casa. Ela é impulsionada pela combinação de informações em tempo real, aplicativos personalizados e análises de dados, visando proporcionar experiências de viagem mais eficientes e personalizadas.

- $ **Os Benefícios do Planejamento de Viagens Inteligente:** O planejamento de viagens inteligente visa garantir que você aproveite ao máximo cada aventura, seja a lazer ou a trabalho.
- $ **Escolher Destinos com Sabedoria:** Baseie-se em dados e insights de viagem para selecionar destinos que correspondam às suas preferências e interesses pessoais.
- $ **Planejar Rotas Eficientes:** Utilize aplicativos de planejamento de viagens que sugiram as rotas mais eficientes e convenientes, economizando tempo e evitando estresses desnecessários.
- $ **Aproveitar Ofertas e Descontos:** Fique atento às promoções de companhias aéreas, hotéis e locadoras de carros para economizar nas viagens.
- $ **Acessar Informações em Tempo Real:** Mantenha-se informado sobre condições meteorológicas, status de voos e quaisquer atualizações importantes durante sua viagem.
- $ **Personalizar Suas Experiências:** Descubra restaurantes locais, atividades e atrações que correspondam aos seus gostos pessoais, criando assim uma viagem verdadeiramente personalizada.

- **Maximizar o Valor de Suas Milhas:** Utilize suas milhas aéreas de forma estratégica para obter upgrades de classe, acessar salas VIP em aeroportos e garantir a flexibilidade em suas viagens.
- **Estar Preparado para Imprevistos:** Planeje para contingências, como atrasos de voo ou mudanças de itinerário, para garantir que sua viagem permanecerá sem complicações.

O planejamento de viagens inteligente é uma abordagem abrangente que combina tecnologia e estratégia para otimizar sua experiência de viagem. Ao dominar essa abordagem, você estará pronto para explorar o mundo com confiança, sabendo que aproveitará ao máximo cada jornada.

ANTECEDÊNCIA NAS RESERVAS
- A CHAVE PARA O SUCESSO -

Planejar suas viagens com antecedência é essencial para garantir uma experiência de viagem tranquila e eficaz. Nesta seção, veremos por que a antecedência nas reservas é de extrema importância para maximizar o valor das suas milhas aéreas e garantir que você obtenha os assentos desejados e horários de voo convenientes. A seguir estão as etapas que deverá seguir para tirar o máximo proveito das suas milhas ao planejar suas viagens.

Tempo é Essencial

A antecedência nas reservas é essencial para uma viagem bem-sucedida. Quando você planeja antecipadamente, obtém diversas vantagens:

- **Disponibilidade de Assentos**: As empresas costumam disponibilizar um número limitado de assentos para resgates. Reservar com antecedência aumenta suas chances de conseguir os assentos que deseja.
- **Horários Convenientes**: Voos populares e horários convenientes tendem a esgotar rapidamente. Reservar com antecedência lhe permitirá escolher entre diversas opções e horários de voo.
- **Menos Estresse**: Planejar com antecedência reduz o estresse e os imprevistos de última hora; assim, aproveitará ao máximo sua viagem.

Maximizando o Valor

Além de garantir a disponibilidade e a conveniência, planejar com antecedência também ajuda a maximizar o valor das suas milhas:

- **Menos Milhas Necessárias**: Muitos programas de fidelidade dão descontos nas milhas necessárias para resgates antecipados, permitindo-lhe economizar suas milhas para futuras viagens.

- $ **Flexibilidade de Escolha**: Com antecedência, você tem a flexibilidade de escolher entre datas e destinos, permitindo-lhe encontrar as melhores ofertas e opções de voo.
- $ **Planejamento Financeiro**: Reservar com antecedência lhe permite planejar seu orçamento de viagem com mais precisão, pois você saberá qual é o custo das passagens antecipadamente.

Sabendo a importância da antecedência nas reservas, você estará preparado para tirar o máximo proveito das suas milhas aéreas. Planejar suas viagens com antecedência não apenas garante disponibilidade e conveniência, mas também ajuda a economizar milhas e reduzir o estresse associado às viagens de última hora. Portanto, lembre-se sempre de reservar com antecedência para uma experiência de viagem mais suave e econômica.

ÉPOCA & DESTINOS ESTRATÉGICOS
- NAVEGANDO EM ÁGUAS CLARAS -

Para garantir o uso eficiente das suas milhas aéreas, é imprescindível escolher cuidadosamente as épocas do ano e os destinos para resgatá-las. Nesta seção, vamos explorar como você pode tomar decisões estratégicas para maximizar o valor das suas milhas. Aqui estão as etapas que você deve seguir para navegar nessas águas claras com sucesso:

Otimizando Suas Viagens:

- $ **Escolha das Épocas**: Certas épocas do ano são mais propícias para promoções e descontos em passagens aéreas. Pesquise e planeje suas viagens para aproveitar essas oportunidades. Por exemplo, muitas vezes, as passagens são mais baratas durante a baixa temporada turística.
- $ **Destinos Estratégicos**: Alguns destinos têm uma demanda menor em determinadas épocas do ano. Dessa maneira, você poderá encontrar passagens mais baratas e aproveitar melhor suas milhas ao viajar para esses lugares durante esses períodos.

Na Hora Certa

- $ **Aproveitando Promoções**: Fique atento às promoções oferecidas pelas companhias aéreas e programas de fidelidade. Muitas vezes, você pode conseguir ótimos negócios ao resgatar milhas durante esses eventos.
- $ **Evitando a Alta Demanda**: Evite períodos de alta demanda, como feriados ou eventos especiais, quando as passagens tendem a ser mais caras e as opções de resgate de milhas podem ser limitadas.

Se você compreender a estratégia por trás da escolha de épocas e destinos estratégicos, poderá otimizar seus resgates de milhas e aproveitar ao máximo esse recurso valioso. Planeje suas viagens de acordo com as promoções e evite os períodos de alta demanda para economizar milhas e dinheiro. Lembre-se de que o conhecimento adquirido neste capítulo poderá transformar completamente sua experiência de viagem, tornando-a mais econômica, confortável e repleta de descobertas. Embarque nessa jornada de vantagens contínuas, navegando com confiança para conquistar horizontes mais amplos e experiências enriquecedoras em cada destino que explorar.

30

CAPÍTULO 30/32

O CARTÃO DE CRÉDITO E A REVOLUÇÃO DO DINHEIRO

SALAS VIP

- O REFÚGIO DO VIAJANTE -

As **Salas VIP** nos aeroportos são verdadeiros oásis de tranquilidade e conforto em meio à agitação do ambiente aeroportuário. Aqui, vamos explorar em detalhes o conceito desses espaços exclusivos, destacando como eles são projetados para tornar a experiência de viagem mais agradável. Leia os pontos a seguir para compreender completamente o valor das salas VIP:

Conceito de Salas VIP

- **Refúgio do Viajante**: As salas VIP são refúgios cuidadosamente projetados para oferecer uma pausa tranquila e luxuosa durante sua jornada aérea. Elas são concebidas como espaços exclusivos que proporcionam conforto, exclusividade e conveniência aos passageiros.

Amenidades e Conveniências

- **Assentos Confortáveis**: As salas VIP geralmente oferecem uma variedade de assentos, desde poltronas acolhedoras até sofás espaçosos, para que você possa relaxar com facilidade.
- **Wi-Fi de Alta Velocidade**: Fique conectado com Wi-Fi de alta velocidade; assim, poderá trabalhar ou entreter-se enquanto espera por um voo.
- **Comida e Bebida de Qualidade**: Desfrute de opções gastronômicas de alta qualidade, incluindo refeições quentes, lanches frescos e uma variedade de bebidas, de café a coquetéis.
- **Espaços para Trabalho**: Algumas delas oferecem áreas de trabalho com computadores e impressoras, ideais para viajantes a negócios.

Exclusividade e Acesso

- **Associação e Bilhetes de Classe**: O acesso às salas VIP pode ser obtido através de associações a programas de fidelidade de companhias aéreas, bilhetes de classe executiva ou por meio de passes pagos.
- **Ambiente Tranquilo**: Elas oferecem um ambiente calmo e tranquilo, longe das multidões e do barulho das áreas comuns dos aeroportos.

Valor Adicionado à Viagem

- **Extensão da Experiência de Viagem**: Pense nas salas VIP como uma extensão da jornada. Elas não são apenas lugares para esperar pelo voo, mas espaços que podem aprimorar sua experiência como um todo.
- **Sofisticação e Relaxamento**: As salas VIP adicionam um toque de sofisticação e relaxamento à sua viagem, permitindo que você comece a relaxar mesmo antes de embarcar.

Entendendo o conceito por trás das salas VIP e as amenidades que elas oferecem, estará mais capacitado para desfrutar ao máximo desses espaços exclusivos durante suas viagens. Considerando a exclusividade, o conforto e a conveniência que as salas VIP proporcionam, elas se tornam um refúgio bem-vindo em meio à agitação dos aeroportos, tornando sua jornada mais agradável e tranquila.

O CONCEITO DE SALAS VIP
- UM OÁSIS DE CONFORTO E EXCLUSIVIDADE -

Navegando nas Alturas do Luxo Aeroportuário

Imagine entrar em um aeroporto e, em vez da habitual agitação e desconforto das áreas comuns, ser recebido por um oásis de tranquilidade e luxo: é o mundo das salas VIP, onde o conceito de conforto e exclusividade atinge o ápice. Mergulharemos nesse universo de sofisticação aeroportuária, onde cada detalhe é planejado em detalhes para proporcionar uma experiência única aos passageiros.

- **Design e Ambiente:** As salas VIP são verdadeiras obras de arte em termos de design e ambiente. Cada espaço é meticulosamente planejado para criar uma atmosfera acolhedora e luxuosa. Os móveis são escolhidos com conforto em mente, e a disposição dos assentos permite privacidade e relaxamento. A iluminação é suave e agradável, criando uma sensação de calma. A decoração reflete a cultura e o estilo da companhia aérea ou do aeroporto, tornando cada sala única em sua estética.

- **Comodidades Exclusivas:** As salas VIP oferecem uma ampla gama de comodidades exclusivas. Ali encontrará áreas de descanso com poltronas reclináveis, estações de trabalho equipadas com tomadas e Wi-Fi de alta velocidade para manter-se conectado e até mesmo espaços para reuniões e conferências para aqueles que precisam trabalhar enquanto esperam pelo voo. Os buffets gourmet oferecem uma seleção de deliciosas opções de comida e bebida, permitindo que os passageiros desfrutem de uma refeição de alta qualidade antes do voo. Além disso, muitas salas VIP oferecem serviços de spa, chuveiros para refrescar-se e assistência personalizada para atender às necessidades individuais dos viajantes.

Ao compreender o conceito por trás das salas VIP, estará preparado para aproveitar ao máximo essa experiência de viagem única. Esses espaços são muito mais do que simples áreas de espera — são verdadeiros santuários de sofisticação que elevam a experiência de viajar para um nível totalmente novo. Portanto, quando você se encontrar em um aeroporto com acesso a uma sala VIP, não hesite em desfrutar de todo o conforto e exclusividade que elas têm a oferecer. É uma maneira fantástica de tornar sua jornada ainda mais especial e relaxante.

ACESSO ÀS SALAS VIP

- DESVENDANDO A PORTA PARA O LUXO -

Como já falamos, as salas VIP nos aeroportos são refúgios de conforto e requinte. Mas como exatamente você pode desbloquear a porta para esse mundo de vantagens? Vamos nos aprofundar nas diferentes maneiras pelas quais os viajantes podem obter acesso a essas cobiçadas áreas de descanso e luxo. Independentemente de ser um membro de programa de fidelidade de uma companhia aérea, um viajante frequente com status elevado, um portador de cartão de crédito premium ou mesmo alguém que opta por comprar um passe de acesso, existe uma opção para você desfrutar das comodidades exclusivas das salas VIP.

- **Viajantes Fiéis:** Se você é membro do programa de fidelidade de uma companhia aérea, poderá ganhar acesso às salas VIP com base no seu status e nas milhas que acumulou. Quanto mais voar com uma empresa específica e quanto mais gastar, maior será o seu status e as recompensas associadas, incluindo o acesso às salas VIP. Esse é um benefício valioso para quem é fiel a uma companhia aérea e voa com frequência.
- **Status Elevado:** Viajantes frequentes com status elevado, às vezes alcançados através do acúmulo de milhas ou segmentos de voo, desfrutam de entrada privilegiada nas salas VIP. Eles têm acesso a uma gama mais ampla de salas e podem entrar mesmo em momentos de alta demanda.

- **Passe de Acesso:** Para aqueles que não são membros de programas de fidelidade ou viajantes frequentes, ainda é possível vivenciar o luxo das salas VIP comprando um passe de acesso. Muitos aeroportos oferecem essa opção, permitindo que passageiros ou viajantes ocasionais desfrutem das vantagens das salas VIP durante sua espera.

Ao explorar as diversas formas de acesso às salas VIP, estará preparado para aproveitar ao máximo essa parte exclusiva da viagem. Cada opção oferece um caminho para o conforto e a sofisticação em meio à agitação do aeroporto. Portanto, independentemente de como você ganhe seu acesso, lembre-se de aproveitar ao máximo esses oásis de tranquilidade e requinte durante sua próxima viagem.

SALAS VIP NO BRASIL
- UM LUXO ACESSÍVEL EM SOLO NACIONAL -

Compartilharei dicas valiosas para que você possa aproveitar ao máximo as salas VIP nos principais aeroportos do Brasil. Prepare-se para descobrir como acessar e desfrutar desses espaços de requinte, tornando suas viagens em território nacional verdadeiramente memoráveis.

Oásis de Conforto em Meio ao Caos

Imagine um local tranquilo, longe da agitação dos terminais de aeroporto, onde você pode relaxar antes do seu voo. Isso é o que as salas VIP no Brasil oferecem. Esses espaços, que antes eram reservados principalmente para voos internacionais, agora estão disponíveis para passageiros que desejam uma experiência mais luxuosa e relaxante, mesmo em voos domésticos.

Transformando Sua Jornada Pré-Voo

As salas VIP não são apenas lugares para esperar o voo; são uma extensão da experiência de viagem. Com serviços que incluem deliciosas refeições, áreas de trabalho confortáveis e ambientes elegantes, esses espaços redefinem o padrão das viagens aéreas. Portanto, aproveite ao máximo cada momento antes do seu voo e faça com que sua jornada seja parte integrante da sua experiência de viagem.

Explorando as Opções Disponíveis

Neste ponto, você talvez esteja se perguntando como acessar essas salas VIP. A boa notícia é que existem várias maneiras, e essas são algumas delas:

- Se você é membro de um programa de fidelidade de uma empresa aérea, verifique se seu status e milhas acumuladas lhe dão acesso às salas VIP.

- Se viaja com frequência e tem um alto status em programas de fidelidade, poderá desfrutar de entradas privilegiadas.
- Alguns optam por comprar passes de acesso. Essa é uma ótima maneira de desfrutar das salas VIP mesmo sem status de viajante frequente.

Essas opções o prepararão para aproveitar ao máximo as salas VIP no Brasil, tornando suas viagens nacionais mais confortáveis e luxuosas.

PARCEIROS E ALIANÇAS
- ABERTURA PARA UM MUNDO DE OPORTUNIDADES -

Quando se trata de acessar salas VIP nos aeroportos brasileiros, é vital compreender como os programas de fidelidade e as alianças com companhias aéreas podem abrir um mundo de oportunidades. Eis algumas dicas e informações valiosas:

Ampliando as Possibilidades com Programas de Fidelidade

- Se você ainda não é membro de um programa de fidelidade de uma companhia aérea, considere se inscrever em um. Muitas vezes, esses programas oferecem a oportunidade de acumular milhas ou pontos que podem ser trocados por acesso a salas VIP.
- Preste atenção às promoções e ofertas especiais dos programas de fidelidade. Às vezes, eles disponibilizam upgrades de categoria ou ofertas de acesso gratuito como parte de suas campanhas promocionais.

Benefícios das Alianças Aéreas Globais

- Saiba que pertencer a uma aliança aérea global, como Star Alliance, SkyTeam ou Oneworld, pode ser uma vantagem significativa, pois ao ser membro de uma companhia aérea que faz parte de uma dessas alianças, poderá desfrutar de benefícios em voos de outras empresas pertencentes à mesma aliança, incluindo acesso a salas VIP.
- Esteja ciente de que o acesso às salas VIP pode variar dependendo do status do seu cartão de fidelidade e da classe de serviço em que você está voando. Viajar em classe executiva ou de primeira classe geralmente proporciona acesso automático.

Planeje com Antecedência

- Ao fazer suas reservas de voos, verifique se a companhia aérea que você escolheu faz parte de uma aliança global que inclui opções de salas VIP nos aeroportos brasileiros.

- $ Antes da viagem, acesse o site da linha aérea e da aliança para entender os critérios de acesso às salas VIP. Assim, você poderá ter certeza de que cumpre com os requisitos necessários para aproveitar esses benefícios.

Ao compreender como os programas de fidelidade e as alianças aéreas podem ampliar suas opções de acesso às salas VIP nos aeroportos brasileiros, você estará pronto para desfrutar de uma experiência VIP em múltiplos destinos dentro do país. Lembre-se de verificar as regras específicas de cada companhia aérea e aliança para aproveitar ao máximo essas vantagens. *Bon voyage*!

AEROPORTOS BRASILEIROS
- UM GUIA DETALHADO -

Prepare-se para desvendar o mundo das salas VIP nos principais aeroportos do Brasil, pois estou prestes a lhe fornecer um guia completo e cheio de dicas valiosas. Vamos mergulhar nesse universo de luxo, onde você encontrará um oásis de conforto e conveniência. Siga estas etapas e aproveite ao máximo sua experiência em aeroportos brasileiros:

Conheça as Opções Disponíveis

O primeiro passo é conhecer as salas VIP disponíveis nos aeroportos brasileiros que você planeja visitar. Cada aeroporto pode ter várias opções, e é essencial saber quais estão à sua disposição. Consulte os sites dos aeroportos ou use aplicativos de viagem confiáveis para obter essa informação.

Descubra as Companhias Aéreas Envolvidas

As salas VIP são frequentemente operadas por companhias aéreas específicas. Portanto, identifique quais companhias aéreas oferecem esses espaços nos aeroportos que você visitará. Isso é crucial, pois a sua elegibilidade para acessar uma sala VIP poderá depender da companhia aérea com a qual você está viajando.

Conheça os Serviços Oferecidos

Cada sala VIP é única e oferece uma variedade de serviços e comodidades. Alguns podem incluir buffet de alta qualidade, bebidas, áreas de descanso confortáveis, acesso Wi-Fi rápido e estações de trabalho. Ao saber o que está disponível, você poderá aproveitar ao máximo sua estadia.

Verifique os Critérios de Acesso

Cada sala VIP tem critérios específicos de acesso, que podem incluir um status de passageiro frequente, a classe de viagem, cartões de crédito premium ou a compra de passes de acesso. Certifique-se de atender a esses requisitos antes de se dirigir à sala. Se você for membro de um programa de fidelidade de uma companhia aérea, verifique se seu status oferece acesso gratuito.

Planeje com Antecedência

Não deixe para a última hora! Planeje sua visita à sala VIP com antecedência para garantir que você terá tempo suficiente para desfrutar de tudo o que ela oferece. Chegue ao aeroporto com tempo de sobra para relaxar antes do seu voo.

Aproveite ao Máximo:

Uma vez dentro da sala VIP, relaxe e aproveite as comodidades. Desfrute de uma refeição deliciosa, trabalhe produtivamente ou apenas relaxe em um ambiente tranquilo. Lembre-se de que essa é uma parte valiosa da sua jornada de viagem.

Ao seguir essas dicas e explorar as salas VIP nos aeroportos brasileiros, você transformará sua experiência de viagem em algo verdadeiramente memorável. Aproveite ao máximo esse luxo acessível em solo nacional e faça com que suas viagens sejam não apenas convenientes, mas também incrivelmente agradáveis. Viajar nunca foi tão confortável!

LISTA DAS SALAS VIP DO BRASIL

- DIVIDIDO POR PROGRAMAS -

LOUNGEKEY:

GRU - GUARULHOS:

W PREMIUM LOUNGE
Localização: Terminal 1, 2º Piso, Após o Controle de Segurança
Funcionamento: 24 Horas

GOL PREMIUM LOUNGE INTERNACIONAL
Localização: Terminal 2, Mezanino, Lado Leste
Funcionamento: 05h às 01h

BLERIOT BAR & LOUNGE DOMÉSTICA
Localização: Terminal 2, Próximo aos Portões 232 e 233
Funcionamento: 6h às 23h

URBAN LOUNGE & WORK
Localização: Terminal 2, Mezanino, Check-in E
Funcionamento: 16h às 22h

BLERIOT BAR & LOUNGE INTERNACIONAL
Localização: Terminal 3, Próximo aos Portões 301 e 304
Funcionamento: 24 Horas

BSB - BRASÍLIA:

VIP CLUB
Localização: 2º Andar, Corpo Central, Próximo aos Portões 14 e 15
Funcionamento: 24 Horas

VIP EXPRESS NORTE
Localização: 2º Andar, Píer Norte, Próximo ao Portão 9
Funcionamento: 06h às 00h

VIP EXPRESS SUL
Localização: 2º Andar, Píer Sul, Próximo ao Portão 21
Funcionamento: 06h às 00h

VIP CLUB INTERNACIONAL
Localização: Embarque Internacional, Térreo, Próximo ao Portão A
Funcionamento: 24 Horas

VCP - VIRACOPOS (CAMPINAS):

LOUNGE AZUL INTERNACIONAL
Localização: Mezanino, em Frente ao Duty Free
Funcionamento: 06h30 às 00h

AMBAAR CLUB VCP
Localização: Terminal 1, 1º Andar, Próximo à Praça de Alimentação
Funcionamento: 06h às 22h

GIG - GALEÃO (RIO DE JANEIRO):

GOL PREMIUM LOUNGE
Localização: Terminal 2, 2º Andar, em Frente aos Portões B36 e B37
Funcionamento: FECHADO TEMPORARIAMENTE

GOL PREMIUM LOUNGE INTERNACIONAL
Localização: Terminal 2, 3º Andar, Píer Sul
Funcionamento: FECHADO TEMPORARIAMENTE

SDU - SANTOS DUMOND (RIO DE JANEIRO):

ADVANTAGE VIP LOUNGE
Localização: 1º Andar, Após o RAIO-X, Próximo à Polícia Federal
Funcionamento: 04h30 às 22h

ADVANTAGE VIP LOUNGE
Localização: 1º Andar, Antes do RAIO-X, em Frente ao Bradesco Cartões Lounge
Funcionamento: 04h30 às 22h

CNF - CONFINS:

AMBAAR LOUNGE DOMÉSTICA
Localização: Terminal 1, Após o RAIO-X e o CHECK-IN
Funcionamento: 04h30 às 23h

AMBAAR LOUNGE INTERNACIONAL
Localização: Terminal 2, Após o RAIO-X, Próximo ao Duty Free
Funcionamento: 16h às 04h

REC - RECIFE:

LUCK VIAGENS
Localização: Em Frente ao Sweets Café, ao Lado do Portão A4
Funcionamento: Seg. a Sex.: 07h às 23h, Sáb. e Dom.: 08h às 18h

PROAIR SALA VIP INTERNACIONAL
Localização: Após o RAIO-X, em Frente ao Portão 16
Funcionamento: FECHADO TEMPORARIAMENTE

POA - PORTO ALEGRE:

AMBAAR CLUB
Localização: Piso Mezanino, Próximo aos Portões 117 e 118
Funcionamento: 06h às 22h

FOR - FORTALEZA:

AMBAAR CLUB
Localização: 3º Andar, Próximo aos Portões 8 e 9
Funcionamento: 06h às 22h

CWB - CURITIBA:

ADVANTAGE VIP LOUNGE
Localização: Após o Controle do Cartão de Embarque e Antes do RAIO-X, à Esquerda
Funcionamento: 05h às 22h

BREAK TRAVEL LOUNGE
Localização: 2º Andar, Praça de Alimentação, ao Lado da Administração
Funcionamento: 05h às 23h

BEL - BELÉM:

SALA VIP VALEVERDE
Localização: 2º Andar, Área de Embarque, Próximo ao Portão 1
Funcionamento: 24 Horas

VIX - VITÓRIA:

THE LOUNGE VITÓRIA
Localização: 2° Andar, Após o Controle de Bagagens
Funcionamento: 04h às 20h

MAO - MANAUS:

HARMONY LOUNGE
Localização: Após o RAIO-X, à Esquerda
Funcionamento: 09h30 às 18h30 e 22h às 06h

FLN - FLORIANÓPOLIS:

THE LOUNGE FLORIANÓPOLIS
Localização: 2° Andar, em Frente ao Portão 6
Funcionamento: Seg. a Qua.: 04h às 21h, Qui. a Dom.: 04h às 23h

GYN - GOIÂNIA:

W PREMIUM LOUNGE
Localização: Área Comercial, Após o Controle de Passaporte e a Verificação de Segurança
Funcionamento: 24 Horas

CGB - CUIABÁ:

W PREMIUM LOUNGE
Localização: 1° Piso, em Frente à Verificação de Passaporte e Controle de Segurança
Funcionamento: 24 Horas

IGU - FOZ DO IGUAÇU:

THE LOUNGE CATARATAS
Localização: 1° Andar, em Frente ao Portão 2
Funcionamento: 07h às 20h (Seg. e Sex.: 03h30 às 20h)

ADVANTAGE VIP LOUNGE
Localização: 1° Andar, em Frente ao Portão 2
Funcionamento: 04h às 00h

NVT - NAVEGANTES:

W PREMIUM LOUNGE
Localização: Após o Controle de Passaporte e Verificação de Segurança, Próximo ao Portão 1
Funcionamento: 04h às 21h30

LDB - LONDRINA:

W PREMIUM LOUNGE
Localização: 1º Piso, Após o Controle de Segurança, à Direita
Funcionamento: 04h às 11h e 14h às 21h

BPS - PORTO SEGURO:

ISLA LOUNGE
Localização: Lado de Fora do Terminal do Aeroporto, em Frente ao Estacionamento
Funcionamento: 09h às 19h

CGH - CONGONHAS:

ADVANTAGE VIP LOUNGE
Localização: 1º Andar, Antes do RAIO-X, à Direita
Funcionamento: 04h30 às 22h

GRU - GUARULHOS:

MASTERCARD BLACK LOUNGE INTERNACIONAL
Localização: Terminal 3, 2º Andar
Funcionamento: 06h às 23h30

MASTERCARD BLACK LOUNGE INTERNACIONAL
Localização: Terminal 3, Piso Térreo
Funcionamento: 17h às 23h30

TRYP GRU AIRPORT INTERNACIONAL
Localização: Terminal 3, 1º Andar à Direita
Funcionamento: 06h às 21h30

DRAGONPASS:

CWB - CURITIBA:

BREAK TRAVEL LOUNGE INTERNACIONAL
Localização: 2º Andar, Praça de Alimentação, ao Lado da Administração
Funcionamento: 05h às 23h

MAO - MANAUS:

HARMONY LOUNGE
Localização: Terminal 1, Após o RAIO-X, à Esquerda
Funcionamento: 09h às 17h e 18h às 6h

GIG - GALEÃO (RIO DE JANEIRO):

PLAZA PREMIUM LOUNGE DOMÉSTICA
Localização: Terminal 2, Mezanino, 1º Andar
Funcionamento: 07h às 22h

PLAZA PREMIUM LOUNGE INTERNACIONAL
Localização: Terminal 2, 3º Andar, Píer Sul
Funcionamento: Seg., Qua. e Sex.: 12h às 15h e 18h às 22h, Sáb.: 19h às 23h, Dom.: 18h às 23h

GIG - GALEÃO (RIO DE JANEIRO):

PLAZA PREMIUM LOUNGE (CHEGADAS)
Localização: Terminal 2, Edifício Garagem, 1º Andar
Funcionamento: 06h30 às 22h

GOL PREMIUM LOUNGE
Localização: Terminal 2, 2º Andar, em Frente aos Portões B36 e B37
Status: FECHADO TEMPORARIAMENTE

GOL PREMIUM LOUNGE INTERNACIONAL
Localização: Terminal 2, 3º Andar, Píer Sul
Funcionamento: 06h às 02h

GOL PREMIUM LOUNGE INTERNACIONAL
Localização: Terminal 2, 3º Andar, Píer Sul
Funcionamento: 06h às 02h

STAR ALLIANCE LOUNGE
Localização: Terminal 2, 3º Andar, Píer Sul
Funcionamento: De acordo com os voos

LDB - LONDRINA:

W PREMIUM LOUNGE
Localização: 1º Piso, Após o Controle de Segurança, à Direita
Funcionamento: Seg. a Sex.: 05h às 20h30, Sáb.: 05h às 23h30, Dom.: 14h às 20h30

CGB - CUIABÁ:

W PREMIUM LOUNGE
Localização: 1º Piso, em Frente à Verificação de Passaporte e Controle de Segurança
Funcionamento: 24 Horas

NVT - NAVEGANTES:

W PREMIUM LOUNGE
Localização: Após o Controle de Passaporte e Verificação de Segurança, Próximo ao Portão 1
Funcionamento: 04h às 21h30

GYN - GOIÂNIA:

W PREMIUM LOUNGE

Localização: Área Comercial, Após o Controle de Passaporte e a Verificação de Segurança
Funcionamento: 02h às 01h

GRU - GUARULHOS:

W PREMIUM LOUNGE

Localização: Terminal 1, 2º Piso, Após o Controle de Segurança

PLAZA PREMIUM LOUNGE

Localização: Terminal 2, Mezanino, Após o Raio-X, Próximo aos Portões 201-224

PLAZA PREMIUM LOUNGE

Localização: Terminal 2, Antes do Raio-X, Antiga Villa GRU, Check-in D

TRYP GRU AIRPORT INTERNACIONAL

Localização: Terminal 3, 1º Andar à Direita

URBAN LOUNGE & WORK

Localização: Terminal 2, Mezanino, Check-in E

GOL PREMIUM LOUNGE DOMÉSTICA

Localização: Terminal 2, Mezanino, Lado Oeste

GOL PREMIUM LOUNGE INTERNACIONAL

Localização: Terminal 2, Mezanino, Lado Leste

DGRU - GUARULHOS:

LATAM VIP LOUNGE INTERNACIONAL

Localização: Terminal 3, 2º Andar, Próximo aos Portões 301 e 302
Horário: 24 Horas

DCGH - CONGONHAS:

LATITUDE LOUNGE

Localização: 1º Andar, à Esquerda, Antes da Entrada para os Portões de Embarque, Próximo à Drogaria
Horário: 06h às 22h

DCNF - CONFINS:

AMBAAR LOUNGE DOMÉSTICA

Localização: Terminal 1, Após o Raio-X e o Check-in, Próximo ao Portão 7 e 8
Horário: 04h às 23h

AMBAAR LOUNGE INTERNACIONAL

Localização: Terminal 2, Após o Raio-X, Próximo ao Duty Free
Horário: 24 Horas

BRADESCO

GRU - GUARULHOS:

BRADESCO CARTÕES LOUNGE
Localização: Terminal 2, Mezanino, Lado Oeste
Horário: 06h às 23h

CGH - CONGONHAS:

BRADESCO CARTÕES LOUNGE
Localização: Em Frente ao Portão 5, no Pós Embarque
Horário: 05h30 às 22h30

SDU - SANTOS DUMONT (RIO DE JANEIRO):

BRADESCO CARTÕES LOUNGE
Localização: 1º Andar, Pré-embarque
Horário: 05h30 às 22h30

CWB - CURITIBA:

BRADESCO CARTÕES LOUNGE
Localização: Terminal Doméstico, Pós-embarque
Horário: 05h30 às 22h30

BSB - BRASÍLIA:

VIP CLUB
Localização: 2º Andar, Corpo Central, Próximo aos Portões 14 e 15
Horário: 24 Horas

VIP EXPRESS NORTE
Localização: 2º Andar, Píer Norte, Próximo ao Portão 9
Horário: 06h às 00h

VIP EXPRESS SUL
Localização: 2º Andar, Píer Sul, Próximo ao Portão 21
Horário: 05h às 00h

VIP CLUB INTERNACIONAL
Localização: Embarque Internacional, Térreo, Próximo ao Portão A
Horário: 24 Horas

CNF - BELO HORIZONTE:

AMBAAR LOUNGE DOMÉSTICA
Localização: Terminal 1, Após o Raio-X e o Check-in, Próximo ao Portão 7 e 8
Horário: 24 Horas

AMBAAR LOUNGE INTERNACIONAL
Localização: Terminal 2, Após o Raio-X, Próximo ao Duty Free e ao Portão 60
Horário: De acordo com os voos

GRU - GUARULHOS:

AMERICAN EXPRESS LOUNGE INTERNACIONAL
Localização: Terminal 3, Após o Raio-X, Vire à Esquerda e Siga as Placas "VIP Lounges"
Horário: 11h às 2h

PRIORITY PASS

CWB - CURITIBA:

ADVANTAGE VIP LOUNGE
Localização: Após o Controle do Cartão de Embarque e Antes do Raio-X, à Esquerda
Horário: 05h às 22h

GRU - GUARULHOS:

W PREMIUM LOUNGE
Localização: Terminal 1, 2º Piso, Após o Controle de Segurança
Horário: 24 Horas

URBAN LOUNGE & WORK
Localização: Terminal 2, Mezanino, Check-in E
Horário: 24 Horas*

GOL PREMIUM LOUNGE INTERNACIONAL
Localização: Terminal 2, Mezanino, Lado Leste
Horário: 05h às 01h

BLERIOT BAR & LOUNGE DOMÉSTICA
Localização: Terminal 2, Próximo aos Portões 232 e 233
Horário: 06h às 23h

BLERIOT BAR & LOUNGE INTERNACIONAL
Localização: Terminal 3, Próximo aos Portões 301 e 304
Horário: 24 Horas

TRYP GRU AIRPORT INTERNACIONAL
Localização: Terminal 3, 1º Andar à Direita
Horário: 06h às 21h30

ESPAÇO BANCO SAFRA INTERNACIONAL
Localização: Terminal 3, Mezanino
Horário: 05h às 03h

AMERICAN EXPRESS LOUNGE INTERNACIONAL
Localização: Terminal 3, Após o Raio-X, Vire à Esquerda e Siga as Placas "VIP Lounges"
Horário: 11h às 2h

BEL - BELÉM:

SALA VIP VALEVERDE
Localização: 2º Andar, Área de Embarque, Próximo ao Portão 1
Horário: 24 Horas

CNF - CONFINS:

AMBAAR LOUNGE DOMÉSTICA
Localização: Terminal 1, Após o Raio-X e o Check-in
Horário: 04h30 às 23h

AMBAAR LOUNGE INTERNACIONAL
Localização: Terminal 2, Após o Raio-X, Próximo ao Duty Free
Horário: 16h às 04h

NVT - NAVEGANTES:

W PREMIUM LOUNGE
Localização: Após o Raio-X, Próximo ao Portão 1
Horário: 04h às 21h30

FOR - FORTALEZA:

AMBAAR CLUB
Localização: 3º Andar, Próximo aos Portões 8 e 9
Horário: 06h às 22h

VCP - VIRACOPOS (CAMPINAS):

LOUNGE AZUL INTERNACIONAL
Localização: Mezanino, em Frente ao Duty Free
Horário: 06h30 às 00h

AMBAAR CLUB VCP
Localização: Terminal 1, 1º Andar, Próximo à Praça de Alimentação
Horário: 06h às 22h

MAO - MANAUS:

HARMONY LOUNGE
Localização: Após o Raio-X, à Esquerda
Horário: 09h30 às 18h30 e 22h às 6h

GIG - GALEÃO (RIO DE JANEIRO):

GOL PREMIUM LOUNGE
Localização: Terminal 2, 2º Andar, em Frente aos Portões B36 e B37
Status: FECHADO TEMPORARIAMENTE

GOL PREMIUM LOUNGE INTERNACIONAL
Localização: Terminal 2, 3º Andar, Píer Sul
Status: FECHADO TEMPORARIAMENTE

FLN - FLORIANÓPOLIS:

THE LOUNGE FLORIANÓPOLIS
Localização: 2º Andar, em Frente ao Portão 6
Horário: Seg. a Qua.: 04h às 21h, Qui. a Dom.: 04h às 23h

BSB - BRASÍLIA:

VIP CLUB
Localização: 2º Andar, Corpo Central, Próximo aos Portões 14 e 15
Horário: 24 Horas

VIP EXPRESS NORTE
Localização: 2º Andar, Píer Norte, Próximo ao Portão 9
Horário: 06h às 00h

VIP EXPRESS SUL
Localização: 2º Andar, Píer Sul, Próximo ao Portão 21
Horário: 06h às 00h

VIP CLUB INTERNACIONAL
Localização: Embarque Internacional, Térreo, Próximo ao Portão A
Horário: 24 Horas

POA - PORTO ALEGRE:

AMBAAR CLUB
Localização: Piso Mezanino, Próximo aos Portões 117 e 118
Horário: 06h às 22h

SDU - SANTOS DUMOND (RIO DE JANEIRO):

ADVANTAGE VIP LOUNGE
Localização: 1º Andar, Após o Raio-X, Próximo à Polícia Federal
Horário: 04h30 às 22h

ADVANTAGE VIP LOUNGE
Localização: 1º Andar, Antes do Raio-X, em Frente ao Bradesco Cartões Lounge
Horário: 04h30 às 22h

GYN - GOIÂNIA:

W PREMIUM LOUNGE
Localização: Após o Raio-X, em Frente aos Portões 7 e 8
Horário: 24 Horas

BPS - PORTO SEGURO:

ISLA LOUNGE
Localização: Lado de Fora do Terminal do Aeroporto, em Frente ao Estacionamento
Horário: 09h às 19h

AMERICAN EXPRESS

GRU - GUARULHOS:

AMERICAN EXPRESS LOUNGE INTERNACIONAL
Localização: Terminal 3, Após o Raio-X, Vire à Esquerda e Siga as Placas "VIP Lounges"
Horário: 11h às 2h

AZUL

VCP - VIRACOPOS (CAMPINAS):

LOUNGE AZUL INTERNACIONAL
Localização: Mezanino, em Frente ao Duty Free
Horário: 06h30 às 00h

BRB

BSB - BRASÍLIA:

VIP CLUB INTERNACIONAL
Localização: Embarque Internacional, Térreo, Próximo ao Portão A
Horário: 24 Horas

BRB VIP CLUB
Localização: 2º Andar, Praça de Alimentação
Horário: 06h às 00h

C6 CARBON

BPS - PORTO SEGURO:

ISLA LOUNGE
Localização: Lado de Fora do Terminal do Aeroporto, em Frente ao Estacionamento
Horário: 09h às 19h

ELO DINERS E NANQUIM

CGH - CONGONHAS:

SALA VIP ELO
Localização: Mezanino, ao Lado da Área de Raio-X
Horário: 05h às 22h

GOL/SMILES

GRU - GUARULHOS:

GOL PREMIUM LOUNGE DOMÉSTICA
Localização: Terminal 2, Mezanino, Lado Oeste
Horário: 06h30 às 00h

GIG - GALEÃO (RIO DE JANEIRO):

GOL PREMIUM LOUNGE
Localização: Terminal 2, 2º Andar, em Frente aos Portões B36 e B37
Status: FECHADO TEMPORARIAMENTE

GOL PREMIUM LOUNGE INTERNACIONAL
Localização: Terminal 2, 3º Andar, Píer Sul
Status: FECHADO TEMPORARIAMENTE

GRU - GUARULHOS:

GOL PREMIUM LOUNGE INTERNACIONAL
Localização: Terminal 2, Mezanino, Lado Leste
Horário: 05h às 01h

LATAM

GRU - GUARULHOS:

LATAM VIP LOUNGE INTERNACIONAL
Localização: Terminal 3, 2º Andar, Próximo aos Portões 301 e 302
Horário: 24 Horas

MASTERCARD BLACK

GRU - GUARULHOS:

MASTERCARD VIP LOUNGE INTERNACIONAL
Localização: Terminal 3, 2º Andar, Pós Embarque
Horário: 06h às 23h30

LOUNGE MASTERCARD BLACK INTERNACIONAL
Localização: Terminal 3, Térreo, Pós Embarque
Horário: 19h às 22h

MASTERCARD BLACK

GRU - GUARULHOS:

ESPAÇO BANCO SAFRA INTERNACIONAL
Localização: Terminal 3, Mezanino
Horário: 05h às 03h

SALAS VIP INTERNACIONAIS

- O MUNDO AOS SEUS PÉS -

Convido-o a embarcar em uma fascinante jornada pelo mundo das salas VIP em aeroportos internacionais. Nesse universo de sofisticação e conforto, viajar alcança um novo patamar de exclusividade, e é com entusiasmo que compartilho informações detalhadas e dicas valiosas para que você possa desfrutar ao máximo dessa experiência.

Imagine estar em um aeroporto distante, seja ele o Aeroporto Charles de Gaulle, em Paris, o Aeroporto Internacional de Dubai, ou qualquer outro destino pelo mundo. Nesses locais, onde a agitação muitas vezes reina, existe um refúgio de tranquilidade e requinte esperando por você. Nesse refúgio, conhecido como salas VIP, cada detalhe é meticulosamente planejado para proporcionar um ambiente acolhedor e luxuoso.

Esses santuários são meticulosamente projetados para oferecer um ambiente único, proporcionando uma experiência única. Nossa jornada nos levará a explorar as diversas opções disponíveis em aeroportos internacionais, cada uma com seu próprio charme e vantagens exclusivas. Seja em Paris, Dubai, Tóquio, Nova York ou outros destinos incríveis, as salas VIP oferecem uma variedade de experiências, desde serviços personalizados de concierge até restaurantes de renome e áreas de entretenimento de alta qualidade.

No entanto, as comodidades não param por aí. Em muitas salas VIP, os viajantes podem desfrutar de spas relaxantes, oferecendo tratamentos rejuvenescedores antes do voo, bem como áreas de descanso meticulosamente projetadas, onde podem relaxar com todo o conforto enquanto aguardam seus voos.

A experiência nessas salas transcende o mero conforto físico. Algumas capturam a essência do destino em que se encontram, oferecendo amostras da culinária local, exposições artísticas e outros elementos culturais que oferecem aos viajantes um vislumbre autêntico da região antes de chegarem ao destino final.

Agora, permita-me guiá-lo pelos benefícios excepcionais que as salas VIP proporcionam aos viajantes internacionais. Prepare-se para descobrir um mundo de exclusividade, sofisticação e conforto enquanto exploramos cada faceta desse emocionante universo de viagens.

Aeroportos ao Redor do Mundo

- $ Ao estar prestes a embarcar em uma jornada internacional, é importante conhecer as opções de salas VIP disponíveis. Cada aeroporto internacional tem sua própria gama de salas; destacaremos algumas delas em destinos renomados, como Paris, Dubai, Tóquio e Nova York.
- $ Cada um desses aeroportos oferece uma experiência única. Por exemplo, ao passar pelo Aeroporto Charles de Gaulle, em Paris, não deixe de explorar sua elegante sala VIP, onde você poderá desfrutar de um serviço de concierge personalizado. Já o Aeroporto Internacional de Dubai oferece um ambiente de luxo repleto de restaurantes de classe mundial e áreas de entretenimento premium. Portanto, ao planejar sua viagem, pesquise as opções disponíveis em seu aeroporto de partida e conexão.

Benefícios do Acesso Internacional

As salas VIP internacionais oferecem uma série de benefícios excepcionais. Aqui estão algumas dicas para aproveitar ao máximo essas vantagens:

- $ Muitas salas VIP possuem spas relaxantes que oferecem tratamentos rejuvenescedores. Planeje sua chegada com antecedência e desfrute de um momento de relaxamento antes do voo.
- $ Experimente a culinária local e internacional. Muitas salas VIP oferecem restaurantes renomados que servem iguarias de todo o mundo. Explore os sabores locais para ter uma experiência gastronômica única.
- $ Aproveite as áreas de descanso meticulosamente projetadas. Se você precisa relaxar antes de um voo longo, as salas VIP geralmente têm áreas tranquilas com poltronas confortáveis para um descanso revigorante.
- $ Algumas salas VIP em aeroportos internacionais oferecem uma amostra da cultura local. Não deixe de conferir exposições artísticas, amostras da culinária regional e outros elementos culturais que podem tornar sua experiência ainda mais enriquecedora.

Ao entender as diversas opções de salas VIP e aproveitar os benefícios que elas oferecem, você transformará seus momentos nos aeroportos internacionais em uma parte emocionante e memorável da sua jornada global. Viaje com conforto, estilo e uma dose de aventura cultural!

Elencamos a seguir as dez das salas VIP mais exclusivas e reconhecidas em aeroportos ao redor do mundo, com informações sobre localização, acesso e quais são os programas de fidelidade e cartões de crédito que costumam ser aceitos:

Qatar Airways Al Safwa Lounge

País: Catar (Doha)

Detalhes: É uma das maiores e mais luxuosas do mundo, localizada no Aeroporto Internacional de Hamad. Acesso exclusivo para passageiros de Primeira Classe da Qatar Airways e membros elite da Oneworld.

Emirates First Class Lounge

País: Emirados Árabes Unidos (Dubai)

Detalhes: Ambiente sofisticado e serviços premium. Acesso para passageiros de Primeira Classe da Emirates e membros elite do Skywards.

Lufthansa First Class Lounge

País: Alemanha (Frankfurt)

Detalhes: Esta lounge é conhecida por sua excelência em serviços e gastronomia. Acesso para passageiros de Primeira Classe da Lufthansa.

Cathay Pacific The Pier

País: Hong Kong

Detalhes: Uma das melhores salas VIP da Ásia, com ótima culinária e serviços. Acesso para passageiros de Primeira Classe da Cathay Pacific e membros Marco Polo Club Diamond.

Air France La Première Lounge

País: França (Paris)

Detalhes: Experiência gourmet francesa. Acesso para passageiros de Primeira Classe da Air France e membros Flying Blue Elite Plus.

The Centurion Lounge

País: Estados Unidos (várias localidades)

Detalhes: Operada pela American Express, com excelente serviço e conforto. Acesso para titulares de cartões American Express Platinum.

British Airways Concorde Room

País: Reino Unido (Londres)

Detalhes: Uma sala VIP exclusiva para passageiros de Primeira Classe da British Airways e membros elite do Executive Club.

Singapore Airlines Private Room

País: Cingapura

Detalhes: Uma sala VIP ultraexclusiva para passageiros de Primeira Classe da Singapore Airlines.

Turkish Airlines Lounge Istanbul

País: Turquia (Istambul)

Detalhes: Esta gigantesca sala oferece uma variedade de restaurantes e áreas de descanso. Acesso para passageiros de Classe Executiva da Turkish Airlines e membros Star Alliance Gold.

Casa Alitalia

País: Itália (Roma)

Detalhes: A sala VIP da Alitalia em Roma oferece uma experiência luxuosa. Acesso para passageiros de Primeira Classe da Alitalia e membros elite do programa MilleMiglia.

Tenha presente que as políticas de acesso a essas salas VIP podem mudar, portanto, é sempre bom verificar os requisitos de elegibilidade e as parcerias válidas antes da sua viagem. Além disso, caso você não se qualifique por meio de seu status de passageiro frequente ou cartão de crédito, muitas dessas salas também estão disponíveis para compra.

TIPOS DE SALAS VIP

Percorremos os diversos tipos de salas VIP presentes nos aeroportos ao redor do mundo, detalhando suas características distintas e como elas proporcionam experiências únicas para os viajantes, uma vez que explorar o mundo das viagens vai além dos destinos e voos; também envolve os espaços de trânsito nos aeroportos. Entre esses espaços, destacam-se as salas VIP. Esses recintos exclusivos oferecem uma pausa tranquila e sofisticada no agitado ambiente aeroportuário, proporcionando uma variedade de comodidades aos viajantes. Desde aquelas operadas por linhas aéreas até as disponíveis por meio de cartões de crédito premium, cada tipo de sala VIP possui características distintas, mas todas compartilham o propósito de elevar a experiência pré-voo. Nesta exploração inicial, adentramos no universo dos diferentes tipos de salas VIP, onde o conforto e o luxo se unem para criar momentos de repouso e requinte antes da próxima decolagem.

Os Tipos de Salas VIP

- **Salas VIP de Companhias Aéreas:** Muitas empresas oferecem suas próprias salas VIP a passageiros de classes superiores ou membros de programas de fidelidade. Essas salas geralmente oferecem serviços como refeições, bebidas, Wi-Fi, áreas de descanso e até mesmo chuveiros.
- **Salas VIP de Aeroportos:** Algumas são operadas diretamente pelos aeroportos, estando disponíveis para passageiros de várias companhias aéreas ou mediante pagamento de uma taxa. Costumam ter amenidades como comida e bebida, áreas de trabalho e inclusive instalações de spa.
- **Salas VIP Independentes:** Há também salas VIP independentes, que podem ser acessadas mediante o pagamento de uma taxa única. Essas salas são uma opção para viajantes que desejam um ambiente mais tranquilo e confortável enquanto esperam por seus voos.
- **Salas VIP de Cartões de Crédito:** Alguns cartões de crédito premium oferecem acesso a salas VIP em aeroportos como um benefício. Isso permite que os titulares do cartão desfrutem das comodidades das salas VIP, independentemente da companhia aérea ou classe de viagem.
- **Salas VIP Temáticas ou Específicas:** Algumas salas VIP têm temas específicos, como salas de vinho, salas de entretenimento ou espaços dedicados a determinadas alianças de companhias aéreas.
- **Salas VIP para Voos Internacionais:** Muitas salas VIP são voltadas para voos internacionais, oferecendo uma ampla gama de serviços para passageiros que atravessam fronteiras.
- **Salas VIP Domésticas:** Com o crescimento das salas VIP, também é comum encontrá-las em aeroportos domésticos, permitindo aos viajantes desfrutarem de um ambiente relaxante antes de voos dentro do país.

- **Salas VIP de Chegada:** Algumas salas VIP estão disponíveis não apenas para partida, mas também para chegada. Isso proporciona aos passageiros a oportunidade de relaxar e se refrescar após um longo voo.

Esses são apenas alguns exemplos dos diversos tipos de salas VIP disponíveis, cada uma oferecendo uma experiência única para os passageiros que buscam um pouco mais de conforto e conveniência durante suas viagens. Agora vamos detalhar mais cada uma delas para você.

Salas VIP das Companhias Aéreas

Aqui, exploramos minuciosamente as salas VIP que são operadas diretamente pelas companhias aéreas. Oferecemos uma análise detalhada sobre as principais características dessas salas, incluindo design, amenidades e serviços oferecidos aos passageiros. Tomamos como exemplo algumas das companhias aéreas líderes no setor, como Emirates, British Airways, Singapore Airlines e outras, ressaltando como essas salas VIP são uma extensão da identidade da companhia. Por exemplo, uma companhia aérea conhecida por seu luxo e atendimento excepcional pode oferecer salas VIP que refletem esse padrão, proporcionando aos passageiros ambientes sofisticados, refeições gourmet e espaços de relaxamento elegantemente projetados.

Salas VIP de Aeroportos

Dentro da agitação dos aeroportos, um refúgio de conforto e serviços personalizados emerge sob a forma das renomadas "salas VIP". Projetadas para oferecer aos viajantes uma experiência excepcional enquanto aguardam seus voos, essas salas são verdadeiras joias escondidas nos terminais. Proporcionando um contraste com o ambiente movimentado das áreas públicas, as salas VIP de Aeroportos oferecem uma atmosfera serena, assentos acolhedores e uma gama de comodidades cuidadosamente selecionadas.

Desde refeições gourmet e bebidas de qualidade até áreas de trabalho bem equipadas, essas salas transcendem a mera espera e se transformam em ambientes de produtividade e relaxamento. Muitas vezes, também oferecem chuveiros, permitindo que os viajantes se refresquem após longas jornadas. Além disso, o acesso às salas VIP pode ser obtido por meio de associações de programas de fidelidade de companhias aéreas, status de passageiro frequente ou até mesmo mediante o pagamento de uma taxa.

Essa faceta das salas VIP de Aeroportos enriquece a jornada de viagem, garantindo que os passageiros tenham a oportunidade de aproveitar momentos de tranquilidade e indulgência antes de embarcar em suas próximas aventuras.

Salas VIP Independentes

As salas VIP independentes são uma alternativa emocionante para os viajantes que desejam desfrutar de comodidades de alta qualidade nos aeroportos, independentemente da companhia aérea com a qual estão voando. Essas salas são operadas por terceiros, o que significa que estão abertas para passageiros de diferentes companhias aéreas e podem ser acessadas mediante pagamento ou por meio de programas de fidelidade específicos.

O que torna as salas VIP independentes tão especiais é a diversidade. Esses espaços competem no mercado, oferecendo uma ampla variedade de serviços e vantagens para atrair viajantes em busca de conforto e conveniência. Em uma única sala, poderá encontrar desde estações de trabalho silenciosas para o trabalho remoto até buffets gourmet que servem uma variedade de pratos deliciosos.

Para aproveitar ao máximo essa experiência, minha dica é que você pesquise as opções disponíveis no aeroporto em que estará. Consulte os programas de fidelidade que oferecem acesso a essas salas ou verifique as taxas de entrada caso opte pelo pagamento direto. Lembre-se de que as salas VIP independentes muitas vezes se destacam por sua atmosfera tranquila e confortável, tornando-as o refúgio perfeito antes do seu voo.

Agora que você está preparado para explorar as salas VIP independentes, lembre-se de que a escolha está em suas mãos. Cada uma delas oferece uma experiência única, permitindo-lhe escolher a opção que melhor atenda às suas preferências e necessidades. Portanto, embarque nessa jornada de comodidade e sofisticação e aproveite cada momento nessas salas únicas e especiais.

Essas são algumas informações detalhadas e dicas para você:

O que você precisa fazer

- **Descubra as Opções:** Antes de sua viagem, pesquise as salas VIP independentes disponíveis nos aeroportos que você visitará. Muitas vezes, você pode acessar essas salas mediante pagamento ou por meio de programas de fidelidade específicos.
- **Considere suas Preferências:** As salas VIP independentes geralmente oferecem uma variedade de serviços e vantagens. Escolha a que melhor atende às suas preferências pelas comodidades, localização ou custo.
- **Saiba Como Entrar:** Entenda os requisitos específicos para ganhar acesso a essas salas, seja por meio de pagamento, programa de fidelidade ou outras opções.

Por que é importante

- As salas VIP independentes oferecem uma escolha diversificada para os viajantes, permitindo-lhe selecionar a opção que mais se adeque ao seu estilo de viagem.

- Muitas delas competem no mercado ao oferecer serviços de alta qualidade, como SPAs, refeições gourmet, áreas de trabalho e entretenimento.
- Você pode escolher entre diversas opções, tornando sua experiência de espera no aeroporto verdadeiramente personalizada e confortável.

Ao explorar as salas VIP independentes, você ampliará suas opções para uma experiência de viagem mais agradável e personalizada.

Salas VIP das Companhias Aéreas

Agora, vamos nos aprofundar nas salas VIP que são operadas diretamente pelas companhias aéreas. Essa é uma oportunidade única para vivenciar o DNA de uma companhia aérea em um ambiente exclusivo e refinado.

O que você precisa fazer

- **Pesquise Sua Companhia Aérea:** Antes da viagem, veja quais linhas aéreas oferecem salas VIP nos aeroportos que visitará. Verifique se a passagem ou status de viajante frequente lhe dá acesso a essas áreas.
- **Chegue Cedo:** Planeje chegar ao aeroporto com tempo de sobra para aproveitar a experiência da sala VIP. Isso pode incluir refeições gourmet, bebidas premium e áreas de relaxamento confortáveis.
- **Conheça as Amenidades:** Assim que estiver na sala VIP, explore todas as amenidades oferecidas. Isso pode incluir acesso a Wi-Fi de alta velocidade, banheiros de luxo, áreas de trabalho silenciosas e muito mais.
- **Esteja Atento aos Horários:** Lembre-se de que as salas VIP têm horários de funcionamento específicos. Certifique-se de que sua programação de viagem se encaixa com o tempo em que a sala VIP estará aberta.

Por que é importante

- As salas VIP das companhias aéreas proporcionam uma experiência de viagem excepcional, muitas vezes refletindo o luxo e o serviço de alta qualidade associados à própria companhia aérea.
- Essas salas oferecem uma fuga tranquila e confortável do ambiente movimentado do aeroporto, permitindo que você relaxe antes do voo.
- São uma chance de desfrutar de refeições gourmet, bebidas premium e outras amenidades exclusivas que tornarão a viagem mais agradável.

Ao seguir essas dicas e entender o processo de acesso às salas VIP das companhias aéreas, você estará preparado para uma experiência de viagem verdadeiramente excepcional.

Agora que você tem uma visão abrangente das salas VIP das companhias aéreas e das salas VIP independentes, está pronto para aproveitar ao máximo esses retiros de luxo em seus futuros voos. Aproveite a jornada e as comodidades que esses espaços exclusivos têm a oferecer. Viaje com estilo e conforto, sabendo que o mundo das salas VIP está ao seu alcance.

Salas VIP de Cartões de Crédito

Uma extensão exclusiva dos benefícios dos cartões de crédito premium, as "Salas VIP de Cartões de Crédito" proporcionam aos viajantes uma experiência de viagem diferenciada. Com um simples cartão em mãos, os titulares têm acesso a um mundo de elegância e comodidade nos aeroportos. Essas salas oferecem uma pausa bem-vinda da agitação do terminal, onde os passageiros podem relaxar em ambientes cuidadosamente projetados.

Ao entrar em uma Sala VIP de Cartões de Crédito, os viajantes são recebidos com amenidades que vão desde assentos confortáveis e espaços de trabalho equipados até opções gastronômicas de alta qualidade. Além disso, muitas dessas salas também proporcionam serviços como Wi-Fi de alta velocidade, áreas de recarga eletrônica e até mesmo áreas infantis para famílias em trânsito.

O acesso a essas salas muitas vezes é um benefício associado a cartões de crédito premium, recompensando os clientes pelo seu uso frequente e fidelidade. Dessa forma, os passageiros podem desfrutar de um ambiente tranquilo e sofisticado antes de embarcar em suas jornadas, transformando cada etapa da viagem em uma experiência de luxo e conforto.

Salas VIP Temáticas ou Específicas

Dentro do cenário das salas VIP, destaca-se uma categoria que leva a experiência de luxo a um nível totalmente novo: as Salas VIP Temáticas ou Específicas. Esses espaços únicos proporcionam uma imersão personalizada na elegância, combinando a atmosfera relaxante das salas VIP com elementos temáticos que se alinham aos interesses e preferências dos viajantes.

Essas salas são criadas com uma atenção meticulosa aos detalhes, oferecendo uma experiência envolvente e diferenciada. Elas podem variar desde salas temáticas relacionadas a marcas de luxo até espaços que celebram a cultura local do destino ou a história da aviação. Além disso, algumas Salas VIP Específicas podem ser reservadas para membros de alianças de companhias aéreas específicas, proporcionando uma atmosfera exclusiva para os viajantes dessas parceiras.

Através das Salas VIP Temáticas ou Específicas, os viajantes têm a oportunidade de mergulhar em uma jornada sensorial única antes mesmo de embarcar em seus voos. Esses espaços personalizados transcendem a ideia convencional de espera no aeroporto, transformando-a em uma experiência de descoberta e luxo que complementa perfeitamente a aventura que está prestes a começar.

Salas VIP para Voos Internacionais

Nos aeroportos internacionais, uma categoria de salas VIP se destaca como um farol de conforto e serviço de classe mundial: as Salas VIP para Voos Internacionais. Projetadas para atender às necessidades dos viajantes que cruzam fronteiras, essas salas oferecem uma experiência de espera enriquecida, refletindo a diversidade cultural e as demandas únicas dos passageiros internacionais.

Nessas salas, os viajantes encontram uma variedade de comodidades projetadas para atender às suas necessidades, independentemente da origem ou destino. De refeições que abrangem uma ampla gama de culinárias internacionais a espaços de descanso que levam em conta fusos horários diferentes, as Salas VIP para Voos Internacionais visam criar uma experiência globalmente consciente.

Além disso, muitas dessas salas oferecem assistência multilíngue, instalações de chuveiro para viajantes em trânsito e áreas de entretenimento que proporcionam uma pausa agradável antes da próxima etapa da jornada. Independentemente de onde o voo o esteja levando, essas salas proporcionam um ambiente de bem-estar e sofisticação, tornando a espera em um aeroporto internacional uma parte integral e prazerosa da aventura global.

Salas VIP Domésticas

Dentro do contexto das viagens dentro do país, emerge um aspecto de conforto e privacidade que transforma a experiência nos aeroportos: as Salas VIP Domésticas. Esses espaços exclusivos oferecem aos viajantes locais uma fuga tranquila e sofisticada do ambiente agitado dos terminais, enriquecendo a jornada em solo nacional.

As Salas VIP Domésticas oferecem comodidades que vão além do comum, proporcionando um ambiente acolhedor para aguardar voos internos. Desde assentos confortáveis e áreas de trabalho bem equipadas até opções gastronômicas de alta qualidade, essas salas se destacam por oferecer um toque de luxo mesmo durante viagens domésticas.

Viajantes frequentes e passageiros que buscam um momento de tranquilidade antes do voo podem aproveitar esses recantos de conforto, que muitas vezes também incluem Wi-Fi de alta velocidade, instalações de chuveiro para refrescar-se e até espaços dedicados para crianças. Ao unir o desejo por eficiência e a busca pelo bem-estar, as Salas VIP Domésticas tornam a espera em aeroportos locais uma experiência mais relaxante e gratificante.

Salas VIP de Chegada

Enquanto as salas VIP são frequentemente associadas ao aguardo pré-voo, uma categoria especial eleva a experiência a um novo patamar: as “Salas VIP de

Chegada". Esses espaços singulares oferecem uma recepção calorosa e um conforto bem-merecido aos viajantes após desembarcarem em seus destinos.

Nas Salas VIP de Chegada, os passageiros podem refrescar-se, revitalizar-se e reorientar-se após longos voos. Com instalações de chuveiro, áreas de troca de roupas e comodidades para cuidados pessoais, essas salas proporcionam um alívio revigorante da fadiga das viagens. Além disso, é comum encontrar opções de refeições e bebidas que ajudam a recarregar as energias.

Essas salas, embora menos comuns do que as salas VIP tradicionais, atendem a uma necessidade essencial: a transição suave do céu para o solo. Ao oferecerem um ambiente tranquilo e acolhedor para os recém-chegados, as Salas VIP de Chegada transformam a chegada em uma experiência mais agradável e completam a jornada com um toque de hospitalidade e conforto.

SERVIÇOS & BENEFÍCIOS NAS SALAS VIP

Agora vamos explorar o emocionante mundo dos serviços e benefícios disponíveis nas famosas "salas VIP" dos aeroportos, onde o luxo e o conforto se unem para criar experiências inesquecíveis. Aqui, você encontrará dicas e informações detalhadas sobre como aproveitar ao máximo esses retiros exclusivos.

Serviços & Benefícios Nas Salas VIP

Adentrar nos aeroportos vai muito além dos portões de embarque e das áreas de espera comuns. Dentro desse cenário, as emblemáticas "salas VIP" se destacam como verdadeiros oásis de tranquilidade e sofisticação, oferecendo uma gama de serviços e benefícios que elevam a experiência de viagem a outro patamar.

O que você precisa fazer

- $ **Delicie-se com a Gastronomia:** Uma das maiores vantagens das salas VIP é a culinária de alta qualidade. Desfrute de buffets repletos de opções, desde pratos locais até deliciosas refeições gourmet. Não deixe de experimentar os sabores únicos de cada destino.
- $ **Relaxe em Grande Estilo:** Aproveite as áreas de descanso confortáveis, que podem incluir sofás aconchegantes, poltronas reclináveis e até mesmo cabines privativas. Tire um tempo para relaxar antes do seu voo e recarregar as energias.
- $ **Refresque-se:** Se você teve uma jornada longa e cansativa, muitas salas VIP oferecem chuveiros para que você possa se revitalizar e se sentir renovado antes do embarque.
- $ **Mantenha-se Conectado:** O acesso gratuito ao Wi-Fi é essencial para manter-se conectado durante a espera. Fique à vontade para navegar na internet, verificar e-mails ou atualizar suas redes sociais.

- **Seja Produtivo:** Para os viajantes de negócios, muitas salas VIP oferecem áreas de trabalho bem equipadas. Continue suas tarefas ou prepare-se para reuniões com facilidade.
- **Desfrute do Atendimento Personalizado:** A equipe das salas VIP está à disposição para atender às suas necessidades com cortesia e eficiência. Sinta-se à vontade para pedir assistência ou informações adicionais.

Por que é importante

- As salas VIP proporcionam uma experiência única, onde cada detalhe é cuidadosamente pensado para garantir o seu conforto e bem-estar.
- A variedade de serviços, desde refeições requintadas até áreas de relaxamento, torna a espera no aeroporto uma experiência memorável.
- A possibilidade de se refrescar com chuveiros, manter-se produtivo com áreas de trabalho e aproveitar o Wi-Fi gratuito são vantagens que tornam a viagem mais agradável e conveniente.

Ao aproveitar esses serviços e benefícios nas salas VIP, você transformará sua viagem aérea em momentos de luxo e comodidade. Esperamos tê-lo ajudado a desfrutar ao máximo desses retiros exclusivos antes do seu próximo voo. Viaje com estilo e conforto, sabendo que o mundo das salas VIP está ao seu alcance.

ESTRATÉGIAS PARA ACESSO E APROVEITAMENTO DAS SALAS VIP

As salas VIP, espaços exclusivos nos aeroportos que oferecem conforto e comodidades diferenciadas, têm se tornado um destaque em viagens. Para aqueles que desejam desfrutar ao máximo desses refúgios de tranquilidade, algumas estratégias podem otimizar o acesso e aproveitamento dessas áreas exclusivas. De associações a programas de fidelidade ao planejamento prévio, essas táticas elevarão a experiência pré-voo a um nível mais sofisticado. Nesta exploração, discutiremos as estratégias a serem empregadas para tirar o máximo proveito das salas VIP, garantindo momentos de relaxamento e luxo antes da decolagem.

Acesso por Programas de Fidelidade

Os programas de fidelidade oferecidos por companhias aéreas e cartões de crédito premium podem ser usados como meios para acessar as salas VIP. Os passageiros ganham pontos ou milhas através de suas atividades de viagem e gastos cotidianos, convertendo-os em acesso gratuito ou com desconto a esses espaços.

Priorizando o Acesso

Você deve planejar viagens de forma a maximizar as oportunidades de aproveitar as salas VIP. Considere escalas e horários de conexão ao escolher voos, garantindo que haja tempo suficiente para desfrutar essa comodidade. Os critérios de acesso, como o status de passageiro frequente e a classe de viagem, podem influenciar a elegibilidade para entrar nas salas. Você deve organizar itinerários que lhe permitam explorar esses espaços sem comprometer a experiência geral da viagem.

31

0000 0000 0000 0000

CAPÍTULO 31/32

O CARTÃO DE CRÉDITO E A REVOLUÇÃO DO DINHEIRO

PRINCIPAIS PROGRAMAS PARCEIROS

- EXPANDINDO AS FRONTEIRAS DO CONFORTO -

LOUNGEKEY

O LoungeKey é um programa inovador que oferece acesso a uma extensa rede de salas VIP, disponíveis em aeroportos de diversos países ao redor do mundo. Foi criado no ano de 2014 e é resultado de uma colaboração entre diversas companhias aéreas e empresas de cartões de crédito, visando aprimorar a experiência de viagem dos passageiros.

Origens e Criação do LoungeKey

O LoungeKey foi lançado como uma resposta à crescente demanda por conforto e comodidade nas viagens aéreas. Foi desenvolvido através de uma parceria entre companhias aéreas líderes no setor e emissores de cartões de crédito com o objetivo de tornar as salas VIP mais acessíveis e convenientes para os viajantes.

Acesso a Salas VIP em Aeroportos

O LoungeKey oferece uma maneira eficaz de acessar salas VIP em aeroportos de todo o mundo. O principal meio de acesso é através de cartões de crédito elegíveis, emitidos por instituições financeiras parceiras do programa. Quando os viajantes ativam sua associação ao programa e possuem um desses cartões, eles têm a oportunidade de usufruir das vantagens oferecidas pelas salas VIP.

Benefícios do LoungeKey

- **Ambientes Tranquilos:** As salas VIP são projetadas para oferecer um refúgio de tranquilidade em meio à agitação dos aeroportos. Elas proporcionam aos passageiros um local calmo para relaxar e se preparar para seus voos.

- **Opções de Alimentos e Bebidas:** Uma característica marcante das salas VIP é a oferta de comidas e bebidas de alta qualidade. Os viajantes podem saborear uma variedade de pratos locais e internacionais, bem como uma seleção de bebidas, incluindo café, chá, sucos e coquetéis.
- **Áreas de Descanso Confortáveis:** Além de comida de qualidade, as salas VIP geralmente têm áreas equipadas com sofás, poltronas reclináveis e, em alguns casos, cabines privativas para descanso.
- **Acesso Wi-Fi Gratuito:** Manter-se conectado é essencial para muitos viajantes. Portanto, o LoungeKey frequentemente oferece acesso Wi-Fi gratuito, permitindo que os passageiros naveguem na internet, verifiquem e-mails ou façam chamadas de vídeo enquanto esperam pelo voo.

Uma Experiência de Viagem Aprimorada

Resumindo, o LoungeKey, criado em 2014 como resultado da colaboração entre companhias aéreas líderes e emissores de cartões de crédito, tornou-se uma escolha popular para viajantes que desejam aproveitar ao máximo o tempo gasto em aeroportos. Criado para oferecer conforto, comodidade e um toque de elegância à experiência de viagem, o LoungeKey tornou-se uma opção valiosa para aqueles que desejam relaxar e desfrutar de serviços exclusivos antes de embarcar em seus voos. Com uma rede global de salas VIP à disposição, os viajantes têm a oportunidade de explorar e vivenciar o LoungeKey em aeroportos ao redor do mundo, tornando suas viagens ainda mais agradáveis.

PRIORITY PASS

O Priority Pass é um programa amplamente reconhecido que tem uma importância vital em melhorar a experiência de viagem dos passageiros, proporcionando acesso a salas VIP em aeroportos internacionais de todo o mundo. Abaixo, você encontrará informações detalhadas sobre o Priority Pass:

História e Origem

O Priority Pass foi fundado em 1992 pelo Collinson Group, uma empresa global de serviços de valor agregado que se concentra em soluções de lealdade e benefícios ao consumidor. O programa foi criado para atender à necessidade de viajantes frequentes de terem um espaço tranquilo e confortável para relaxar e se refrescar durante as viagens aéreas. Desde então, o Priority Pass cresceu exponencialmente e se tornou uma das principais redes de salas VIP do mundo.

Ampla Rede de Aeroportos

O Priority Pass oferece acesso a uma ampla rede de salas VIP em aeroportos de todo o mundo. Dessa maneira, os membros do programa podem desfrutar dos benefícios do Priority Pass em uma variedade de destinos, independentemente de onde estejam viajando.

Tipos de Associação

O Priority Pass oferece uma variedade de níveis de associação para atender às necessidades e preferências dos viajantes. Alguns dos tipos de associação incluem:

- **Associação Padrão:** Esta é a opção básica do Priority Pass e geralmente está disponível para compra diretamente no site do programa. Ela oferece acesso pago às salas VIP, onde os viajantes pagam uma taxa por visita.
- **Associação Premium:** Muitas vezes disponível por meio de cartões de crédito premium ou programas de fidelidade de companhias aéreas, esta opção de associação pode incluir um número limitado de visitas gratuitas às salas VIP ou taxas de visita com desconto.
- **Associação Exclusiva:** Este é o nível de associação mais alto, geralmente disponível apenas para membros selecionados. Oferece um número maior de visitas gratuitas e acesso a benefícios adicionais.

Como Aderir e Usar

Os viajantes interessados em se tornar membros do Priority Pass geralmente podem aderir ao programa por meio do site ou do aplicativo móvel do Priority Pass. Após a adesão, eles receberão um cartão ou uma versão digital que podem apresentar nos aeroportos parceiros para acessar as salas VIP. Dependendo do nível de associação, as visitas podem ser gratuitas ou sujeitas a uma taxa.

Como vimos, o Priority Pass é um programa fundado em 1992 pelo Collinson Group, destinado a melhorar a experiência de viagem dos passageiros, proporcionando acesso a salas VIP em aeroportos internacionais de todo o mundo. Com uma ampla rede de aeroportos e uma variedade de níveis de associação, o Priority Pass oferece flexibilidade e comodidade aos viajantes que desejam aproveitar ao máximo suas viagens aéreas.

DRAGONPASS

O programa DragonPass oferece aos viajantes acesso a uma ampla gama de serviços e benefícios nos aeroportos em todo o mundo, indo além do acesso às salas VIP. Abaixo, você encontrará informações detalhadas sobre o DragonPass:

História e Origem

O DragonPass foi fundado em 2005, na China, por Steven Liang. Inicialmente, começou como uma plataforma focada em oferecer acesso a salas VIP em aeroportos chineses. Com o tempo, expandiu-se globalmente e ampliou seus serviços, oferecendo não apenas acesso às salas VIP, mas também uma variedade de outros benefícios e experiências para melhorar a jornada dos viajantes.

Ampla Rede de Aeroportos

O DragonPass possui uma extensa rede de parceiros em aeroportos ao redor do mundo. Isso significa que os membros do programa podem desfrutar de seus benefícios em uma ampla variedade de destinos, tornando suas viagens mais confortáveis e convenientes, independentemente de onde estejam.

Benefícios Oferecidos

- $ **Acesso a Salas VIP:** Os membros do DragonPass têm a oportunidade de acessar salas VIP em aeroportos. Essas salas oferecem um ambiente tranquilo, com comodidades como comida e bebida de alta qualidade, áreas de descanso confortáveis e Wi-Fi gratuito.
- $ **Experiências Gastronômicas:** Além do acesso às salas VIP, o DragonPass oferece benefícios relacionados à comida, como descontos ou créditos em restaurantes de qualidade em aeroportos.
- $ **Acesso a SPAs:** Alguns programas DragonPass também incluem a opção de acesso a SPAs em aeroportos, onde os viajantes podem desfrutar de tratamentos relaxantes antes de seus voos.
- $ **Assistência em Viagens:** Em alguns casos, o DragonPass oferece serviços de concierge e assistência em viagens para ajudar os membros com suas necessidades durante a jornada.

Como Aderir e Usar

Os viajantes interessados em se tornar membros do DragonPass geralmente podem se inscrever no programa por meio do site ou do aplicativo móvel do DragonPass. Após a adesão, eles receberão um cartão ou uma versão digital que poderão apresentar nos aeroportos parceiros para acessar os benefícios do programa.

O DragonPass é um programa que visa tornar a experiência de viagem mais agradável e conveniente, oferecendo uma variedade de benefícios, desde acesso a salas VIP até experiências gastronômicas e momentos de relaxamento em aeroportos ao redor do mundo. Fundado na China em 2005, o DragonPass se expandiu globalmente e se tornou uma opção popular para viajantes que desejam melhorar sua experiência durante as viagens.

ESTRATÉGIAS PARA OTIMIZAR OS PROGRAMAS PARCEIROS

Aproveitando ao Máximo as Vantagens

Neste subcapítulo, examinaremos estratégias práticas para extrair o máximo de benefício dos programas parceiros e suas exclusivas salas VIP. Veremos em detalhes como planejar suas viagens de maneira inteligente, levando em consideração o acesso às salas VIP, para garantir uma experiência de viagem excepcional.

Para aproveitar ao máximo as vantagens dos programas parceiros e suas salas VIP, você poderá seguir estas etapas:

- **Pesquisa Prévia:** Antes da viagem, pesquise quais aeroportos possuem salas VIP dos programas parceiros que você possui acesso. Verifique os serviços oferecidos e os horários de funcionamento.
- **Planejamento Estratégico:** Ao montar seu itinerário, reserve tempo suficiente nos aeroportos para desfrutar das salas VIP. Evite escalas curtas que não permitam aproveitar os benefícios.
- **Priorize os Momentos Certos:** Evite utilizar as salas VIP durante horários de pico, como manhãs e fins de tarde, para maximizar o conforto e evitar aglomerações.
- **Preparação para o Voo:** Aproveite os serviços disponíveis nas salas VIP para se preparar para o voo, como fazer refeições, tomar banho e carregar dispositivos eletrônicos.

Estratégias para Acesso Eficiente

Aqui estão algumas orientações valiosas, desde o momento da reserva até a sua chegada ao aeroporto:

- **Planejamento Antecipado:** Ao fazer sua reserva de passagens, verifique se sua companhia aérea oferece acesso às salas VIP ou se você possui um cartão de crédito que proporciona esse benefício. Conhecer suas opções com antecedência economizará tempo e dinheiro.
- **Horários Inteligentes:** Considere programar voos com conexões mais longas, especialmente em aeroportos maiores. Isso lhe dará mais tempo para desfrutar das salas VIP entre os voos.
- **Chegada ao Aeroporto:** Chegue ao aeroporto com tempo suficiente para passar pela segurança e ainda ter um tempo agradável nas salas VIP antes do embarque.

- **Utilização do Tempo de Espera:** Ao entrar em uma sala VIP, avalie suas prioridades. Se você precisa trabalhar, encontre uma área tranquila com tomadas e Wi-Fi rápido. Se quiser relaxar, explore as opções de comida e bebida ou desfrute das áreas de descanso confortáveis.
- **Conheça as Amenidades:** Familiarize-se com as comodidades oferecidas na sala VIP. Além de comida e bebida, muitas salas oferecem chuveiros, áreas de trabalho, espaços infantis e muito mais.
- **Verifique as Restrições:** Certifique-se de entender as políticas de acesso à sala VIP. Alguns programas permitem convidados, enquanto outros cobram por visitas adicionais.
- **Mantenha-se Informado:** Verifique os horários de funcionamento das salas VIP e a localização delas no aeroporto para aproveitar ao máximo seu tempo disponível.

Lembre-se de que as salas VIP estão lá para tornar sua jornada mais agradável e eficiente. Com planejamento e estratégia, você poderá transformar os momentos de espera em experiências luxuosas e produtivas. Viaje com conforto e sofisticação, desfrutando ao máximo das comodidades exclusivas que esses espaços têm a oferecer.

Estratégias para Acesso Eficiente

- **Verifique os Critérios de Acesso:** Entenda os critérios de acesso específicos para cada programa parceiro e a categoria do seu cartão. Alguns programas podem permitir acesso apenas em voos internacionais ou determinadas classes.
- **Ative a Associação:** Se necessário, ative sua associação ao programa seguindo as instruções fornecidas. Alguns programas podem exigir um cadastro online.
- **Utilização do Cartão:** No aeroporto, apresente seu cartão elegível para acesso na sala VIP. Verifique as portas de acesso específicas para cada programa.

Combinando Benefícios de Diferentes Programas

Vamos revelar como a sinergia entre diferentes programas parceiros pode elevar sua experiência de viagem a um novo patamar. Mostraremos exemplos práticos de como aproveitar vantagens exclusivas de diferentes associações. Por exemplo, você poderá descansar em uma sala VIP do LoungeKey antes do voo e, em seguida, explorar a diversidade de opções de restaurantes e serviços oferecidos pelo DragonPass durante uma escala. Destacaremos como essas combinações podem transformar suas viagens em jornadas ainda mais gratificantes e eficientes, tornando cada etapa uma oportunidade de conforto e conveniência incomparáveis.

- **LoungeKey:** Com o LoungeKey, você pode desfrutar de acesso a uma rede ampla de salas VIP, cada uma com seu próprio conjunto de benefícios, incluindo alimentos, bebidas, Wi-Fi e áreas de descanso.
- **Priority Pass:** O Priority Pass oferece diferentes níveis de associação, incluindo opções premium. As salas VIP variam em termos de serviços oferecidos, mas geralmente incluem comodidades como alimentos, bebidas e Wi-Fi.
- **DragonPass:** O DragonPass vai além das salas VIP, oferecendo serviços adicionais como restaurantes e SPAs, proporcionando uma experiência completa de conforto.

Criando Itinerários Estratégicos

Forneceremos insights sobre como criar itinerários de viagem estratégicos que maximizem o acesso às salas VIP. Isso envolverá a análise cuidadosa dos horários de voo, conexões e escalas para garantir que você terá tempo suficiente para usufruir das comodidades oferecidas. Vamos incentivar a busca por voos que se alinhem bem com o acesso às salas VIP, permitindo-lhe começar ou terminar sua jornada com um toque de luxo.

Criando Itinerários Estratégicos

- **Escalas Prolongadas:** Planeje escalas mais longas para poder desfrutar das instalações da sala VIP, como refeições e descanso.
- **Conexões Confortáveis:** Ao reservar voos de conexão, escolha horários que permitam acesso às salas VIP. Evite conexões apertadas.

Elevando a Experiência de Viagem

Ao seguir essas estratégias, você aprimorará sua experiência de viagem, transformando os aeroportos em locais de conforto e conveniência. Aproveite ao máximo as vantagens dos programas parceiros para criar memórias positivas durante suas jornadas, seja relaxando antes de voos longos, durante escalas ou antes de embarcar em conexões. Suas viagens serão mais gratificantes, proporcionando-lhe momentos de relaxamento e comodidade.

PERGUNTAS FREQUENTES SOBRE PROGRAMAS PARCEIROS

Respostas às Dúvidas Comuns

1. *O que é o LoungeKey?*
   O LoungeKey é um programa exclusivo que oferece aos viajantes a oportunidade de acessar uma ampla rede de salas VIP localizadas em diversos aeroportos ao redor do mundo. Ele proporciona aos participantes serviços premium e conforto durante suas viagens. Com o LoungeKey, os viajantes têm acesso a áreas tranquilas e aconchegantes onde podem desfrutar de alimentos, bebidas, áreas de descanso e Wi-Fi enquanto aguardam seus voos.

2. *Quais benefícios são oferecidos pelas salas VIP?*
   As salas VIP oferecem uma gama de benefícios exclusivos para os viajantes. Isso inclui refeições gourmet, uma seleção de bebidas premium, áreas de descanso confortáveis equipadas com assentos acolhedores, tomadas para carregar dispositivos eletrônicos, chuveiros para refrescar-se, além de acesso gratuito à internet Wi-Fi de alta velocidade. Algumas salas VIP também podem oferecer serviços como SPAs, salas de reuniões e áreas de entretenimento.

3. *Quem é elegível para acessar esses programas?*
   A elegibilidade para acessar esses programas pode variar dependendo do programa específico e do banco emissor do cartão de crédito. Geralmente, portadores de cartões de crédito premium ou de categorias específicas são elegíveis para aderir a esses programas. É importante verificar as condições do seu cartão e as informações fornecidas pelo banco para entender se você se qualifica para participar.

4. *Como eu ativo a associação ao programa?*
   Para ativar a associação ao programa, normalmente você precisa se cadastrar no site do programa parceiro ou do banco emissor do cartão de crédito. O processo de registro pode exigir informações pessoais e detalhes do cartão. Uma vez registrado, você poderá acessar as salas VIP de acordo com os termos e condições do programa.

5. *O que é necessário para acessar uma sala VIP?*

Para acessar uma sala VIP, geralmente é necessário apresentar seu cartão de crédito elegível associado ao programa, juntamente com um documento de identificação válido, como um passaporte. Em alguns casos, você talvez precise fazer uma reserva com antecedência, especialmente se estiver planejando usar uma sala VIP em um horário de pico.

6. *Quais são as formas de pagamento aceitas nas salas VIP?*

As formas de pagamento aceitas nas salas VIP podem incluir pagamento direto com cartão de crédito, pagamento em dinheiro ou até mesmo resgate de pontos ou milhas, dependendo das políticas de cada sala e programa. Algumas salas VIP podem oferecer serviços adicionais, como tratamentos de SPA, que podem ser pagos separadamente.

7. *Como é a disponibilidade de salas VIP em diferentes aeroportos?*

A disponibilidade de salas VIP pode variar de aeroporto para aeroporto e também depende do programa específico ao qual você está afiliado. Geralmente, os aeroportos maiores e mais movimentados têm uma seleção maior de salas VIP. É recomendável verificar antecipadamente a disponibilidade das salas VIP nos aeroportos que você planeja visitar.

8. *Como faço para combinar benefícios de diferentes programas?*

Para combinar benefícios de diferentes programas, você pode utilizar os recursos de cada programa de acordo com as suas vantagens específicas. Por exemplo, você pode usar o acesso a salas VIP de um programa para refeições e descanso, enquanto utiliza outro programa para serviços de SPA ou áreas de trabalho. Certifique-se de entender as políticas de cada programa para aproveitar ao máximo os benefícios combinados.

9. *Quais são as restrições de acesso?*

As restrições de acesso podem variar de acordo com o programa e a sala VIP específica. Algumas salas VIP podem ter limitações de horário, restrições de número de convidados ou outras condições. É aconselhável verificar as políticas de acesso de cada sala VIP antes de sua visita.

10. *Como faço para resolver problemas ou reclamações?*

Para resolver problemas ou reclamações, você pode entrar em contato com o suporte ao cliente do programa parceiro ou do banco emissor do cartão de crédito. Muitos programas têm linhas de atendimento ao cliente dedicadas para ajudar os participantes com questões relacionadas a acesso, benefícios ou problemas técnicos.

11. *O que é o DragonPass?*
O DragonPass é um programa que vai além do acesso a salas VIP, oferecendo também outros serviços nos aeroportos, como restaurantes e SPAs. Ele busca proporcionar uma experiência completa e confortável aos viajantes, agregando valor à sua jornada.

12. *Quais benefícios extras o DragonPass oferece?*
Além do acesso às salas VIP, o DragonPass pode oferecer descontos em restaurantes e serviços de SPA nos aeroportos, proporcionando uma experiência gastronômica e de relaxamento aos viajantes.

13. *Como os viajantes podem se tornar membros do DragonPass?*
Os viajantes podem se tornar membros do DragonPass ao se registrarem no programa. A adesão oferece uma variedade de benefícios, desde o acesso às salas VIP até experiências gastronômicas e de relaxamento.

14. *O que é o Priority Pass?*
O Priority Pass é um programa amplamente reconhecido que permite o acesso a salas VIP em aeroportos internacionais. Desempenha uma função significativa na oferta de conforto e conveniência aos viajantes durante suas viagens.

15. *Quais são os diferentes níveis de associação do Priority Pass?*
O Priority Pass oferece diferentes níveis de associação, incluindo opções padrão e premium, além de níveis exclusivos. Essa variedade de associações é disponibilizada por meio de cartões de crédito e programas de fidelidade, permitindo que os viajantes escolham a melhor opção para suas necessidades de viagem.

16. *Como o DragonPass se diferencia de outros programas?*
O DragonPass se destaca ao oferecer uma abordagem abrangente para melhorar a experiência de viagem. Além do acesso a salas VIP, ele também oferece descontos em restaurantes e serviços de SPA nos aeroportos, permitindo que os viajantes desfrutem de uma variedade de comodidades ao longo da jornada.

17. *Quais tipos de salas VIP são acessíveis através do Priority Pass?*

O Priority Pass proporciona acesso a uma ampla gama de salas VIP, que variam desde lounges de companhias aéreas até lounges independentes. Isso permite que os viajantes escolham entre uma variedade de opções que se adequem às suas preferências e necessidades.

18. *Como os portadores de cartões de crédito podem aproveitar o Priority Pass?*

Portadores de certos cartões de crédito e membros de programas de fidelidade podem se beneficiar do Priority Pass, que, às vezes, está incluído como um benefício. Verifique com a instituição financeira ou programa de fidelidade para confirmar a elegibilidade e como ativar o acesso.

19. *Há alguma limitação no número de vezes que posso acessar as salas VIP?*

Os detalhes sobre a frequência de acesso podem variar entre diferentes programas e níveis de associação. Alguns oferecem acesso ilimitado; outros podem impor limites mensais ou anuais. É importante verificar as condições específicas do programa para compreender as restrições.

20. *Como posso tirar o máximo proveito desses programas?*

Para aproveitar ao máximo os benefícios do DragonPass e do Priority Pass, é aconselhável planejar suas viagens considerando os aeroportos em que os programas são aceitos. Antes de viajar, verifique as opções de acesso, os benefícios disponíveis e qualquer restrição para garantir que você poderá desfrutar das comodidades com facilidade e conveniência.

21. *Posso compartilhar meu acesso a salas VIP com outras pessoas?*

Em geral, os programas têm políticas específicas sobre o compartilhamento de acesso a salas VIP. Alguns permitem convidados mediante pagamento adicional, enquanto outros têm opções de associação que incluem convidados gratuitos. Verifique as regras do programa para entender como o acesso para convidados funciona.

22. *Como o LoungeKey se diferencia de outros programas?*

O LoungeKey se diferencia ao oferecer um sistema flexível de pagamento por uso, permitindo que os viajantes acessem salas VIP sem a necessidade de associação prévia. Isso proporciona uma opção conveniente para quem viaja ocasionalmente e não deseja se comprometer com uma associação anual. Além disso, ele oferece uma rede global de salas VIP, variando desde lounges de companhias aéreas até lounges independentes.

23. *Como o Priority Pass se diferencia de outros programas?*

O Priority Pass se destaca como um dos programas mais estabelecidos e reconhecidos para acesso a salas VIP em aeroportos internacionais. Sua ampla rede de lounges abrange uma variedade de aeroportos e oferece opções para diferentes necessidades e preferências dos viajantes. Além disso, o Priority Pass oferece diferentes níveis de associação, incluindo opções padrão e premium, permitindo que os viajantes escolham o nível que melhor se adapte às suas necessidades e orçamento.

Essas diferenças entre o LoungeKey, o Priority Pass e o DragonPass demonstram como cada programa aborda o acesso a salas VIP de maneira única, atendendo às diversas necessidades e preferências dos viajantes. Essas opções oferecem flexibilidade e uma variedade de escolhas para que os viajantes possam aproveitar ao máximo as vantagens desses programas parceiros.

Ao abordar essas informações adicionais sobre os programas parceiros mencionados, esperamos fornecer uma visão completa dos benefícios, das opções e das estratégias para aproveitar ao máximo esses programas parceiros. Isso o ajudará a tomar decisões informadas e a otimizar sua experiência de viagem por meio do acesso a salas VIP e outras comodidades exclusivas nos aeroportos.

PROGRAMAS PARCEIROS NOS BANCOS BRASILEIROS

- ACESSO AO CONFORTO GLOBAL -

Ampliando o Conforto Financeiro:

Os programas parceiros estendem uma ponte para o conforto global aos clientes dos bancos brasileiros. Através do acesso a salas VIP e benefícios exclusivos nos aeroportos pelo mundo, os viajantes encontram refúgio e comodidade em suas jornadas. É essencial lembrá-lo da importância de entender as regras específicas de cada programa para extrair o máximo dessas vantagens.

O Impacto dos Cartões de Crédito:

A penetração dos cartões de crédito trouxe consigo uma revolução financeira. Esses pequenos objetos de plástico remodelaram a paisagem das transações monetárias, conferindo aos consumidores flexibilidade e conveniência sem precedentes nas operações financeiras.

Decisões Financeiras Inteligentes

No âmbito dos cartões de crédito, tomar decisões financeiras inteligentes é imperativo. Gerenciar gastos, evitar dívidas desnecessárias e aproveitar os benefícios oferecidos por esses cartões requer estratégia e discernimento.

Educando sobre Finanças

A educação financeira constante é crucial para utilizar os cartões de crédito eficazmente. Você precisa estar ciente de conceitos como taxas de juros, limites de crédito, pagamento mínimo e outras noções fundamentais.

Construindo um Futuro Financeiro Sólido

O uso responsável dos cartões de crédito contribui substancialmente para construir um futuro financeiro sólido. Ao estabelecer metas financeiras, poupar e investir, você trilha um caminho para atingir suas ambições.

Desafios e Armadilhas

Os usuários de cartões devem estar cientes dos desafios que podem surgir, como endividamento excessivo, altas taxas de juros e compras impulsivas. Estratégias para evitar essas armadilhas são vitais para uma relação saudável com o crédito.

Empoderamento Financeiro

Este livro lhe confere conhecimento para tomar decisões financeiras informadas e assertivas. Ao explorar os benefícios dos cartões de crédito, você se tornará um consumidor consciente e responsável.

Uma Despedida Inspiradora

É importante recordar, caro amigo, que este livro representa apenas o início de sua jornada nas finanças pessoais. Incentivo-o a continuar aprendendo sobre outros aspectos do mundo financeiro, explorando novos horizontes.

Vislumbrando o Futuro

Olhando para o futuro, surge uma tendência crescente na adoção de tecnologias como pagamentos móveis e criptomoedas, continuando a transformar as transações financeiras.

Responsabilidade Contínua

Uma abordagem responsável aos cartões de crédito é um princípio constante. Caro amigo leitor, mantenha-se informado sobre as mudanças na indústria, aprimore suas habilidades financeiras e continue tomando decisões conscientes.

Uma Jornada sem Fim

Essa jornada no mundo dos cartões de crédito é apenas uma etapa na trajetória financeira contínua. O aprendizado, a exploração e o crescimento em compreensão das finanças pessoais são uma busca ininterrupta.

O PLÁSTICO QUE TRANSFORMOU O MUNDO FINANCEIRO

Chegamos ao final de nossa jornada pelo universo dos cartões de crédito. Desde o surgimento do Diners Club até a ampla variedade de bandeiras e variantes disponíveis atualmente, pudemos explorar como esses pequenos objetos de plástico revolucionaram o mundo financeiro e se tornaram uma ferramenta indispensável no dia a dia das pessoas.

Ao longo desta narrativa, mergulhamos na história de cada bandeira, descobrimos os benefícios oferecidos por cada cartão e aprendemos como obter esses preciosos aliados de compra. A jornada nos levou a entender a importância do planejamento financeiro, da responsabilidade no uso do crédito e da escolha consciente do cartão mais adequado ao nosso perfil.

Assim como o mundo financeiro está em constante evolução, os cartões de crédito também seguem essa trajetória de inovação. À medida que a tecnologia avança, novas possibilidades se apresentam, e os cartões se adaptam para atender às demandas da sociedade moderna. A cada dia, novas soluções surgem, trazendo maior praticidade, segurança e conveniência para os usuários.

Enquanto celebramos as conquistas alcançadas, também é essencial lembrar-nos dos desafios e responsabilidades que vêm junto com o uso dos cartões de crédito. Evitar o endividamento excessivo, manter o controle dos gastos e sempre honrar os compromissos financeiros são fundamentais para desfrutar dos benefícios oferecidos pelo plástico mágico sem cair em armadilhas financeiras.

Embora os cartões de crédito tenham se tornado uma parte importante do nosso cotidiano, é imprescindível lembrar que eles são apenas uma ferramenta financeira, e não uma fonte de recursos infinitos. A consciência financeira é a chave para desfrutar plenamente dos benefícios proporcionados pelo crédito sem comprometer nosso bem-estar financeiro.

Com esta conclusão, encerramos nossa jornada pelos cartões de crédito. Espero que este livro tenha sido uma leitura esclarecedora e empolgante, trazendo informações valiosas para enriquecer seus conhecimentos financeiros.

Agradeço por acompanhar este livro e por confiar em mim, um escritor mundialmente reconhecido na área de finanças, para compartilhar essas informações. Desejo que as lições aprendidas aqui o guiem em suas decisões financeiras futuras, permitindo-lhe alcançar seus objetivos com sabedoria e sucesso.

Que o Plástico Mágico continue a ser um aliado em sua jornada financeira, desbravando novas possibilidades e tornando seus sonhos realidade. Lembre-se sempre de utilizar o crédito com responsabilidade, mantendo um equilíbrio saudável entre suas metas financeiras e suas escolhas de consumo.

ENCERRAMENTO

Através desta emocionante jornada pelo mundo dos cartões de crédito, você adquiriu conhecimentos abrangentes sobre as diversas bandeiras, variantes e benefícios oferecidos por esses instrumentos financeiros. Esperamos que o conteúdo detalhado e amigável deste livro tenha lhe proporcionado uma experiência enriquecedora.

Com sua nova compreensão sobre cartões de crédito, você estará preparado para tomar decisões financeiras informadas e responsáveis. Lembre-se de que os cartões de crédito oferecem conveniência e oportunidades, mas também exigem cautela e responsabilidade.

Seja qual for sua próxima aventura financeira, que este livro continue a ser um guia confiável e que você continue trilhando um caminho de prosperidade e segurança financeira. Obrigado por nos acompanhar nesta jornada e até a próxima.

BÔNUS

BIRÔS DE CRÉDITO

- SUA IMPORTÂNCIA NO SISTEMA FINANCEIRO -

Vou explicar detalhadamente sobre os principais birôs de crédito no Brasil: **Serasa Experian**, **Boa Vista SCPC**, **QUOD** e **SPC Brasil**. Essas empresas desempenham um papel crucial no sistema financeiro brasileiro, fornecendo informações de crédito essenciais para tomadores de decisão financeira, como bancos, instituições financeiras, empresas e até mesmo indivíduos.

Serasa Experian

A **Serasa Experian** é uma das agências de crédito mais conhecidas e antigas do Brasil. Fundada em 1968, é uma subsidiária da Experian, gigante global em serviços de informações. A principal função da Serasa Experian é coletar, armazenar e disponibilizar informações sobre o histórico financeiro de consumidores e empresas brasileiras, entre elas, dados sobre empréstimos, financiamentos, dívidas pendentes, pagamentos anteriores e outras atividades financeiras.

A Serasa Experian oferece serviços importantes para indivíduos e empresas, como relatórios de crédito, que fornecem um resumo detalhado do histórico financeiro de um indivíduo ou empresa. Isso é utilizado por bancos, instituições financeiras, empresas de crédito, entre outros, para avaliar o risco de empréstimos e financiamentos. Além disso, a empresa fornece serviços de monitoramento de crédito, permitindo que as pessoas recebam alertas sobre atividades suspeitas em seus registros financeiros.

Serasa Experian:

- **História**: A Serasa Experian é uma das maiores e mais antigas empresas de informações de crédito do Brasil. Ela é uma subsidiária da Experian, uma empresa global de serviços de informação.

- $ **Função**: A Serasa Experian coleta, organiza e disponibiliza informações sobre o histórico de crédito de consumidores e empresas, incluindo detalhes de empréstimos, financiamentos, dívidas e pagamentos prévios.
- $ **Serviços**: Além de fornecer relatórios de crédito, a Serasa Experian presta serviços de monitoramento de crédito, alertas de atividade suspeita e soluções de análise de risco para empresas.

Boa Vista SCPC

A **Boa Vista SCPC** tem uma longa história no Brasil, tendo sido fundada em 1955. É conhecida por seu famoso sistema de pontuação de crédito, o Score Boa Vista. O principal objetivo da Boa Vista SCPC é coletar, organizar e disponibilizar informações sobre o histórico de crédito de consumidores e empresas, utilizadas para avaliar o risco de crédito e tomar decisões financeiras informadas.

O Score Boa Vista é uma pontuação que varia de 0 a 1.000 e reflete o risco de crédito de um indivíduo ou de uma empresa. Quanto maior a pontuação, menor o risco de inadimplência. Essa pontuação é amplamente usada por bancos, financeiras, lojas e outras instituições para decidir se os mesmos concederão crédito ou financiamentos. A Boa Vista SCPC também oferece serviços de consulta de CPF/CNPJ e relatórios de crédito detalhados.

Boa Vista SCPC:

- $ **História**: A Boa Vista SCPC é uma importante agência brasileira conhecida por seu sistema de pontuação de crédito, o Score Boa Vista.
- $ **Função**: A Boa Vista SCPC também coleta e disponibiliza informações de crédito para auxiliar na tomada de decisões financeiras. Seu Score Boa Vista é amplamente utilizado por instituições financeiras e empresas para avaliar o risco de crédito de consumidores e empresas.
- $ **Serviços**: Além do Score Boa Vista, a empresa oferece serviços de consulta de CPF/CNPJ, relatórios de crédito e análises de risco.

SPC Brasil

O **SPC Brasil** (Serviço de Proteção ao Crédito) foi fundado em 1963 e faz parte da Confederação Nacional de Dirigentes Lojistas (CNDL). Sua função principal é atuar como um **banco de dados de inadimplentes**, registrando informações sobre pessoas e empresas com contas em atraso.

Quando alguém deixa de pagar uma dívida ou compromisso financeiro, essa informação é registrada no SPC Brasil. Esses registros podem ser acessados por empresas e instituições financeiras para avaliar o risco de conceder crédito a um indivíduo ou uma empresa. O SPC Brasil também oferece serviços de consulta de CPF/CNPJ e verificações de crédito.

Em suma, esses birôs de crédito desempenham um papel vital no sistema financeiro brasileiro, fornecendo informações essenciais para avaliar o risco de crédito e tomar decisões financeiras informadas. Elas desempenham um papel importante na vida das pessoas, impactando seu acesso a empréstimos, financiamentos e outros produtos financeiros.

SPC Brasil:

- $ **História**: O SPC Brasil (Serviço de Proteção ao Crédito) é uma das agências mais antigas do Brasil. Fundada em 1963, faz parte da Confederação Nacional de Dirigentes Lojistas (CNDL).
- $ **Função**: Atua, em especial, como banco de dados de inadimplentes, prestando informações sobre pessoas e empresas com contas em atraso.
- $ **Serviços**: Além de informações sobre inadimplência, oferece serviços de consulta de CPF/CNPJ e verificações de crédito para empresas.

QUOD:

A **QUOD** é uma agência de crédito relativamente nova, fundada em 2018. Desempenha uma importante função na implementação do **Cadastro Positivo** no Brasil. O Cadastro Positivo é uma iniciativa que visa destacar os pagadores responsáveis, reunindo informações sobre pagamentos em dia, empréstimos e financiamentos quitados, entre outros.

A QUOD é responsável por gerenciar o Cadastro Positivo, que é uma base de dados que permite que consumidores e empresas tenham seus hábitos financeiros positivos considerados na avaliação de crédito. Isso pode tornar mais fácil para pessoas com um histórico de pagamentos pontuais obterem crédito em condições melhores.

QUOD:

- $ **História**: A QUOD é uma empresa relativamente nova, criada em 2018 como uma iniciativa das principais instituições financeiras do Brasil.
- $ **Função**: Assim como as outras agências, coleta informações financeiras e de crédito e é responsável pela gestão do Cadastro Positivo, que reúne informações sobre o histórico de pagamentos de consumidores positivamente, destacando os bons pagadores.
- $ **Serviços**: A QUOD atua de forma vital na implementação do Cadastro Positivo no Brasil, permitindo que consumidores e empresas tenham acesso a um histórico de pagamentos mais abrangente.

É importante destacar que, em 2019, a legislação brasileira implementou mudanças significativas no sistema de crédito com a Lei do Cadastro Positivo, que tornou obrigatória a inclusão automática de informações de pagamentos positivos nos birôs (ou agências) de crédito. Isso ampliou a base de dados disponível para avaliar o risco de crédito e promoveu uma visão mais equilibrada do histórico financeiro dos consumidores.

Esses birôs de crédito desempenham um papel vital no sistema financeiro do Brasil, fornecendo informações que ajudam instituições e empresas a avaliarem o risco de crédito e tomar decisões informadas. Eles também desempenham um papel importante na implementação e gestão do Cadastro Positivo, que visa melhorar o acesso ao crédito para consumidores e empresas.

Cronologia da Criação de Cada um Dos Birôs de Crédito do Brasil

- $ **Boa Vista SCPC**: A Boa Vista SCPC, originalmente chamada de Serviço Central de Proteção ao Crédito (SCPC), foi fundada em 1955. Ela tem uma longa trajetória, com mais de 65 anos de atuação no Brasil.
- $ **SPC Brasil**: O Serviço de Proteção ao Crédito (SPC Brasil) foi fundado em 1963. Ele também possui uma história considerável, com mais de sessenta anos de operação no país.
- $ **Serasa Experian**: A Serasa Experian foi fundada em 1968. Portanto, em 2023, ela tem mais de 50 anos de história no mercado brasileiro de informações de crédito.
- $ **QUOD**: A QUOD foi criada em 2018. Ela é uma das agências mais recentes e foi estabelecida como parte das iniciativas relacionadas ao Cadastro Positivo no Brasil.

Essas datas de fundação demonstram a importância histórica e a longa trajetória dessas agências de crédito no Brasil.

Score de Crédito

Serasa Experian:

- $ O **Score Serasa** varia de 0 a 1.000 pontos.
- $ Quanto maior o Score Serasa, menor é o risco percebido de inadimplência.
- $ Para calcular o Score Serasa, a agência leva em consideração uma série de fatores, como histórico de pagamento, quantidade de dívidas, tempo de crédito, entre outros.
- $ É importante notar que o Score Serasa é apenas uma das ferramentas usadas por credores para avaliar o risco de crédito de um consumidor.

Boa Vista SCPC:

O **Score Boa Vista** também varia de 0 a 1.000 pontos.

- Assim como o Score Serasa, um Score Boa Vista mais alto indica menor risco de inadimplência.
- Os critérios específicos usados para calcular o Score Boa Vista incluem informações sobre pagamentos de contas em dia, inadimplência, consultas ao CPF, entre outros fatores relacionados ao histórico de crédito do consumidor.

SPC Brasil:

- O **Score SPC Brasil** é outra pontuação que varia de 0 a 1.000 pontos.
- Assim como nas outras agências, um score mais alto indica menor risco de inadimplência.
- Os critérios específicos do Score SPC Brasil incluem informações sobre inadimplência, consultas ao CPF, tempo de crédito, entre outros fatores relacionados ao histórico financeiro.

QUOD:

- A **QUOD** é responsável por gerenciar o Cadastro Positivo no Brasil, que destaca os pagadores responsáveis.
- O Score QUOD também é baseado em uma pontuação de crédito que varia, mas os detalhes precisos do cálculo não são amplamente divulgados.
- O Score QUOD é influenciado principalmente pelo comportamento de pagamento positivo, como pagamentos em dia e histórico de cumprimento de empréstimos e financiamentos.

Lembrando que os algoritmos exatos e os critérios específicos para o cálculo do score de crédito podem variar ao longo do tempo e podem ser ajustados pelas agências de crédito. Além disso, cada agência pode ter sua própria metodologia exclusiva para calcular o score. Portanto, é importante que os consumidores consultem diretamente as agências de crédito para obter informações atualizadas e detalhadas sobre como é calculado o score em cada uma delas.

CADASTRO POSITIVO

- BOM PARA ADIMPLENTES E RUIM PARA INADIMPLENTES -

O **Cadastro Positivo** foi criado no Brasil por meio da **Lei Complementar nº 166/2019**, que foi sancionada em 8 de abril de 2019. Esta lei estabeleceu as bases legais para a implementação e operação do Cadastro Positivo no país.

Portanto, o Cadastro Positivo, como o conhecemos hoje, teve seu início oficial em abril de 2019, quando a legislação entrou em vigor. Desde então, os consumidores brasileiros passaram a ser automaticamente incluídos no Cadastro Positivo, a menos que optem por se excluir voluntariamente.

O Cadastro Positivo é uma iniciativa importante no cenário financeiro brasileiro que visa coletar informações sobre o comportamento financeiro dos consumidores de forma mais abrangente e equilibrada. Essa iniciativa foi criada com o objetivo de promover o acesso ao crédito para um número maior de pessoas e empresas, considerando não apenas as informações sobre dívidas e inadimplência, mas também sobre hábitos de pagamento responsáveis. Segue uma explicação detalhada do Cadastro Positivo:

Antecedentes do Cadastro Positivo

- **Histórico**: Antes do Cadastro Positivo, o Brasil tinha um sistema de crédito principalmente baseado no **Cadastro Negativo**, que registrava apenas as informações de inadimplência e dívidas em atraso. Isso significava que, para muitas pessoas, a única maneira de construir um histórico de crédito positivo era evitando dívidas, o que tornava o acesso ao crédito mais difícil para muitos.

O que É o Cadastro Positivo

- **Ampliação do Escopo**: O Cadastro Positivo amplia o escopo do sistema de crédito ao coletar informações sobre pagamentos em dia, empréstimos quitados, financiamentos cumpridos e outros hábitos financeiros responsáveis. Isso significa que o histórico de crédito de uma pessoa é formado por informações positivas e negativas.
- **Dados Coletados**: As informações incluídas no Cadastro Positivo podem abranger diversas transações financeiras, como pagamentos de contas de água, luz, telefone, financiamentos, cartões de crédito, empréstimos, entre outros.
- **Participação Automática**: A partir de 2019, com a Lei do Cadastro Positivo, os consumidores brasileiros passaram a ser incluídos automaticamente no Cadastro Positivo. No entanto, é possível solicitar a exclusão, se desejado.

Benefícios do Cadastro Positivo

- **Acesso ao Crédito**: O Cadastro Positivo permite que pessoas com históricos de pagamento responsáveis tenham um histórico de crédito mais robusto, o que pode facilitar a obtenção de empréstimos, financiamentos e cartões de crédito em melhores condições.

- **Taxas de Juros Menores**: Ter um Cadastro Positivo pode resultar em taxas de juros mais baixas, já que os credores podem avaliar melhor o risco de empréstimo.
- **Inclusão Financeira**: Essa iniciativa promove a inclusão financeira, permitindo que pessoas sem histórico de crédito ou com histórico limitado tenham acesso a serviços financeiros.

Privacidade e Segurança

- **Regulamentação**: O Cadastro Positivo é regulamentado pela Lei Complementar 166/2019, que estabelece regras para a coleta, armazenamento e compartilhamento de informações financeiras dos consumidores, garantindo sua segurança e privacidade.
- **Consentimento e Controle**: Os consumidores têm o direito de dar ou retirar seu consentimento para a inclusão no Cadastro Positivo a qualquer momento. Eles também têm o direito de acessar seus próprios dados e contestar informações imprecisas.

Como Funciona o Cadastro Positivo

- **Coleta de Dados**: As informações financeiras dos consumidores são coletadas por instituições financeiras, empresas de crédito, lojas, entre outros, e compartilhadas com os birôs de crédito, como a Serasa Experian, a Boa Vista SCPC, a QUOD e o SPC Brasil.
- **Cálculo do Score**: Com base nas informações coletadas, é calculado um **Score de Crédito** para cada consumidor. O Score é uma pontuação que reflete o risco de crédito associado a uma pessoa. Quanto mais alto o Score, menor é o risco percebido.
- **Benefícios para Consumidores**: Ter um bom histórico no Cadastro Positivo pode resultar em benefícios como taxas de juros mais baixas em empréstimos e financiamentos, maior limite de crédito em cartões, aprovação mais fácil de financiamentos e a possibilidade de conseguir melhores condições em negociações de compras a prazo.

Acesso aos Relatórios de Crédito

- **Acesso Gratuito**: Os consumidores têm o direito de acessar seus próprios relatórios de crédito, sem custos, e verificar as informações, o que pode ser feito diretamente nos sites das agências de crédito.

Importância do Monitoramento

- **Alertas de Atividade Suspeita**: O Cadastro Positivo também inclui serviços de monitoramento de crédito, que alertam os consumidores sobre atividades financeiras suspeitas ou não autorizadas em seus nomes. Isso ajuda a prevenir fraudes financeiras.

Desafios e Considerações

- **Controle das Informações**: É importante que os consumidores tenham controle sobre suas informações no Cadastro Positivo. Eles podem optar por não participar ou solicitar a exclusão a qualquer momento.
- **Responsabilidade Financeira**: Embora o Cadastro Positivo ofereça benefícios, ele também aumenta a responsabilidade financeira dos consumidores, uma vez que um mau histórico de pagamento pode afetar negativamente o Score de Crédito.
- **Segurança dos Dados**: A segurança e a privacidade dos dados pessoais são uma preocupação importante no Cadastro Positivo, e as agências de crédito são obrigadas a seguir regulamentações rígidas para proteger essas informações.

Compartilhamento de Informações

- O Cadastro Positivo permite que as informações de pagamento sejam compartilhadas entre credores, instituições financeiras e birôs de crédito. Isso significa que, quando você paga contas em dia e mantém um bom histórico de crédito, essas informações são registradas e podem ser usadas para beneficiá-lo no futuro, tornando mais fácil obter crédito com taxas favoráveis.

Benefícios para Empresas

- O Cadastro Positivo também beneficia as empresas, pois elas podem tomar decisões de crédito mais informadas. Isso ajuda a reduzir o risco de inadimplência e permite que as empresas ofereçam condições de crédito mais personalizadas aos clientes.

Regulamentação

- O Cadastro Positivo é regulamentado pelo Banco Central do Brasil e pela Lei Complementar 166/2019. Essas regulamentações estabelecem regras claras para a coleta, o armazenamento e o compartilhamento de informações financeiras, bem como garantem a privacidade e a segurança dos dados dos consumidores.

Acesso aos Dados

- Você tem o direito de acessar seus dados no Cadastro Positivo, contestar informações imprecisas e solicitar correções.

Impacto no Acesso a Crédito

- $ Um bom histórico no Cadastro Positivo pode aumentar as chances de obter empréstimos, financiamentos e cartões de crédito com taxas de juros mais baixas, além de limites de crédito mais altos.

Inclusão Financeira

- $ O Cadastro Positivo tem o potencial de promover a inclusão financeira, permitindo que pessoas com históricos financeiros positivos tenham acesso mais amplo aos serviços financeiros.

Monitoramento e Cuidados

- $ É importante monitorar regularmente seu próprio Cadastro Positivo e tomar medidas para manter um histórico de crédito positivo, como pagar contas em dia e gerenciar responsavelmente suas finanças.

Simplificando, o **Cadastro Positivo** é uma iniciativa que visa equilibrar o sistema de crédito brasileiro, considerando tanto informações positivas quanto negativas sobre o histórico financeiro dos consumidores. Isso tem o potencial de facilitar o acesso ao crédito, promover a inclusão financeira e, para aqueles com histórico positivo, resultar em condições de crédito mais favoráveis. É importante que os consumidores estejam cientes de sua participação no Cadastro Positivo e saibam que têm controle sobre suas informações financeiras.

OPEN FINANCE
- BANCOS UNIDOS PELOS SEUS DADOS -

O **Open Finance** é um termo que se refere a um modelo de compartilhamento de informações financeiras que visa promover maior concorrência e inovação no setor financeiro. No Brasil, o conceito de Open Finance está sendo desenvolvido como parte de uma série de iniciativas para modernizar o sistema financeiro e aumentar a inclusão financeira. Vou detalhar esse assunto para você:

Origens e Desenvolvimento:

O Open Finance no Brasil tem suas raízes na implementação do Open Banking, que foi introduzido no país como uma maneira de abrir o mercado financeiro para a competição e estimular a inovação. O Open Banking é uma política regulatória que exige que as instituições financeiras compartilhem informações financeiras dos clientes com outras instituições, mediante o consentimento desses clientes.

Marco Regulatório

O marco regulatório do Open Finance no Brasil é liderado pelo Banco Central do Brasil (BCB), que é a autoridade responsável por supervisionar o sistema financeiro do país. O BCB emitiu uma série de regulamentos e diretrizes para orientar a implementação do Open Finance. Em 2020, o cronograma oficial do Open Banking foi anunciado, dividindo a implementação em fases, e as primeiras fases entraram em vigor em 2021.

Objetivos do Open Finance

O Open Finance no Brasil tem vários objetivos importantes:

- **Aumentar a Concorrência:** Ao permitir que os clientes compartilhem suas informações financeiras com outras instituições, o Open Finance busca criar um ambiente mais competitivo no mercado financeiro, incentivando as instituições a oferecerem melhores serviços e taxas para atrair clientes.
- **Promover a Inovação:** O acesso a informações financeiras padronizadas pode abrir caminho para a criação de novos produtos e serviços financeiros inovadores. Isso pode beneficiar os consumidores, oferecendo-lhes opções financeiras mais diversas e personalizadas.
- **Melhorar a Inclusão Financeira:** O Open Finance pode tornar mais fácil para as pessoas acessarem serviços financeiros, especialmente aquelas que têm dificuldades em se tornar clientes de instituições tradicionais. Isso pode incluir pessoas sem histórico de crédito ou com poucas opções de serviços financeiros.

Implementação Gradual

O Open Finance está sendo implementado em etapas no Brasil. O processo de implementação inclui o desenvolvimento de APIs (Interfaces de Programação de Aplicativos) padronizadas que permitem o compartilhamento seguro de informações financeiras entre instituições.

Benefícios Potenciais

O Open Finance tem o potencial de trazer vários benefícios para os consumidores e o mercado financeiro em geral. Alguns desses benefícios incluem:

- **Acesso mais fácil a produtos financeiros:** Os consumidores podem acessar uma variedade de produtos e serviços financeiros de diferentes instituições, tornando mais fácil encontrar as melhores opções para suas necessidades.

- **Taxas e condições competitivas:** A concorrência aumentada pode resultar em taxas e condições mais vantajosas para empréstimos, contas bancárias e investimentos.
- **Inovação e personalização:** As empresas financeiras podem desenvolver soluções inovadoras e personalizadas com base nas informações compartilhadas pelos clientes, atendendo às suas necessidades específicas.
- **Inclusão financeira:** O Open Finance pode abrir o acesso a serviços financeiros para pessoas que tradicionalmente não têm acesso a eles, promovendo a inclusão financeira.

Desafios e Preocupações

Embora o Open Finance ofereça muitos benefícios, também apresenta desafios e preocupações, incluindo questões relacionadas à segurança de dados, privacidade e conformidade regulatória. Portanto, a implementação cuidadosa e o monitoramento rigoroso são fundamentais para garantir que os consumidores estejam protegidos.

O Open Finance no Brasil é uma iniciativa que visa transformar o setor financeiro, tornando-o mais aberto, competitivo e inovador. À medida que o processo de implementação avança, é importante que os consumidores estejam cientes de seus direitos e responsabilidades ao compartilhar suas informações financeiras e que as instituições financeiras cumpram rigorosamente as regulamentações para garantir a segurança e a privacidade dos dados.

PIX
- A REVOLUÇÃO DOS PAGAMENTOS -

O **PIX** é uma revolução nos sistemas de pagamento do Brasil. É um sistema de pagamento instantâneo criado pelo Banco Central do Brasil (BCB) que permite a transferência de dinheiro de forma rápida, segura e conveniente, 24 horas por dia, 7 dias por semana, incluindo feriados. Explicaremos detalhes sobre o PIX, incluindo sua criação, funcionalidades e sua relação com cartões de crédito.

Criação do PIX

O PIX foi anunciado pelo Banco Central do Brasil em fevereiro de 2020, como parte de uma iniciativa para modernizar o sistema financeiro do país. O objetivo principal era oferecer uma alternativa eficiente e acessível aos métodos tradicionais de pagamento, como boletos bancários e transferências eletrônicas, que muitas vezes levavam horas ou até mesmo dias para serem processados.

Funcionamento do PIX

O PIX opera em uma plataforma eletrônica centralizada e permite que os usuários façam transferências instantâneas de fundos entre contas bancárias. Para usar o PIX, você precisa ter uma conta em uma instituição financeira que ofereça o serviço e se cadastrar no sistema. Depois de cadastrado, você receberá uma chave PIX, que pode ser um número de celular, e-mail, CPF, CNPJ ou uma chave aleatória, para identificação nas transações.

Para efetuar uma transferência PIX, siga estes passos:

- ☑ **Acesse o aplicativo ou internet banking do seu banco.**
- ☑ **Escolha a opção "PIX" e selecione a chave PIX do destinatário.**
- ☑ **Insira o valor que deseja transferir e confirme a transação.**

A transação é processada instantaneamente, e o dinheiro é transferido imediatamente para a conta do destinatário, disponível para uso imediato.

PIX com Cartão de Crédito

É importante esclarecer que o PIX é voltado principalmente para transferências entre contas bancárias. Os cartões de crédito funcionam de maneira diferente, pois representam uma linha de crédito que é faturada periodicamente, enquanto o PIX é usado para transferência de fundos de forma direta entre contas.

No entanto, algumas instituições financeiras podem oferecer a opção de pagar a fatura do cartão de crédito usando o PIX, permitindo quitar a fatura instantaneamente, evitando atrasos e juros. Para fazer isso, geralmente você precisa cadastrar o cartão de crédito como um destinatário no sistema PIX e, quando chegar a hora de pagar a fatura, basta transferir o valor desejado para essa conta.

Segurança do PIX

O PIX é projetado com várias camadas de segurança para proteger as transações e os dados dos usuários, incluindo autenticação de dois fatores, criptografia de ponta a ponta e monitoramento em tempo real para detectar atividades suspeitas.

Além disso, o Banco Central do Brasil regula rigorosamente as instituições financeiras que oferecem o PIX para garantir a conformidade com os padrões de segurança e proteção ao consumidor.

Conclusão

O PIX é uma inovação significativa no cenário financeiro do Brasil, que se traduz como uma maneira rápida, segura e eficiente de realizar transferências de dinheiro. Embora não se relacione diretamente com os cartões de crédito, pode ser usado para pagar faturas de cartão de algumas instituições financeiras. É importante que os usuários estejam cientes de como o PIX funciona e das medidas de segurança ao usá-lo para garantir uma experiência financeira tranquila e segura.

BLOCKCHAIN & CRIPTOMOEDA

O termo "blockchain" é uma combinação de "block" (bloco) e "chain" (cadeia), indicando sua natureza como uma cadeia de blocos de informações. O principal princípio por trás de uma blockchain é a descentralização, o que significa que ela não é controlada por uma única entidade central, como um banco ou governo. Em vez disso, a rede blockchain é mantida e validada por uma rede descentralizada de participantes (nós), tornando-a resistente a adulterações e censura.

O que é Blockchain

Blockchain é uma tecnologia de registro distribuído (DLT, na sigla em inglês) que permite a criação de um registro público e imutável de transações. A ideia central da blockchain é criar um livro-razão digital que é compartilhado entre vários participantes da rede, tornando-o transparente, seguro e resistente à adulteração. É composta por uma cadeia de blocos, onde cada um contém um conjunto de dados ou transações e é conectado ao bloco anterior por meio de assinatura digital, formando uma sequência cronológica de blocos interconectados. Em resumo, consiste em um sistema de registro de informações digital, público e imutável.

Como Funciona uma Blockchain

Como explicado anteriormente, mas reforçando o conceito, uma blockchain é composta por blocos de dados que contêm informações sobre transações. Cada bloco é ligado ao anterior, formando uma cadeia de blocos, daí o nome "blockchain". A seguir, uma visão geral de como tudo funciona:

- **Transações**: As transações são agrupadas em um bloco. Assim, em uma blockchain de criptomoeda, um bloco pode conter várias transações.
- **Validação**: Antes de ser adicionado à blockchain, o bloco é validado por um processo chamado "mineração" (em blockchains públicas) ou por consenso (em blockchains privadas).
- **Adição à Cadeia**: Uma vez validado, o bloco é adicionado à cadeia existente. Cada bloco contém um *hash* do bloco anterior, criando um elo contínuo de blocos.

- **Imutabilidade**: Após a adição à blockchain, os dados são considerados imutáveis, o que torna muito difícil, ou virtualmente impossível, alterar as informações em um bloco sem alterar todos os blocos subsequentes.

Para que Serve uma Blockchain

As blockchains têm várias aplicações, das quais as mais conhecidas são:

- **Criptomoedas**: As blockchains foram originalmente criadas para suportar criptomoedas como o Bitcoin. Elas permitem transações seguras e transparentes sem a necessidade de intermediários.
- **Contratos Inteligentes**: Plataformas como Ethereum permitem a criação de contratos inteligentes, que são acordos autônomos que se autoexecutam quando as condições pré-determinadas são atendidas.
- **Cadeias de Suprimentos**: Elas podem ser usadas para rastrear produtos em cadeias de suprimentos, fornecendo transparência e autenticidade.
- **Votação Eletrônica**: A tecnologia blockchain pode ser usada para criar sistemas de votação eletrônica seguros e transparentes.
- **Propriedade de Ativos Digitais**: As blockchains podem ser usadas para representar a propriedade de ativos digitais, como tokens de jogos ou ativos digitais colecionáveis.

Blockchains Mais Famosas do Mundo

- **Bitcoin (BTC)**: A blockchain do Bitcoin é a primeira e mais conhecida blockchain do mundo, usada para transações de criptomoedas.
- **Ethereum (ETH)**: Ethereum é uma blockchain conhecida por sua capacidade de executar contratos inteligentes, permitindo a criação de aplicativos descentralizados (dApps).
- **Binance Smart Chain (BSC)**: Associada à exchange Binance, é utilizada para contratos inteligentes e aplicativos descentralizados.
- **Ripple (XRP)**: A blockchain da Ripple é usada para facilitar pagamentos internacionais e transferências de valor.
- **Cardano (ADA)**: Cardano é uma blockchain conhecida por seu foco em segurança e governança descentralizada.
- **Polkadot (DOT)**: Polkadot é uma blockchain que visa conectar várias blockchains, permitindo a interoperabilidade.
- **Tezos (XTZ)**: Tezos é uma blockchain que enfatiza contratos inteligentes e governança autônoma.
- **Avalanche (AVAX)**: Avalanche é uma blockchain escalável que oferece uma plataforma para aplicativos descentralizados (dApps).

Essas são apenas algumas das muitas blockchains existentes, cada uma com suas próprias características e casos de uso. A tecnologia blockchain está em constante evolução e tem o potencial de transformar diversos setores ao criar sistemas mais seguros, transparentes e eficientes. Falaremos mais detalhadamente de cada uma dessas e de outras mais daqui a pouco.

As características fundamentais de uma blockchain incluem

- **Imutabilidade**: Uma vez que uma informação é registrada em um bloco e adicionada à cadeia, ela se torna praticamente impossível de alterar sem a aprovação da maioria dos participantes da rede.
- **Transparência**: Todas as transações registradas em uma blockchain são visíveis para todos os participantes da rede, criando um alto nível de transparência.
- **Segurança**: As informações são protegidas por criptografia avançada, tornando a blockchain altamente segura contra fraudes e ataques.
- **Descentralização**: Não existe uma autoridade central que controla a blockchain. Em vez disso, ela é mantida por uma rede de nós distribuídos.
- **Consenso**: Para adicionar novos blocos à blockchain, os participantes da rede devem chegar a um consenso sobre a validade das transações, geralmente por meio de um processo de mineração ou outros algoritmos de consenso.

As blockchains são usadas em diversas aplicações, desde criptomoedas e contratos inteligentes até cadeias de suprimentos e votação eletrônica. Elas têm o potencial de revolucionar a forma como as transações e registros são mantidos, oferecendo maior confiança e eficiência em várias indústrias.

A Origem das Blockchains

As blockchains foram concebidas pela primeira vez em 2008 como parte do projeto do Bitcoin. O Bitcoin, criado por uma pessoa ou grupo de pessoas sob o pseudônimo de Satoshi Nakamoto, foi a primeira criptomoeda e a primeira aplicação prática da tecnologia blockchain.

A seguir, oferecemos uma breve linha do tempo das principais etapas na criação e evolução das blockchains:

- **2008**: O conceito de blockchain foi apresentado no whitepaper do Bitcoin por Satoshi Nakamoto, intitulado "Bitcoin: A Peer-to-Peer Electronic Cash System". Ali, descreve-se um sistema de pagamento eletrônico peer-to-peer que elimina a necessidade de intermediários financeiros.

- **2009**: Em janeiro de 2009, o Bitcoin foi lançado como a primeira criptomoeda, e sua blockchain começou a registrar transações. Isso marcou o início da primeira blockchain funcional.
- **2011**: Outras criptomoedas começaram a ser desenvolvidas com base no conceito de blockchain, incluindo o Litecoin, lançado por Charlie Lee.
- **2014**: Ethereum, uma plataforma de contrato inteligente e blockchain, foi proposta por Vitalik Buterin. Ela introduziu a capacidade de executar contratos inteligentes, que são acordos autônomos programáveis.
- **2015**: A Ethereum foi lançada em julho de 2015, tornando-se a segunda blockchain mais importante após o Bitcoin.
- **2017**: O aumento do interesse em criptomoedas e blockchains levou a um boom nas ofertas iniciais de moedas (ICOs), onde novos projetos arrecadavam fundos emitindo tokens em blockchains existentes.
- **2020 até agora**: Desde então, o ecossistema de blockchains continuou a se expandir, com o desenvolvimento de diversas blockchains para uma variedade de casos de uso, incluindo Finanças Descentralizadas (DeFi), Tokens Não Fungíveis (NFTs) e muito mais.

O Bitcoin foi a primeira blockchain funcional, mas muitas outras surgiram desde então, cada uma com suas próprias características e casos de uso específicos. O conceito desencadeou uma revolução tecnológica e financeira, promovendo descentralização, transparência e segurança em várias aplicações.

A Tecnologia Blockchain

A tecnologia Blockchain tem revolucionado diversos setores, incluindo o financeiro, e também encontra aplicações no mundo dos cartões de crédito e transações financeiras. Vamos explorar mais profundamente o uso da blockchain e das criptomoedas nesse contexto.

Blockchain no Setor Financeiro

- **Funcionamento da Blockchain:** Para começar, é fundamental entender o que é a blockchain e como ela opera. A blockchain é um registro digital distribuído e descentralizado que registra todas as transações em uma rede. Sua principal característica é a segurança, garantida pela criptografia e pela imutabilidade dos registros.
- **Aplicação nos Cartões de Crédito:** Agora, pense na aplicação dessa tecnologia no setor de cartões de crédito. A blockchain pode aprimorar a segurança das transações, reduzindo fraudes e garantindo que cada operação seja registrada de forma transparente e inalterável. Isso pode trazer mais confiança para os usuários de cartões de crédito.

Cartões de Crédito com Criptomoedas

- **Introdução às Criptomoedas:** Para entender completamente o cenário, é essencial ter uma visão abrangente sobre criptomoedas, como o Bitcoin e o Ethereum. Essas moedas digitais funcionam em redes descentralizadas e são armazenadas em carteiras digitais, garantindo transparência e segurança.
- **Cartões de Crédito com Criptomoedas:** Alguns cartões de crédito inovadores agora possibilitam usar criptomoedas para pagamentos em locais que aceitam cartões tradicionais. Esses cartões permitem a conversão instantânea de criptomoedas para moedas fiduciárias no momento da transação, tornando o processo mais eficiente e acessível.

Benefícios e Desafios

- **Segurança Aprimorada:** A principal vantagem é a segurança da blockchain, aprimorada por meio de criptografia e armazenamento descentralizado, reduzindo os riscos de fraudes e ataques cibernéticos.
- **Instantaneidade:** A capacidade de converter criptomoedas em moedas tradicionais instantaneamente ao realizar uma compra melhora significativamente a experiência de pagamento, eliminando a necessidade de intermediários e processos demorados.
- **Flutuações de Valor:** É importante estar ciente dos desafios. As criptomoedas são conhecidas pelas flutuações de valor, o que pode afetar o custo das transações. Além disso, as taxas de conversão podem variar, impactando o valor final da compra.
- **Adoção Futura:** O futuro reserva perspectivas interessantes. A adoção mais ampla de cartões de crédito com criptomoedas transformará o cenário financeiro global, com transações mais acessíveis e eficientes.

Compreender o papel da blockchain e das criptomoedas nos cartões de crédito é fundamental para que você possa preparar-se para as mudanças e inovações que estão moldando o futuro do setor financeiro. À medida que a tecnologia blockchain continua a evoluir e as criptomoedas ganham mais aceitação, os cartões de crédito podem se tornar um veículo ainda mais versátil e conveniente para realizar transações financeiras.

Criptomoeda

Uma criptomoeda é uma forma de moeda digital que utiliza criptografia para garantir a segurança das transações e controlar a criação de novas unidades. Elas são descentralizadas, o que significa que não são controladas por uma autoridade central, como um banco central ou governo. Em vez disso, as transações de criptomoedas são registradas em uma tecnologia de registro distribuído chamada blockchain, que é mantida por uma rede descentralizada de computadores (nós).

Os principais elementos de uma criptomoeda são os seguintes:

- **Tecnologia Blockchain**: As transações de criptomoedas são registradas em uma blockchain, que é uma cadeia de blocos de dados. Cada bloco contém um conjunto de transações e é ligado ao bloco anterior, criando um registro público, transparente e imutável de todas as transações.
- **Criptografia**: A criptografia é usada para proteger a segurança das transações. Cada usuário da criptomoeda possui uma chave pública e uma chave privada. A chave privada é usada para assinar digitalmente transações, enquanto a chave pública é usada para receber fundos.
- **Descentralização**: As criptomoedas são descentralizadas, o que significa que não são controladas por uma autoridade central. Em vez disso, a rede blockchain é mantida por uma rede de nós (computadores) que validam e registram as transações.
- **Mineração**: Muitas criptomoedas utilizam um processo chamado mineração para adicionar novos blocos à blockchain e validar transações. Os mineradores resolvem problemas matemáticos complexos para competir pela adição de novos blocos e são recompensados com novas unidades da criptomoeda e taxas de transação.
- **Uso como Moeda**: Elas podem servir como meio de troca para comprar bens e serviços, similar às moedas tradicionais, sendo aceitas por um número crescente de empresas e comerciantes no mundo.
- **Investimento**: Alguns investem em criptomoedas com a esperança de que o valor aumente ao longo do tempo, o que conduziu ao desenvolvimento de um mercado de criptomoedas ativo e volátil.

As criptomoedas têm o potencial de revolucionar o sistema financeiro e oferecer vantagens como rapidez em transações, baixas taxas e acesso global a serviços financeiros. No entanto, também apresentam riscos, incluindo volatilidade de preços e preocupações regulatórias. Portanto, é importante entender completamente como funcionam antes de usá-las ou investir nelas.

Como Comprar & Vender Criptomoedas

Vou explicar como comprar e vender criptomoedas, fornecer informações sobre algumas das criptomoedas mais famosas do mundo e apresentar uma breve história de cada uma delas, incluindo suas datas de lançamento.

Para comprar e vender criptomoedas, você precisa seguir estas etapas:

- **Escolha uma Exchange**: Primeiro, você deve escolher uma plataforma de negociação de criptomoedas, conhecida como exchange. Algumas das mais populares incluem Binance, Coinbase, Kraken e Bitstamp.
- **Crie uma Conta**: Registre-se na exchange de sua escolha, o que envolve fornecer informações pessoais e passar por um processo de verificação.
- **Depósito de Fundos**: Deposite fundos em sua conta na exchange. Poderá fazer isso transferindo para a exchange moedas fiduciárias, como dólares estadunidenses, ou outras criptomoedas.
- **Escolha uma Criptomoeda**: Selecione aquela que deseja comprar. As exchanges oferecem uma variedade de criptomoedas para escolher.
- **Faça a Compra**: Determine a quantidade de criptomoeda que deseja comprar e execute a ordem. Você pode definir o preço que está disposto a pagar ou optar por comprar pelo preço de mercado atual.
- **Armazene em uma Carteira**: Depois de comprar criptomoedas, é aconselhável transferi-las para uma carteira segura, como uma carteira de hardware, para garantir a segurança dos seus ativos.
- **Venda de Criptomoedas**: Para vender, basta ir à plataforma da exchange, escolher a criptomoeda que deseja vender e seguir o processo.
- **Retire os Fundos**: Após a venda, poderá retirar os fundos em moeda fiduciária, transferindo-os para sua conta bancária, ou mantê-los na exchange para futuras negociações.

Discutiremos agora algumas das criptomoedas mais famosas e suas histórias:

Bitcoin (BTC)

- **Lançamento**: Janeiro de 2009 por Satoshi Nakamoto.
- O Bitcoin foi a primeira criptomoeda, projetada para ser uma forma eletrônica de dinheiro peer-to-peer.

História

O Bitcoin foi criado por uma pessoa ou grupo sob o pseudônimo de Satoshi Nakamoto. O conceito do Bitcoin foi apresentado pela primeira vez em um whitepaper intitulado "Bitcoin: A Peer-to-Peer Electronic Cash System", publicado em outubro de 2008 e onde está descrita a visão do autor sobre uma moeda digital que funcionaria sem precisar de intermediários financeiros, como bancos.

O lançamento oficial da rede ocorreu em janeiro de 2009, quando o primeiro bloco da blockchain do Bitcoin, conhecido como "Bloco Gênesis", foi minerado por Satoshi Nakamoto, marcando o início da primeira criptomoeda funcional.

A ideia central por trás do Bitcoin era criar uma moeda digital que fosse:

- **Descentralizada**: Sem autoridade central ou governo controlando-o.
- **Segura**: Criptografia para proteger as transações e prevenir fraudes.

- $ **Escassa**: Limite do suprimento de Bitcoin a 21 milhões de unidades, tornando-o deflacionário por natureza.
- $ **Transparente**: Registro de todas as transações em blockchain pública.

Quando o Bitcoin foi lançado em janeiro de 2009 por Satoshi Nakamoto, ele não tinha um valor de mercado estabelecido, pois as primeiras transações eram principalmente experimentais e entre os primeiros entusiastas da criptomoeda. Naquela época, era possível minerar Bitcoins em um computador pessoal, e eles não tinham valor real de mercado.

A primeira transação documentada com Bitcoin ocorreu em maio de 2010, quando um programador chamado Laszlo Hanyecz comprou duas pizzas por 10 mil Bitcoins. Isso estabeleceu um valor inicial para o Bitcoin, que era extremamente baixo na época.

Para efeitos de comparação, vamos considerar o preço do Bitcoin no final de 2010, que ainda era relativamente baixo. Em dezembro de 2010, o preço de mercado de um Bitcoin era de aproximadamente US$0,30 a US$0,50 por moeda.

Agora, vamos fazer uma comparação com o valor atual do Bitcoin, que é muito maior. O preço do Bitcoin é altamente volátil, e seu valor aumentou significativamente desde o início. Vamos considerar o preço médio do Bitcoin no momento desta resposta, que está em torno de US$45 mil a US$50 mil por moeda.

Isso significa que, se alguém tivesse comprado 10 mil Bitcoins por US$0,30 em dezembro de 2010, teria gastado apenas US$3 mil na época. Hoje, esses mesmos 10 mil Bitcoins valeriam entre US$450 milhões e US$500 milhões.

Comparações de Valores

Aqui estão alguns exemplos de coisas que alguém poderia comprar em 2010 com 10 mil Bitcoins em comparação com o valor atual:

- $ **Duas Pizzas**: Como mencionado anteriormente, 10 mil Bitcoins foram usados para comprar duas pizzas em 2010.
- $ **Um Carro Novo**: Hoje, seria possível comprar vários carros de luxo.
- $ **Uma Casa**: Dependendo da localização, 10 mil Bitcoins poderiam comprar uma casa em certas áreas em 2010; hoje, o valor permitiria comprar várias casas.
- $ **Viagens ao Espaço**: Algumas empresas de turismo espacial já estão aceitando Bitcoin como pagamento. Com 10 mil Bitcoins, você poderia fazer várias viagens ao espaço hoje.

Essa comparação destaca a valorização extraordinária do Bitcoin ao longo dos anos e como ele evoluiu de uma moeda virtual praticamente sem valor para um ativo digital de alto valor. No entanto, é importante lembrar que o mercado de criptomoedas é altamente volátil, e os preços podem flutuar rapidamente em ambas as direções.

O Bitcoin se tornou a primeira e mais conhecida criptomoeda do mundo. Inicialmente, tinha pouco valor e era usado principalmente por entusiastas e interessados em tecnologia. No entanto, ao longo dos anos, sua popularidade e adoção cresceram, e o preço do Bitcoin experimentou uma valorização significativa.

O Bitcoin também deu origem a um ecossistema de criptomoedas mais amplo, com o desenvolvimento de exchanges de criptomoedas, carteiras digitais, mineradores e uma série de outras tecnologias relacionadas.

Atualmente, o Bitcoin é reconhecido como uma forma de ativo digital e usado tanto como meio de troca quanto como reserva de valor, semelhante ao ouro. A volatilidade de preços, bem como seu potencial como investimento, tornaram-no um tópico de interesse para investidores institucionais e individuais.

A história do Bitcoin continua a evoluir, com desenvolvimentos tecnológicos, regulatórios e de adoção que moldam seu papel no sistema financeiro global.

Ethereum (ETH)

- **Lançamento**: Julho de 2015 por Vitalik Buterin.
- O Ethereum é uma plataforma que introduziu contratos inteligentes e aplicações descentralizadas (dApps).

História:

O Ethereum foi proposto por Vitalik Buterin em um whitepaper em 2013 e desenvolvido com a ajuda de uma equipe de programadores. A ideia era criar uma plataforma que fosse além do Bitcoin, permitindo a execução de contratos inteligentes e a criação de aplicativos descentralizados (dApps) na blockchain.

O lançamento oficial da rede Ethereum ocorreu em julho de 2015, marcando o início da primeira blockchain que possibilitou a criação de contratos inteligentes. Os contratos inteligentes são programas autoexecutáveis que automatizam acordos e transações quando as condições pré-determinadas são atendidas.

O Ethereum introduziu sua própria criptomoeda chamada Ether (ETH), que é usada para pagar taxas de transação e serviços na plataforma. A capacidade de criar contratos inteligentes e dApps levou ao crescimento de um ecossistema robusto de desenvolvedores e projetos na rede Ethereum.

Preço de Lançamento e Comparação:

O Ethereum teve uma venda de tokens inicial — "ICO" (Oferta Inicial de Moedas) — em 2014 para financiar seu desenvolvimento. Na época, 1 ETH era vendido por cerca de US$0,30.

Agora, em relação ao valor atual, o preço do Ethereum é significativamente maior. No momento desta resposta, 1 ETH é negociado por cerca de US$3.000 a US$3.500, embora esse valor seja altamente volátil.

Exemplos de Comparações de Compras:

- $ **Desenvolvimento de dApps**: Com 1 ETH em 2015, era possível criar várias dApps na plataforma Ethereum. Hoje, pode-se usar esse valor para financiar projetos de dApps ou contratos inteligentes mais complexos.
- $ **Taxas de Transação**: Na rede Ethereum, elas são pagas em ETH. Com 1 ETH em 2015, você poderia pagar muitas transações na rede. Hoje, a mesma quantidade de ETH pode ser usada para pagar taxas de transação, embora essas taxas tenham aumentado devido à alta demanda.
- $ **Participação em ICOs**: Durante o boom das ICOs em 2017 e 2018, 1 ETH permitiria a participação em várias ofertas iniciais de moedas, potencialmente levando a investimentos em projetos promissores.

O Ethereum se tornou uma das blockchains mais amplamente utilizadas e influentes, com aplicativos em áreas como finanças descentralizadas (DeFi), tokens não fungíveis (NFTs), governança descentralizada e muito mais. Sua flexibilidade e capacidade de inovação continuam a impulsionar seu crescimento e adoção.

Comparações de Valores

Vamos comparar o que era possível comprar com o valor do Ethereum (ETH) quando foi lançado em 2015 e o que é possível comprar hoje com base nos valores aproximados fornecidos:

Valor do Ethereum (ETH) no lançamento (cerca de US$0,30 em 2015):

- $ **Café ou lanches**: Em alguns lugares, você poderia comprar várias xícaras de café ou lanches com o valor equivalente de ETH naquela época, já que esses itens geralmente custam alguns dólares cada.

Valor do Ethereum (ETH) no momento atual (cerca de US$3.000 a US$3.500 por ETH):

- $ **Carro Usado**: Com o valor atual do Ethereum, é possível comprar um carro usado de médio porte, dependendo de seu modelo e estado.
- $ **Entrada para uma Casa**: Em certas regiões, o valor atual do ETH poderia ser usado como entrada para a compra de uma casa modesta, especialmente se estivesse financiando uma parte significativa do valor.

- **Investimentos em Criptomoedas e Ativos Digitais**: Com o valor atual do ETH, você pode investir em uma variedade de outras criptomoedas ou ativos digitais promissores, ampliando seu portfólio de investimentos.

Essa comparação ilustra o aumento substancial do valor do Ethereum desde o seu lançamento e como o poder de compra da criptomoeda evoluiu ao longo do tempo. No entanto, é importante lembrar que os preços de criptomoedas são altamente voláteis e podem variar rapidamente. Além disso, o valor do Ethereum pode ser usado para uma variedade de fins, desde investimentos até pagamentos e transações dentro do ecossistema blockchain.

Ripple (XRP)

- **Lançamento**: 2012 por Chris Larsen e Jed McCaleb.
- A Ripple se concentra em facilitar pagamentos internacionais e transferências de valor para instituições financeiras.

História:

A Ripple é uma das criptomoedas mais antigas e foi criada com o objetivo de melhorar o sistema financeiro global, facilitando pagamentos internacionais e transferências de valor para instituições financeiras, como bancos e empresas. Ela difere de algumas outras criptomoedas por não ser baseada em uma blockchain pública descentralizada, mas sim em um protocolo de consenso chamado Ripple Protocol Consensus Algorithm (RPCA).

O desenvolvimento da Ripple começou em 2004 com Ryan Fugger, que criou o conceito de um sistema de pagamento digital em rede. Em 2012, Chris Larsen e Jed McCaleb fundaram a OpenCoin, que posteriormente se tornou a Ripple Labs, para desenvolver a tecnologia Ripple e a criptomoeda XRP.

A Ripple se concentra em fornecer soluções para instituições financeiras, permitindo transações internacionais mais rápidas e baratas, bem como a liquidação de ativos digitais em tempo real.

Preço de Lançamento e Comparação:

O XRP não teve um evento de venda inicial (ICO) como algumas outras criptomoedas. Em vez disso, a Ripple Labs controlava inicialmente a maioria dos XRP e os liberava gradualmente no mercado. A moeda era negociada a preços muito baixos nos primeiros dias, com valores próximos a frações de centavos de dólar.

O que era possível comprar na época:

Devido aos preços extremamente baixos do XRP em seus primeiros dias, não era prático comprar bens ou serviços significativos com essa criptomoeda naquela época. Ela era mais usada como um meio para fins específicos dentro do ecossistema Ripple, como pagamento de taxas de transação.

O que é possível comprar hoje em dia:

O XRP aumentou de valor ao longo dos anos, mas seu foco principal continua sendo as instituições financeiras. Portanto, a maioria das pessoas o utiliza para fins de investimento ou negociação. Com o valor atual do XRP, você poderia:

- Investir em outras criptomoedas ou ativos digitais.
- Realizar transações internacionais rápidas e econômicas na rede Ripple.
- Participar de projetos DeFi que aceitavam XRP como um ativo.

Lembre-se de que os preços das criptomoedas são altamente voláteis, e o valor do XRP pode flutuar significativamente em curtos períodos. Portanto, é importante considerar os riscos ao investir em qualquer criptomoeda.

Litecoin (LTC)

- **Lançamento:** Outubro de 2011 por Charlie Lee.
- Semelhante ao Bitcoin, porém, oferece tempos de confirmação de transações mais rápidos e utiliza um algoritmo de mineração diferente chamado Scrypt. Como resultado, o Litecoin é frequentemente considerado uma "prata digital" em comparação com o "ouro digital" que é o Bitcoin.
- O Litecoin ganhou popularidade por sua capacidade de processar transações mais rapidamente, tornando-o uma escolha atraente para pagamentos do dia a dia.
- A capitalização de mercado do Litecoin está entre as maiores do mercado de criptomoedas, e ele continua sendo uma das criptomoedas mais bem estabelecidas e amplamente aceitas em todo o mundo.
- Além de transações mais rápidas, o Litecoin implementou melhorias técnicas como o Segregated Witness (SegWit) e a Lightning Network para aumentar ainda mais a escalabilidade e eficiência de sua blockchain.

História:

O Litecoin foi criado por Charlie Lee, ex-engenheiro do Google, como uma alternativa ao Bitcoin. Foi projetado para compartilhar muitas semelhanças com o Bitcoin, mas com algumas diferenças importantes. Ele foi lançado como um *fork* (ramificação) do código-fonte do Bitcoin, com algumas modificações técnicas.

Charlie Lee lançou o Litecoin em outubro de 2011, como uma resposta ao Bitcoin, visando resolver algumas limitações percebidas do Bitcoin, como os tempos mais longos de confirmação de transações. O Litecoin foi muitas vezes chamado de "prata digital" em contraste com o "ouro digital" que é o Bitcoin.

Preço de Lançamento:

O Litecoin foi lançado com um preço muito baixo, como é comum com a maioria das criptomoedas em seus estágios iniciais. O preço exato do Litecoin no lançamento foi de frações de centavos de dólar.

O que era possível comprar na época:

Devido ao preço extremamente baixo no início, não era prático comprar bens ou serviços significativos com Litecoin naquela época. A maioria das pessoas que adquiriu Litecoin nos primeiros dias o fez como investimento ou para fins de experimentação técnica.

O que é possível comprar hoje em dia:

Ao longo dos anos, o Litecoin aumentou significativamente, tornando-se uma das principais criptomoedas do mercado. Seu valor atual permite:

- $ **Pagar por bens e serviços**: Aceito por várias empresas e comerciantes on-line para pagamentos, é possível usar LTC para comprar produtos, serviços ou até mesmo para recarregar seu cartão de débito cripto.
- $ **Investir em outras criptomoedas**: Você pode trocar seu LTC por outras criptomoedas ou ativos digitais em exchanges.
- $ **Participar de projetos DeFi**: O Litecoin pode ser usado como um ativo em várias plataformas DeFi para ganhar juros, para empréstimos ou para o fornecimento de liquidez.
- $ **Guardar como reserva de valor**: Assim como o Bitcoin, muitas pessoas veem o Litecoin como uma reserva de valor, o que significa que o mantêm como investimento de longo prazo.

Essa comparação destaca como o Litecoin evoluiu de um ativo inicialmente barato e experimental para uma criptomoeda estabelecida com utilidade no mundo real. Lembre-se, porém, de que os preços de criptomoedas são altamente voláteis, e é importante considerar os riscos ao investir em qualquer criptomoeda.

Lembre-se de que as informações sobre criptomoedas estão sujeitas a mudanças, e é importante verificar fontes atualizadas para obter os dados mais recentes sobre o Litecoin e outras criptomoedas.

Bitcoin Cash (BCH)

- $ **Lançamento:** Agosto de 2017 como um *fork* do Bitcoin.
- $ O Bitcoin Cash foi criado para aumentar a capacidade de transação do Bitcoin, permitindo blocos maiores.

História:

O Bitcoin Cash (BCH) surgiu de uma divisão na comunidade de criptomoedas em agosto de 2017, quando ocorreu um evento conhecido como "*hard fork*" (bifurcação rígida) da blockchain do Bitcoin. A origem dessa bifurcação está relacionada à escalabilidade do Bitcoin e ao tamanho dos blocos.

Originalmente, o Bitcoin tinha um limite de tamanho de bloco de 1 megabyte (MB). Isso significava que, à medida que a adoção aumentava, o Bitcoin enfrentava problemas de congestionamento, transações lentas e taxas de transação mais altas. Para resolver essas questões, um grupo de desenvolvedores propôs aumentar o tamanho dos blocos para 8 MB, o que levaria à criação do Bitcoin Cash.

Preço de Lançamento:

O preço do Bitcoin Cash no momento do seu lançamento, como resultado da bifurcação, foi de cerca de US$240 por moeda. É importante notar que o preço variou rapidamente após o lançamento, refletindo a volatilidade típica das criptomoedas durante eventos de bifurcação.

O que era possível comprar na época:

No início, com o preço de cerca de US$240 por BCH, não era prático comprar bens ou serviços substanciais com Bitcoin Cash. A maioria das pessoas que possuía BCH nesse momento o fazia principalmente como um investimento ou como uma aposta na visão de que o Bitcoin Cash resolveria os problemas de escalabilidade enfrentados pelo Bitcoin.

O que é possível comprar hoje em dia:

Com o tempo, o Bitcoin Cash ganhou aceitação em várias empresas e plataformas como uma forma de pagamento. Com o valor atual do Bitcoin Cash, você pode:

- **Fazer compras online**: Muitas lojas on-line e serviços agora aceitam BCH como forma de pagamento.
- **Investir em outras criptomoedas ou ativos digitais**: Você pode trocar seu BCH por outras criptomoedas ou ativos digitais em exchanges.
- **Participar de projetos DeFi**: O Bitcoin Cash pode ser usado em plataformas DeFi para ganhar juros, para empréstimos ou fornecer liquidez.
- **Guardar como reserva de valor**: Assim como o Bitcoin, algumas pessoas veem o Bitcoin Cash como uma reserva de valor e o mantêm como um investimento de longo prazo.

Essa comparação ilustra como o Bitcoin Cash se desenvolveu desde seu lançamento, passando de uma criptomoeda recém-criada para um ativo que pode ser usado para compras e investimentos. No entanto, como sempre, é importante lembrar que os preços de criptomoedas são altamente voláteis, e a tomada de decisões de investimento deve ser feita com cuidado.

Cardano (ADA)

- **Lançamento:** Setembro de 2017 por Charles Hoskinson.
- Cardano é uma plataforma que se concentra em segurança e escalabilidade, oferecendo contratos inteligentes.

História:

Criada por Charles Hoskinson, um dos cofundadores da Ethereum, seu lançamento ocorreu em setembro de 2017. É uma plataforma de blockchain de terceira geração que se concentra em segurança, escalabilidade e sustentabilidade. O projeto Cardano é conhecido pelo rigoroso processo de pesquisa acadêmica e desenvolvimento científico, o que o torna único no mundo das criptomoedas.

A equipe por trás do Cardano adota uma abordagem científica para o desenvolvimento da blockchain, revisando cuidadosamente conceitos e implementações antes de lançá-los. O projeto é altamente modular e visa resolver os problemas de escalabilidade e interoperabilidade que afetam muitas outras blockchains.

Preço de Lançamento:

O preço do Cardano (ADA) no momento do lançamento em setembro de 2017 era de aproximadamente US$0,02 por moeda. Não se esqueça de que os preços podem variar rapidamente em criptomoedas, e essa era a cotação inicial.

O que era possível comprar na época:

Com o preço inicial de cerca de US$0,02 por ADA, não era prático comprar bens ou serviços significativos com Cardano naquela época. A maioria das pessoas que adquiriu ADA nos primeiros dias o fez principalmente como um investimento ou para apoiar o desenvolvimento da plataforma.

O que é possível comprar hoje em dia:

O Cardano evoluiu ao longo dos anos e se tornou uma das criptomoedas mais bem estabelecidas no mercado. Com o valor atual do ADA, você pode:

- **Participar de projetos DeFi**: O ADA é aceito em várias plataformas DeFi, onde você pode ganhar juros, fazer empréstimos, fornecer liquidez ou trocar por outros ativos digitais.
- **Staking**: Você pode participar do staking do ADA na rede Cardano para ganhar recompensas passivas.
- **Investir em outros ativos digitais**: Você pode trocar seu ADA por outras criptomoedas ou ativos digitais em exchanges.

- **Desenvolvimento de contratos inteligentes**: O Cardano está em processo de implementação de contratos inteligentes, o que abrirá um amplo espectro de possibilidades de uso na plataforma.
- **Realizar transações e pagamentos**: O ADA pode ser usado para transações e pagamentos, embora seu foco principal seja em contratos inteligentes e aplicações descentralizadas.

Essa comparação destaca como o Cardano evoluiu de um ativo inicialmente barato para uma criptomoeda estabelecida com uma plataforma de blockchain promissora. No entanto, lembre-se de que os preços de criptomoedas são altamente voláteis, e a tomada de decisões de investimento deve ser feita com cuidado.

Polkadot (DOT)

- **Lançamento:** Maio de 2020 por Gavin Wood.
- É uma plataforma que visa a interoperabilidade entre várias blockchains.

História:

Polkadot é uma plataforma de blockchain criada por Gavin Wood, um dos cofundadores da Ethereum. Foi lançada oficialmente em maio de 2020 e foi projetada para abordar o desafio da interoperabilidade entre várias blockchains. A visão por trás da plataforma é a de uma infraestrutura que permita que diferentes blockchains se comuniquem e compartilhem informações de forma segura e eficiente.

Polkadot introduziu o conceito de "parachains" (paracadeias), isto é, blockchains personalizáveis que podem ser conectadas à rede principal da Polkadot, permitindo que diferentes projetos criem suas próprias blockchains com características exclusivas, beneficiando-se ainda da segurança e escalabilidade da rede.

Preço de Lançamento:

O preço do Polkadot (DOT) no momento de seu lançamento em maio de 2020 variou, mas geralmente ficava na faixa de US$2 a US$3 por moeda durante os primeiros dias de negociação.

O que era possível comprar na época:

Com o preço inicial de cerca de US$2 a US$3 por DOT, não era prático comprar bens ou serviços substanciais com Polkadot naquela época. A maioria das pessoas que adquiriu DOT nos primeiros dias o fez principalmente como um investimento ou para participar do ecossistema em crescimento do Polkadot.

O que é possível comprar hoje em dia:

O Polkadot cresceu rapidamente em termos de valor e adoção desde o seu lançamento. Com o valor atual do DOT, você pode:

- $ **Participar de projetos DeFi**: O DOT é aceito em várias plataformas DeFi, onde você pode ganhar juros, fazer empréstimos, fornecer liquidez ou trocar por outros ativos digitais.
- $ ***Staking***: Você pode participar do *staking* de DOT na rede Polkadot e ganhar recompensas por ajudar a manter a segurança da rede.
- $ **Investir em outros ativos digitais**: Você pode trocar seu DOT por outras criptomoedas ou ativos digitais em exchanges.
- $ **Construir ou participar de parachains**: Com a capacidade de criar ou participar de parachains no Polkadot, é possível participar de projetos e aplicativos baseados em infraestrutura do Polkadot para vários fins.

Essa comparação destaca como o Polkadot evoluiu de um ativo recém-lançado para uma plataforma blockchain estabelecida que exerce um papel fundamental na interoperabilidade entre as blockchains. No entanto, como sempre, é importante lembrar que os preços de criptomoedas são altamente voláteis, e a tomada de decisões de investimento deve ser feita com cuidado.

Chainlink (LINK)

- $ **Lançamento:** 2017 por Sergey Nazarov.
- $ O Chainlink fornece oráculos para conectar contratos inteligentes a dados do mundo real.

História:

O Chainlink foi criado por Sergey Nazarov e foi lançado em 2017. É uma plataforma que se concentra em resolver um dos desafios mais significativos dos contratos inteligentes: a obtenção de dados do mundo real de forma confiável. Os contratos inteligentes, por si só, não têm acesso a informações externas, como preços de ativos financeiros, resultados de eventos esportivos ou dados meteorológicos. O Chainlink resolve esse problema fornecendo "oráculos" que conectam contratos inteligentes a fontes externas de dados.

O LINK é a criptomoeda nativa da rede Chainlink, e é usado para pagar aos nós que fornecem dados para os contratos inteligentes e executam os oráculos.

Preço de Lançamento:

O preço do Chainlink (LINK) no momento de seu lançamento em 2017 foi de cerca de US$0,19 por moeda. Assim como outras criptomoedas, seu preço inicial era relativamente baixo.

O que era possível comprar na época:

Com o preço inicial de cerca de US$0,19 por LINK, não era prático comprar bens ou serviços substanciais com Chainlink naquela época. A maioria das pessoas que adquiriu LINK nos primeiros dias o fez principalmente como um investimento ou para apoiar o projeto.

O que é possível comprar hoje em dia:

O Chainlink cresceu em importância ao longo dos anos e se tornou um dos principais provedores de oráculos para contratos inteligentes em várias blockchains. Com o valor atual do LINK, você pode:

- $ **Pagar por serviços de oráculo**: Se você for um desenvolvedor de contratos inteligentes, poderá usar o LINK para pagar pelos serviços de oráculo fornecidos pela rede Chainlink.
- $ **Investir em outros ativos digitais**: Você pode trocar seu LINK por outras criptomoedas ou ativos digitais em exchanges.
- $ **Participar de projetos DeFi**: O LINK é aceito em várias plataformas DeFi onde você pode ganhar juros, fazer empréstimos, fornecer liquidez ou trocar por outros ativos.
- $ **Realizar transações e pagamentos**: Embora o foco principal do LINK seja fornecer oráculos, ele ainda pode ser usado para transações e pagamentos em alguns casos.

O Chainlink tem uma função-chave na expansão das capacidades dos contratos inteligentes, permitindo que se conectem de forma confiável a dados do mundo real. No entanto, lembre-se de que os preços de criptomoedas são altamente voláteis, e a tomada de decisões de investimento deve ser feita com cuidado.

Binance Coin (BNB)

- $ **Lançamento**: Julho de 2017 pela Binance Exchange.
- $ Inicialmente criada como token de utilidade, o Binance Coin agora tem várias utilidades na plataforma Binance.

História:

O Binance Coin (BNB) foi lançada em julho de 2017 como parte da Binance Exchange, uma das maiores exchanges de criptomoedas do mundo, fundada por Changpeng Zhao (CZ). No início, foi criada como um token de utilidade, para uso no pagamento de taxas de negociação na plataforma Binance, com desconto.

Porém, ao longo do tempo, a Binance expandiu significativamente sua utilidade e ecossistema. A BNB desempenha hoje várias funções, incluindo pagamento de taxas de negociação, participação em ofertas de lançamento de exchanges (IEOs) na Binance Launchpad, uso em aplicativos DeFi, *staking* e muito mais.

Preço de Lançamento:

O preço do Binance Coin (BNB) no momento de seu lançamento em julho de 2017 foi de cerca de US$0,10 por moeda. Como muitas criptomoedas, seu preço inicial era relativamente baixo.

O que era possível comprar na época:

Com o preço inicial de cerca de US$0,10 por BNB, não era prático comprar bens ou serviços substanciais com Binance Coin naquela época. A maioria das pessoas que adquiriu BNB nos primeiros dias o fez principalmente para economizar em taxas de negociação na plataforma Binance.

O que é possível comprar hoje em dia:

O Binance Coin cresceu em importância e se tornou uma das criptomoedas mais utilizadas no ecossistema cripto. Com o valor atual da BNB, você pode:

- **Pagar por taxas de negociação**: A BNB ainda é amplamente usada para pagar taxas de negociação na Binance Exchange, proporcionando descontos significativos aos usuários.
- **Participar em ofertas de lançamento**: A Binance Launchpad realiza ofertas de lançamento de projetos inovadores, onde os investidores podem usar BNB para comprar tokens desses projetos.
- **Participar de projetos DeFi**: A BNB é aceita em várias plataformas DeFi, onde você pode ganhar juros, fazer empréstimos, fornecer liquidez ou trocar por outros ativos.
- **Staking e geração de renda passiva**: Você pode participar do staking da BNB na Binance para ganhar recompensas de staking e participar em programas de geração de renda passiva.
- **Compra de bens e serviços**: Em alguns casos, é possível usar a BNB para pagar por bens e serviços em empresas que a aceitam.

O Binance Coin exemplifica como uma criptomoeda inicialmente criada para um propósito específico pode se tornar uma parte central do ecossistema cripto, desempenhando diversas funções. No entanto, tenha presente que os preços de criptomoedas são altamente voláteis, e a tomada de decisões de investimento deve ser feita com cuidado.

Stellar (XLM)

- **Lançamento**: 2014 por Jed McCaleb e Joyce Kim.
- A Stellar é uma plataforma de pagamento global que visa facilitar transferências rápidas e baratas.

História:

A Stellar foi lançada em 2014 por Jed McCaleb e Joyce Kim como uma plataforma de pagamento global que visa facilitar transferências rápidas e baratas de valor em todo o mundo. A equipe responsável pela Stellar se concentra em tornar as transações financeiras mais acessíveis e eficientes, especialmente para pessoas em regiões desbancarizadas ou sub-bancarizadas.

A Stellar opera com sua própria criptomoeda nativa, o XLM, que é empregado para facilitar transações e pagamentos na rede, bem como para evitar spam e abuso. A rede Stellar também suporta ativos digitais emitidos por terceiros, permitindo que os usuários realizem transações com várias moedas e ativos na plataforma.

Preço de Lançamento:

O preço do Stellar (XLM) no momento de seu lançamento em 2014 variou, mas geralmente estava em uma faixa de valor muito baixa, frequentemente inferior a um centavo por moeda.

O que era possível comprar na época:

Com o preço inicial extremamente baixo da XLM, não era prático comprar bens ou serviços substanciais com Stellar naquela época. Muitos dos primeiros usuários adquiriram XLM principalmente como parte do ecossistema Stellar ou como um investimento de longo prazo.

O que é possível comprar hoje em dia:

Desde o seu lançamento, o Stellar cresceu em importância e tem sido adotada por várias empresas e organizações em todo o mundo para facilitar pagamentos transfronteiriços e transações financeiras. Com o valor atual da XLM, você pode:

- **Facilitar pagamentos globais**: A XLM é muito utilizada para facilitar transferências de dinheiro internacionais e pagamentos em tempo real.
- **Participar de projetos DeFi**: A XLM é aceita em algumas plataformas DeFi onde você pode ganhar juros, fazer empréstimos, fornecer liquidez ou trocar por outros ativos digitais.
- **Participar em ICOs**: Algumas ICOs foram realizadas na rede Stellar, o que permite que os investidores participem de novos projetos.
- **Realizar transações e pagamentos**: XLM ainda é usado para transações e pagamentos em várias partes do mundo, especialmente onde a infraestrutura bancária é limitada.

O Stellar demonstra como uma criptomoeda inicialmente com um preço muito baixo pode crescer em adoção e utilidade ao longo do tempo. No entanto, lembre-se de que os preços de criptomoedas são altamente voláteis, e a tomada de decisões de investimento deve ser feita com cuidado.

Tezos (XTZ)

- **Lançamento:** 2018 por Arthur e Kathleen Breitman.
- A Tezos é uma blockchain com foco em contratos inteligentes e governança descentralizada.

História:

A Tezos foi lançada em 2018 por Arthur e Kathleen Breitman. A plataforma é projetada para ser uma blockchain com foco em contratos inteligentes e governança descentralizada. Uma característica distintiva da Tezos é seu sistema de autogovernança, que permite que os detentores de Tezos (XTZ) votem e tomem decisões sobre mudanças e atualizações na rede.

A Tezos também implementou um mecanismo de consenso chamado Delegated Proof of Stake (DPoS), que envolve a delegação de participantes para validar transações e criar novos blocos na blockchain. Isso torna a Tezos eficiente em termos de energia e escalabilidade.

Preço de Lançamento:

O preço do Tezos (XTZ), no momento de seu lançamento em 2018, era variável, mas geralmente estava na faixa de alguns centavos a alguns dólares por moeda, dependendo das condições de mercado na época.

O que era possível comprar na época:

Com o preço inicial de XTZ, era difícil comprar bens ou serviços substanciais com Tezos naquela época. A maioria dos investidores iniciais adquiriu XTZ como parte de sua participação na rede Tezos ou como um investimento de longo prazo.

O que é possível comprar hoje em dia:

Desde seu lançamento, o Tezos tem ganhado destaque e é usada em várias aplicações, incluindo:

- ***Staking***: Detentores de XTZ podem participar do *staking* na rede Tezos e ganhar recompensas por apoiar a segurança e a operação da blockchain.
- **Contratos Inteligentes**: O Tezos oferece um ambiente para o desenvolvimento e execução de contratos inteligentes, que podem ser usados em uma variedade de aplicativos, incluindo finanças descentralizadas (DeFi), tokenização de ativos e muito mais.
- **Governança Descentralizada**: Os detentores de XTZ podem participar da governança da rede, votando em propostas de atualização e decisões importantes relacionadas à blockchain.
- **Negociação em Exchanges**: É possível negociar XTZs em várias exchanges e convertê-los em outras moedas digitais ou fiduciárias.

O Tezos exemplifica como uma criptomoeda lançada com um valor inicial relativamente baixo pode ganhar adoção e utilidade ao longo do tempo, especialmente quando oferece recursos exclusivos, como governança descentralizada e contratos inteligentes. Contudo, lembre-se de que os preços de criptomoedas são muito voláteis, e deve-se ter cuidado ao tomar decisões de investimento.

Monero (XMR)

- $ **Lançamento:** 2014 por um desenvolvedor anônimo.
- $ É conhecido por sua ênfase na privacidade e transações não rastreáveis.

História:

O Monero foi lançado em 2014 por um desenvolvedor anônimo sob o pseudônimo "*thankful_for_today*" [grato pelo dia de hoje]. A moeda foi criada como uma resposta à crescente preocupação com a falta de privacidade nas transações do Bitcoin. Diferentemente do Bitcoin, que registra todas as transações em um livro-razão público (blockchain) visível para todos, o Monero enfatiza a privacidade e a confidencialidade das transações.

O Monero usa tecnologias como assinaturas em anel (*ring signatures*) e endereços furtivos (*stealth addresses*) para tornar as transações não rastreáveis e os saldos das contas privados. Isso torna extremamente difícil para terceiros rastrear quem envia fundos, quanto é enviado ou para onde vai.

Preço de Lançamento:

O preço do Monero (XMR) no momento de seu lançamento em 2014 variava, mas geralmente estava em uma faixa de valor relativamente baixa, frequentemente inferior a um dólar por moeda, considerando as condições de mercado na época.

O que era possível comprar na época:

Com o preço inicial de XMR, não era prático comprar bens ou serviços substanciais com Monero naquela época. A maioria dos primeiros usuários provavelmente o adquiriu com o objetivo de manter suas transações financeiras privadas.

O que é possível comprar hoje em dia:

Desde seu lançamento, o Monero se tornou uma das criptomoedas mais amplamente adotadas para aqueles que valorizam a privacidade em suas transações. Atualmente, com o valor atual do XMR, você pode:

- $ **Realizar transações privadas**: O Monero continua sendo uma das principais escolhas para aqueles que desejam manter suas transações e saldos privados e não rastreáveis.

- $ **Compra de bens e serviços**: Alguns comerciantes e serviços online aceitam o Monero como forma de pagamento, especialmente em setores que valorizam a privacidade, como serviços de VPN.
- $ **Negociação em Exchanges**: Pode ser negociado em várias exchanges de criptomoedas e convertido em outras moedas digitais ou fiduciárias.
- $ **Investimento e Reserva de Valor**: Como os investidores valorizam a privacidade e a fungibilidade do Monero, adquirem-no também como parte de seu portfólio de investimentos ou como uma reserva de valor.

O Monero destaca-se por seu foco na privacidade e é amplamente utilizado por aqueles que desejam manter suas transações financeiras completamente confidenciais. Lembre-se de que os preços de criptomoedas são altamente voláteis, e a tomada de decisões de investimento deve ser feita com cuidado, especialmente quando se trata de ativos que enfatizam a privacidade.

Tron (TRX)

- $ **Lançamento:** 2017 por Justin Sun.
- $ A Tron é uma plataforma que busca descentralizar a web e os serviços de entretenimento.

História:

A Tron foi lançada em 2017 por Justin Sun, um empreendedor chinês que se destacou por seu marketing agressivo e suas estratégias de desenvolvimento. A plataforma tem como objetivo descentralizar a web e os serviços de entretenimento, competindo com gigantes da indústria como Google e Facebook.

Inicialmente, a Tron era construída na blockchain Ethereum como um token ERC-20, mas em 2018, a Tron migrou para sua própria blockchain independente, tornando-se uma plataforma para o desenvolvimento de aplicativos descentralizados (dApps) e contratos inteligentes.

Preço de Lançamento:

O preço do Tron (TRX) no momento de seu lançamento em 2017 era variável, mas, em geral, estava em uma faixa de valor muito baixa, muitas vezes inferior a um centavo por moeda, considerando as condições de mercado na época.

O que era possível comprar na época:

Com o preço inicial extremamente baixo da TRX, não era prático comprar bens ou serviços substanciais com Tron naquela época. Muitos dos primeiros investidores adquiriram TRX com o objetivo de apoiar o desenvolvimento da plataforma ou como um investimento de longo prazo.

O que é possível comprar hoje em dia:

Desde seu lançamento, o Tron expandiu sua presença no ecossistema cripto e tem sido usado em várias aplicações, incluindo:

- $ **dApps e jogos**: A Tron abriga uma variedade de aplicativos descentralizados, incluindo jogos, plataformas de apostas e serviços de finanças descentralizadas (DeFi).
- $ **Negociação em Exchanges**: Pode ser negociado em várias exchanges de criptomoedas e convertido em outras moedas digitais ou fiduciárias.
- $ **Participação em projetos DeFi**: A Tron faz parte do ecossistema DeFi, onde os detentores de TRX podem participar de atividades como staking, empréstimos e muito mais.
- $ **Compra de bens e serviços**: Alguns comerciantes e serviços online aceitam o TRX como forma de pagamento, embora essa adoção seja mais limitada em comparação com criptomoedas como Bitcoin e Ethereum.

O Tron exemplifica uma criptomoeda lançada com um preço muito baixo que ganhou adoção significativa e expandiu seu ecossistema ao longo do tempo. No entanto, não perca de vista que os preços de criptomoedas são altamente voláteis, e a tomada de decisões de investimento deve ser feita com cuidado.

EOS (EOS)

- $ **Lançamento:** Junho de 2018 por Dan Larimer.
- $ EOS é uma plataforma de contrato inteligente com foco na escalabilidade.

História:

A EOS foi lançada em junho de 2018 por Dan Larimer, um empreendedor e desenvolvedor bem conhecido no espaço das criptomoedas. A plataforma EOS foi projetada como uma blockchain de contrato inteligente com foco na escalabilidade e no desenvolvimento de aplicativos descentralizados (dApps).

Uma característica notável da EOS é a sua arquitetura de blockchain de alto desempenho, que visa fornecer um ambiente escalável para dApps e contratos inteligentes. Utiliza o mecanismo de consenso DPoS, que envolve a eleição de "delegados" para validar transações e criar blocos na blockchain.

Preço de Lançamento:

O preço do EOS no momento de seu lançamento em junho de 2018 era variável, mas geralmente estava na faixa de alguns dólares por moeda, considerando as condições de mercado na época.

O que era possível comprar na época:

Com o preço inicial da EOS, podia-se comprar vários bens e serviços, incluindo:

- **Jantares em restaurantes**: Você poderia pagar por várias refeições em restaurantes com o preço inicial do EOS.
- **Produtos eletrônicos**: Era possível adquirir produtos eletrônicos de consumo, como smartphones ou tablets, com o valor da EOS na época.
- **Roupas e acessórios**: O valor do EOS teria permitido a compra de roupas, sapatos e acessórios.

O que é possível comprar hoje em dia:

Desde o lançamento, o EOS tem sido usado em várias aplicações e cenários, como:

- **Participação em projetos DeFi**: A EOS faz parte do ecossistema DeFi, onde os detentores de EOS podem participar de atividades como staking, empréstimos e fornecimento de liquidez.
- **Desenvolvimento de dApps**: A EOS é uma plataforma popular para o desenvolvimento de aplicativos descentralizados (dApps), e você pode usar EOS para interagir com esses aplicativos.
- **Negociação em Exchanges**: O EOS pode ser negociado em várias exchanges de criptomoedas e convertido em outras moedas digitais ou moedas fiduciárias.
- **Compra de bens e serviços**: Alguns comerciantes e serviços online aceitam a EOS como forma de pagamento, embora essa adoção seja mais limitada em comparação com criptomoedas como Bitcoin e Ethereum.

O EOS exemplifica como uma criptomoeda lançada com um valor relativamente alto pode ser usada para várias transações e atividades no ecossistema cripto. No entanto, lembre-se de que os preços de criptomoedas são altamente voláteis, e a tomada de decisões de investimento deve ser feita com cuidado.

Solana (SOL)

- **Lançamento:** março de 2020 por Anatoly Yakovenko.
- A Solana é uma blockchain de alto desempenho projetada para processar um grande número de transações em alta velocidade.

História:

A Solana foi lançada em março de 2020 por Anatoly Yakovenko, um engenheiro de software e ex-engenheiro da Qualcomm. A plataforma Solana é uma blockchain de alto desempenho projetada para processar um grande número de transações em alta velocidade e oferecer um ambiente escalável para o desenvolvimento de aplicativos descentralizados (dApps) e contratos inteligentes.

A arquitetura da Solana inclui recursos como uma rede de consenso Proof-of-History (PoH) para registro de eventos, além do mecanismo Delegated Proof of

Stake (DPoS). Esses recursos permitem que a Solana processe milhares de transações por segundo, tornando-a uma das blockchains mais rápidas do mercado.

Preço de Lançamento:

O preço do Solana (SOL) no momento de seu lançamento em março de 2020 variava, mas permanecia na faixa de alguns centavos a alguns dólares por moeda, considerando as condições de mercado na época.

O que era possível comprar na época:

Com o preço inicial do SOL, não era prático comprar bens ou serviços substanciais. A maioria dos primeiros investidores provavelmente adquiriu SOL para apoiar o desenvolvimento da plataforma ou como um investimento de longo prazo.

O que é possível comprar hoje em dia:

Desde o lançamento, o Solana ganhou destaque no espaço cripto e tem sido usado em várias aplicações e cenários, incluindo:

- $ ***Staking* e recompensas**: Os detentores de SOL podem participar do *staking* na rede Solana e ganhar recompensas por apoiar a segurança e a operação da blockchain.
- $ **Desenvolvimento de dApps**: A Solana é uma plataforma popular para o desenvolvimento de aplicativos descentralizados (dApps), especialmente aqueles que requerem alta velocidade de processamento.
- $ **Negociação em Exchanges**: O SOL pode ser negociado em várias exchanges de criptomoedas e convertido em outras moedas digitais ou moedas fiduciárias.
- $ **Participação em projetos DeFi**: A Solana faz parte do ecossistema DeFi, onde os detentores de SOL podem participar de atividades como fornecimento de liquidez e empréstimos.
- $ **Compra de bens e serviços**: Embora a adoção do SOL como forma de pagamento seja mais limitada em comparação com criptomoedas mais estabelecidas, alguns comerciantes e serviços online podem aceitá-la.

A Solana representa um exemplo de uma criptomoeda lançada com um valor relativamente baixo que foi ganhando destaque e utilidade significativos no ecossistema cripto devido à sua velocidade de transação e escalabilidade. Lembre-se de que os preços de criptomoedas são altamente voláteis, e a tomada de decisões de investimento deve ser feita com cuidado.

Essas são apenas algumas das muitas criptomoedas disponíveis no mercado. Cada uma delas tem sua própria história, tecnologia e casos de uso. Como já dissemos, o mercado de criptomoedas é altamente volátil; assim, informações e preços podem mudar rapidamente. Portanto, é importante realizar pesquisas detalhadas e consultar fontes atualizadas antes de tomar decisões de investimento.

Além disso, considere os riscos associados ao investimento em criptomoedas e invista com responsabilidade.

Regulamentação

A regulamentação e a aceitação de criptomoedas variam de país para país, e a situação pode mudar ao longo do tempo devido à evolução das políticas governamentais e regulamentações. Vou fornecer uma visão geral das abordagens adotadas por alguns países, mas lembre-se de que essas informações estão sujeitas a alterações e é importante verificar as regulamentações locais atualizadas antes de usar criptomoedas em qualquer país.

Países onde o uso de criptomoedas é geralmente liberado ou regulamentado de forma favorável:

- $ **Estados Unidos**: Esse país tem uma abordagem regulatória variada, com diferentes agências reguladoras supervisionando aspectos específicos das criptomoedas. Criptomoedas como o Bitcoin são amplamente aceitas e regulamentadas, com exchanges sujeitas a regulamentações financeiras.
- $ **Japão**: O Japão tem regulamentações específicas para criptomoedas e reconhece o Bitcoin como moeda legal. As exchanges de criptomoedas são regulamentadas e licenciadas.
- $ **Reino Unido**: O país aborda as criptomoedas de maneira favorável e considera o Bitcoin e outras moedas digitais como ativos, não moedas. As exchanges são regulamentadas pela FCA (Financial Conduct Authority).
- $ **Suíça**: É conhecida pela abordagem amigável às criptomoedas e à tecnologia blockchain. Tem uma legislação que apoia a inovação nesse setor.
- $ **Alemanha**: Classifica o Bitcoin como uma unidade de conta e, portanto, uma forma de pagamento. As criptomoedas são legalmente reconhecidas e as transações são isentas de impostos sobre valor agregado (IVA).

Países onde o uso de criptomoedas é restrito ou proibido:

- $ **China**: Proibiu o comércio de cripto e a oferta inicial de moedas (ICOs), embora explore sua própria moeda digital centralizada, o yuan digital.
- $ **Arábia Saudita**: O país baniu a negociação de cripto, tornando-a ilegal.
- $ **Bangladesh**: O uso de criptomoedas é proibido em Bangladesh.
- $ **Argélia**: A Argélia baniu o uso, posse e negociação de criptomoedas.
- $ **Marrocos**: O uso de cripto é proibido em Marrocos.
- $ **Nepal**: O país proibiu a compra, venda e uso de criptomoedas.

Tenha em mente que essa é apenas uma visão geral e as regulamentações podem variar em nível local dentro de alguns países. Além disso, as regulamentações estão sempre sujeitas a mudanças à medida que os governos avaliam e ajustam suas políticas em relação às criptomoedas. Portanto, é fundamental verificar as regulamentações específicas em sua área antes de usar criptomoedas.

Criptomoedas No Brasil

O uso de criptomoedas não é proibido no país, mas está sujeito a regulamentações e supervisão por parte das autoridades governamentais. A abordagem regulatória em relação às criptomoedas tem evoluído ao longo dos anos, e as autoridades têm se esforçado para estabelecer um quadro legal claro para o setor.

Esses são alguns pontos importantes sobre a situação das criptomoedas no Brasil:

- **Legalidade**: O uso de criptomoedas, como o Bitcoin, é considerado legal. Não há proibição direta do uso de criptomoedas para transações.
- **Regulamentação**: As exchanges de criptomoedas e outras empresas envolvidas na negociação de criptomoedas são obrigadas a cumprir regulamentações específicas. A Receita Federal do Brasil exige que os usuários de criptomoedas declarem suas transações para fins fiscais.
- **Impostos**: As transações com criptomoedas são tributadas no Brasil. Os ganhos de capital obtidos com a venda de criptomoedas estão sujeitos a impostos. A Receita Federal emitiu orientações sobre como os impostos devem ser calculados e pagos em transações com criptomoedas.
- **Banco Central**: O Banco Central do Brasil tem acompanhado de perto o uso de criptomoedas e tem expressado preocupações sobre os riscos associados a elas, incluindo riscos de lavagem de dinheiro e fraudes.
- **Proibição de Instituições Financeiras**: Em 2021, o Banco Central do Brasil proibiu as instituições financeiras regulamentadas de oferecerem serviços relacionados a criptomoedas, como o fornecimento de contas para exchanges. No entanto, a proibição não se aplica diretamente aos indivíduos que desejam comprar, vender ou usar criptomoedas.

É importante observar que a regulamentação de criptomoedas no Brasil ainda está evoluindo, e as autoridades estão trabalhando para definir diretrizes mais claras. Portanto, é fundamental estar ciente das regulamentações locais e cumprir todas as obrigações fiscais ao lidar com criptomoedas no país. Além disso, é aconselhável consultar um profissional de impostos ou jurídico para entender as implicações fiscais específicas em suas transações com criptomoedas no Brasil.

Exchanges

Explicaremos em detalhes o que são exchanges de criptomoedas. Discutiremos também quais são as mais conhecidas no mundo e como elas funcionam.

O que são Exchanges de Criptomoedas:

Uma exchange de criptomoedas, também conhecida como casa de câmbio de criptomoedas, é uma plataforma online onde os usuários podem comprar, vender e trocar criptomoedas. Essas plataformas desempenham um papel crucial no ecossistema de criptomoedas, permitindo que os investidores comprem ativos digitais e realizem transações.

Funcionamento de uma Exchange de Criptomoedas:

As exchanges de criptomoedas funcionam de maneira semelhante a outras casas de câmbio tradicionais, como as que lidam com moedas fiduciárias. Aqui está uma visão geral de como elas operam:

- **Cadastro**: Para começar a usar uma exchange, os usuários geralmente precisam se cadastrar e criar uma conta, o que pode envolver a verificação de identidade de acordo com as regulamentações locais.
- **Depósito de Fundos**: Os usuários depositam fundos em suas contas na exchange. Isso pode ser feito em moedas fiduciárias (como dólares estadunidenses, euros etc.) ou outras criptomoedas.
- **Escolha da Criptomoeda**: Os usuários escolhem a criptomoeda que desejam comprar, vender ou trocar. As exchanges geralmente oferecem uma variedade de opções de criptomoedas para negociação.
- **Ordens de Negociação**: Os usuários colocam ordens de compra ou venda com detalhes como preço e quantidade. Existem dois tipos principais de ordens: ordens de mercado (executadas imediatamente pelo preço atual do mercado) e ordens limitadas (executadas somente quando o preço atinge determinado nível especificado pelo usuário).
- **Execução de Ordens**: Quando uma ordem de compra coincide com uma ordem de venda pelo preço especificado, a exchange executa a transação e transfere as criptomoedas do vendedor para o comprador.
- **Armazenamento**: Após a conclusão da negociação, os usuários podem optar por manter suas criptomoedas na carteira da exchange ou transferi-las para uma carteira pessoal para maior segurança.

Algumas das Exchanges de Criptomoedas Mais Famosas no Mundo

- **Binance:** Foi fundada em 2017 por Changpeng Zhao (CZ). Em pouco tempo, a exchange cresceu rapidamente e se tornou uma das maiores do mundo em termos de volume de negociação. Ela oferece uma ampla variedade de criptomoedas para negociação, serviços adicionais como *staking*, empréstimos e até mesmo sua própria criptomoeda, o Binance Coin (BNB), usado para reduzir taxas de negociação na plataforma.

A Binance é uma das maiores e mais populares exchanges de criptomoedas do mundo. Ela oferece uma ampla variedade de criptomoedas para negociação e serviços adicionais, como staking e empréstimos.

- **Coinbase:** Foi fundada em 2012 por Brian Armstrong e Fred Ehrsam. É uma das exchanges mais conhecidas e populares, especialmente nos EUA. A Coinbase é conhecida por sua abordagem amigável para iniciantes e pelo cumprimento rigoroso das regulamentações nos EUA, oferecendo uma variedade de criptomoedas e serviços, incluindo uma plataforma de negociação fácil de usar e uma carteira digital.

  A Coinbase atende principalmente ao mercado dos Estados Unidos e é regulamentada nesse país.

- **Kraken:** Foi fundada em 2011 por Jesse Powell, sendo uma das exchanges mais antigas do mercado. É conhecida por sua confiabilidade e segurança, bem como por oferecer uma ampla gama de criptomoedas para negociação. A Kraken atende a traders de todos os níveis de experiência e oferece recursos avançados de negociação.

  A Kraken é uma das exchanges mais antigas e confiáveis, oferecendo uma ampla gama de criptomoedas e recursos avançados.

- **Bitfinex:** Lançada em 2012, é conhecida por ser uma das exchanges com maior liquidez e oferecer uma plataforma avançada de negociação. Ela oferece uma variedade de pares de criptomoedas para negociação e é popular entre traders experientes. A Bitfinex também oferece serviços de empréstimo e financiamento.

  A Bitfinex é famosa por sua plataforma avançada de negociação e liquidez. Ela oferece uma variedade de pares de criptomoedas.

- **Huobi:** Fundada na China em 2013, rapidamente se expandiu para se tornar global. Oferece uma ampla variedade de serviços, como negociação de criptomoedas, *staking* e empréstimos. É conhecida por sua presença global e pela oferta de várias criptomoedas para negociação.

  A Huobi é uma exchange global que oferece uma ampla variedade de serviços, incluindo negociação de criptomoedas, *staking* e empréstimos.

Lembre-se de que a escolha de uma exchange deve levar em consideração vários fatores, como localização, necessidades de negociação, regulamentações e preferências pessoais. Antes de começar a negociar em uma delas, é preciso realizar pesquisas detalhadas e considerar a segurança e a reputação da plataforma.

É importante escolher uma exchange que atenda às suas necessidades específicas de negociação e segurança. Visto que as exchanges variam em termos de taxas, variedade de moedas listadas, recursos de segurança e regulamentação, é aconselhável pesquisar cuidadosamente antes de selecionar uma exchange.

Além disso, lembre-se de que a segurança é uma preocupação importante ao lidar com exchanges de criptomoedas. Sempre ative a autenticação de dois fatores (2FA), use carteiras pessoais para armazenamento a longo prazo e evite compartilhar informações pessoais sensíveis online.

Exchanges Brasileiras:

- **Mercado Bitcoin:** O Mercado Bitcoin foi fundado em 2013 por Leandro César e Rodrigo Batista, tornando-se uma das exchanges mais antigas do Brasil. Desde então, tem sido uma das principais plataformas de negociação de criptomoedas do país. Oferece uma variedade de criptomoedas para negociação e serviços adicionais, como empréstimos e um token próprio chamado "CNB".
- **Foxbit**: A Foxbit foi lançada em 2014 por Guto Schiavon e João Canhada. Tornou-se uma das primeiras exchanges de criptomoedas do Brasil e é conhecida pelo foco na segurança e facilidade de uso. Oferece uma plataforma intuitiva e uma variedade de criptomoedas para negociação.
- **BitcoinTrade**: A plataforma foi fundada em 2017 e se destaca por sua simplicidade e facilidade de uso. A exchange oferece uma variedade de criptomoedas para negociação, incluindo Bitcoin, Ethereum e Litecoin. É conhecida por ser regulamentada no Brasil e priorizar a segurança.
- **NovaDAX**: Lançada em 2018, é uma das que mais cresceu no Brasil. Oferece uma variedade de criptomoedas para negociação e tem recursos como *staking* e empréstimos. A NovaDAX tem buscado expandir suas ofertas e serviços para atender às necessidades dos *traders* brasileiros.
- **FlowBTC**: Fundada em 2015 por Marcelo Miranda, é uma plataforma de negociação intuitiva e oferece diversas criptomoedas para negociação. Destaca-se por seu compromisso com a segurança e a transparência.

  É importante lembrar que, ao escolher uma exchange de criptomoedas, precisará considerar fatores como segurança, taxas, variedade de criptomoedas oferecidas, regulamentação e facilidade de uso. Como cada uma das exchanges mencionadas acima tem suas próprias características e vantagens, fazer uma pesquisa completa antes de começar a negociar é essencial. Além disso, é recomendável seguir todas as regulamentações e diretrizes locais ao lidar com criptomoedas no Brasil.

SPREAD

O termo "spread" em relação a compras com cartão de crédito não é um conceito amplamente reconhecido, podendo gerar certa confusão. No entanto, se você se refere ao uso do cartão de crédito no exterior, posso explicar isso detalhadamente.

O spread refere-se à diferença entre duas taxas, preços ou valores. Em finanças, é comumente usado para descrever a diferença entre a taxa de juros que um banco paga pelos depósitos dos clientes (como contas de poupança) e a taxa de juros que cobra ao emprestar dinheiro (como empréstimos ou financiamentos). Também pode se referir à diferença entre o preço de compra e venda de um ativo financeiro, como ações ou títulos.

Uso de Cartão de Crédito no Exterior

Quando alguém realiza compras com um cartão emitido em seu país de origem fora das fronteiras nacionais, isso é conhecido como "uso de cartão de crédito no exterior". É uma prática comum para viajantes internacionais que desejam fazer compras em outros países ou quando estão fora de sua nação de origem.

Como Funciona

- **Transações Internacionais:** Ao utilizar o cartão de crédito em um país estrangeiro, a transação é processada como uma compra internacional. Isso pode envolver a conversão da moeda local para a moeda de origem do cartão, o que pode resultar em taxas de câmbio e taxas de conversão.
- **Notificação à Operadora:** É importante notificar sua operadora de cartão de crédito sobre seus planos de viagem para evitar que seja bloqueado devido a atividades potencialmente suspeitas em um local não usual. Isso também pode ajudá-lo a evitar interrupções durante a viagem.
- **Taxas de Transação:** Além das taxas de câmbio, muitos emissores de cartões de crédito cobram uma taxa de transação internacional, que é uma porcentagem do valor da compra. Essa taxa varia de acordo com a política do emissor do cartão.

Exemplo

Suponha que você seja um brasileiro viajando para os Estados Unidos e deseje usar seu cartão de crédito brasileiro para fazer compras em lojas dos EUA. Se você comprar algo por US$100 em uma loja em Nova York, essa compra será registrada como uma transação internacional e convertida para a moeda brasileira, o real, com base na taxa de câmbio atual. Além disso, uma taxa de transação internacional pode ser aplicada pela emissora do cartão.

Implementação no Mundo e no Brasil

O uso de cartões de crédito no exterior tornou-se amplamente difundido com o avanço da tecnologia financeira e das redes de pagamento globalmente aceitas, como Visa e Mastercard. A implementação ocorreu gradualmente ao longo do tempo e é uma prática comum em muitos países.

No Brasil, o uso de cartões de crédito no exterior também é uma prática comum. A internacionalização de cartões de crédito e o acesso a redes de pagamento internacionais permitiram que os brasileiros fizessem compras em todo o mundo. No entanto, é importante estar ciente das taxas e políticas associadas ao uso do cartão de crédito no exterior para evitar surpresas desagradáveis.

Lembre-se sempre de verificar as políticas do seu emissor de cartão de crédito e as taxas associadas e de notificar a empresa antes de viajar para garantir uma experiência tranquila ao usar seu cartão no exterior.

CONTAS

Vou explicar os principais tipos de contas bancárias, como abri-las e seus principais recursos. Existem vários tipos de contas em bancos, e elas podem variar em termos de finalidade, benefícios e requisitos de abertura. Vou detalhar alguns dos tipos mais comuns de contas bancárias:

Conta Corrente

- $ **Finalidade:** A conta corrente é a conta mais comum e é usada para transações diárias, como receber salários, pagar contas e fazer compras.
- $ **Recursos:** Oferece cheques e cartões de débito para facilitar as transações. Muitas vezes inclui acesso a serviços bancários online e móveis.
- $ **Requisitos de Abertura:** Em geral, precisará fornecer documentos de identificação, comprovante de endereço e, às vezes, comprovar renda.

Conta Poupança

- $ **Finalidade:** Essa conta é usada para economizar dinheiro e ganhar juros sobre os saldos depositados.
- $ **Recursos:** Ela geralmente paga juros, embora em uma taxa menor do que outras opções de investimento. A liquidez pode ser um pouco limitada, com um número fixo de retiradas permitidas por mês.
- $ **Requisitos de Abertura:** Abrir uma conta poupança é relativamente simples, geralmente exigindo documentos de identificação e um depósito inicial mínimo.

Conta Digital

- **Finalidade:** As contas digitais são uma opção mais moderna e costumam ser gratuitas ou cobrar taxas muito baixas. São usadas para transações online e mobile banking.
- **Recursos:** A maioria das operações é realizada eletronicamente, e essas contas muitas vezes não incluem cheques físicos.
- **Requisitos de Abertura:** Normalmente, a abertura de uma conta digital é fácil e rápida, geralmente feita online, e pode exigir menos documentação em comparação com contas tradicionais.

Conta Salário

- **Finalidade:** Essa conta é usada por empregadores para pagar salários e benefícios aos funcionários.
- **Recursos:** Ela permite que os funcionários recebam seus salários e acessem serviços bancários básicos, mas pode não oferecer tantos recursos quanto uma conta corrente regular.
- **Requisitos de Abertura:** Normalmente, você não precisa fazer nada para abrir uma conta salário, pois é o empregador que a configura.

Conta Conjunta

- **Finalidade:** É uma conta compartilhada entre duas ou mais pessoas, frequentemente usada por casais ou membros da família.
- **Recursos:** Todos os titulares da conta têm acesso aos fundos e podem fazer depósitos e retiradas.
- **Requisitos de Abertura:** Cada pessoa envolvida precisa fornecer documentos de identificação e, às vezes, informações sobre seu relacionamento.

Conta de Investimento

- **Finalidade:** Essa conta é usada para investir em ações, títulos, fundos mútuos e outros instrumentos financeiros.
- **Recursos:** Oferece a capacidade de investir e pode incluir serviços de consultoria financeira.
- **Requisitos de Abertura:** A abertura de uma conta de investimento geralmente envolve preencher formulários de inscrição e fornecer informações financeiras adicionais.

Para abrir uma conta bancária, geralmente você precisará visitar uma agência bancária pessoalmente ou se inscrever online, dependendo do tipo de conta e do banco. Documentos de identificação, comprovantes de endereço e informações financeiras podem ser necessários, dependendo dos regulamentos locais e dos requisitos do banco.

É importante pesquisar e comparar as diferentes opções de contas oferecidas por vários bancos para encontrar aquela que melhor atende às suas necessidades financeiras e ao seu estilo de vida. Além disso, esteja ciente das taxas associadas e dos benefícios oferecidos por cada tipo de conta.

Além dos tipos mencionados acima, existem outras contas especializadas, como contas de negócios, contas de investimento de longo prazo, contas de aposentadoria, entre outras, cada uma com finalidades específicas.

Para abrir uma conta, siga estas etapas gerais:

- $ **Escolha o Tipo de Conta:** Determine qual tipo de conta atende às suas necessidades, considerando a finalidade e os recursos oferecidos.
- $ **Escolha um Banco:** Pesquise e escolha um banco ou instituição financeira que ofereça o tipo de conta desejada e que atenda às suas preferências em termos de taxas, serviços online, localização de agências, entre outros.
- $ **Reúna os Documentos:** Prepare os documentos necessários, como identidade (geralmente um documento de identidade com foto, como RG ou CNH), comprovante de endereço e, às vezes, comprovantes de renda.
- $ **Visite uma Agência ou Inscreva-se Online:** Visite uma agência bancária local ou, se disponível, inscreva-se através de um aplicativo. Certifique-se de fornecer todas as informações e documentos solicitados.
- $ **Depósito Inicial:** Em muitos casos, precisará fazer um depósito inicial para ativar a conta. O valor varia de acordo com o tipo de conta e banco.
- $ **Revisão e Aprovação:** O banco revisará a solicitação e os documentos. Após a aprovação, eles fornecerão informações sobre sua nova conta.
- $ **Ativação:** Siga as instruções do banco para ativar sua conta, o que geralmente inclui receber um cartão de débito ou crédito e configurar serviços online e móveis.

Lembre-se de ler os termos e condições da conta e entender todas as taxas associadas. Certifique-se de manter um registro de suas transações e monitorar sua conta regularmente para evitar taxas extras e garantir que ela atende às suas necessidades financeiras.

Ao abrir uma conta bancária, terá acesso a uma variedade de serviços financeiros que poderão ajudá-lo a gerenciar seu dinheiro com eficiência e segurança.

INVESTIMENTOS

Investimentos são uma parte fundamental da gestão financeira pessoal e podem ajudá-lo a alcançar metas financeiras de longo prazo, como aposentadoria confortável, compra de imóveis, educação dos filhos e muito mais. Existem diversas opções de investimento disponíveis nos bancos e no mercado financeiro em geral, cada uma com características específicas. Vou explicar alguns dos principais tipos de investimento, suas características, riscos e como começar a investir.

Poupança

- **Características:** Conta de poupança oferecida por bancos para guardar dinheiro. É considerada uma opção segura, com liquidez diária.
- **Risco:** Baixo risco, mas o retorno é geralmente baixo.
- **Prós:** Fácil acesso ao dinheiro, proteção do Fundo Garantidor de Crédito (FGC) para valores até um limite.
- **Contras:** Baixa rentabilidade.

Certificado de Depósito Bancário (CDB)

- **Características:** Títulos emitidos por bancos que pagam juros ao investidor. Existem CDBs com diferentes prazos e taxas.
- **Risco:** Baixo a moderado, dependendo do emissor. Os CDBs são protegidos pelo FGC em valores até um limite.
- **Prós:** Boa disponibilidade, possibilidade de escolher prazos e taxas.
- **Contras:** Imposto de Renda sobre os rendimentos.

LCI (Letra de Crédito Imobiliário)

O que é LCI:

As LCIs são investimentos em renda fixa emitidos por instituições financeiras, geralmente bancos, com o objetivo de financiar o setor imobiliário. Ao investir em LCIs, você empresta dinheiro para o banco, que o direciona para o financiamento de projetos imobiliários, como construção ou compra de imóveis.

Como Funciona:

- **Prazos:** As LCIs têm prazos variados, que podem variar de alguns meses a vários anos, permitindo-lhe escolher a melhor opção, de acordo com seus objetivos financeiros.
- **Rentabilidade:** A rentabilidade das LCIs é atrelada a indicadores como o Certificado de Depósito Interbancário (CDI) ou a Taxa Referencial (TR). Elas geralmente oferecem rendimentos atrativos e isenção de Imposto de Renda para pessoas físicas.

Vantagens:

- **Isenção de Imposto de Renda:** Uma das principais vantagens das LCIs é que elas são isentas de Imposto de Renda para pessoas físicas, o que aumenta a rentabilidade líquida do investimento.
- **Segurança:** As LCIs são consideradas investimentos de baixo risco, pois são garantidas pelo Fundo Garantidor de Créditos (FGC) em até R$250 mil por CPF e por instituição financeira.

Riscos:

- **Liquidez:** As LCIs geralmente têm baixa liquidez, o que significa que você não pode resgatá-las antes do prazo sem perder parte dos rendimentos.

Prós:

- **Baixo Risco:** LCIs são consideradas investimentos de baixo risco, uma vez que são emitidas por instituições financeiras sólidas e garantidas pelo Fundo Garantidor de Créditos (FGC) até certo limite.
- **Isenção de Imposto de Renda:** Os rendimentos de LCIs são isentos de Imposto de Renda para pessoas físicas.
- **Rentabilidade Atrativa:** Mesmo sendo de baixo risco, as LCIs geralmente oferecem taxas de juros competitivas em comparação com investimentos de renda fixa similares.

Contras:

- **Prazos de Resgate:** As LCIs geralmente têm prazos de vencimento mais longos, o que pode dificultar o acesso ao seu dinheiro em caso de necessidade.
- **Acesso Limitado:** Nem todos os bancos oferecem LCIs, limitando suas opções de escolha.
- **Investimento Mínimo:** Algumas LCIs podem exigir investimentos mínimos elevados, tornando-as menos acessíveis para investidores com menor capital.

LCA (Letra de Crédito do Agronegócio)

O que é LCA:

As LCAs são investimentos em renda fixa semelhantes às LCIs, mas com o objetivo de financiar projetos relacionados ao agronegócio, como agricultura e pecuária.

Como Funciona:

- **Prazos e Rentabilidade:** Assim como as LCIs, as LCAs têm prazos variados e oferecem rendimentos vinculados ao CDI ou à TR. Também contam com isenção de Imposto de Renda para pessoas físicas.

Vantagens:

- **Isenção de Imposto de Renda:** Assim como as LCIs, as LCAs também são isentas de Imposto de Renda para pessoas físicas.
- **Segurança:** Elas são garantidas pelo FGC em até R$250 mil por CPF e por instituição financeira, o que as torna uma opção de baixo risco.

Riscos:

- **Liquidez:** Assim como as LCIs, as LCAs têm baixa liquidez, o que pode limitar a disponibilidade do dinheiro investido antes do vencimento.

Prós:

- **Baixo Risco:** LCAs são consideradas investimentos de baixo risco, com garantia do Fundo Garantidor de Créditos (FGC) até certo limite.
- **Isenção de Imposto de Renda:** Assim como as LCIs, os rendimentos das LCAs são isentos de Imposto de Renda para pessoas físicas.
- **Rentabilidade Atrativa:** Oferecem taxas de juros competitivas, geralmente superiores às da poupança e outros investimentos de renda fixa.

Contras:

- **Prazos de Resgate:** Podem ter prazos de vencimento mais longos, o que pode dificultar o acesso ao seu dinheiro em caso de necessidade.
- **Acesso Limitado:** Nem todos os bancos oferecem LCAs, limitando suas opções de escolha.
- **Investimento Mínimo:** Assim como as LCIs, algumas LCAs podem exigir investimentos mínimos elevados.

As LCIs e as LCAs são investimentos em renda fixa que oferecem uma alternativa segura e com isenção de Imposto de Renda para quem deseja diversificar sua carteira de investimentos. Elas são particularmente adequadas para objetivos de médio e longo prazo devido à baixa liquidez. Como em qualquer investimento, é importante avaliar seus objetivos financeiros e perfil de risco antes de investir.

Lembre-se de que, embora esses sejam os prós e contras gerais, a disponibilidade e as condições específicas de LCIs e LCAs podem variar de acordo com o banco ou instituição financeira emissora. Portanto, é essencial verificar os detalhes específicos de cada oferta antes de investir.

Tesouro Direto

- $ **Características:** Investimento em títulos públicos do governo brasileiro. Existem diferentes tipos, como Tesouro Selic, Tesouro IPCA etc.
- $ **Risco:** Baixo risco, considerado o investimento mais seguro do Brasil.
- $ **Prós:** Diversidade de opções, liquidez diária, investimento acessível.
- $ **Contras:** Imposto de Renda sobre os rendimentos.

Fundos de Investimento

- $ **Características:** Pools de dinheiro gerenciados por gestores profissionais. Existem fundos de renda fixa, multimercado, ações, entre outros.
- $ **Risco:** Variável, dependendo do tipo de fundo.
- $ **Prós:** Diversificação, gestão profissional.
- $ **Contras:** Taxas de administração e performance, sem garantia do FGC.

Ações

- $ **Características:** Por meio delas, compra-se parte de uma empresa. O investidor se torna acionista, podendo obter lucros com a valorização das ações e receber dividendos.
- $ **Risco:** Alto risco devido à volatilidade do mercado de ações.
- $ **Prós:** Potencial de retorno elevado, participação nos lucros da empresa.
- $ **Contras:** Risco elevado, requer conhecimento sobre o mercado de ações.

Fundos Imobiliários (FIIs)

- $ **Características:** Investimento em imóveis por meio de cotas de fundos. Os rendimentos vêm de aluguéis e da valorização dos imóveis.
- $ **Risco:** Moderado, dependendo dos imóveis no portfólio.
- $ **Prós:** Diversificação em imóveis, renda passiva.
- $ **Contras:** Risco de vacância e variação no valor das cotas.

Previdência Privada

- $ **Características:** Planos de previdência complementar oferecidos por instituições financeiras. Podem ser PGBL ou VGBL.
- $ **Risco:** Variável, depende dos investimentos escolhidos dentro do plano.
- $ **Prós:** Benefícios fiscais, planejamento de aposentadoria.
- $ **Contras:** Restrições de resgate e taxas.

Investimento no Exterior

- **Características:** Investimento em ativos estrangeiros, como ações de empresas internacionais ou fundos globais.
- **Risco:** Variável, dependendo dos mercados internacionais.
- **Prós:** Diversificação global, acesso a mercados externos.
- **Contras:** Complexidade fiscal e cambial.

Criptomoedas

As criptomoedas, como Bitcoin, Ethereum e outras, ganharam destaque nos últimos anos como uma classe de ativos alternativa. Embora sejam relativamente novas no mundo dos investimentos, essas moedas digitais atraíram a atenção de investidores devido à sua alta volatilidade e ao potencial de lucro significativo.

Como Investir:

- **Escolha uma Plataforma de Negociação:** O primeiro passo para investir em criptomoedas é escolher uma plataforma de negociação confiável. Existem várias bolsas de criptomoedas onde você pode comprar, vender e armazenar esses ativos digitais.
- **Crie uma Carteira Digital:** É essencial ter uma carteira digital (wallet) segura para armazenar suas criptomoedas. Existem carteiras online, offline (hardware) e móveis, cada uma com seus prós e contras em termos de segurança e acessibilidade.
- **Faça a Compra:** Após configurar a carteira, poderá comprar criptomoedas usando moeda fiduciária (tradicional) ou outras criptomoedas. Você especifica a quantidade desejada e a moeda que deseja comprar.
- **Mantenha-se Informado:** O mercado de criptomoedas é altamente volátil. Portanto, é essencial acompanhar as notícias e análises relacionadas às criptomoedas em que você investiu.

Riscos e Considerações:

- **Volatilidade Extrema:** As criptomoedas são conhecidas por sua volatilidade significativa. Os preços podem subir ou cair rapidamente, o que significa que você pode ganhar muito dinheiro, mas também pode perder uma quantia substancial.
- **Regulamentação:** A regulamentação das criptomoedas varia de país para país e está em constante evolução. Isso pode afetar a legalidade e a tributação de suas transações.
- **Segurança:** A segurança das suas criptomoedas é crucial. Use carteiras seguras e siga as melhores práticas de segurança, como a ativação da autenticação de dois fatores.

- **Diversificação:** Como as criptomoedas são altamente voláteis e especulativas, considere-as como parte de uma estratégia de investimento diversificada, em vez de investir todo o seu capital apenas nelas.

Prós:

- **Potencial de Lucro Elevado:** Alguns investidores tiveram retornos excepcionais ao investir em criptomoedas durante seu crescimento explosivo.
- **Acesso Global:** Você pode comprar e vender criptomoedas em qualquer lugar do mundo, desde que tenha acesso à internet.

Contras:

- **Riscos de Segurança:** As criptomoedas estão sujeitas a hacks e fraudes, tornando a segurança uma preocupação importante.
- **Falta de Regulamentação:** A falta de regulamentação pode tornar o mercado mais arriscado para os investidores.
- **Volatilidade:** A volatilidade das criptomoedas pode levar a perdas substanciais de curto prazo.

É fundamental entender que o investimento em criptomoedas é arriscado e deve ser feito com cautela. Antes de investir, é aconselhável fazer sua própria pesquisa, considerar sua tolerância ao risco e, se possível, procurar orientação financeira de um profissional.

Como Começar a Investir:

- **Defina seus objetivos financeiros:** Saiba por que está investindo, seja para aposentadoria, educação dos filhos ou outra meta.
- **Conheça seu perfil de investidor:** Entenda seu apetite ao risco e sua tolerância a perdas.
- **Eduque-se:** Conheça os diferentes tipos de investimento e informe-se sobre como funcionam.
- **Monte uma carteira diversificada:** Espalhe seu dinheiro em diferentes tipos de ativos para reduzir riscos.
- **Abra uma conta em uma corretora ou banco:** Escolha uma instituição confiável e abra uma conta de investimento. Para a maioria dos investimentos, você precisará de uma conta em uma corretora de valores, mas outros podem ser feitos diretamente no seu banco.
- **Estabeleça um plano de investimento:** Defina quanto pretende investir regularmente e por quanto tempo. Um plano de investimento consistente o ajudará a atingir seus objetivos financeiros ao longo do tempo.

- $ **Escolha os investimentos adequados:** Com base nos seus objetivos e perfil de investidor, selecione os investimentos que se alinham com suas metas. Lembre-se de diversificar para reduzir riscos.
- $ **Acompanhe seus investimentos:** Monitore regularmente o desempenho dos seus investimentos e faça ajustes conforme a necessidade. Mantenha-se informado sobre eventos econômicos e notícias que possam afetar seus investimentos.
- $ **Esteja preparado para o longo prazo:** A maioria dos investimentos é mais eficaz quando mantida por um período prolongado. Evite tomar decisões precipitadas com base em flutuações de curto prazo no mercado.

Riscos dos Investimentos:

- $ **Risco de Mercado:** Relacionado às oscilações do mercado financeiro, afetando o valor dos investimentos.
- $ **Risco de Crédito:** Risco de inadimplência do emissor do título, como empresas ou governos.
- $ **Risco de Liquidez:** A incapacidade de vender um investimento pelo preço desejado devido à falta de compradores.
- $ **Risco Cambial:** Variação das moedas estrangeiras no caso de investimentos no exterior.
- $ **Risco de Inflação:** A desvalorização do dinheiro devido à inflação, diminuindo o poder de compra dos seus investimentos.
- $ **Risco de Taxa de Juros:** Impacto das mudanças nas taxas de juros nos preços dos ativos.
- $ **Risco Setorial:** Depende do desempenho de certos setores econômicos.
- $ **Risco Geopolítico:** Eventos políticos e econômicos globais que podem afetar os mercados.

Cada tipo de investimento possui diferentes níveis de risco e retorno. É importante considerar seus objetivos financeiros, sua tolerância ao risco e o horizonte de investimento ao escolher onde investir seu dinheiro.

Lembre-se sempre de buscar orientação financeira de profissionais qualificados antes de tomar decisões de investimento e de diversificar sua carteira para reduzir riscos. O mercado financeiro pode ser complexo, mas com o conhecimento adequado e um plano sólido, você poderá alcançar seus objetivos financeiros com sucesso.

Classificação de Riscos

Aqui está uma classificação geral dos investimentos que discutimos, em ordem crescente de risco, do menos arriscado para o mais arriscado:

- **Poupança:** Considerada a opção mais segura, pois é garantida pelo governo.
- **CDBs, LCIs e LCAs:** Geralmente são de baixo risco, principalmente se forem protegidos pelo Fundo Garantidor de Créditos (FGC). O risco varia de acordo com o emissor.
- **Tesouro Direto:** Investimento em títulos públicos é considerado de baixo risco, especialmente os títulos pós-fixados.
- **Fundos de Investimento:** O risco varia dependendo dos ativos subjacentes do fundo, mas há opções de baixo risco, como fundos de renda fixa.
- **Fundos Imobiliários:** Geralmente têm risco moderado, dependendo da diversificação da carteira e do mercado imobiliário.
- **Ações:** Considerado de risco moderado a alto, dependendo da empresa e do setor. Há a possibilidade de ganhos substanciais, mas também de perdas.
- **Criptomoedas:** Investir em criptomoedas é considerado de alto risco, devido à volatilidade do mercado.

Lembrando que o risco está diretamente relacionado à possibilidade de ganhos. Investimentos mais arriscados geralmente oferecem potencial de retorno mais elevado, mas também envolvem maior probabilidade de perda de capital. Portanto, a escolha de investimentos deve levar em consideração seu perfil de risco, seus objetivos financeiros e seu horizonte de investimento. Diversificar sua carteira também é uma estratégia comum para gerenciar riscos. É sempre recomendável buscar aconselhamento financeiro antes de investir.

Cuidados ao Investir

Investir é uma maneira fundamental de fazer o seu dinheiro trabalhar para você e alcançar seus objetivos financeiros ao longo do tempo. No entanto, é importante estar ciente de investimentos que prometem lucros absurdos em pouco tempo, pois muitos deles podem ser golpes ou investimentos de alto risco. Essas são algumas dicas e precauções que você deve considerar ao avaliar tais oportunidades:

- **Pesquisa e Educação**: Antes de investir, dedique tempo para entender o que você está comprando. Esteja familiarizado com os diferentes tipos de investimentos, seus riscos e potenciais retornos. A educação financeira é sua melhor proteção contra investimentos ruins.
- **Promessas de Retorno**: Se algo parece bom demais para ser verdade, provavelmente é. Desconfie de investimentos que prometem lucros excepcionais em um curto espaço de tempo. Retornos elevados geralmente vêm com maior risco.

- $ **Pressão para Investir Imediatamente**: Golpistas muitas vezes pressionam as pessoas a investir rapidamente, argumentando que a oportunidade é única e não durará. Não se sinta pressionado a tomar decisões precipitadas. Avalie a oferta com calma.
- $ **Verificação de Antecedentes**: Pesquise a empresa ou pessoa por trás do investimento. Verifique se eles estão devidamente registrados e regulamentados pelas autoridades financeiras. Golpistas muitas vezes operam sem licença.
- $ **Esquemas Ponzi**: Esteja ciente de esquemas Ponzi, onde os retornos dos investidores anteriores são pagos com o dinheiro dos novos investidores. Esses esquemas eventualmente entram em colapso, causando perdas significativas.
- $ **Diversificação**: Não coloque todos os seus ovos em uma única cesta. Diversificar seus investimentos em diferentes classes de ativos e empresas pode ajudá-lo a reduzir o risco.
- $ **Segurança Online**: Mantenha suas informações pessoais e financeiras seguras. Use senhas fortes e evite compartilhar informações com fontes não confiáveis. Esteja ciente de golpes online, como phishing.
- $ **Consulte um Profissional Financeiro**: Se estiver considerando um investimento complexo ou não estiver seguro sobre uma oportunidade, consulte um consultor financeiro ou um especialista em investimentos. Eles poderão lhe oferecer orientações personalizadas com base em suas metas e na sua situação financeira.

Lembre-se de que embora investir envolva riscos, os investimentos legítimos são baseados em princípios financeiros sólidos e em estratégias bem fundamentadas. Fique atento a ofertas que prometem riqueza rápida e fácil, pois muitas vezes são armadilhas para investidores incautos. A melhor abordagem é ser prudente, educado e cético em relação a oportunidades de investimento que parecem boas demais para ser verdade.

Gostaria de deixar uma frase reflexiva criada por mim que pode ser levada para a vida de modo geral, pois, quando falamos de finanças, muitas das coisas que acontecem acabam sendo causadas por nós. Então, deixo esta máxima:

> "Para um incidente virar acidente basta dar sorte ao azar."

Andre Sillres

REFERÊNCIAS

Henry Wells

Wikipédia (em português). Wells, Henry. Disponível em: https://pt.wikipedia.org/wiki/Henry_Wells. Acesso em: 6 de outubro de 2023, às 10:25.

Wikipédia (em inglês). Wells, Henry. Disponível em: https://en.wikipedia.org/wiki/Henry_Wells. Acesso em: 6 de outubro de 2023, às 10:26.

William G. Fargo

Wikipédia (em inglês). Fargo, William G. Disponível em: https://en.wikipedia.org/wiki/William_Fargo. Acesso em: 3 de outubro de 2023, às 14:32.

John Warren Butterfield

Wikipédia (em inglês). Butterfield, John Warren. Disponível em: https://en.wikipedia.org/wiki/John_Warren_Butterfield. Acesso em: 15 de outubro de 2023, às 11:20.

Bank of America

Wikipédia (em português). Bank of America. Disponível em: https://pt.wikipedia.org/wiki/Bank_of_America. Acesso em: 5 de novembro de 2023, às 09:10.

Wikipédia (em inglês). Bank of America. Disponível em: https://en.wikipedia.org/wiki/Bank_of_America. Acesso em: 5 de novembro de 2023, às 09:13.

Bank of America. Site Oficial. Disponível em: https://www.bankofamerica.com/. Acesso em: 5 de novembro de 2023, às 09:20.

Frank McNamara

Wikipédia (em português). McNamara, Frank. Disponível em: https://pt.wikipedia.org/wiki/Frank_McNamara. Acesso em: 14 de outubro de 2023, às 16:15.

Forbes

Forbes. History of Credit Cards: When Were Credit Cards Invented? Disponível em: https://www.forbes.com/sites/clairetsosie/2016/08/29/what-the-first-credit-cards-were-like/. Acesso em: 9 de outubro de 2023, às 18:35.

Diners Club International

Wikipédia (em português). Diners Club International. Disponível em: https://pt.wikipedia.org/wiki/Diners_Club_International. Acesso em: 18 de novembro de 2023, às 16:10.

Wikipédia (em inglês). Diners Club International. Disponível em: https://en.wikipedia.org/wiki/Diners_Club_International. Acesso em: 18 de novembro de 2023, às 16:11.

Diners Club International. Site Oficial. Disponível em: https://www.dinersclub.com/. Acesso em: 18 de novembro de 2023, às 16:13.

Diners Club International Story. Diners Club International. Disponível em: https://www.dinersclubus.com/home/about/dinersclub/story. Acesso em: 18 de novembro de 2023, às 16:14.

Time Magazine

Time Magazine. First Credit Card. Disponível em: https://time.com/4512375/first-credit-card/. Acesso em: 12 de novembro de 2023, às 13:25.

The New York Times

The New York Times. Disponível em: https://www.nytimes.com/2014/10/24/upshot/the-dawn-of-diners-club-and-the-credit-card.html. Acesso em: 4 de outubro de 2023, às 15:50.

VISA

Wikipédia (em português). VISA. Disponível em: https://pt.wikipedia.org/wiki/Visa. Acesso em: 10 de novembro de 2023, às 16:40.

Wikipédia (em inglês). Visa Inc. Disponível em: https://en.wikipedia.org/wiki/Visa_Inc. Acesso em: 10 de novembro de 2023, às 16:41.

VISA. Site Oficial. Disponível em: https://www.visa.com/. 10 de novembro de 2023, às 16:43.

MasterCard

Wikipédia (em português). Mastercard. Disponível em: https://pt.wikipedia.org/wiki/Mastercard. Acesso em: 8 de novembro de 2023, às 17:00.

Wikipédia (em inglês). Mastercard. Disponível em: https://en.wikipedia.org/wiki/Mastercard. Acesso em: 8 de novembro de 2023, às 17:01.

MasterCard. Site Oficial. Disponível em: https://www.mastercard.us. Acesso em: 8 de novembro de 2023, às 17:02.

Site Oficial Brasil. MasterCard. Disponível em: https://www.mastercard.com.br. 8 de novembro de 2023, às 17:03.

American Express

Wikipédia (em português). American Express. Disponível em: https://pt.wikipedia.org/wiki/American_Express. Acesso em: 11 de outubro de 2023, às 11:35.

Wikipédia (em inglês). American Express. Disponível em: https://en.wikipedia.org/wiki/American_Express. Acesso em: 11 de outubro de 2023, às 11:37.

American Express. Site Oficial. Disponível em: https://www.americanexpress.com/. Acesso em: 11 de outubro de 2023, às 11:39.

ELO

Wikipédia (em português). ELO. Disponível em: https://pt.wikipedia.org/wiki/Cartão_Elo. Acesso em: 15 de outubro de 2023, às 10:45.

ELO. Site Oficial. Disponível em: https://www.elo.com.br/. Acesso em: 15 de outubro de 2023, às 10:46.

Bradesco

Wikipédia (em português). Banco Bradesco. Disponível em: https://pt.wikipedia.org/wiki/Banco_Bradesco. Acesso em: 7 de novembro de 2023, às 16:00.

Bradesco. Site Oficial. Disponível em: https://banco.bradesco/. Acesso em: 7 de novembro de 2023, às 16:02.

Banco do Brasil

Wikipédia (em português). Banco do Brasil. Disponível em: https://pt.wikipedia.org/wiki/Banco_do_Brasil. Acesso em: 13 de outubro de 2023, às 14:05.

Banco do Brasil. Site Oficial. Disponível em: - https://www.bb.com.br/. Acesso em: 13 de outubro de 2023, às 14:05.

Caixa Econômica Federal

Wikipédia (em português). Caixa Econômica Federal. Disponível em: https://pt.wikipedia.org/wiki/Caixa_Econômica_Federal. Acesso em: 4 de novembro de 2023, às 10:30.

Caixa Econômica Federal. Site Oficial. Disponível em: http://www.caixa.gov.br/. Acesso em: 4 de novembro de 2023, às 10:32

LoungeKey

LoungeKey. Site Oficial. Disponível em: https://www.loungekey.com/. Acesso em: 5 de novembro de 2023, às 12:35.

Priority Pass

Priority Pass. Site Oficial. Disponível em: https://www.prioritypass.com/. Acesso em: 11 de novembro de 2023, às 14:45.

Dragon Pass

Dragon Pass. Site Oficial. Disponível em: https://www.dragonpass.com/. Acesso em: 9 de novembro de 2023, às 13:15.

Cashback e Milhas

Site do Alta Renda. Programa de Cashback e Milhas. Disponível em: https://altarendablog.com.br. Acesso em: 6 de novembro de 2023, às 09:20.

Warren Buffett

Wikipédia (em português). Warren Buffett. Disponível em: https://pt.wikipedia.org/wiki/Warren_Buffett. Acesso em: 10 de novembro de 2023, às 16:15.

Wikipédia (em inglês). Warren Buffett. Disponível em: https://en.wikipedia.org/wiki/Warren_Buffett. Acesso em: 10 de novembro de 2023, às 16:20.

Infomoney. Warren Buffett: a história e as lições do maior investidor. Disponível em: https://www.infomoney.com.br/perfil/warren-buffett/. Acesso em: 10 de novembro de 2023, às 16:23.

Exame. 5 frases do Warren Buffett sobre como investir. Disponível em: https://exame.com/invest/guia/5-frases-do-warren-buffet-sobre-como-investir/. Acesso em: 10 de novembro de 2023, às 16:27.

DEDICATÓRIAS

ANDRE SILLRES

Dedico esta obra às pessoas extraordinárias que fizeram desta jornada uma realidade:

À minha amada família, aos meus pais, Dirce e William, aos meus irmãos, Allan e Hebert. O amor, apoio e alegria de todos vocês são a essência desta narrativa.

Ao meu avô, Gercino Guerreiro, O Herói do Sertão, cuja sabedoria e coragem moldaram meu caminho.

A Ana, ex-esposa e amiga, por seu apoio e papel vital em minha trajetória.

Ao meu filhote, Toby Jones, fiel companheiro de quatro patas, por trazer uma luz única aos meus dias.

Este livro é uma expressão de gratidão às estrelas que iluminam meu caminho. Com alegria, compartilho esta jornada com aqueles que sempre estiveram ao meu lado.

Com amor e gratidão,

Andre Sillres

LEANDRO VIEIRA

Dedico este livro com sincero apreço e profunda admiração a todos os inquietos buscadores de conhecimento, cuja incessante paixão e curiosidade são faróis iluminando o vasto oceano do aprendizado. Que estas páginas sejam mais do que meras palavras impressas e se transformem em um guia inspirador, levando cada leitor a novos horizontes de sabedoria, autoconhecimento e descobertas reveladoras.

Meus mais profundos agradecimentos,

Leandro Vieira

AGRADECIMENTOS

ANDRE SILLRES

Quero expressar minha profunda gratidão neste momento singular a todos os que contribuíram de maneira vital para a realização deste livro.

Em primeiro lugar, agradeço a Deus pela dádiva da vida e pelo dom da arte, que permeiam cada palavra destas páginas.

À minha querida mãe, Dirce, e ao meu pai, William; meu eterno agradecimento por serem os alicerces sólidos em minha jornada.

Aos meus irmãos, Allan e Hebert, cujo apoio, amor e compreensão foram faróis em meio às complexidades desta jornada criativa.

Ao meu avô, Gercino Guerreiro, O Herói do Sertão, cuja sapiência, resiliência e coragem continuam a inspirar cada passo que dou.

À Ana, minha ex-esposa e amiga, por compartilhar comigo as intricadas nuances da vida.

Um agradecimento especial ao meu filho e fiel companheiro de quatro patas, Toby Jones, cuja alegria incondicional trouxe uma luz singular aos meus dias.

Agradeço também a todos na minha família, que sempre me apoiam em minhas empreitadas.

Também agradeço à Dona Zélia, minha ex-sogra, que é uma pessoa maravilhosa e também como uma mãe para mim. Ao meu ex-sogro, Seu Joaquim, pessoa de bom coração. Agradeço também aos familiares da minha ex-esposa, Ana, aos mais próximos de mim, pelo carinho que sempre me deram e dão.

A todos aqueles que trabalharam nos bastidores, à minha rede de amigos, a meus mentores e à equipe editorial, em especial ao editor Ruggeri que, durante todo o processo do livro, esteve nos apoiando e ajudando, guiando no melhor caminho a trilhar. Agradeço profundamente por sua expertise e apoio vital.

E, de maneira singular, agradeço ao Leandro Vieira, amigo excepcional, por sua visão e colaboração fundamentais para a concretização desta obra. Obrigado por compartilhar não apenas conhecimento, mas por inspirar e acreditar nesta jornada desde o princípio.

Este livro é o resultado de uma jornada coletiva, e cada um de vocês deixou uma marca única nestas páginas. Que ele sirva como testemunho do nosso comprometimento compartilhado com o conhecimento e a transformação financeira.

Com sincera gratidão,

Andre Sillres

LEANDRO VIEIRA

Com uma gratidão que transcende palavras, expresso meu reconhecimento a todos aqueles que desempenharam um papel fundamental na concretização deste livro notável. Cada contribuição, esforço e dedicação moldaram não apenas as páginas da obra, mas também a experiência de quem as lê.

Agradeço profundamente a cada indivíduo envolvido, cujo empenho e comprometimento foram essenciais para oferecer a vocês, leitores, um conteúdo de qualidade, esperamos, repleto de significado e impacto.

Agradeço a Deus pela orientação, força e sabedoria que tornaram possível trazer este trabalho ao mundo.

Agradeço ao meu amigo e parceiro nesta obra, Andre Sillres, por juntos termos colocado nossos conhecimentos por escrito e por compartilhá-los com todos.

Que este livro, fruto do trabalho coletivo, seja mais do que uma fonte de informações; que seja uma jornada transformadora, enriquecendo mentes e corações.

Com profundo apreço,

Leandro Vieira

ÍNDICE

C

I

J

K

L

M

N

O

P

Q

R

S

Este livro foi impresso nas oficinas gráficas da Editora Vozes Ltda.,
Rua Frei Luís, 100 – Petrópolis, RJ.